이패스 소방사관 동영상 강의
www.kfs119.co.kr

2025
소방승진
시험대비

다중이용업소의 안전관리에 관한 특별법

저자 문옥섭

- 핵심 요약과 학습 강조
- 실전 문제와 출제 경향 분석
- 시각적 자료와 이해도 향상

epasskorea

머/리/말

공부에 들어가기 전에...

저자는 1998년 4월 21일 소방교 시험 합격을 시작으로, 2002년 7월 27일 소방장 승진시험, 2007년 9월 5일 소방위 승진시험에 합격하는 영광을 누렸습니다. 그러나 그 과정이 순탄하기만 했던 것은 아니었습니다. 2004년 소방장 승진시험과 2005년 소방위 승진시험에서의 실패는 제게 큰 교훈이 되었습니다. 이러한 경험들은 단순한 좌절로 끝난 것이 아니라, 시험에 대한 접근 방식과 학습 전략을 새롭게 정립할 수 있는 소중한 기회가 되었습니다.

이러한 시행착오를 겪는 동안 다양한 수험서를 탐독하며 시험의 본질을 파악하고, 효과적인 학습법을 체득할 수 있었습니다. 이러한 학습 노하우는 단순히 승진시험 준비에 그치지 않았습니다.

소방설비기사(기계/전기), 위험물기능장, 소방시설관리사 등 국가기술자격증을 취득하는 과정에서도 큰 밑거름이 되었습니다. 이처럼 실전에서 검증된 학습법과 문제 풀이 전략은 본 교재의 집필 과정에서도 중요한 토대가 되었습니다.

본 교재는 수험생 여러분이 최소의 노력으로 최대의 효과를 거둘 수 있도록 하는 데 중점을 두고 집필하였습니다. 수년간의 승진시험과 국가기술자격 준비 과정에서 쌓아온 문제 풀이 경험과 출제 경향 분석을 바탕으로, 수험생의 입장에서 실질적인 도움을 줄 수 있는 교재를 만들고자 노력했습니다.

특히 2012년부터 변경된 시험과목 체계에 발맞추어 소방학교의 기본교재를 바탕으로 핵심 요점을 정리하였으며, 소방위 및 각 시도의 소방장 승진시험에 출제된 기출문제를 최대한 복원하여 수록하였습니다. 이를 통해 현재의 출제 경향과 난이도를 분석하고, 수험생들이 학습의 방향성을 명확히 잡을 수 있도록 구성하였습니다.

이 교재가 소방공무원의 승진을 꿈꾸는 모든 수험생에게 든든한 길잡이가 되기를 바랍니다. 단순히 문제를 푸는 데 그치지 않고, 출제자의 의도를 이해하고 문제의 본질에 다가가는 능력을 키우는 데 도움이 될 것입니다. 수험생 여러분의 땀과 노력이 결실을 맺을 수 있도록 끝까지 응원하겠습니다.

여러분의 합격을 진심으로 기원합니다.

본 다중이용업소의 안전관리에 관한 법령의 수험서의 특징은 다음과 같습니다.

핵심 요약을 따로 첨부하여 공부하는 데 복습 효과를 극대화하고 불필요한 시간을 줄였습니다.

각 장마다 실전 예상문제를 수록하여 실력을 점검할 수 있도록 하였습니다.

사진 등을 첨부하여 내용 이해에 도움을 주고자 하였고, 다른 수험서와 차별화를 두었습니다.

중요한 부분은 밑줄과 굵은 글씨로 강조하여 이해하기 쉽게 하였습니다.

복잡한 내용을 알기 쉽고 눈에 띄게 요약하였습니다.

승진시험을 직접 응시한 저자가 경험한 기출문제와 실전 예상문제를 통해 출제 경향을 파악할 수 있도록 하였습니다.

여러 번의 소방 승진시험 경험을 바탕으로 수험자의 마음을 반영하여 집필한 이 기본서로 준비하신다면, 각 계급으로의 승진시험에서 좋은 성과를 거두시리라 기대합니다.

편저자 **문옥섭**

출/제/경/향/분/석

최근 시험의 출제경향 분석

● 년도별 출제 문제수

년도	2018년	2019년	2020년	2021년	2022년	2023년	2024년	계
문항수	12	12	12	12	12	12	12	84

● 단원별 출제현황

구분	2018년	2019년	2020년	2021년	2022년	2023년	2024년	계	비중(%)
제1장 총칙	2	2	1	2	2	2	2	13	15.5%
제2장 다중이용업소의 안전관리 기본계획 등	1		1	1	1	1	1	6	7.1%
제3장 허가관청의 통보 등	4	5	7	6	4	6	3	35	41.7%
제3장의2 다중이용업주의 화재배상 책임보험 의무가입 등	1		1		1			3	3.6%
제4장 다중이용업소 안전관리를 위한 기반조성	3	3	2	1	2	2	4	17	20.2%
제5장 보칙									
제6장 벌칙	1	2		2	2	1	2	10	11.9%

● 조문별 문제수

장별	조문별	문제수	백분율
제1장 총칙 (15.5%)	제1조(목적)		
	제2조(정의)	13	15.5%
	제3조(국가 등의 책무)		
	제4조(다른 법률과의 관계)		
제2장 다중이용업소의 안전관리기본계획 등 (7.2%)	제5조(안전관리기본계획의 수립·시행 등)	5	6.0%
	제6조(집행계획의 수립·시행 등)	1	1.2%
제3장 허가관청의 통보 등 (41.7%)	제7조(관련 행정기관의 통보사항)	4	4.8%
	제7조의2(허가관청의 확인사항)		
	제8조(소방안전교육)	6	7.1%
	제9조(다중이용업소의 안전관리기준 등)	16	19.0%
	제9조의2(다중이용업소의 비상구 추락방지)	1	1.2%
	제10조(다중이용업의 실내장식물)	1	1.2%
	제10조의2(영업장의 내부구획)	1	1.2%
	제11조(피난시설, 방화구획 및 방화시설의 유지·관리)		
	제12조(피난안내도의 비치 또는 피난안내 영상물의 상영)	3	3.6%
	제13조(다중이용업주의 안전시설등에 대한 정기점검 등)	3	3.6%
제3장의2 다중이용업주의 화재배상책임보험의 의무가입 등 (3.6%)	제13조의2(화재배상책임보험 가입 의무)	2	2.4%
	제13조의3(화재배상책임보험 가입 촉진 및 관리)		
	제13조의4(보험금의 지급)		
	제13조의5(화재배상책임보험 계약의 체결의무 및 가입강요 금지)		
	제13조의6(화재배상책임보험 계약의 해제·해지)	1	1.2%
제4장 다중이용업소 안전관리를 위한기반조성 (20.2%)	제14조(다중이용업소의 소방안전관리)	1	1.2%
	제15조(다중이용업소에 대한 화재위험평가 등)	4	4.8%
	제16조(화재위험평가 대행자의 등록 등)	1	1.2%
	제17조(평가대행자의 등록취소 등)	5	6.0%
	제17조의2(청문)		

출/제/경/향/분/석

	제18조(평가서의 작성방법 및 평가대행 비용의 산정기준)		
	제19조(안전관리에 관한 전산시스템의 구축·운영)		
	제20조(법령위반업소의 공개)	2	2.4%
	제20조의2(화재안전조사 결과 공개)		
	제21조(안전관리우수업소표지 등)	4	4.8%
제5장 보칙	제21조의2(압류의 금지)		
	제22조(권한의 위탁 등)		
	제22조의2(벌칙 적용 시의 공무원 의제)		
제6장 벌칙 (11.9%)	제23조(벌칙)		
	제24조(양벌규정)		
	제25조(과태료)	6	7.1%
	제26조(이행강제금)	4	4.8%

● 키워드별 출제 문제수

핵심키워드	문제수	백분율
간이스프링클러	3	3.6%
과태료 개별기준	6	7.1%
행정처분 개별기준	6	7.1%
경보설비	1	1.2%
안전관리우수업소	4	4.8%
소방안전교육	6	7.1%
다중이용업소의 범위	7	8.3%
화재위험평가	5	6.0%
이행강제금	4	4.8%
용어	5	6.0%
손실보상	2	2.4%

핵심키워드	문제수	백분율
안전시설등의 설치·유지 기준	13	15.5%
내부구획	2	2.4%
화재배상책임보험	3	3.6%
법령위반업소	2	2.4%
소방안전관리	1	1.2%
안전시설등 설치 신고	2	2.4%
피난안내영상물 등	3	3.6%
관련행정관청 통보사항	3	3.6%
안전관리기본계획	4	4.8%
안전관리 집행계획	2	2.4%

● 별표 문제수

1. 다중이용업소의 안전관리에 관한 특별법 시행령 별표	문제수
[별표1] 안전시설등(제2조의2관련)	1
[별표1의2] 다중이용업소에설치·유지하여야하는안전시설등(제9조관련)	2
[별표2] 부상등급별화재배상책임보험보험금액의한도(제9조의3제1항제2호관련)	
[별표3] 후유장애등급별화재배상책임보험보험금액의한도(제9조의3제1항제3호관련)	
[별표4] 화재안전등급(제11조제1항및제13조관련)	
[별표5] 평가대행자갖추어야할기술인력·시설·장비기준(제14조관련)	
[별표6] 과태료의부과기준(제23조관련)	6
[별표7] 이행강제금부과기준(제24조제1항관련)	4

2. 다중이용업소의 안전관리에 관한 특별법 시행규칙 별표	문제수
[별표1] 소방안전교육에필요한교육인력및시설·장비기준(제8조관련)	
[별표2] 안전시설등의설치·유지기준(제9조관련)	12
[별표2의2] 피난안내도비치대상등(제12조제1항관련)	3
[별표2의3] 화재배상책임보험가입영업소표지(제14조의2관련)	
[별표3] 평가대행자에대한행정처분의기준(제20조관련)	5
[별표4] 안전관리우수업소표지의규격,재질등(제21조제2항관련)	1
[별표5] 소방안전교육위탁기관이갖추어야하는시설기준(제25조관련)	1

좀 더 자세한 내용 및 수험정보 등은 당사 홈페이지 (www.kfs119.co.kr) 참조

학/습/전/략

「다중이용업소법」의 효율적인 학습방법

【1단계】 법령의 체계 익히기

이 과정은 그다지 어렵지 않습니다. 앞으로의 학습을 쉽게 하려면 각 법령에 규정하고 있는 제도와 절차를 큰 틀에서 파악하는 것이 중요합니다.

본서의 각 주제별로 앞부분에 있는 〈목적〉, 〈용어의 정의〉 부분을 숙독하여 기본 배경을 익히고, 중요 개념을 정확히 기억하려 노력하고, 목차의 흐름에 유의합니다.

그리하여 어떤 이야기를 들으면 교재의 어느 부분에 있는지 즉시 생각날 정도로는 준비가 되어야 하겠습니다.

【2단계】 생존에 필요한 양식 챙기기

큰 그림을 그렸으면 이제 득점력을 높이기 위해 밑알들을 주워야 합니다. 시험에 자주 출제되고 있는 부분, 아직 출제되지는 않았으나 꼭 알고 있어야 하는 부분들을 최대한 체크해두는 과정입니다.

본서에서 색을 달리하여 강조하고 있는 단어나 어구들이 1차적으로 중요한 것이라 여기고 주의 깊게 봅니다. 어느 시기가 되면 객관식 문제풀이 과정에 들어갈 것인데 이 과정에서는 내가 출제자라면 어떤 단어에 함정을 팔 것인가 생각해 보기 바랍니다.

한편 수험생을 곤혹스럽게 하는 것들 중 하나가 숫자 암기입니다. 사실 법률에서 숫자들도 "왜 10이 아니라 20으로 규정된 것인지?" 식으로 생각하며 익히는 것이 옳은 태도입니다.

다만 이를 실천하기에는 시간 부족 등으로 너무 힘들 것이기에, 체크를 하되 최대한 그러한 마음가짐으로 읽기를 권합니다.

아마 이 단계에서도 세밀한 내용까지는 두뇌(중앙기억장치)에 제대로 자리 잡지는 못할 것입니다. 조급하게 생각지 말고 시험 막판까지 갖고 가야 할 양식들을 챙겨서 보조기억장치에 저장해둔다 생각하기 바랍니다.

모름지기 '시험준비'란 시험장까지 갖고 갈 내용을 정리하고 중요한 사항을 중심으로 공부량을 줄이는 것과 다름없습니다. 2단계 과정이 고된 작업일 것이나 이것을 해냈을 때 비로소 시험준비가 되었다 할 수 있습니다.

【3단계】 쉼 없는 반복과 기억 점검

이제 도약할 준비가 끝났습니다. 합격의 운명은 누가 한 번이라도 더 보는가에 달려 있습니다.

그동안 표시해놓은 것들을 반복해서 봅니다.

그 과정에서 일정 시간이 지나면 다시 잊어버리는 것과 그렇지 않은 것들이 구별될 것입니다. 다만 그것들을 구별하는 능력도 각자 차이가 있기에, 그 작업이 잘 안되는 분들은 모의고사 등을 통해서 점검할 필요가 있습니다. 자꾸 잊혀지는 것들을 암기해야 합니다. 머릿속에 그려보든지 백지에 써보든지 해서 이제 중앙기억장치에 저장하면 됩니다.

위에서 저자 나름대로 생각하는 공부의 정석을 말씀드렸습니다. 중요한 점은, 각자 처한 여건에 맞추어서 전략적 계획하에 "나는 합격한다"라는 신념으로 꾸준히 공부하면 누구든 합격할 수 있다는 것이 만고의 진리라는 것입니다. 억지로 하는 공부가 아니라 여러분이 공부를 끌고 가는 열정적인 수험생활이 되기를 기원합니다.

차 / 례

PART 01 다중이용업소의 안전관리에 관한 특별법 핵심요약

CHAPTER 01 총칙 ·· 15
CHAPTER 02 다중이용업소의 안전관리 기본계획 등 ············· 20
CHAPTER 03 허가관청의 통보 등 ·· 22
CHAPTER 03의2 다중이용업주의 화재배상책임보험의 의무가입 등 ·· 35
CHAPTER 04 다중이용업소 안전관리를 위한 기반조성 ·········· 38
CHAPTER 05 보칙 ··· 47
CHAPTER 06 벌칙 ··· 48
CHAPTER 07 년, 월, 일 등 정리 ··· 51

PART 02 2024년~2018년 소방법령 Ⅲ 승진시험 기출문제

CHAPTER 01 24년 소방장 승진시험 소방법령 Ⅲ ················ 64
CHAPTER 02 23년 소방장 승진시험 소방법령 Ⅲ ················ 72
CHAPTER 03 22년 소방장 승진시험 소방법령 Ⅲ ················ 78
CHAPTER 04 21년 소방장 승진시험 소방법령 Ⅲ ················ 84
CHAPTER 05 20년 소방장 승진시험 소방법령 Ⅲ ················ 90
CHAPTER 06 19년 소방장 승진시험 소방법령 Ⅲ ················ 95
CHAPTER 07 18년 소방장 승진시험 소방법령 Ⅲ ················ 101

PART 03　다중이용업소의 안전관리에 관한 특별법 OX 문제

CHAPTER 01 총칙 …………………………………………………………… 111
CHAPTER 02 다중이용업소의 안전관리 기본계획 등 ………………… 123
CHAPTER 03 허가관청의 통보 등 ……………………………………… 127
CHAPTER 03의2 다중이용업주의 화재배상책임보험의 의무가입 등　158
CHAPTER 04 다중이용업소 안전관리 기반조성 등 …………………… 166
CHAPTER 05 보칙 ………………………………………………………… 183
CHAPTER 06 벌칙 ………………………………………………………… 185

PART 04　다중이용업소의 안전관리에 관한 특별법 소방법령Ⅲ

CHAPTER 01 총칙 ………………………………………………………… 197
CHAPTER 02 다중이용업소의 안전관리 기본계획 등 ………………… 206
　❖ 실전예상문제 ……………………………………………………… 209
CHAPTER 03 허가관청의 통보 등 ……………………………………… 227
　❖ 실전예상문제 ……………………………………………………… 250
CHAPTER 03의2 다중이용업주의 화재배상책임보험의 의무가입 등　269
　❖ 실전예상문제 ……………………………………………………… 276
CHAPTER 04 다중이용업소 안전관리 기반조성 등 …………………… 286
CHAPTER 05 보칙 ………………………………………………………… 303
　❖ 실전예상문제 ……………………………………………………… 305
CHAPTER 06 벌칙 ………………………………………………………… 331
　❖ 실전예상문제 ……………………………………………………… 336

소방승진은 이패스 소방사관
www.kfs119.co.kr

PART 01

다중이용업소의 안전관리에 관한 특별법 핵심요약
(최신 개정법령 반영)

CHAPTER 01 총칙
CHAPTER 02 다중이용업소의 안전관리 기본계획 등
CHAPTER 03 허가관청의 통보 등
CHAPTER 03의2 다중이용업주의 화재배상책임보험의 의무가입 등
CHAPTER 04 다중이용업소 안전관리를 위한 기반조성
CHAPTER 05 보칙
CHAPTER 06 벌칙
CHAPTER 07 년, 월, 일 등 정리

제1장 다중이용업소의 안전관리에 관한 특별법 제정

1. 다중이용업소의 안전관리에 관한 특별법의 제정 및 구성

(1) 법의 제정 : 2006.03.24.

(2) 법의 시행일 : 2007.03.25.

(3) 법의 구성 : 제6장 26조 및 부칙으로 구성되어 있다.

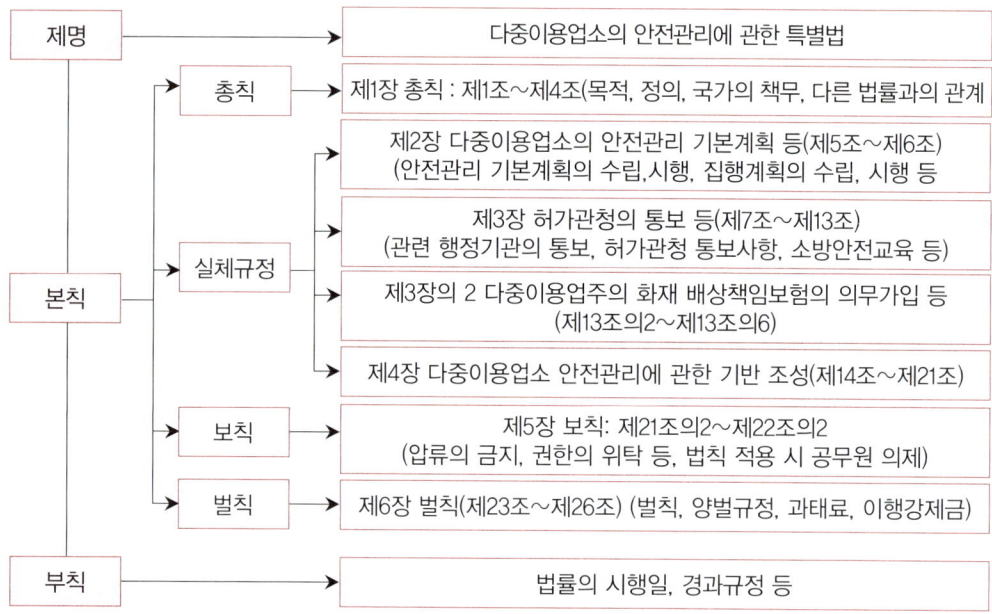

CHAPTER 01 총칙

1. 목적

(1) 다중이용업소의 안전시설 등의 설치·유지 및 안전관리와 화재위험평가, 다중이용업주의 화재 배상책임보험에 필요한 사항을 정함(1차적 목적)

(2) 화재 등 재난이나 그 밖의 위급한 상황으로부터 국민의 생명·신체 및 재산을 보호(2차적 목적)

(3) 공공의 안전과 복리증진에 이바지하고자 함(궁극적인 목적)

2. 용어의 정의

(1) 이 법에서 정하는 용어의 정의는 다음과 같다. 〔2018년 ~ 2024년〕

구 분	정의
다중이용업	불특정 다수인이 이용하는 영업 중 화재 등 재난 발생 시 생명·신체·재산상의 피해가 발생할 우려가 높은 것으로서 대통령령으로 정하는 영업을 말한다.
안전시설등	소방시설, 비상구, 영업장 내부 피난통로, 그 밖의 안전시설로서 대통령령으로 정하는 것을 말한다.
실내 장식물	건축물 내부의 천장 또는 벽에 설치하는 것으로서 대통령령으로 정하는 것을 말한다.
화재위험 평가	다중이용업소가 밀집한 지역 또는 건축물에 대하여 화재 발생 가능성과 화재로 인한 불특정 다수인의 생명·신체·재산상의 피해 및 주변에 미치는 영향을 예측·분석하고 이에 대한 대책을 마련하는 것을 말한다.
밀폐구조의 영업장	지상층에 있는 다중이용업소의 영업장 중 채광·환기·통풍 및 피난 등이 용이하지 못한 구조로 되어 있으면서 "무창층" 요건을 모두 갖춘 영업장을 말한다.
영업장의 내부구획	다중이용업소의 영업장 내부를 이용객들이 사용할 수 있도록 벽 또는 칸막이 등을 사용하여 구획된 실(室)을 만드는 것을 말한다.

(2) 대통령령이 정하는 다중이용업(시행령 제2조) 2019년 2020년 2021년 2023년 2024년

업종	다중이용업의 요건
휴게음식점영업·제과점영업 또는 일반음식점영업	• 영업장으로 사용하는 바닥면적의 합계가 100제곱미터(영업장이 지하층에 설치된 경우에는 그 영업장의 바닥면적 합계가 66제곱미터) 이상인 것. • 다만, 영업장(내부계단으로 연결된 복층구조의 영업장을 제외한다)이 다음의 어느 하나에 해당하는 층에 설치되고 그 영업장의 주된 출입구가 건축물 외부의 지면과 직접 연결되는 곳에서 하는 영업을 제외한다. 1) 지상 1층 2) 지상과 직접 접하는 층
공유주방 운영업 중 휴게음식점영업·제과점영업 또는 일반음식점영업에 사용되는 공유주방을 운영하는 영업	
게임제공업 인터넷컴퓨터게임시설제공업	• 층별, 면적, 수용인원에 관계 없이 다중이용업소에 해당 • 다만, 게임제공업 및 인터넷컴퓨터게임시설제공업의 경우에는 영업장(내부계단으로 연결된 복층구조의 영업장은 제외한다)이 다음 각 목의 어느 하나에 해당하는 층에 설치되고 그 영업장의 주된 출입구가 건축물 외부의 지면과 직접 연결된 구조에 해당하는 경우는 제외한다. 가. 지상 1층 나. 지상과 직접 접하는 층
복합유통게임제공업	• 층별, 면적, 수용인원에 관계 없이 다중이용업소에 해당
단란주점업, 유흥주점업 노래연습장업, 안마시술소	
영화상영관, 비디오물감상실업 비디오물소극장업, 복합영상물제공업	
산후조리원업	
고시원업	
권총 사격장 (※ 실내사격장에 한정하며, 종합사격장에 설치된 경우를 포함한다)	
가상체험 체육시설업 (실내골프연습장)	
콜라텍업, 전화방업·전화화상대화방업, 방탈출카페업, 수면방업, 키즈카페업, 만화카페업	• 층별, 면적, 수용인원 구분 없음 • 행정안전부령으로 정하는 영업에 해당
2023년 학원	• 수용인원 300명(1.9㎡×300=570㎡) 이상인 것. • 수용인원이 100명 이상 300명 미만으로서 다음의 것 (학원과 다른 부분과 방화구획으로 나누어진 것은 제외) 1) 하나의 건축물에 학원과 기숙사가 함께 있는 학원 2) 하나의 건축물에 학원이 둘 이상인 경우로서 학원의 수용인원이 300명(570㎡) 이상인 학원

	3) 하나의 건축물에 다중이용업과 학원이 함께 있는 경우(공동주방 운영 중 일반음식점영업, 제과점영업, 휴게음식점영업 제외)
목욕장업	• 하나의 영업장에서 물로 목욕을 할 수 있는 시설 및 설비 등의 서비스의 목욕장업 중 맥반석·황토·옥 등을 직접 또는 간접 가열하여 발생하는 열기나 원적외선 등을 이용하여 땀을 배출하게 할 수 있는 시설 및 설비를 갖춘 것으로서 수용인원(물로 목욕을 할 수 있는 시설부분의 수용인원은 제외한다)이 100명 이상인 것 • 맥반석·황토·옥 등을 직접 또는 간접 가열하여 발생되는 열기 또는 원적외선 등을 이용하여 땀을 낼 수 있는 시설 및 설비 등의 서비스의 시설 및 설비를 갖춘 목욕장업

1) 수용인원에 따라 다중이용업의 범위 결정 : 학원, 목욕장업
2) 면적, 설치 층에 따라 다중이용업의 범위 결정 : 휴게음식점영업, 제과점영업, 일반음식점영업
3) 지상 1층 및 지상과 직접하는 층의 영업장인 경우 다중이용업 제외 : 휴게음식점영업, 제과점영업, 일반음식점영업, 게임제공업, 인터넷컴퓨터게임시설제공업

(3) 행정안전부령으로 정하는 영업 2023년

업소명	정의
전화방업· 화상대화방업	구획된 실(室) 안에 전화기·텔레비전·모니터 또는 카메라 등 상대방과 대화할 수 있는 시설을 갖춘 형태의 영업
수면방업	구획된 실(室) 안에 침대·간이침대 그 밖에 휴식을 취할 수 있는 시설을 갖춘 형태의 영업
콜라텍업	손님이 춤을 추는 시설 등을 갖춘 형태의 영업으로서 주류판매가 허용되지 아니하는 영업
방탈출카페업	제한된 시간 내에 방을 탈출하는 놀이 형태의 영업
키즈카페업	가. 기타유원시설업으로서 실내공간에서 13세 미만의 어린이에게 놀이를 제공하는 영업 나. 실내에 어린이에게 놀이를 제공하는 것을 업으로 하는 자의 영업소로서 어린이놀이시설을 갖춘 영업 다. 휴게음식점영업으로서 실내공간에서 어린이에게 놀이를 제공하고 부수적으로 음식류를 판매·제공하는 영업
만화카페업	만화책 등 다수의 도서를 갖춘 다음 각 목의 영업. 다만, 도서를 대여·판매만 하는 영업인 경우와 영업장으로 사용하는 바닥면적의 합계가 50㎡ 미만인 경우는 제외 가. 만화책 등 다수의 도서를 갖춘 휴게음식점영업 나. 도서의 열람, 휴식공간 등을 제공할 목적으로 실내에 다수의 구획된 실(室)을 만들거나 입체 형태의 구조물을 설치한 영업

(4) 안전시설등 `2017년` `2018년` `2019년` `2022년`

구분		시설명
소방시설	소화설비	1) 소화기 또는 자동확산소화기 2) 간이스프링클러설비(캐비닛형 포함)
	경보설비	1) 비상벨설비 또는 자동화재탐지설비 2) 가스누설경보기
	피난설비	1) 피난기구 　가) 미끄럼대　나) 피난사다리　　다) 구조대 　라) 완강기　　마) 다수인 피난장비　바) 승강식 피난기 2) 피난유도선 3) 유도등, 유도표지 또는 비상조명등 4) 휴대용비상조명등
비상구		
영업장 내부통로		
그 밖의 안전시설		1) 영상음향차단장치 2) 누전차단기 3) 창문

(5) 밀폐구조의 영업장

법 제2조제1항제5호에서 "**대통령령으로 정하는 기준**"이란 「소방시설 설치 및 관리에 관한 법률 시행령」 제2조제1호 각 목에 따른 요건을 모두 갖춘 개구부의 면적의 합계가 영업장으로 사용하는 **바닥면적의 30분의 1 이하**가 되는 것을 말한다.

> 「소방시설 설치 및 관리에 관한 법률 시행령」 제2조(정의) `2022년`
>
> "**무창층**"(無窓層)이란 지상층 중 다음 각 목의 요건을 모두 갖춘 개구부(건축물에서 채광·환기·통풍 또는 출입 등을 위하여 만든 창·출입구 등, 그 밖에 이와 비슷한 것을 말한다.)의 면적의 합계가 해당 층의 **바닥면적의 30분의 1 이하**가 되는 층을 말한다.
> - 크기는 지름 50cm 이상의 원이 내접(內接)할 수 있는 크기일 것
> - 해당 층의 바닥 면으로부터 개구부 밑부분까지의 높이가 1.2m 이내일 것
> - 도로 또는 차량이 진입할 수 있는 빈터를 향할 것
> - 화재 시 건축물로부터 쉽게 피난할 수 있도록 창살이나 그 밖의 장애물이 설치되지 아니할 것
> - 내부 또는 외부에서 쉽게 부수거나 열 수 있을 것

3. 국가의 책무 `2017년`

구 분	규 정 내 용
시책 마련	국가와 지방자치단체는 국민의 생명·신체 및 재산을 보호하기 위하여 불특정 다수인이 이용하는 다중이용업소의 안전시설등의 설치·유지 및 안전관리에 필요한 시책을 마련하여야 한다.
시책에 협조	다중이용업주는 국가와 지방자치단체가 실시하는 다중이용업소의 안전관리 등에 관한 시책에 협조하여야 하며, 다중이용업소를 이용하는 사람들을 화재 등 재난이나 그 밖의 위급한 상황으로부터 보호하기 위하여 노력하여야 한다.

4. 다른 법률과의 관계

구 분	규 정 내 용
특별법 우선적용	다중이용업소의 화재 등 재난에 대한 안전관리에 관하여는 다른 법률에 우선하여 이 법을 적용한다.
적용제외	「화재로 인한 재해보상과 보험가입에 관한 법률」에 따른 특수건물의 다중이용업주에 대하여는 제13조의2부터 제13조의6까지를 적용하지 아니한다. 건물의 소유자가 신체손해배상특약부화재보험에 가입하여야 할 다음의 다중이용업소는 화재배상책임보험관련 규정을 적용하지 아니한다. • 학원, 목욕장업, 영화상영관, 게임제공업, 인터넷컴퓨터게임시설제공업, 노래연습장업, 휴게음식점영업, 일반음식점영업, 단란주점영업, 유흥주점영업, 공유주방 운영업을 영업으로 사용하는 부분의 바닥면적 합계가 2천 제곱미터 이상인 건물 • 실내 사격장으로 사용하는 건물
민법적용	다중이용업주의 화재배상책임에 관하여 이 법에서 규정한 것 외에는 「민법」에 따른다.

CHAPTER 02 다중이용업소의 안전관리 기본계획 등

1. 다중이용업소의 안전관리 기본계획 수립 및 시행 `2018년 ~ 2024년`

구 분	기본계획	연도별계획	집행계획
수립권자	소방청장	소방청장	소방본부장
수립주기	5년	매년	매년
수립기한		전년도 12월 31일	해당연도 전년 12월 31일까지
수립지침의 작성 절차	관계 중앙행정기관의 장과 협의 → 수립지침 작성 → 중앙행정기관에 통보		
계획수립 보고 및 통보 등	기본계획의 수립 → 국무총리 보고 → 관계 중앙행정기관의 장과 시·도지사에게 통보 → 관보에 공고	지체없이 중앙행정기관의 장 시·도지사 소방본부장에게 통보	1월 31일 소방청장에게 제출
관련 자료 제출 요구	관계 중앙행정기관의 장 및 시·도지사	관계 중앙행정기관의 장 및 시·도지사	시장·군수·구청장

2. 안전관리기본계획과 집행계획에 포함할 사항 2017년 2018년 2020년 2022년 2023년

기본계획	기본계획 수립지침	집행계획

1. 다중이용업소의 안전관리에 관한 기본 방향
2. 다중이용업소의 자율적인 안전관리 촉진에 관한 사항
3. 다중이용업소의 화재 안전에 관한 정보체계의 구축 및 관리
4. 다중이용업소의 안전 관련 법령 정비 등 제도 개선에 관한 사항
5. 다중이용업소의 적정한 유지·관리에 필요한 교육과 기술 연구·개발
6. 다중이용업소의 화재배상책임보험에 관한 기본 방향
7. 다중이용업소의 화재배상책임보험 가입관리전산망(이하 "책임보험전산망"이라 한다)의 구축·운영
8. 다중이용업소의 화재배상책임보험 제도의 정비 및 개선에 관한 사항
9. 다중이용업소의 화재위험평가의 연구·개발에 관한 사항
10. 그 밖에 다중이용업소의 안전관리에 관하여 대통령령으로 정하는 사항
  ① 안전관리 중·장기 기본계획에 관한 사항
    ㉠ 다중이용업소의 안전관리체제
    ㉡ 안전관리실태평가 및 개선계획
  ② 시·도 안전관리기본계획에 관한 사항
	1. 화재 등 재난 발생 경감대책
	  ① 화재피해 원인조사 및 분석
	  ② 안전관리정보의 전달·관리체계 구축
	  ③ 화재 등 재난 발생에 대비한 교육·훈련과 예방에 관한 홍보
	2. 화재 등 재난 발생을 줄이기 위한 중·장기 대책
	  ① 다중이용업소 안전시설 등의 관리 및 유지계획
	  ② 소관법령 및 관련기준의 정비
		1. 다중이용업소 밀집 지역의 소방시설 설치, 유지·관리와 개선계획
		2. 다중이용업주와 종업원에 대한 소방안전교육·훈련계획
		3. 다중이용업주와 종업원에 대한 자체지도 계획
		4. 다중이용업소의 화재위험평가의 실시 및 평가
		5. 평가결과에 따른 조치계획(화재위험지역이나 건축물에 대한 안전관리와 시설정비 등에 관한 사항을 포함한다)

암기TIP : 시설 교육 및 지도 후 평가하고 조치 함

CHAPTER 03 허가관청의 통보 등

1. 허가등 행정관청의 통보사항 2017년 2018년 2019년 2023년

구분	허가등 통보	변경신고등 통보
통보기관	허가등의 행정관청	
받는기관	소재지를 관할하는 소방본부장 또는 소방서장	
관련 행정기관의허가 등의 통보사항	• 업주의 성명 및 주소 • 업소의 상호 및 주소 • 다중이용업의 업종 및 영업장 면적 • 허가일자등	• 업주의 변경 또는 업주 주소의 변경 • 업소 상호 또는 주소의 변경 • 영업 내용의 변경 • 휴업·폐업 또는 휴업 후 영업의 재개
통보기한	허가등을 한 날부터 **14일 이내**	신고를 수리한 날부터 **30일 이내**
통보방법	다중이용업소 허가 등 사항(변경사항) 통보서에 따라 통보	
휴·폐업과 휴업 후 영업재개신고	허가관청은 휴·폐업과 휴업 후 영업재개신고를 수리한 때에는 별지 제1호서식의 다중이용업 허가등 사항(변경사항)통보서에 따라 **30일 이내**에 소방본부장 또는 소방서장에게 통보하여야 한다.	

2. 과세정보의 요청

구분	규정내용
제7조(관련 행정기관의 통보사항)	소방청장, 소방본부장 또는 소방서장은 다중이용업주의 휴업·폐업 또는 사업자등록말소 사실을 확인하기 위하여 필요한 경우에는 사업자등록번호를 기재하여 관할 세무관서의 장에게 다음 각 호의 사항에 대한 과세정보 제공을 요청할 수 있다. 이 경우 요청을 받은 세무관서의 장은 정당한 사유가 없으면 그 요청에 따라야 한다.
요청기관	소방청장, 소방본부장 또는 소방서장
받는기관	관할 세무관서의 장
요청사유	다중이용업주의 휴업·폐업 또는 사업자등록말소 사실을 확인이 필요할 때
요청방법	사업자등록번호를 기재하여 관할 세무관서의 장
요청내용	1. 대표자 성명 및 주민등록번호, 사업장 소재지 2. 휴업·폐업한 사업자의 성명 및 주민등록번호, 휴업일·폐업일
요청 수락	정당한 사유가 없으면 그 요청에 따라야 한다.

3. 허가관청의 확인사항

구분	규정내용
제7조의2(허가관청의 확인사항)	허가관청은 다른 법률에 따라 다중이용업주의 변경신고 또는 다중이용업주의 지위승계 신고를 수리하기 전에 다중이용업을 하려는 자가 다음 각 호의 사항을 이행하였는지를 확인하여야 한다. 1. 소방안전교육 이수 2. 화재배상책임보험 가입
확인시기	• 다중이용업주의 변경신고를 수리하기 전 • 다중이용업주의 지위승계 신고를 수리하기 전
확인사항	• 소방안전교육 이수 사항 • 화재배상책임보험 가입사항

4. 소방안전교육 2017년 2018년 2019년 2020년 2021년 2023년

(1) 안전교육의 종류 및 시기 등

교육종류	교육시기

신규교육	• 다중이용업을 하려는 자 : **다중이용업을 시작하기 전**
	  – 다른 법률에 따라 다중이용업주의 변경신고 또는 다중이용업주의 지위승계 신고를 하는 경우: 허가관청이 해당 신고를 수리하기 전까지
	  – 안전시설등의 설치 신고 또는 영업장 내부구조 변경신고를 한 경우: 완공신고를 하기 전까지
	• 교육대상 종업원: **다중이용업에 종사하기 전**

수시교육	다음 각호의 하나 이상을 위반한 다중이용업주와 교육대상 종업원은 위반행위가 **적발된 날부터 3개월 이내**
	• 신규 소방안전교육을 받지 아니한 다중이용업주 및 종업원
	• 종업원이 신규 소방안전교육을 받도록 하지 않은 경우
	• 안전시설등 설치·유지 의무 위반(과태료 부과 대상이 되는 위반행위에 한함)
	• 실내장식물의 설치기준에 따라 설치하지 않은 경우
	• 피난시설, 방화구획 및 방화시설의 유지·관리의무 위반
	• 피난안내도의 비치 또는 피난 안내 영상물의 상영의무 위반
	• 정기점검과 관련하여 다음의 의무를 위반한 경우
	  – 안전시설등을 점검(위탁하여 실시하는 경우를 포함한다)하지 아니한 경우
	  – 정기점검결과서를 작성하지 아니하거나 거짓으로 작성한 경우
	  – 정기점검결과서를 보관하지 아니한 경우
	• 소방안전관리업무를 하지 아니한 경우

보수교육	신규교육 또는 직전의 보수교육을 받은 날이 속하는 달의 마지막 날부터 **2년 이내에 1회 이상**
교육시간	**4시간 이내**

(2) 소방안전교육 이수 의무
  ① 이수해야 할 교육 : 소방청장, 소방본부장 또는 소방서장이 실시하는 소방안전교육
  ② 해당 년도에 다음 교육을 받은 경우 소방안전교육의 면제
    ㉠ 소방안전관리자 강습 또는 실무교육
    ㉡ 위험물안전관리자 교육

(3) 소방안전교육 대상자 **2017년** **2023년**
  ① 다중이용업을 운영하는 자(이하 "다중이용업주"라 한다)
  ② 다중이용업주 외에 해당 영업장(다중이용업주가 둘 이상의 영업장을 운영하는 경우에는 각각의 영업장을 말한다)을 관리하는 종업원 1명 이상 또는「국민연금법」제8조제1항에 따라 국민연금 가입의무대상자인 종업원 1명 이상
  ③ 다중이용업을 하려는 자

(4) 다중이용업주의 교육 지원 의무
  다중이용업주는 소방안전교육 대상자인 종업원이 소방안전교육을 받도록 하여야 한다.

(5) 소방안전교육의 대신 교육
  다중이용업주가 직접 소방안전교육을 받기 곤란한 경우로서 소방청장이 정하는 경우에는 영업장의 종업원 중 소방청장이 정하는 자에게 다중이용업주를 대신하여 소방안전교육을 받게 할 수 있다.
  ① 다중이용업주(안전시설 등 완비증명서에 기재된 사업자를 말한다. 이하 "영업주"라 한다)가 미성년, 고령, 질병 또는 국외거주 등의 사유로 영업주가 소방안전교육을 받기 곤란한 경우 : 영업주를 대신하여 영업장을 관리하는 책임자
  ② 동일한 영업주가 둘 이상의 영업장을 운영하는 경우 : 영업주를 대신하여 각각의 영업장을 관리하는 책임자

(6) 소방안전교육의 연기 **2023년**
  교육대상자가 국외에 체류하고 있거나, 질병·부상 등으로 입원해 있는 등 정해진 기간 안에 소방안전교육을 받을 수 없는 사유가 있는 때에는 소방청장이 정하는 바에 따라 **3개월의 범위**에서 소방안전교육을 연기할 수 있다.

(7) 소방안전교육의 공고
  소방청장·소방본부장 또는 소방서장은 소방안전교육을 하려는 때에는 교육 일시 및 장소 등 소방안전교육에 필요한 사항을 교육일 **30일 전**까지 소방청·소방본부 또는 소방서의 홈페이지에 게재해야 한다. 이 경우 다음 각 호에서 정하는 시기에 교육대상자에게 알려야 한다.

교육대상자	공고시기
신규교육 대상자 중 안전시설등의 설치신고 또는 영업장 내부구조 변경신고를 하는 자	신고 접수 시
수시교육 및 보수교육 대상자	교육일 10일 전

(8) 소방안전교육의 갈음

소방안전교육을 받은 사람이 교육받은 날부터 2년 이내에 다중이용업을 하려는 경우 또는 다중이용업에 종사하려는 경우에는 신규교육을 받은 것으로 본다.

(9) 소방안전교육의 교과과정 등 `2017년` `2019년` `2021년`
① 화재안전과 관련된 법령 및 제도
② 다중이용업소에서 화재가 발생한 경우 초기대응 및 대피요령
③ 소방시설 및 방화시설(防火施設)의 유지·관리 및 사용방법
④ 심폐소생술 등 응급처치 요령

(10) 소방안전교육에 필요한 교육 인력 및 시설·장비 기준 `2018년` `2020년`
① 교육 인력 및 시설·장비

구분	기준
교육 인력	강사 4인 및 교무요원 2인 이상
교육 시설	• 사무실 : 바닥면적이 60㎡ 이상일 것 • 강의실 : 바닥면적이 100㎡ 이상, 의자·탁자 및 교육용 비품을 갖출 것 • 실습실·체험실 : 바닥면적이 100㎡ 이상
장비	교육용 기자재 : 빔프로젝트 등 9개 기자재 11종(소화기 3개 포함)

② 강사의 자격요건 `2018년`

구분	자격요건
강사	• 소방 관련학의 **석사**학위 이상을 가진 자 • 전문대학 또는 이와 동등 이상의 교육기관에서 소방안전 관련 학과 **전임강사** 이상으로 재직한 자 • 소방기술사, 위험물기능장, 소방시설관리사, 소방안전교육사자격을 소지한 자 • 소방설비기사 및 위험물산업기사 자격을 취득한 후 소방 관련 기관(단체)에서 2년 이상 강의경력이 있는 자 • 소방설비산업기사 및 위험물기능사 자격을 취득한 후 소방 관련 기관(단체)에서 **5년** 이상 강의경력이 있는 자 • 대학 또는 이와 동등 이상의 교육기관에서 소방안전 관련 학과를 졸업하고 소방 관련 기관(단체)에서 **5년** 이상 강의경력이 있는 자 • 소방 관련 기관(단체)에서 **10년** 이상 실무경력이 있는 자로서 5년 이상 강의경력이 있는 자 • **소방위 이상**의 소방공무원 또는 소방설비기사 자격을 소지한 **소방장 이상**의 소방공무원 • 간호사 또는 응급구조사 자격을 소지한 소방공무원(응급처치 교육에 한함)
외래 초빙강사	강사의 자격요건에 해당하는 자일 것

5. 다중이용업소의 안전관리기준 등

(1) 다중이용업소에 설치·유지하여야 하는 안전시설등(영 별표 1의2)

안전시설등		설비의 종류 및 설치 대상 등
1. 소방시설	가. 소화설비	1) 소화기 또는 자동확산소화기 2) 간이스프링클러설비(캐비닛형 포함) 〔2017년〕 〔2023년〕 〔2024년〕 　가) 지하층에 설치된 영업장 　나) 산후조리원업의 영업장(지상1층 또는 지상과 직접 맞닿은 층은 제외) 　다) 고시원업의 영업장(지상1층 또는 지상과 직접 맞닿은 층은 제외) 　라) 밀폐구조의 영업장 　마) 권총사격장의 영업장
	나. 경보설비	1) 비상벨설비 또는 자동화재탐지설비 → 다만, 노래반주기 등 영상음향장치를 사용하는 영업장에는 자동화재탐지설비를 설치하여야 한다. 2) 가스누설경보기 → 가스시설을 사용하는 주방이나 난방시설이 있는 영업장에만 설치한다.
	다. 피난설비	1) 피난기구 　가) 미끄럼대　　나) 피난사다리　　다) 구조대 　라) 완강기　　　마) 다수인 피난장비　바) 승강식 피난기 2) 피난유도선 : 내부 피난통로 또는 복도 있는 영업장 한정 3) 유도등, 유도표지 또는 비상조명등 4) 휴대용비상조명등
2. 비상구		다만, 다음 각 목의 어느 하나에 해당하는 영업장에는 비상구를 설치하지 않을 수 있다. 1) 주된 출입구 외에 해당 영업장 내부에서 피난층 또는 지상으로 통하는 직통계단이 주된 출입구 중심선으로부터 수평거리로 영업장의 긴 변 길이의 2분의 1 이상 떨어진 위치에 별도로 설치된 경우 2) 피난층에 설치된 영업장〔영업장으로 사용하는 바닥면적이 33제곱미터 이하인 경우로서 영업장 내부에 구획된 실(室)이 없고, 영업장 전체가 개방된 구조의 영업장을 말한다〕으로서 그 영업장의 각 부분으로부터 출입구까지의 수평거리가 10미터 이하인 경우
3. 영업장 내부통로		다만, 구획된 실이 있는 영업장에만 설치한다.
4. 그 밖의 안전시설		가. 영상음향차단장치 → 영상음향장치가 있는 영업장에만 설치한다. 나. 누전차단기 다. 창문 → 고시원업의 영업장에만 설치한다.

비고
1. "피난유도선(避難誘導線)"이란 햇빛이나 전등불로 축광(蓄光)하여 빛을 내거나 전류에 의하여 빛을 내는 유도체로서 화재 발생 시 등 어두운 상태에서 피난을 유도할 수 있는 시설을 말한다.
2. "비상구"란 주된 출입구와 주된 출입구 외에 화재 발생 시 등 비상시 영업장의 내부로부터 지상·옥상 또는 그 밖의 안전한 곳으로 피난할 수 있도록 「건축법 시행령」에 따른 직통계단·피난계단·옥외피난계단 또는 발코니에 연결된 출입구를 말한다.
3. "구획된 실(室)"이란 영업장 내부에 이용객 등이 사용할 수 있는 공간을 벽이나 칸막이 등으로 구획한 공간을 말한다. 다만, 영업장 내부를 벽이나 칸막이 등으로 구획한 공간이 없는 경우에는 영업장 내부 전체 공간을 하나의 구획된 실(室)로 본다.
4. "영상음향차단장치"란 영상 모니터에 화상(畵像) 및 음반 재생장치가 설치되어 있어 영화, 음악 등을 감상할 수 있는 시설이나 화상 재생장치 또는 음반 재생장치 중 한 가지 기능만 있는 시설을 차단하는 장치를 말한다.

(2) 안전시설등 설치·유지 기준 `2017년` `2018년` `2022년` `2023년` `2024년`

안전시설등 종류			설치·유지 기준
1. 소방시설	가. 소화설비	1) 소화기, 자동확산 소화기	영업장 안의 **구획된 실**마다 설치할 것
		2) 간이스프링클러설비	• 화재안전기준에 따라 설치할 것. • 다만, 영업장의 **구획된 실**마다 간이스프링클러헤드 또는 스프링클러헤드가 설치된 경우에는 그 설비의 유효범위 부분에는 간이스프링클러설비를 설치하지 않을 수 있다.
	나. 경보설비	비상벨설비 또는 자동화재탐지설비 `2022년`	가) 영업장의 **구획된 실**마다 비상벨설비 또는 자동화재탐지설비 중 하나 이상을 화재안전기준에 따라 설치할 것 나) 자동화재탐지설비를 설치하는 경우에는 감지기와 지구음향장치는 영업장의 **구획된 실**마다 설치할 것. 다만, 영업장의 구획된 실에 비상방송설비의 음향장치가 설치된 경우 해당 실에는 지구음향장치를 설치하지 않을 수 있다. 다) 영상음향차단장치가 설치된 영업장에 자동화재탐지설비의 수신기를 별도로 설치할 것
	다. 피난설비	1) 피난기구	2층 이상 4층 이하에 위치하는 영업장의 발코니 또는 부속실과 연결되는 비상구에는 **피난기구**를 화재안전기준에 따라 설치할 것
		2) 피난유도선	가) 영업장 내부 피난 통로 또는 복도에 소방청장이 정하여 고시하는 유도등 및 유도표지의 화재안전기준에 따라 설치할 것 나) **전류에 의하여 빛을 내는 방식**으로 할 것
		3) 유도등, 유도표지 또는 비상조명등	영업장의 구획된 실마다 유도등, 유도표지 또는 비상조명등 중 하나 이상을 화재안전기준에 따라 설치할 것
		4) 휴대용 비상조명등	영업장안의 구획된 실마다 휴대용 비상조명등을 화재안전기준에 따라 설치할 것
2. 주된 출입구 및 비상구	가. 공통기준	1) 설치위치	비상구는 영업장(2개 이상의 층이 있는 경우에는 각각의 층별 영업장을 말한다. 이하 이 표에서 같다) 주된 출입구의 반대방향에 설치하되, 주된 출입구 중심선으로부터의 수평거리가 영업장의 **가장 긴 대각선 길이**, 가로 또는 세로 길이 중 가장 **긴 길이의 2분의 1 이상** 떨어진 위치에 설치할 것. 다만, 건물구조로 인하여 주된 출입구의 반대방향에 설치할 수 없는 경우에는 주된 출입구 중심선으로부터의 수평거리가 영업장의 가장 긴 대각선 길이, 가로 또는 세로 길이 중 가장 긴 길이의 2분의 1 이상 떨어진 위치에 설치할 수 있다.
		2) 비상구 규격	**가로 75센티미터 이상, 세로 150센티미터 이상**(문틀을 제외한 가로길이 및 세로길이를 말한다)으로 할 것
		3) 구조	가) 비상구등은 구획된 실 또는 천장으로 통하는 구조가 아닌 것으로 할 것. 다만, 영업장 바닥에서 천장까지 불연재료(不燃材料)로 구획된 부속실(전실), 「모자보건법」 제2조제10호에 따른 산후조리원에 설치하는 방풍실 또는 「녹색건축물 조성 지원법」에 따라 설계된 방풍구조는 그렇지 않다. 나) 비상구등은 다른 영업장 또는 다른 용도의 시설(주차장은 제

			외한다)을 경유하는 구조가 아닌 것이어야 할 것.
		4) 문	가) 문이 열리는 방향: **피난방향**으로 열리는 구조로 할 것 나) 문의 재질: 주요 구조부(영업장의 벽, 천장 및 바닥을 말한다. 이하 이 표에서 같다)가 내화구조(耐火構造)인 경우 비상구등의 문은 **방화문**(防火門)으로 설치할 것. 다만, 다음의 어느 하나에 해당하는 경우에는 불연재료로 설치할 수 있다. 　(1) 주요 구조부가 내화구조가 아닌 경우 　(2) 건물의 구조상 비상구등의 문이 지표면과 접하는 경우로서 화재의 연소 확대 우려가 없는 경우 　(3) 비상구등의 문이 「건축법 시행령」 제35조에 따른 피난계단 또는 특별피난계단의 설치 기준에 따라 설치해야 하는 문이 아니거나 같은 영 제46조에 따라 설치되는 방화구획이 아닌 곳에 위치한 경우 다) 주된 출입구의 문이 나)(3)에 해당하고, 다음의 기준을 모두 충족하는 경우에는 주된 출입구의 문을 **자동문**[미서기(슬라이딩)문을 말한다]으로 설치할 수 있다. 　(1) 화재감지기와 연동하여 개방되는 구조 　(2) 정전 시 자동으로 개방되는 구조 　(3) 정전 시 수동으로 개방되는 구조
2. 주된 출입구 및 비상구 2018년 2022년	나. 복층구조 영업장의 기준		1) 각 층마다 영업장 외부의 계단 등으로 피난할 수 있는 비상구를 설치할 것 2) 비상구등의 문이 열리는 방향은 실내에서 외부로 열리는 구조로 할 것 3) 비상구등의 문의 재질은 가목4)나)의 기준을 따를 것 4) 영업장의 위치 및 구조가 다음의 어느 하나에 해당하는 경우에는 1)에도 불구하고 그 영업장으로 사용하는 어느 하나의 층에 비상구를 설치할 것 　가) 건축물 주요 구조부를 훼손하는 경우 　나) 옹벽 또는 외벽이 유리로 설치된 경우 등 ※ 복층구조 → 2개 이상의 층에 내부계단 또는 통로가 각각 설치되어 하나의 층의 내부에서 다른 층의 내부로 출입할 수 있도록 되어 있는 구조의 영업장을 말한다
	다. 2층 이상 4층 이하에 위치하는 영업장의 발코니 또는 부속실과 연결되는 비상구를 설치하는 경우의 기준 2017년 2019년		1) 피난 시에 유효한 발코니[**활하중 5킬로뉴턴/제곱미터(5kN/㎡) 이상, 가로 75센티미터 이상, 세로 150센티미터 이상, 면적 1.12제곱미터 이상, 난간의 높이 100센티미터 이상**인 것을 말한다. 이하 이 목에서 같다] 또는 부속실(불연재료로 바닥에서 천장까지 구획된 실로서 **가로 75센티미터 이상, 세로 150센티미터 이상, 면적 1.12제곱미터 이상**인 것을 말한다. 이하 이 목에서 같다)을 설치하고, 그 장소에 적합한 피난기구를 설치할 것 2) 부속실을 설치하는 경우 부속실 입구의 문과 건물 외부로 나가는 문의 규격은 가목 2)에 따른 비상구등의 규격으로 할 것. 다만, 120센티미터 이상의 난간이 있는 경우에는 발판 등을 설치하고 건축물 외부로 나가는 문의 규격과 재질을 가로 75센티미터 이상, 세로 100센티미터 이상의 창호로 설치할 수 있다. 3) 추락 등의 방지를 위하여 다음 사항을 갖추도록 할 것 　가) 발코니 및 부속실 입구의 문을 개방하면 경보음이 울리도록 경보음 발생 장치를 설치하고, 추락위험을 알리는 표지를 문(부속실의 경우 외부로 나가는 문도 포함한다)에 부착할 것

		나) 부속실에서 건물 외부로 나가는 문 안쪽에는 기둥·바닥·벽 등의 견고한 부분에 탈착이 가능한 쇠사슬 또는 안전로프 등을 바닥에서부터 120센티미터 이상의 높이에 가로로 설치할 것. 다만, 120센티미터 이상의 난간이 설치된 경우에는 쇠사슬 또는 안전로프 등을 설치하지 않을 수 있다.
2의2. 영업장의 구획 `2020년` `2024년`		층별 영업장은 다른 영업장 또는 다른 용도의 시설과 불연재료·준불연재료로 된 차단벽이나 칸막이로 분리되도록 할 것. 다만, 가목부터 다목까지의 경우에는 분리 또는 구획하는 별도의 차단벽이나 칸막이 등을 설치하지 않을 수 있다. 가. 둘 이상의 영업소가 주방 외에 객실부분을 공동으로 사용하는 등의 구조인 경우 나. 백화점, 슈퍼마켓 등에서 휴게음식점영업 또는 제과점영업을 하려는 경우와 음식물을 전문으로 조리하여 판매하는 백화점 등의 일정장소(식당가를 말한다)에서 휴게음식점영업·일반음식점영업 또는 제과점영업을 하려는 경우로서 위생상 위해 발생의 우려가 없다고 인정되는 경우 다. 안전시설등을 갖춘 경우로서 실내에 설치한 유원시설업의 허가 면적 내에 청소년게임제공업 또는 인터넷컴퓨터게임시설제공업이 설치된 경우
3. 영업장내부 피난통로 `2020년`		가. 내부 피난통로의 폭은 **120센티미터 이상**으로 할 것. 다만, 양 옆에 구획된 실이 있는 영업장으로서 구획된 실의 출입문 열리는 방향이 피난통로 방향인 경우에는 **150센티미터 이상**으로 설치하여야 한다. 나. 구획된 실부터 주된 출입구 또는 비상구까지의 내부 피난통로의 구조는 **세 번 이상** 구부러지는 형태로 설치하지 말 것
4. 창문		가. 영업장 층별로 **가로 50센티미터 이상, 세로 50센티미터 이상** 열리는 창문을 1개 이상 설치할 것 나. 영업장 내부 피난통로 또는 복도에 바깥 공기와 접하는 부분에 설치할 것(구획된 실에 설치하는 것을 제외한다)
5. 영상음향차단장치		가. 화재 시 자동화재탐지설비의 감지기에 의하여 자동으로 음향 및 영상이 정지될 수 있는 구조로 설치하되, 수동(하나의 스위치로 전체의 음향 및 영상장치를 제어할 수 있는 구조를 말한다)으로도 조작할 수 있도록 설치할 것 나. 영상음향차단장치의 수동차단스위치를 설치하는 경우에는 관계인이 일정하게 거주하거나 일정하게 근무하는 장소에 설치할 것. 이 경우 수동차단스위치와 가장 가까운 곳에 "영상음향차단스위치"라는 표지를 부착하여야 한다. 다. 전기로 인한 화재발생 위험을 예방하기 위하여 부하용량에 알맞은 누전차단기(과전류차단기를 포함한다)를 설치할 것 라. 영상음향차단장치의 작동으로 실내 등의 전원이 차단되지 않는 구조로 설치할 것
6. 보일러실과 영업장 사이의 방화구획		보일러실과 영업장 사이의 출입문은 방화문으로 설치하고, 개구부(開口部)에는 방화댐퍼(화재 시 연기 등을 차단하는 장치)를 설치할 것

비고

1. "방화문(防火門)"이란 60분+ 방화문, 60분 방화문, 30분 방화문으로서 언제나 닫힌 상태를 유지하거나 화재로 인한 연기의 발생 또는 온도의 상승에 따라 자동적으로 닫히는 구조를 말한다. 다만, 자동으로 닫히는 구조 중 열에 의하여 녹는 퓨즈[도화선(導火線)을 말한다]타입 구조의 방화문은 제외한다.
2. 소방청장·소방본부장 또는 소방서장은 해당 영업장에 대해 화재위험평가를 실시한 결과 화재안전등급이 기준 이상인 업종에 대해서는 소방시설·비상구 또는 그 밖의 안전시설등의 설치를 면제한다.
3. 소방본부장 또는 소방서장은 비상구의 크기, 비상구의 설치 거리, 간이스프링클러설비의 배관 구경(口徑) 등 소방청장이 정하여 고시하는 안전시설등에 대해서는 소방청장이 고시하는 바에 따라 안전시설등의 설치·유지 기준의 일부를 적용하지 않을 수 있다.

(3) 다중이용업종별로 설치하는 안전시설등

안전시설등	설치대상
• 소화기, 자동확산소화기 • 유도등, 유도표지 또는 비상조명등, 휴대용 비상조명등, 피난기구 • 비상벨 설비 또는 자동화재탐지설비 • 방화문, 비상구, 누전차단기	모든 다중이용업소 영업장에 설치
간이스프링클러 2017년 2023년	• 지하층에 설치된 영업장　• 산후조리원업의 영업장 • 고시원의 영업장　• 밀폐구조의 영업장 • 권총사격장의 영업장
피난유도선	영업장 내부통로 또는 복도가 있는 영업장
영업장내부의 피난통로	구획된 실이 있는 영업장에만 설치
창문	고시원의 영업장
영상음향차단장치	노래반주기 등 영상음향차단장치를 사용하는 영업장
피난기구	2층 이상 4층 이하에 위치하는 영업장의 발코니 또는 부속실과 연결되는 비상구
가스누설경보기	가스를 사용하는 주방·난방시설이 있는 영업장에만 설치
방화문 및 방화댐퍼	보일러실과 영업장 사이의 출입문은 방화문으로 설치하고, 개구부(開口部)에는 방화댐퍼(화재 시 연기 등을 차단하는 장치)를 설치할 것
소화기, 휴대용비상조명등, 비상벨설비 유도등·유도표지·비상조명등 중 하나 이상 자동화재탐지설비 설치대상 경우 : 감지기 및 지구음향장치	• 모든 영업장의 구획된 실마다 설치 할 것

(4) 안전시설등 유지·관리 의무위반에 따른 보완등의 조치명령
① 소방본부장이나 소방서장은 안전시설등이 행정안전부령으로 정하는 기준에 맞게 설치 또는 유지되어 있지 아니한 경우에는 그 다중이용업주에게 안전시설등의 보완 등 필요한 조치를 명하거나 허가관청에 관계 법령에 따른 영업정지 처분 또는 허가등의 취소를 요청할 수 있다.
② 위반시 벌칙 : 1000만원 이하의 이행강제금

(5) 안전시설등의 설치(변경) 및 완공신고을 해야 할 경우 2022년
① 안전시설등을 설치하려는 경우
② 다음의 어느 하나에 해당하는 영업장 내부구조를 변경하려는 경우
　㉠ 영업장 면적의 증가
　㉡ 영업장의 구획된 실의 증가
　㉢ 내부통로 구조의 변경
③ 안전시설등의 공사를 마친 경우

(6) 안전시설등 설치 또는 완공신고 시 첨부서류 `2021년` `2023년`

설치신고 시 제출서류	완공신고 시 제출서류
1. 소방시설설계업자가 작성한 안전시설등의 설계도서 1부. ※ 설계도서 : 소방시설의 계통도, 실내장식물의 재료 및 설치면적, 내부구획의 재료, 비상구 및 창호도 등이 표시된 것 2. 안전시설등 설치명세서 1부 3. 구획된 실의 세부용도 등이 표시된 영업장의 평면도(복도, 계단 등 해당 영업장의 부수시설이 포함된 평면도를 말한다) 1부.	1. 소방시설설계업자가 작성한 안전시설등의 설계도서 1부. 다만, 설치내용이 설치신고 시와 달라진 경우에만 제출한다. 2. 안전시설등 설치명세서 1부. 다만, 설치내용이 설치신고 시와 달라진 경우에만 제출한다. 3. 구획된 실의 세부용도 등이 표시된 영업장의 평면도 1부. 다만, 설치내용이 설치신고 시와 달라진 경우에만 제출한다. 4. 화재배상책임보험 증권 사본 등 화재배상책임보험 가입을 증명할 수 있는 서류 1부 5. 전기안전점검 확인서 등(**고시원업, 전화방·화상대화방, 수면방업, 콜라텍업, 방탈출카페업, 키즈카페업, 만화카페업만 해당합니다**) 전기설비의 안전진단을 증빙할 수 있는 서류 1부. → 담당공무원 확인사항으로 신고인이 확인에 동의하지 않는 경우에 제출 7. 구조안전 확인서(건축물 외벽에 발코니 형태의 비상구를 설치한 경우만 해당한다) 1부

(7) 완비증명서의 재발급 사유

① 안전시설등 완비증명서를 잃어버린 경우
② 안전시설등 완비증명서가 헐어서 쓸 수 없게 된 경우
③ 안전시설등 및 영업장 내부구조 변경 등이 없이 다음 각목의 어느 하나에 해당하는 경우
   ㉠ 실내장식물을 변경하는 경우
   ㉡ 다중이용업주의 변경 또는 다중이용업주 주소의 변경
   ㉢ 다중이용업소 상호 또는 주소의 변경하는 경우
④ 안전시설등을 추가하지 아니하는 업종으로 업종 변경을 한 경우. 다만, 내부구조 변경 등이 있거나 업종 변경에 따라 강화된 기준을 적용받는 경우는 제외한다.

6. 다중이용업소의 비상구 추락 방지

구분	규정내용
설치장소	2층 이상 4층 이하(지하층인 경우는 제외한다)인 경우 그 영업장에 설치하는 비상구
장치의 설치기준	• 발코니 또는 부속실 입구의 문을 개방하면 경보음이 울리는 경보음발생 장치 • 추락 위험을 알리는 표지를 문에 부착 • 부속실에서 건물의 외부로 나가는 문 안쪽에는 기둥·벽·바닥등의 견고한부분에 탈착이 가능한 쇠사슬 또는 안전 로프 등을 바닥으로부터 120cm 이상의 높이에 가로로 설치 할 것. 다만, 120cm 이상의 난간이 설치된 경우 그렇지 않다.
위반시 벌칙	300만원의 과태료

7. 실내장식물 `2018년`

구분	규정내용
정의	건물의 내부나 천정이나 벽에 붙이거나 설치 하는 것
실내장식물	• 종이류(두께 2㎜ 이상인 것을 말한다)·합성수지류 또는 섬유류를 주원료로 한 물품 • 합판이나 목재 • 공간을 구획하기 위하여 설치하는 간이 칸막이 • 흡음재(흡음용 커튼을 포함) 또는 방음재(방음용 커튼을 포함)
실내장식물 제외	• 가구류(옷장, 찬장, 식탁, 식탁용 의자, 사무용 책상, 사무용 의자 및 계산대 등) • 너비 10㎝ 이하인 반자돌림대 • 건축법에 따른 내부 마감재료
설치기준	• 원칙적으로 불연재료 또는 준불연재료 설치 • 합판·목재의 경우 현장방염물품 설치 가능 합판 또는 목재로 실내장식물을 설치하는 경우로서 그 면적이 영업장 천장과 벽을 합한 면적의 **10분의 3**(스링클러설비 또는 간이스프링클러설비가 설치된 경우에는 10분의 5) 이하인 부분은 방염성능기준 이상의 것으로 설치할 수 있다.
조치명령등	• 소방본부장이나 소방서장은 다중이용업소의 실내장식물이 기준에 맞지 않을 경우 그 다중이용업주에게 해당 부분의 실내장식물을 교체하거나 제거하게 하는 등 필요한 조치를 하도록 명할 수 있다. • 허가관청에 관계 법령에 따른 영업정지 처분 또는 허가등의 취소를 요청 가능. • 위반시 벌칙 : 1,000만원 이하의 이행강제금

8. 영업장의 내부구획 `2024년`

구분	규정내용
정의	영업장 내부를 벽이나 칸막이 등으로 구획하여 실(室)을 만드는 것을 말함.
구획방법	불연재료로 구획하여야 한다.
천장까지 구획 대상	• 단란주점 및 유흥주점 영업 • 노래연습장업
영업장의 내부 구획기준	영업장 내부를 구획할 때 배관 및 전선관 등이 영업장 또는 천장(반자 속)의 내부구획된 부분을 관통하여 틈이 생긴 때에는 다음 **내화 충전성능이 인정되는 재료**를 사용하여 그 틈을 메워야 한다. • 한국산업표준에서 내화 충전성능을 인정한 구조로 된 것 • 한국건설기술연구원의 장이 국토교통부장관이 정하여 고시하는 기준에 따라 내화 충전성능을 인정한 구조로 된 것
보완 등 조치 명령	소방본부장이나 소방서장은 영업장의 내부구획이 기준에 맞지 아니하는 경우에는 그 다중이용업주에게 보완 등 필요한 조치를 명할 수 있다.
불이행 시 벌칙	1,000만원 이하의 이행강제금

9. 피난·방화구획 및 방화시설 등의 유지·관리

다중이용업주는 해당 영업장에 설치된 피난시설, 방화구획과 방화벽, 내부 마감재료 등(이하 "방화시설"이라한다)에 대한 다음의 행위를 하여서는 안된다.
(1) 피난시설, 방화구획 및 방화시설을 폐쇄하거나 훼손하는 등의 행위
(2) 피난시설, 방화구획 및 방화시설의 주위에 물건을 쌓아두거나 장애물을 설치하는 행위
(3) 피난시설, 방화구획 및 방화시설의 용도에 장애를 주거나 소방활동에 지장을 주는 행위
(4) 그 밖에 피난시설, 방화구획 및 방화시설을 변경하는 행위

10. 피난안내도의 비치 또는 피난안내 영상물의 상영 2017년 2018년 2021년 2023년

구분	피난안내도	피난안내 영상물
대상	• 대상 : 모든 다중이용업소 • 비치제외 - 영업장으로 사용하는 바닥면적의 합계가 33㎡ 이하인 경우. - 영업장 내 구획된 실이 없고, 영업장 어느 부분에서도 출입구 및 비상구를 확인 가능한 경우	• 영화상영관 및 비디오물소극장업의 영업장 • 노래연습장업의 영업장 • 단란주점영업 및 유흥주점영업의 영업장 → 피난안내 영상물을 상영할 수 있는 시설이 설치된 경우만 해당한다. • 피난안내 영상물을 상영할 수 있는 시설이 설치된 전화방업·화상대화방업, 수면방업, 콜라텍업 키즈카페업, 만화카페업, 방탈출카페업의 영업장
비치 또는 상영시기	• 영업장 주 출입구 부분의 손님이 쉽게 볼 수 있는 위치 • 구획된 실의 벽, 탁자 등 손님이 쉽게 볼 수 있는 위치 • 인터넷컴퓨터게임시설제공업 영업장의 인터넷컴퓨터게임시설이 설치된 책상. 다만, 책상 위에 비치된 컴퓨터에 피난안내도를 내장하여 새로운 이용객이 컴퓨터를 작동할 때마다 피난안내도가 모니터에 나오는 경우에는 책상에 피난안내도가 비치된 것으로 본다.	• 영화상영관 및 비디오물소극장업 : 매회 영화상영 또는 비디오물 상영 시작 전 • 노래연습장업 등 그 밖의 영업 : 매 회 새로운 이용객이 입장하여 노래방 기기(機器) 등을 작동할 때 ※ 상영시간 : 영업장의 내부구조 등을 고려하여 결정
피난안내도 및 피난안내 영상물에 모두 포함되어야 할 내용 2017년 2019년	• 화재 시 대피할 수 있는 비상구 위치 • 구획된 실 등에서 비상구 및 출입구까지의 피난 동선 • 소화기, 옥내소화전 등 소방시설의 위치 및 사용방법 • 피난 및 대처방법 → 이 경우 광고 등 피난안내에 혼선을 초래하는 내용을 포함해서는 안 된다.	

구분	내용
피난안내도의 크기 및 재질 2017년	• 크기: B4(257㎜×364㎜) 이상의 크기로 할 것. 다만, 각 층별 영업장의 면적 또는 영업장이 위치한 층의 바닥면적이 각각 400㎡ 이상인 경우에는 A3(297㎜×420㎜) 이상의 크기로 하여야 한다. • 재질: 종이(코팅처리한 것을 말한다), 아크릴, 강판 등 쉽게 훼손 또는 변형되지 않는 것으로 할 것
피난안내도 및 피난안내 영상물에 사용하는 언어	피난안내도 및 피난안내영상물은 한글 및 1개 이상의 외국어를 사용하여 작성하여야 한다.
장애인을 위한 피난안내 영상물 상영	영화상영관 중 전체 객석 수의 합계가 300석 이상인 영화상영관의 경우 피난안내 영상물은 장애인을 위한 한국수어·폐쇄자막·화면해설 등을 이용하여 상영해야 한다. 2023년

11. 다중이용업주의 안전시설등에 대한 정기점검 등 2017년

구분	관련규정 내용
점검의무자	다중이용업주
점검대상	다중이용업소의 영업장에 설치된 안전시설등

점검자의 자격	가. 해당 영업장의 다중이용업주 또는 다중이용업소가 위치한 특정소방대상물의 소방안전관리자(선임된 경우에 한함)
	 나. 해당 업소의 종업원 중 다음 어느 하나에 해당하는 사람
	    1) 소방안전관리자 자격을 취득한 사람
	    2) 소방시설관리사 자격을 취득한 사람.
	    3) 소방기술사·소방설비기사 또는 소방설비산업기사 자격을 취득한 사람
	 다. 소방시설관리업자

점검주기	매 분기별 1회 이상 점검 (다만, 자체점검실시한 경우 그 분기에는 점검을 실시하지 아니할 수 있다.
점검방법	안전시설등 세부점검표를 사용하여 안전시설등의 작동 및 유지·관리상태를 점검한다.
점검결과서	작성하여 1년간 보관

CHAPTER 03의2 다중이용업주의 화재배상책임보험의 의무가입 등

1. 화재배상책임보험 가입 의무 등

(1) 화재배상책임보험의 보험금액

다중이용업주 및 다중이용업을 하려는 자가 가입하여야 하는 화재배상책임보험은 다음 각 호의 기준을 충족하는 것이어야 한다.

① 하나의 사고에 대한 보험금액 **2018년**

사고유형	하나의 사고에 대한 보험금액
사망의 경우	피해자 1명당 1억5천만원의 범위에서 피해자에게 발생한 손해액을 지급할 것. 다만, 그 손해액이 2천만원 미만인 경우에는 2천만원으로 한다.
부상의 경우	피해자 1명당 별표 2에서 정하는 금액의 범위에서 피해자에게 발생한 손해액을 지급할 것
후유장애가 생긴 경우	피해자 1명당 별표 3에서 정하는 금액의 범위에서 피해자에게 발생한 손해액을 지급할 것 ※ 후유장애: 부상에 대한 치료를 마친 후 더 이상의 치료효과를 기대할 수 없고 그 증상이 고정된 상태에서 그 부상이 원인이 되어 신체의 장애를 말함.
재산상 손해의 경우	사고 1건당 10억원의 범위에서 피해자에게 발생한 손해액을 지급할 것

【별표 2】부상 등급별 보험금액 한도

(단위: 만원)

구분	1	2	3	4	5	6	7	8	9	10	11	12	13	14
부상	3,000	1,500	1,200	1,000	900	700	500	300	240	200	160	120	80	80

【별표 3】후유장애 등급별 보험금액의 한도

(단위: 천만원)

후유장애	15	13.5	12	10.5	9	7.5	6	4.5	3.8	2.7	2.3	1.9	1.5	1

② 하나의 사고로 사망, 부상, 후유장애 중 둘 이상에 해당하게 된 경우

피해구분	피해자 1명당 보험금액
부상당한 사람이 치료 중 그 부상이 원인이 되어 사망한 경우	사망에 따른 금액과 부상 따른 금액을 더한 금액을 지급할 것
부상당한 사람에게 후유장애가 생긴 경우	부상에 따른 금액과 후유장애 따른 금액을 더한 금액을 지급할 것
후유장애 금액을 지급한 후 그 부상이 원인이 되어 사망한 경우	사망에 따른 금액에서 후유장애에 따른 금액 중 사망한 날 이후에 해당하는 손해액을 뺀 금액을 지급할 것

③ 화재배상책임보험 계약체결 사실 등의 통지 시기 및 내용(★★★)

계약체결 유형	통지 시기
1. 화재배상책임보험 계약을 체결한 경우	계약 체결 사실을 보험회사의 전산시스템에 입력한 날부터 5일 이내. 다만, 계약의 효력발생일부터 30일을 초과하여서는 아니 된다.
2. 화재배상책임보험 계약을 체결한 후 계약 기간이 끝나기 전에 그 계약을 해지한 경우	계약 해지 사실을 보험회사의 전산시스템에 입력한 날부터 5일 이내. 다만, 계약의 효력소멸일부터 30일을 초과하여서는 아니 된다.
3. 화재배상책임보험 계약을 체결한 자가 그 계약 기간이 끝난 후 자기와 다시 계약을 체결하지 아니한 경우	• 매월 1일부터 10일까지의 기간 내에 계약이 끝난 경우 : 같은 달 20일까지 • 매월 11일부터 20일까지의 기간 내에 계약이 끝난 경우 : 같은 달 말일까지 • 매월 21일부터 말일까지의 기간 내에 계약이 끝난 경우 : 그 다음 달 10일까지

④ 화재배상책임보험 계약체결 사실 통지 시 포함해야 할 사항
  ㉠ 다중이용업주의 성명, 주민등록번호 및 주소
  ㉡ 다중이용업소의 상호, 다중이용업의 종류, 영업장 면적 및 영업장 주소
  ㉢ 화재배상책임보험 계약 기간

⑤ 통지방법
보험회사가 화재배상책임보험 계약 체결 사실 등을 알릴 때에는 책임보험전산망을 이용하여야 한다. 다만, 전산망의 장애 등으로 책임보험전산망을 이용하기 곤란한 경우에는 문서 또는 전자우편 등의 방법으로 알릴 수 있다.

(3) 화재배상책임보험 미가입자의 조치

소방본부장 또는 소방서장은 다중이용업주가 화재배상책임보험에 가입하지 아니하였을 때는 허가관청에 다중이용업주에 대한 인가·허가의 취소, 영업의 정지 등 필요한 조치를 취할 것을 요청할 수 있다.

2. 보험금의 지급

보험회사는 화재배상책임보험의 보험금 청구를 받은 때에는 지체 없이 지급할 보험금을 결정하고 보험금 결정 후 14일 이내에 피해자에게 보험금을 지급하여야 한다.

3. 보험료율 차등적용 시 고려할 사항등 핵심요약

구분	내용
보험료율 차등적용 시 고려할 사항 2017년 2020년	• 해당 다중이용업소가 속한 업종의 화재발생빈도 • 해당 다중이용업소의 영업장 면적 • 화재위험평가 결과 • 공개된 법령위반업소에 해당하는지 여부 • 공표된 안전관리우수업소에 해당하는지 여부
보험료율 차등적용 관련 제공자료	• 화재위험평가 결과 • 법령위반업소 현황 • 안전관리우수업소 현황

화재배상 책임보험에 가입한 후 그 증명서 제출해야하는 경우	• 안전시설등을 설치신고를 할 경우
	 • 영업장 다음의 내부구조를 변경하려고 신고를 하는 경우
	   – 영업장 면적의 증가
	   – 영업장의 구획된 실의 증가
	   – 내부통로 구조의 변경
	 • 안전시설등의 공사를 마친 완공신고를 하는 경우

보험체결 사실을 통지해야 할 경우	• 화재배상책임보험 계약을 체결한 경우 • 화재배상책임보험 계약을 체결한 후 계약 기간이 끝나기 전에 그 계약을 해지한 경우 • 화재배상책임보험 계약을 체결한 자가 그 계약 기간이 끝난 후 자기와 다시 계약을 체결하지 아니한 경우

보험 만료 사실 안내	• 아내 대상 : 보험회사 → 다중이용업주
	 • 안내시기
	   – 계약 종료일의 75일 전부터 30일 전까지의 기간
	   – 30일 전부터 10일 전까지의 기간

보험만료 사실 안내하지 않아도 되는 경우	• 보험기간이 1개월 이내인 계약의 경우 • 다중이용업주가 자기와 다시 계약을 체결한 경우 • 다중이용업주가 다른 보험회사와 새로운 계약을 체결한 사실을 안 경우
보험회사의 책임보험 계약의 해제·해지 가능사유 2022년	• 다중이용업주가 변경된 경우. 다만, 변경된 다중이용업주가 화재배상책임보험 계약을 승계한 경우는 제외한다. • 다중이용업주가 화재배상책임보험에 이중으로 가입되어 그 중 하나의 계약을 해제 또는 해지하려는 경우 • 폐업한 경우 • 다중이용업에 해당하지 않게 된 경우 • 천재지변, 사고 등의 사유로 다중이용업주가 다중이용업을 더 이상 운영할 수 없게 된 사실을 증명한 경우 • 「상법」에 따른 계약 해지 사유가 발생한 경우

CHAPTER 04 다중이용업소 안전관리를 위한 기반조성

1. 다중이용업소의 소방안전관리

(1) 소방안전관리업무 수행의무 `2022년`

　　① 피난시설, 방화구획 및 방화시설의 유지·관리
　　② 소방시설이나 그 밖의 소방관련시설의 유지·관리
　　③ 화기(火氣)취급의 감독
　　④ 그 밖의 소방안전관리에 필요한 업무

(2) 위반 시 벌칙 : 1차 100만원, 2차 200만원, 3차 300만원)

2. 다중이용업주의 안전사고 보고의무

(1) 안전사고 보고해야할 사고

　　㉠ 사람이 사망한 사고
　　㉡ 사람이 부상당하거나 중독된 사고
　　㉢ 화재 또는 폭발사고
　　㉣ 비상구에서 사람이 추락한 사고

(2) 안전사고 보고방법 및 절차

　　① 보고해야 할 내용 : 사고 개요 및 피해 상황
　　② 보고 방법 : 전화·팩스 또는 정보통신망 등

(3) 의무위반시 벌칙 : 300만원의 과태료

3. 다중이용업소에 대한 화재위험평가 등

(1) 화재위험평가의 목적

　　다중이용업소 밀집 지역 또는 건축물에 대하여 화재를 예방하고 화재로 인한 생명·신체·재산상의 피해를 방지하기 위하여 필요하다고 인정하는 경우

(2) 화재위험평가 대상 `2017년` `2020년`

　　① 2천 제곱미터 지역 안에 다중이용업소가 50개 이상 밀집하여 있는 경우
　　② 5층 이상인 건축물로서 다중이용업소가 10개 이상 있는 경우
　　③ 하나의 건축물에 다중이용업소로 사용하는 영업장 바닥면적의 합계가 1천 제곱미터 이상인 경우

(3) 화재위험평가 결과 조치

소방청장·소방본부장 또는 소방서장은 화재위험평가 결과 다중이용업소에 부여된 등급(이하 "화재안전등급"이라 한다)이 **대통령령으로 정하는 기준 미만(D 또는 E 등급)**인 경우에는 해당 **다중이용업주 또는 관계인**에게 대하여 개수(改修)·이전·제거, 사용의 금지 또는 제한, 사용폐쇄, 공사의 정지 또는 중지, 그 밖의 필요한 조치 명령을 할 수 있다.

(4) 화재안전등급[시행령 별표 4] `2024년`

등급	평가점수
A	80 이상
B	60 이상 79 이하
C	40 이상 59 이하
D	20 이상 39 이하
E	20 미만

비고
"평가점수"란 다중이용업소에 대하여 화재예방, 화재감지·경보, 피난, 소화설비, 건축방재등의 항목별로 소방청장이 정하여 고시하는 기준을 갖추었는지에 대하여 평가한 점수를 말한다.

(5) 손실보상 `2019년` `2024년`

소방청장, 소방본부장 또는 소방서장은 개수(改修)·이전·제거, 사용의 금지 또는 제한, 사용폐쇄, 공사의 정지 또는 중지, 그 밖의 필요한 조치 명령으로 인하여 손실을 입은 자가 있으면 대통령령으로 정하는 바에 따라 이를 보상하여야 한다. 다만, 법령을 위반하여 건축되거나 설비된 다중이용업소에 대하여는 그러하지 아니하다.

① 손실보상 기준 및 절차
  ㉠ 손실보상기준 : **시가로 보상**
  ㉡ 보상협의 : 소방청장·소방본부장 또는 소방서장과 손실을 입은 자가 협의
  ㉢ 보상금액에 관한 협의가 성립되지 아니한 경우
    − 그 보상금액을 지급하여야 한다.
    − 보상금액의 수령을 거부하거나 수령할 자가 불분명한 경우 공탁하고 통지
  ㉣ 재결신청 : 보상금의 지급 또는 공탁의 통지에 불복하는 자는 지급 또는 공탁의 통지를 받은 날부터 **30일 이내**에 **중앙토지수용위원회에 재결**(裁決)을 신청할 수 있다.

(6) 안전시설등의 설치 일부 면제 `2024년`

소방청장, 소방본부장 또는 소방서장은 화재안전등급이 **대통령령으로 정하는 기준 이상(A등급)**인 다중이용업소에 대하여는 **안전시설등의 일부를 설치하지 아니하게 할 수 있다.**

(7) 소방안전교육 등 면제 등

소방청장, 소방본부장 또는 소방서장은 **대통령령으로 정하는 기준 이상(A등급)**인 다중이용업소에 대해서는 행정안전부령으로 정하는 기간(2년) 동안 **소방안전교육 및 화재안전조사를 면제**할 수 있다.

(8) 화재위험평가 대행

소방청장, 소방본부장 또는 소방서장은 화재위험평가를 화재위험평가 대행자로 하여금 대행하게 할 수 있다.

4. 화재위험평가 대행자의 등록 등

(1) 화재위험평가대행자의 등록

① 평가대행자 갖추어야 할 기술인력·시설·장비 기준 2017년 2024년

구분	등록기준

기술인력 기준	가. 소방기술사 자격을 취득한 사람 1명 이상
	나. 다음 1) 또는 2)의 어느 하나에 해당하는 사람 2명 이상
	  1) 소방기술사, 소방설비기사 또는 소방설비산업기사 자격을 가진 사람
	  2) 소방기술과 관련된 자격·학력 및 경력을 인정받은 사람으로서 자격·학력 및 경력 자격 수첩을 발급받은 사람

시설 및 장비 기준	가. 화재 모의시험이 가능한 컴퓨터 1대 이상 나. 화재 모의시험을 위한 프로그램

※ 비고
1. 두 종류 이상의 자격을 가진 기술인력은 그중 한 종류의 자격을 가진 기술인력으로 본다.
2. 화재위험평가 대행자가 화재위험평가 대행업무와 전문 소방시설설계업 또는 전문 소방공사감리업을 함께 하는 경우에는 전문 소방시설설계업 또는 전문 소방공사감리업 보유 기술인력으로 등록된 소방기술사는 제1호 가목에 따라 갖추어야 하는 소방기술사로 볼 수 있다.

② 평가대행자 등록신청 시 신청서와 함께 첨부해야 할 서류

구분	첨부서류
신청인 (대표자) 제출 서류	• 기술인력명부 및 그 자격을 증명(자격증이 없는 경우)하는 서류 각 1부 • 실무경력증명서(해당자만 제출) 1부 • 시설 및 장비명세서 1부 • 병력(病歷) 신고 및 개인정보 이용 동의서
담당 공무원 확인사항	• 법인 등기사항증명서(법인인 경우만 해당합니다) • 사업자등록증명(개인인 경우만 해당합니다) • 해당 기술인력의 국가기술자격취득사항확인서 * 담당 공무원의 확인에 동의하지 않는 경우에는 사업자등록증 사본 또는 국가기술자격증 사본을 제출하여야 합니다.

(2) 화재위험평가대행자의 등록변경사항 변경신청

① 대통령령이 정하는 중요변경사항 및 첨부서류

변경사항	대표자, 사무소의 소재지, 명칭 상호	기술인력의 보유현황	휴업·폐업
신청인 제출	• 평가대행자 등록증 • 병력 신고 및 개인정보 이용 동의서(대표자 변경 한함)	• 기술인력의 연명부 • 기술자격을 증명하는 서류증(국가기술자격증이 없는 경우만 해당)	평가대행자 등록증
담당 공무원 확인	법인 등기사항증명서 개인 사업자등록증명	해당 기술인력의 국가기술자격취득 사항확인서	시도지사에 통보

② 평가대행자의 변경등록 신청 : 변경 사유가 발생한 날부터 30일 이내 2024년

(3) 평가대행자의 등록 결격사유 2023년

① 피성년후견인
② 심신상실자, 알코올 중독자 등 대통령령으로 정하는 정신적 제약이 있는 자
  ㉠ 심신상실자
  ㉡ 알코올·마약·대마 또는 향정신성의약품 관련 장애로 평가대행자의 업무를 정상적으로 수행할 수 없다고 해당 분야의 전문의가 인정하는 사람
  ㉢ 치매, 조현병·조현 정동장애·양극성 정동장애(조울병)·재발성 우울장애 등의 정신질환이나 정신 발육지연, 뇌전증으로 평가대행자의 업무를 정상적으로 수행할 수 없다고 해당 분야의 전문의가 인정하는 사람
③ 등록이 취소된 후 2년이 지나지 아니한 자
④ 소방관계법령을 위반하여 징역 이상의 실형을 선고받고 그 형의 집행이 끝나거나 집행을 받지 아니하기로 확정된 후 2년이 지나지 아니한 사람
⑤ 임원 중 ①부터 ④까지의 어느 하나에 해당하는 사람이 있는 법인

(4) 평가대행자의 준수사항

① 평가서를 거짓으로 작성하지 아니할 것
② 다른 평가서의 내용을 복제(複製)하지 아니할 것
③ 평가서를 2년 동안 보존할 것
④ 등록증이나 명의를 다른 사람에게 대여하거나 도급받은 화재위험평가 업무를 하 도급하지 아니할 것

(5) 평가대행자의 등록 등의 공고

소방청장은 다음 각 호의 어느 하나에 해당하는 경우에는 이를 소방청 인터넷 홈페이지 등에 공고해야 한다.

① 평가대행자로 등록한 경우
② 업무의 폐지신고를 받은 경우
③ 등록을 취소한 경우

5. 평가대행자의 등록취소 등

(1) 등록취소 사유 `2018년` `2019년` `2022년` `2024년`

위반사항	행정처분기준			
	1차	2차	3차	4차 이상
⑴ 평가대행자가 갖추어야 하는 기술인력·시설·장비가 등록요건에 미달하게 된 경우				
(가) 등록요건의 기술능력에 속하는 기술인력이 부족한 경우	경고	업무정지 1월	업무정지 3월	업무정지 6월
(나) 등록요건의 기술인력에 속하는 기술인력이 전혀 없는 경우	등록취소			
(다) 1개월 이상 시험장비가 없는 경우	업무정지 6개월	등록취소		
(라) 구비하여야 하는 장비가 부족한 경우	경고	업무정지 1월	업무정지 3월	업무정지 6월
(마) 구비하여야 하는 장비가 전혀 없는 경우	등록취소			
⑵ 평가대행자 등록 결격사유 각 호의 어느 하나에 해당하는 경우	등록취소			
⑶ 거짓, 그 밖의 부정한 방법으로 등록한 경우	등록취소			
⑷ 최근 1년 이내에 2회의 업무정지처분을 받고 다시 업무정지처분 사유에 해당하는 행위를 한 경우	등록취소			
⑸ 다른 사람에게 등록증이나 명의를 대여한 경우	등록취소			
⑹ 다른 평가서의 내용을 복제한 경우	업무정지 3월	업무정지 6월	등록취소	
⑺ 평가서를 행정안전부령으로 정하는 기간 동안 보존하지 아니한 경우	경고	업무정지 1월	업무정지 3월	업무정지 6월
⑻ 도급받은 화재위험평가 업무를 하도급한 경우	업무정지 6월	등록취소		
⑼ 화재위험평가서를 허위로 작성하거나 고의 또는 중대한 과실로 평가서를 부실하게 작성한 경우	업무정지 6월	등록취소		
⑽ 등록 후 2년 이내에 화재위험평가 대행업무를 개시하지 아니하거나 계속하여 2년 이상 화재위험평가 대행 실적이 없는 경우	경고	등록취소		
⑾ 업무정지처분 기간에 신규계약에 의하여 화재위험평가대행업무를 한 경우	등록취소			

위반사항	행정처분기준			
	1차	2차	3차	4차 이상
평가대행자의 등록 요건의 기술인력에 속하는 기술인력이 전혀 없는 경우	등록취소			
평가대행자의 등록 요건의 구비해야 하는 장비가 전혀 없는 경우	등록취소			
평가대행자의 결격사유에 해당하는 경우	등록취소			
거짓, 그 밖의 부정한 방법으로 등록한 경우	등록취소			
최근 1년 이내에 2회의 업무정지처분을 받고 다시 업무정지처분 사유에 해당하는 행위를 한 경우	등록취소			
다른 사람에게 등록증이나 명의를 대여한 경우	등록취소			
업무정지처분 기간에 신규계약에 의하여 화재위험평가대행업무를 한 경우	등록취소			

(2) 1차 업무정지 6개월, 2차 등록취소 사유

위반사항	행정처분기준			
	1차	2차	3차	4차 이상
1개월 이상 시험장비가 없는 경우	업무정지 6개월	등록취소		
도급받은 화재위험평가 업무를 하도급한 경우	업무정지 6월	등록취소		
화재위험평가서를 허위로 작성하거나 고의 또는 중대한 과실로 평가서를 부실하게 작성한 경우	업무정지 6월	등록취소		

(3) 차시별 경고, 1월, 3월, 6월 업무정지 사유

위반사항	행정처분기준			
	1차	2차	3차	4차 이상
평가대행자 등록 요건의 기술능력에 속하는 기술인력이 부족한 경우	경고	업무정지 1월	업무정지 3월	업무정지 6월
평가대행자의 등록요건의 구비해야 하는 장비가 부족한 경우	경고	업무정지 1월	업무정지 3월	업무정지 6월
평가서를 2년간 보존하지 아니한 경우	경고	업무정지 1월	업무정지 3월	업무정지 6월

(4) 차시별 3, 6월, 등록취소 사유

위반사항	행정처분기준			
	1차	2차	3차	4차 이상
다른 평가서의 내용을 복제한 경우	업무정지 3월	업무정지 6월	등록취소	

(5) 차시별 경고, 등록취소 사유 2019년

위반사항	행정처분기준			
	1차	2차	3차	4차 이상
등록 후 2년 이내에 화재위험평가 대행업무를 개시하지 아니하거나 계속하여 2년 이상 화재위험평가 대행 실적이 없는 경우	경고	등록취소		

6. 청문

(1) 청문 사유(★★)
  ① 화재평가대행자의 등록취소
  ② 화재평가대행자의 업무정지

(2) 소방관계법령상 청문사유 핵심요약

법 명	청문사유	청문주재
다중이용업소의 안전관리에 관한 특별법	• 화재평가대행자의 등록취소 • 화재평가대행자의 업무정지	소방청장
위험물안전관리법	• 위험물제조소 등 허가취소 • 위험물탱크안전성능시험자 등록취소	소방본부장, 소방서장 시·도지사

7. 안전관리에 관한 전산시스템의 구축·운영

(1) 안전관리에 관한 전산시스템의 구축·운영 : 소방청장

(2) 책임보험전산망을 구축·운영 : 소방청장

(3) 전산시스템 등 구축·운영을 위한 자료 요청

(4) 전산 시스템의 활용의무

소방청장은 허가관청이 전산시스템을 다중이용업소의 안전관리에 관한 업무에 활용할 수 있도록 하여야 한다. 다만, 책임보험전산망에 대하여는 그러하지 아니하다.

8. 법령위반업소의 공개 2018년 2024년

구분	규 정 내 용
공개할 사유	• 안전시설등에 대하여 보완 등 필요한 조치명령을 2회 이상 받고도 이행하지 아니하였을 때 • 화재위험평가 결과 그 화재안전등급이 D또는 E등급인 경우에는 해당 다중이용업주 또는 관계인에게 개수(改修)·이전·제거, 사용의 금지 또는 제한, 사용폐쇄, 공사의 정지 또는 중지, 그 밖의 필요한 조치 명령을 2회 이상 받고도 이행하지 아니하였을 때
공개할 사항	• 미이행업소명 ※ 업주명(X) • 미이행업소의 주소 • 소방청장·소방본부장 또는 소방서장이 조치한 내용 • 미이행의 횟수
공개기간	조치 명령을 이행하지 아니한 때부터 조치 명령을 이행할 때까지
공개방법	이 법에 정하는 2개 이상의 매체에 공개
공개 내용삭제	다중이용업주가 사후에 조치 명령을 이행한 경우에는 이를 확인한 날부터 2일 이내에 공개내용을 해당 인터넷 홈페이지에서 삭제해야 한다

9. 화재안전조사 결과 공개

구분	규 정 내 용
공개할 사유	소방청장, 소방본부장 또는 소방서장은 다중이용업소에 대한 화재안전조사를 실시한 경우 인터넷 등에 공개할 수 있다.
공개할 사항	• 다중이용업소의 상호 및 주소 • 안전시설등 설치 및 유지·관리 현황 • 피난시설, 방화구획 및 방화시설 설치 및 유지·관리 현황 • 소방안전교육 이수 현황 • 안전시설등에 대한 정기점검 결과 • 화재배상책임보험 가입 현황
공개시기	화재안전조사를 실시한 날부터 30일 이내
공개방법	소방청, 시·도 소방본부 또는 소방서의 인터넷 홈페이지
공개기간	60일 이내의 기간 동안 게시

10. 안전관리우수업소 표지 2018년 2020년 2021년 2023년

구분	규정 내용
요건	• 공표일 기준으로 **최근 3년 동안** 피난시설, 방화구획 및 방화시설의 유지·관리 위반행위가 없을 것 • 공표일 기준으로 **최근 3년 동안** 소방·건축·전기 및 가스 관련 법령 위반 사실이 없을 것 • 공표일 기준으로 **최근 3년 동안** 화재 발생 사실이 없을 것 • 자체 계획을 수립하여 종업원의 소방교육 또는 소방훈련을 정기적으로 실시하고 공표일 기준으로 **최근 3년 동안** 그 기록을 보관하고 있을 것
공표절차	• 관보, 인터넷 홈페이지, 일간지 등 인정 예정공고 • 이의신청 : 인정 예정공고일로부터 20일 이내 • 안전관리우수업소 인정하여 공표하려는 경우 : 공표일부터 2년의 범위에서 안전관리우수업소표지 사용 기간을 정하여 공표
우수업소 혜택	통보받은 날부터 **2년**이 되는 날까지 소방안전교육 및 화재안전조사를 면제
공표시기	지체없이
표지 갱신	표지를 내준 날부터 **2년마다** 정기적으로 심사
갱신시기	표지를 발급한 날부터 **2년이 되는 날 이후 30일 이내**에 정기심사
대장기록,관리	안전관리우수업소 표지 발급(갱신발급)대장에 기록 관리
공표 또는 갱신 공포 내용	• 안전관리우수업소의 명칭과 다중이용업주 이름 • 안전관리우수업무의 내용 • 안전관리우수업소 표지를 부착할 수 있는 기간
사용정지 공표내용	• 표지 사용정지 대상인 다중이용업소의 명칭과 다중이용업주 이름 • 안전관리우수업소 표지의 사용을 정지하는 사유 • 안전관리우수업소 표지의 사용정지 일

CHAPTER 05 보칙

구분	규 정 내 용
압류금지	화재배상책임보험의 보험금 청구권 중 다른 사람의 **사망 또는 부상으로 인하여 발생한 청구권**은 이를 압류할 수 없다.
권한의 위탁등	• 다중이용업주 및 그 종업원에 대한 소방안전교육 업무 • 책임보험전산망의 구축·운영에 관한 업무
수뢰 관련 벌칙 적용 시 공무원 의제	• 화재위험평가업무를 대행하는 사람 • 다중이용업주 및 그 종업원에 대한 소방안전교육을 위탁 받은 업무에 종사하는 법인 또는 단체의 임원 및 직원 • 책임보험전산망의 구축·운영을 위탁받은 업무에 종사하는 법인 또는 단체의 임원 및 직원
비밀누설 등 금지	업무를 위탁받은 자는 그 직무상 알게 된 정보를 누설하거나 다른 사람에게 제공하는 등 부당한 목적을 위하여 사용하여서는 아니 된다. → 위반시 : 1년 이하의 징역 또는 1천만원 이하의 벌금

CHAPTER 06 벌칙

(1) 벌칙

구 분	규 정 내 용
1년이하의 징역 또는 1천만원 이하 벌금	• 평가대행자로 등록하지 아니하고 화재위험평가 업무를 대행한 자 • 소방안전교육 업무를 위탁받은 자 또는 책임보험 전산망의 구축·운영 업무를 위탁 받은 자가 그 직무로 알게 된 정보를 다른 사람에게 정보를 제공하거나 부당한 목적으로 이용한 자
양벌규정	그 법인 또는 개인에게도 해당 조문의 벌금형을 과(科)한다
과태료 부과 및 징수권자	소방청장, 소방본부장 또는 소방서장

(2) 과태료 2017~19년 2021~22년 2023년 2024년

① 100만원의 과태료(암기TIP : 2회 이상, 신고하지 않고 안전시설등 및 영업장 내부구조를 변경한 경우)

위반행위	과태료 금액
안전시설등의 작동·기능에 지장을 주지 않는 경미한 사항을 2회 이상 위반한 경우	100만원
안전시설등 설치신고를 하지 않고 안전시설등을 설치한 경우	
안전시설등 설치신고를 하지 않고 영업장 내부구조를 변경한 경우	

② 200만원의 과태료(암기TIP : 고장상태를 즉시 보고하지 않은 경우 : 200만원)

위반행위	과태료 금액
안전시설등을 다음에 해당하는 고장상태 등으로 방치한 경우 (소화펌프,수신반,동력(감시)제어반,소방설비용비상전원,소화배관 폐쇄)	200만원
안전사고의 보고 또는 즉시보고를 하지 않거나 거짓으로 한 경우	

③ 300만원의 과태료(암기TIP : 보안실추) 2024년

위반행위	과태료 금액
안전시설등을 설치하지 않은 경우	300만원
비상구에 추락 등의 방지를 위한 장치를 기준에 따라 갖추지 않은 경우	
실내장식물을 기준에 따라 설치·유지하지 않은 경우	
보험회사가 보험만료 사실을 통지를 하지 않은 경우	
보험회사가 다중이용업주와의 화재배상책임보험 계약 체결을 거부한 경우	
보험회사가 임의로 계약을 해제 또는 해지한 경우	

④ 화재배상책임보험 가입 의무 기간 경과에 따른 과태료

위반행위	과태료 금액
화재배상책임보험에 가입하지 않은 기간이 10일 이하인 경우	100만원
화재배상책임보험에 가입하지 않은 기간이 10일 초과 30일 이하인 경우	100만원에 11일째부터+만원/일
화재배상책임보험에 가입하지 않은 기간이 30일 초과 60일 이하인 경우	120만원에 31일째부터+2만원/일
화재배상책임보험에 가입하지 않은 기간이 60일 초과인 경우	180만원에 61일째부터+3만원/일

⑤ 위반 차시별 개별기준 (암기TIP : 피난4, 완구교안(완공신고, 구획, 교육, 안전관리))

위반행위	과태료 금액		
	1차	2차	3차
피난시설, 방화구획 또는 방화시설을 폐쇄·훼손·변경하는 등의 행위를 한 경우	100	200	300
비상구를 폐쇄·훼손·변경하는 등의 행위를 한 경우	100	200	300
피난안내도를 갖추어 두지 않거나 피난안내에 관한 영상물을 상영하지 않은 경우	100	200	300
영업장 내부 피난통로에 피난에 지장을 주는 물건 등을 쌓아 놓은 경우	100	200	300
영업장의 내부구획 기준에 따라 내부구획을 설치·유지하지 않은 경우	100	200	300
안전시설등의 공사를 마친 후 신고를 하지 않은 경우	100	200	300
다중이용업주가 소방안전교육을 받지 않거나 종업원이 소방안전교육을 받도록 하지 않은 경우	100	200	300
소방안전관리 업무를 하지 않은 경우	100	200	300
정기점검과 관련한 다음의 의무를 위반한 경우 • 안전시설등을 점검(소방시설관리업자에게 위탁하여 실시하는 경우를 포함한다)하지 아니한 경우 • 정기점검결과서를 작성하지 아니하거나 거짓으로 작성한 경우 • 정기점검결과서를 보관하지 아니한 경우	100	200	300

(3) 이행강제금 2017년 2017년 2021년 2022년 2024년

① 부과대상 등

구분	규정 내용
부과대상	• 안전시설등에 대하여 보완 등 필요한 조치 명령을 이행하지 않은 경우 • 실내장식물에 대한 교체 또는 제거 등 필요한 조치 명령을 이행하지 않은 경우 • 영업장의 내부구획에 대한 보완 등 필요한 조치 명령을 이행하지 않은 경우 • 화재안전조사 개수·이전·제거 등 조치 명령을 이행하지 않은 경우
부과횟수	최초의 조치 명령을 한 날을 기준으로 **매년 2회**의 범위에서 그 조치 명령이 이행될 때까지 반복해서 부과할 수 있다.
부과중지	조치 명령을 받은 자가 명령을 이행하면 새로운 이행강제금의 부과를 즉시 중지하되, 이미 부과된 이행강제금은 징수하여야 한다.
체납처분	국세 체납처분의 예 또는 「지방행정제재·부과금의 징수 등에 관한 법률」에 따라 징수

② 이행강제금 부과 개별기준

위반행위	이행강제금 금액
가. **안전시설등**에 대하여 보완 등 필요한 조치명령을 위반한 경우	
1) 안전시설등의 작동·기능에 지장을 주지 않는 경미한 사항인 경우	200
2) 안전시설등을 고장상태로 방치한 경우	600
3) 안전시설등을 설치하지 않은 경우	1,000
나. **실내장식물**에 대한 교체 또는 제거 등 필요한 조치 명령을 위반한 경우	1,000
다. **영업장의 내부구획**에 대한 보완 등 필요한 조치 명령을 위반한 경우	1,000
라. 화재안전조사 조치 명령을 위반한 경우	
1) 다중이용업소의 **공사의 정지 또는 중지 명령**을 위반한 경우	200
2) 다중이용업소의 **사용금지 또는 제한 명령**을 위반한 경우	600
3) 다중이용업소의 **개수·이전 또는 제거 명령**을 위반한 경우	1,000

CHAPTER 07 년, 월, 일 등 정리

1. 보고기일 등 정리

구분	내용	기간	주체 및 객체
안전관리 계획	안전관리기본계획 수립	5년마다	소방청장
	연도별 안전관리계획	매년(전년도 12.31까지)	소방청장
	안전관리 집행계획	매년(전년도 12.31까지)	소방본부장
	안전관리 집행계획 제출	매년 1월31일까지	소방본부장이 소방청장에게
허가등의 통보	허가사항 통보	허가등을 한 날로부터 14일 이내	허가청이 소방본부장 또는 소방서장에게
	신고사항 통보	신고를 수리한 날로부터 30일 이내	허가청이 소방본부장 또는 소방서장에게
소방안전 교육	교육에 필요한 사항	교육일 10일 전	소방청장, 소방본부장, 소방서장이 교육 대상자에게
	소방안전교육시간	4시간 이내	
	소방안전교육 이수 증명서 재교부	즉시	소방청장, 소방본부장, 소방서장이 교육대상자에게
안전시설 완비증명서	재발급	3일 이내	
피난안내 영상물	상영시간	영업장의 내부구조를 고려하여 정함	
	상영시기 영화상영관, 비디오물 소극장업	매회 상영 시작 전	
	상영시기 노래방 등 그 밖의 영업	노래방기기가 처음 작동될 때	
정기점검	정기점검 결과 보관	작성하여 1년간	다중이용업주
	정기점검 시기	분기별 1회	
화재위험 평가 대행자 등록	등록증 발급	신청을 받은 날부터 30일 이내	소방청장
	변경 등록신청	변경 사유 발생일부터 30일 이내	등록자가 소방청장에게
	등록증 재발급	3일 이내	소방청장이 등록자에게
	화재위험평가서 보존 기간	2년간	
안전관리 우수업소	사용 기간	2년의 범위	소방본부장 또는 소방서장이
	예정공고 시 이의 신청	20일 이내	소방본부장 또는 소방서장에게
	화재안전조사 및 소방안전교육 면제	통보받은 날로부터 2년이 되는 날까지	소방본부장 또는 소방서장이
	정기심사(갱신심사)	2년마다(30일 이내)	

과태료	경감	1/2	
이행강제금	이의 신청	30일 이내	
	경감	1/2	

2. 권한자 정리

권한자	권한 내용
소방청장	• 다중이용업소 안전관리 기본계획 수립 • 다중이용업소 연도별 안전관리 계획 수립 • 평가대행자 등록허가 • 평가서의 작성방법 및 평가대행 비용의 산정기준 • 안전관리에 관한 전산시스템의 구축·운영 • 평가대행자 휴업 또는 폐업신고를 받은 때에는 특별시장·광역시장·특별자치시장·도지사 또는 특별자치도지사에게 통보 • 수립된 기본계획 및 연도별계획을 관계 중앙행정기관의 장과 시·도지사에게 통보 • 연도별 계획을 수립하면 지체 없이 관계 중앙행정기관의 장과 시·도지사 및 소방본부장에게 통보
소방본부장	다중이용업소 집행계획 수립
소방본부장 또는 서장	• 다중이용업 허가등 사항 처리 접수대장에 그 사실을 기록하여 관리 • 소방안전교육 이수증명서를 즉시 재발급 업무 • 안전시설등 완비증명서를 발급 • 안전시설등 완비증명서를 재발급 • 책임보험 미가입자 인,허가 등 취소요청 • 관할세무관서에 과세자료요청 • 안전관리우수업소 표지 발급 • 안전관리우수업소 표지 갱신발급 • 안전관리우수업소 공표
소방청장, 소방본부장 또는 서장	그 외 모두

3. 년, 월 정리

구분	조문내용
5년	소방청장은 다중이용업소의 기본계획을 관계 중앙행정기관의 장과 협의를 거쳐 **5년**마다 수립해야 한다.
	행정처분권자는 위반 행위자가 처음 해당 위반행위를 한 경우로서, **5년 이상** 평가대행업을 모범적으로 해온 사실이 인정되는 경우 위반행위의 동기·내용·횟수 및 위반의 정도 등 고려하여 그 처분기준의 2분의 1 범위에서 감경할 수 있다.
3년	**안전관리우수업소 요건** • 공표일 기준으로 **최근 3년 동안** 「소방시설 설치 및 관리에 관한 법률」 제16조제1항 각 호의 위반행위가 없을 것 • 공표일 기준으로 **최근 3년 동안** 소방·건축·전기 및 가스 관련 법령 위반 사실이 없을 것 • 공표일 기준으로 **최근 3년 동안** 화재 발생 사실이 없을 것

	• 자체계획을 수립하여 종업원의 소방교육 또는 소방훈련을 정기적으로 실시하고 공표일 기준으로 **최근 3년 동안** 그 기록을 보관하고 있을 것
	소방청장은 규제의 검토 기준일을 기준으로 **3년마다**(매 3년이 되는 해의 기준일과 같은 날 전까지를 말한다) 그 타당성을 검토하여 개선 등의 조치를 해야 한다.
	과태료를 가중된 부과처분을 하는 경우 가중처분의 적용 차수는 그 위반행위 전 부과처분 차수의 다음 차수로 한다. 다만, 적발된 날부터 소급하여 **3년이 되는 날 전**에 한 부과처분은 가중처분의 차수 산정 대상에서 제외한다.
	과태료 부과권자는 위반행위자가 처음 위반행위를 한 경우로서, **3년 이상** 해당 업종을 모범적으로 영위한 사실이 인정되는 경우에는 과태료 금액의 2분의 1의 범위에서 그 금액을 감경하여 부과할 수 있다.
	평가대행자 등록 후 **2년 이내**에 화재위험평가 대행업무를 개시하지 아니하거나 계속하여 2년 이상 화재위험평가 대행실적이 없는 경우 위반행위의 횟수에 따른 행정처분기준은 3년간 같은 위반행위로 행정처분을 받은 경우에 적용한다.
	다중이용업주 및 종업원은 신규 교육 또는 직전의 보수 교육을 받은 날이 속하는 달의 마지막 날부터 **2년 이내**에 1회 이상 보수교육을 받아야 한다.
	소방안전교육을 받은 사람이 교육받은 날부터 **2년 이내**에 다중이용업을 하려는 경우 또는 다중이용업에 종사하려는 경우에는 신규 교육을 받은 것으로 본다.
	평가대행자가 등록이 취소(피성년후견인에 해당하여 등록이 취소된 경우는 제외한다)된 후 **2년**이 지나지 아니한 자는 평가대행자 등록을 할 수 없다.
2년	이 법, 「소방기본법」, 「소방시설공사업법」, 「화재의 예방 및 안전관리에 관한 법」, 「소방시설의 설치 및 관리에 관한 법률」, 「위험물 안전관리법」을 위반하여 징역 이상의 실형을 선고받고 그 형의 집행이 끝나거나 집행을 받지 아니하기로 확정된 후 **2년**이 지나지 아니한 사람은 평가대행자 등록을 할 수 없다.
	등록 후 **2년 이내**에 화재위험평가 대행 업무를 시작하지 아니하거나 계속하여 2년 이상 화재위험평가 대행 실적이 없는 경우에는 행정처분 기준은 1차 경고, 2차 등록 취소에 해당한다.
	소방본부장이나 소방서장은 안전관리우수업소를 인정하여 공표하려는 경우에는 공표일부터 **2년**의 범위에서 안전관리우수업소표지 사용기간을 정하여 공표해야 한다.
	소방본부장이나 소방서장은 안전관리우수업소에 대하여 안전관리우수업소 표지를 내준 날부터 **2년마다** 정기적으로 심사를 하여 위반사항이 없는 경우에는 안전관리우수업소표지를 갱신하여 내줘야 한다.
2년	소방본부장이나 소방서장은 안전관리우수업소에 해당하는 다중이용업소에 대하여는 소방본부장 또는 소방서장으로부터 안전관리업무 이행실태가 우수하다고 통보 받은 날부터 **2년이 되는 날**까지 소방안전교육 및 「화재의 예방 및 안전관리에 관한 법률」 제7조에 따른 화재안전조사를 면제할 수 있다.
	소방본부장 또는 소방서장은 영 제21조제1항에 따라 안전관리우수업소 표지를 발급한 날부터 **2년**이 되는 날 이후 30일 이내에 정기심사를 실시하여 요건에 적합한 경우에는 안전관리우수업소표지를 갱신해 주어야 한다.
	다중이용업주 및 종업원은 신규 교육 또는 직전의 보수 교육을 받은 날이 속하는 달의 마지막 날부터 **2년 이내**에 1회 이상 보수교육을 받아야 한다.
1년	**1년** 이하의 징역 또는 1천만원 이하의 벌금 • 평가대행자로 등록하지 아니하고 화재위험평가 업무를 대행한 자 • 업무를 위탁받은 자가 그 직무상 알게 된 정보를 다른 사람에게 정보를 제공하거나 부당한 목적으로 이용한 자

	위반행위의 횟수에 따른 과태료의 가중된 부과기준은 **최근 1년간** 같은 위반행위로 과태료 부과처분을 받은 경우에 적용한다. 이 경우 기간의 계산은 위반행위에 대하여 과태료 부과처분을 받은 날과 그 처분 후 다시 같은 위반행위를 하여 적발된 날을 기준으로 한다.
	위반행위의 횟수에 따른 행정처분기준은 **최근 1년간** 같은 위반행위로 행정처분을 받은 경우에 적용한다. 이 경우 행정처분 기준의 적용은 같은 위반행위에 대하여 최초로 행정처분을 한 날을 기준으로 한다.
	최근 1년 이내에 2회의 업무정지처분을 받고 다시 업무정지처분 사유에 해당하는 행위를 한 경우에는 등록취소해야 한다.
매년	소방청장은 **매년** 연도별 안전관리계획(이하 "연도별 계획"이라 한다)을 전년도 12월 31일까지 수립해야 한다.
	소방본부장은 공고된 기본계획과 통보된 연도별 계획에 따라 안전관리집행계획을 수립해야 하며, 수립된 집행계획과 전년도 추진실적을 **매년 1월 31일**까지 소방청장에게 제출해야 한다.
	소방청장은 보험회사가 보험요율을 차등 적용하는 데 활용할 수 있도록 화재위험평가 결과, 법령위반업소 현황, 안전관리우수업소 현황을 **매년 1월 31일**까지 보험요율 산출기관에 제공해야 한다.
6개월	소방청장은 평가대행자가 행정처분에 해당하는 규정을 위반한 경우에는 그 등록을 취소하거나 **6개월 이내**의 기간을 정하여 업무의 정지를 명할 수 있다. 다만, 등록취소사유에 해당하는 위반행위의 경우에는 경우에는 그 등록을 취소하여야 한다.
	소방청장은 동의서의 기재내용 또는 관계기관의 조회결과를 확인하여 필요한 경우 화재위험평가를 대행하려는 자에게 심신상실자 등 해당하지 않음을 증명하는 해당 분야 전문의의 진단서 또는 소견서(제출일 기준 **6개월 이내**에 발급된 서류에 한정한다)를 제출하도록 요청할 수 있다. 이 경우 화재위험평가를 대행하려는 자는 해당 서류를 소방청장에게 제출해야 한다.
3개월	수시 교육은 규정된 이 법에서 정하는 법을 위반한 다중이용업주와 교육대상 종업원은 위반행위가 적발된 날부터 **3개월 이내**에 소방안전교육을 받아야 한다.
	교육대상자가 국외에 체류하고 있거나, 질병·부상 등으로 입원해 있는 등 정해진 기간 안에 소방안전교육을 받을 수 없는 사유가 있는 때에는 소방청장이 정하는 바에 따라 **3개월**의 범위에서 소방안전교육을 연기할 수 있다.
1개월	보험기간이 **1개월 이내**인 계약의 경우의 경우 보험계약사실을 알리지 않아도 된다.

4. 기일정리 2021년

구분	조문내용
75일	보험회사는 화재배상책임보험의 계약을 체결하고 있는 다중이용업주에게 그 계약 종료일의 **75일 전**부터 30일 전까지의 기간 및 30일 전부터 10일 전까지의 기간에 각각 그 계약이 끝난다는 사실을 알려야 한다.
60일	화재안전조사 결과의 공개는 해당 조사를 실시한 날부터 30일 이내에 소방청, 시·도 소방본부 또는 소방서의 인터넷 홈페이지에 **60일 이내**의 기간 동안 게시하는 방법으로 한다.
30일	허가관청은 휴·폐업과 휴업 후 영업재개신고를 수리한 때에는 다중이용업 허가등 사항(변경사항)통보서에 따라 **30일 이내**에 소방본부장 또는 소방서장에게 통보하여야 한다.
	허가관청은 영업장 또는 업주 변경, 상호, 업주 또는 영업장 주소 변경사항의 신고를 수리한 때에는 수리한 날부터 **30일 이내**에 다중이용업 허가등 사항(변경사항)통보서에 따라 그 변경내용을 관할 소방본부장 또는 소방서장에게 통보하여야 한다.

	소방청장·소방본부장 또는 소방서장은 소방안전교육을 실시하려는 때에는 교육 일시 및 장소 등 소방안전교육에 필요한 사항을 교육일 **30일 전**까지 소방청·소방본부 또는 소방서의 홈페이지에 게재해야 한다.
	보상금의 지급 또는 공탁의 통지에 불복하는 자는 지급 또는 공탁의 통지를 받은 날부터 **30일 이내**에 행정안전부령으로 정하는 바에 따라 「공익사업을 위한 토지 등의 취득 및 보상에 관한 법률」에 따른 중앙토지수용위원회에 재결(裁決)을 신청할 수 있다.
	소방청장은 평가대행자의 등록신청이 기준에 적합하다고 인정되는 경우에는 등록신청을 받은 날부터 **30일 이내**에 화재위험평가대행자등록증을 발급하고, 화재위험평가대행자등록증 발급(재발급) 대장에 기록하여 관리해야 한다.
	평가대행자는 대표자, 사무소 소재지, 명칭이나 상호, 기술인력 보유현황의 변경사유가 발생하면 변경사유가 발생한 날부터 **30일 이내**에 행정안전부령으로 정하는 서류를 첨부하여 행정안전부령으로 정하는 바에 따라 소방청장에게 변경등록을 해야 한다.
	소방본부장 또는 소방서장은 안전관리우수업소 표지를 발급한 날부터 2년이 되는 날 이후 **30일 이내**에 정기심사를 실시하여 안전관리우수업소 요건에 적합한 경우에는 안전관리우수업소표지를 갱신해 주어야 한다.
20일	안전관리우수업소 인정 예정공고의 내용에 이의가 있는 사람은 안전관리우수업소 인정 예정공고일부터 **20일 이내**에 소방본부장이나 소방서장에게 전자우편이나 서면으로 이의신청을 할 수 있다.
14일	허가등를 하는 허가관청은 허가등을 한 날부터 **14일 이내**에 다음 각 호의 사항을 다중이용업 허가등 사항(변경사항)통보서에 따라 관할 소방본부장 또는 소방서장에게 통보하여야 한다.
	보험회사는 화재배상책임보험의 보험금 청구를 받은 때에는 지체 없이 지급할 보험금을 결정하고 보험금 결정 후 **14일 이내**에 피해자에게 보험금을 지급하여야 한다.
10일	소방청장·소방본부장 또는 소방서장은 수시 교육 및 보수 교육을 실시하려는 때에는 교육 대상자에게 교육일 **10일 전**에 교육 일시 및 장소 등 소방안전교육에 필요한 사항을 교육대상자에게 알려야 한다.
	보험회사는 화재배상책임보험의 계약을 체결하고 있는 다중이용업주에게 그 계약 종료일의 75일 전부터 30일 전까지의 기간 및 30일 전부터 **10일 전**까지의 기간에 각각 그 계약이 끝난다는 사실을 알려야 한다.
5일	보험회사는 화재책임보험 계약 체결 사실을 보험회사의 전산시스템에 입력한 날부터 **5일 이내**에 소방청장, 소방본부장 또는 소방서장에게 알려야 한다. 다만, 계약의 효력발생일부터 30일을 초과하여서는 아니 된다.
3일	소방본부장 또는 소방서장은 안전시설등 재발급 신청을 받은 날부터 **3일 이내**에 안전시설등 완비증명서를 재발급하고, 안전시설등 완비증명서 발급 대장에 그 사실을 기록하여 관리하여야 한다.
	소방청장은 화재위험평가대행자등록증 재발급 신청서를 접수한 경우에는 **3일 이내**에 화재위험평가대행자등록증을 재발급해야 한다.
2일	소방청장, 소방본부장 또는 소방서장은 위반업소를 소방청, 소방본부 또는 소방서의 인터넷 홈페이지에 공개한 경우로서 다중이용업주가 사후에 안전시설등 보완등 조치명령 및 화재안전조사 조치명령을 이행한 경우에는 이를 확인한 날부터 **2일 이내**에 공개내용을 해당 인터넷 홈페이지에서 삭제해야 한다.

5. 보관 및 보존기간 정리

구분	조문내용
1년간	다중이용업주는 다중이용업소의 안전관리를 위하여 정기적으로 안전시설등을 점검하고 그 점검결과서를 **작성하여 1년간 보관**하여야 한다.
2년간	평가대행자가 준수해야 할 사항으로 화재위험평가결과보고서를 소방청장·소방본부장 또는 소방서장 등에게 제출한 날부터 **2년간을 보존**해야 한다.
3년간	안전관리우수업소의 요건의 일부에서 자체계획을 수립하여 종업원의 소방교육 또는 소방훈련을 정기적으로 실시하고 공표일 기준으로 **최근 3년 동안 그 기록을 보관**하고 있어야 한다.

6. 횟수 정리

구분	조문내용
1회	다중이용업주 및 종업원은 신규 교육 또는 직전의 보수 교육을 받은 날이 속하는 달의 마지막 날부터 **2년 이내에 1회 이상** 보수교육을 받아야 한다.
	다중이용업소 정기점검주기는 **매 분기별 1회 이상** 점검해야 한다.
2회	**최근 1년 이내에 2회**의 업무정지처분을 받고 다시 업무정지처분 사유에 해당하는 행위를 한 경우에는 등록취소해야 한다.
	소방청장, 소방본부장 또는 소방서장은 다중이용업주가 제9조제2항 및 제15조제2항에 따른 조치 명령을 **2회 이상** 받고도 이행하지 아니하였을 때에는 그 조치 내용(그 위반사항에 대하여 수사기관에 고발된 경우에는 그 고발된 사실을 포함한다)을 인터넷 등에 공개할 수 있다.
	안전시설등의 작동·기능에 지장을 주지 않는 경미한 사항을 **2회 이상** 위반한 경우에는 100만원의 과태료에 해당한다.
	소방청장, 소방본부장 또는 소방서장은 최초의 조치 명령을 한 날을 기준으로 **매년 2회의 범위**에서 그 조치 명령이 이행될 때까지 반복하여 이행강제금을 부과·징수할 수 있다.

7. 시간 및 시기 정리

구분	조문내용
시간	방탈출카페업 : 제한된 **시간 내**에 방을 탈출하는 놀이 형태의 영업
	소방안전교육 시간은 **4시간 이내**로 한다.
	피난안내 영상물 상영 시간 : 영업장의 내부구조 등을 고려하여 정함
시기	집행계획의 수립시기는 해당 연도 **전년 12월 31일**까지로 하며, 그 수립대상은 다중이용업으로 한다.
	신규 교육 대상자 중 안전시설등의 설치신고 또는 영업장 내부구조 변경신고를 하는 자는 신고 접수 시에 교육 일시 및 장소 등 소방안전교육에 필요한 사항을 교육대상자에게 알려야 한다.
	신규 교육은 다음 시기에 소방안전교육을 받아야 한다. • 다중이용업을 하려는 자: **다중이용업을 시작하기 전.** • 다른 법률에 따라 다중이용업주의 변경신고 또는 다중이용업주의 지위승계 신고를 하는 경우: 허가관청이 해당 신고를 **수리하기 전까지** • 안전시설등의 설치신고 또는 영업장 내부구조 변경신고를 한 경우: **완공신고를 하기 전까지** • 교육대상 종업원: **다중이용업에 종사하기 전**
	수시 교육은 규정된 이 법에서 정하는 법을 위반한 다중이용업주와 교육대상 종업원은 위반행위가 적발된 날부터 **3개월 이내**에 소방안전교육을 받아야 한다.
	교육대상자가 국외에 체류하고 있거나, 질병·부상 등으로 입원해 있는 등 정해진 기간 안에 소방안전교육을 받을 수 없는 사유가 있는 때에는 소방청장이 정하는 바에 따라 **3개월**의 범위에서 소방안전교육을 연기할 수 있다.
	보험회사는 화재배상책임보험 계약을 체결한 자가 그 계약 기간이 끝난 후 자기와 다시 계약을 체결하지 아니한 경우에는 다음 시기에 소방청장, 소방본부장 또는 소방서장에게 알려야 한다. • 매월 1일부터 10일까지의 기간 내에 계약이 끝난 경우: **같은 달 20일까지** • 매월 11일부터 20일까지의 기간 내에 계약이 끝난 경우: **같은 달 말일까지** • 매월 21일부터 말일까지의 기간 내에 계약이 끝난 경우: **그 다음 달 10일까지**

8. 분수정리

구분	조문내용
1/2	비상구는 영업장 주된 출입구의 반대방향에 설치하되, 주된 출입구 중심선으로부터의 수평거리가 영업장의 가장 긴 대각선 길이, 가로 또는 세로 길이 중 가장 긴 길이의 **2분의 1 이상** 떨어진 위치에 설치할 것.
	건물구조로 인하여 주된 출입구의 반대방향에 설치할 수 없는 경우에는 주된 출입구 중심선으로부터의 수평거리가 영업장의 가장 긴 대각선 길이, 가로 또는 세로 길이 중 가장 긴 길이의 **2분의 1 이상** 떨어진 위치에 설치할 수 있다.
	주된 출입구 외에 해당 영업장 내부에서 피난층 또는 지상으로 통하는 직통계단이 주된 출입구 중심선으로부터 수평거리로 영업장의 긴 변 길이의 **2분의 1 이상** 떨어진 위치에 별도로 설치된 경우에는 비상구를 설치하지 않을 수 있다.
	위반행위가 둘 이상인 경우로서 그에 해당하는 각각의 행정처분기준이 다른 경우에는 그 중 무거운 처분기준에 따른다. 다만, 둘 이상의 처분기준이 동일한 업무정지인 경우에는 각 처분기준을 합산한 기간을 넘지 아니하는 범위에서 위반행위가 고의나 중대한 과실에 의한 것으로 인정되는 경우 또는 위반의 내용·정도가 중하다고 인정되는 경우를 고려하여 무거운 처분기준의 **2분의 1 범위**에서 가중할 수 있다.
	행정처분권자는 위반행위의 동기·내용·횟수 및 위반의 정도 등 다음 각 세목에 해당하는 사유를 감안하여 그 처분기준의 **2분의 1 범위**에서 감경할 수 있다.
	과태료 부과권자는 위반행위자가 다음의 어느 하나에 해당하는 경우에는 제2호에 따른 과태료 금액의 **2분의 1의 범위**에서 그 금액을 감경하여 부과할 수 있다.
	이행강제금 부과권자는 위반행위의 동기와 그 결과를 고려하여 이행강제금 부과기준액의 **2분의 1까지 경감**하여 부과할 수 있다.
	"손가락을 제대로 못쓰게 된 것"이란 손가락 끝부분의 **2분의 1** 이상을 잃거나 중수지관절 또는 몸쪽 가락뼈사이관절에 뚜렷한 운동장애가 남은 경우를 말한다.
	"발가락을 제대로 못쓰게 된 것"이란 엄지발가락은 끝관절의 **2분의 1** 이상을, 그 밖의 발가락은 끝관절 이상을 잃거나 발허리발가락관절 또는 몸쪽가락뼈사이관절에 뚜렷한 운동장애가 남은 경우를 말한다.
	"흉복부 장기의 기능에 장애가 남아 손쉬운 노무 외에는 종사할 수 없는 것"이란 중등도(中等度)의 흉복부 장기의 장애로 노동능력이 일반인의 **2분의 1** 정도만 남은 경우를 말한다.
3/4	"제대로 못쓰게 된 것"이란 정상기능의 **4분의 3 이상**을 상실한 경우를 말하고, "뚜렷한 장애가 남은 것"이란 정상기능의 **2분의 1** 이상을 상실한 경우를 말하며, "장애가 남은 것"이란 정상기능의 **4분의 1 이상**을 상실한 경우를 말한다.
1/4	"신경계통의 기능 또는 정신기능에 뚜렷한 장애가 남아 특별히 손쉬운 노무 외에는 종사할 수 없는 것"이란 신경계통의 기능 또는 정신기능의 뚜렷한 장애로 노동능력이 일반인의 **4분의 1 정도**만 남아 평생 동안 특별히 쉬운 일 외에는 노동을 할 수 없는 경우를 말한다.
	"흉복부 장기의 기능에 뚜렷한 장애가 남아 특별히 손쉬운 노무 외에는 종사할 수 없는 것"이란 흉복부 장기의 장애로 노동능력이 일반인의 **4분의 1** 정도만 남은 경우를 말한다.

9. 규격정리

구분	규격
화재배상책임보험 표지	지름 120mm
안전관리우수업소 표지	가로 450mm × 세로 300mm
비상구	가로 75cm 이상, 세로 150cm 이상
발코니	• 활하중 5킬로뉴턴/제곱미터(5kN/m²) 이상, • 가로 75cm 이상, 세로 150cm 이상, 면적 1.12m² 이상, • 난간의 높이 100cm 이상
부속실	가로 75cm 이상, 세로 150cm 이상, 면적 1.12m² 이상
부속실 입구 문과 건물 외부로 나가는 문	• 가로 75cm 이상, 세로 150cm 이상 • 120cm 이상 난간 설치시 규격 : 가로 75cm 이상, 세로 100cm 이상 창호
피난통로의 폭	편복도 : 120cm 이상, 양복도 : 150cm 이상
고시원업의 창문	가로 50cm 이상 × 세로 50cm 이상
반자돌림대	10cm 이하는 실내장식물에서 제외

10. 면적

구분		규격
휴게음식점, 일반음식점, 제과점의 다중이용업 범위	지상층	100m²
	지하층	66m²
만화카페업 제외		바닥면적의 합계가 50m²미만
화재위험평가대상		2,000m² 지역 안에 업소가 50개 이상 밀집한 경우 또는 하나의 건축물에 업소로 사용하는 영업장 바닥면적의 합계가 1,000m² 이상인 경우
비상구 설치 제외		바닥면적의 합계가 33m² 이하, 구획된 실(室)이 없고, 수평거리가 10미터 이하인 경우
피난안내도 비치 제외		바닥면적의 합계가 33m² 이하, 구획된 실(室)이 없고, 어느 부분에서도 출입구 및 비상구를 확인할 수 있는 경우
소방안전교육 위탁기관이 갖추어야 할 시설기준	사무실	60m² 이상
	강의실	100m² 이상
	실습·체험실	100m² 이상

11. 대상정리

구분	대상
휴게, 일반, 제과점의 다중이용업 범위	휴게음식점영업·제과점영업 또는 일반음식점영업 • 지상층 : 영업장으로 사용하는 바닥면적의 합계가 100제곱미터 이상 • 지하층 : 영업장의 바닥면적 합계가 66제곱미터 이상
허가관청의 확인사항	• 소방안전교육 이수 사항 • 화재배상책임보험 가입사항
실내장식물	• 종이류(두께 2mm 이상인 것을 말한다)·합성수지류 또는 섬유류를 주원료로 한 물품 • 합판이나 목재 • 공간을 구획하기 위하여 설치하는 간이 칸막이 • 흡음재(흡음용 커튼을 포함) 또는 방음재(방음용 커튼을 포함)
천정까지 구획대상	단란주점, 유흥주점영업 또는 노래연습장업
피난안내 영상물	• 영화상영관 및 비디오물소극장업의 영업장 • 노래연습장업의 영업장 • 단란주점영업 및 유흥주점영업의 영업장 • 영상물 상영시설이 설치된 전화방업·화상대화방업, 수면방업, 콜라텍업, 방탈출카페업, 만화카페업, 키즈카페업
소방안전 교육대상	• 다중이용업을 운영하는 자 • 다중이용업주 외에 해당 영업장(둘 이상의 영업장의 경우 각각의 영업장)을 관리하는 종업원 1명 이상 또는 국민연금 가입의무대상자인 종업원 1명 이상 • 다중이용업을 하려는 자
안전사고등 즉시보고 대상	• 사람이 사망한 사고 • 사람이 부상당하거나 중독된 사고 • 화재 또는 폭발 사고 • 비상구에서 사람이 추락한 사고
화재위험 평가대상	• 2천제곱미터 지역 안에 다중이용업소가 50개 이상 밀집하여 있는 경우 • 5층 이상인 건축물로서 다중이용업소가 10개 이상 있는 경우 • 하나의 건축물에 다중이용업소로 사용하는 영업장 바닥면적의 합계가 1천제곱미터 이상인 경우
평가대행자 준수사항	• 평가서를 거짓으로 작성하지 아니할 것 • 다른 평가서의 내용을 복제(複製)하지 아니할 것 • 평가서를 2년 동안 보존할 것 • 등록증이나 명의를 다른 사람에게 대여하거나 도급받은 화재위험평가 업무를 하도급하지 아니할 것
간이스프링 설치 대상	• 지하층에 설치된 영업장 • 산후조리원업의 영업장(지상1층·지상과 직접 맞닿은 층은 제외) • 고시원업의 영업장(지상1층·지상과 직접 맞닿은 층은 제외) • 밀폐구조의 영업장 • 권총사격장의 영업장
창문	고시원업영업장
전기안전점검 확인서 첨부 대상	고시원업, 전화방업·화상대화방업, 수면방업, 콜라텍업, 방탈출카페업, 키즈카페업, 만화카페업

12. 비상구 및 피난안내도 제외 비교

비상구 설치 제외	피난안내도 설치 제외
• 주된 출입구 외에 해당 영업장 내부에서 피난층 또는 지상으로 통하는 직통계단이 주된 출입구 중심선으로부터 수평거리로 영업장의 긴 변 길이의 2분의 1 이상 떨어진 위치에 별도로 설치된 경우 • 피난층에 설치된 영업장[영업장으로 사용하는 바닥면적이 **33제곱미터 이하**인 경우로서 영업장 내부에 구획된 실(室)이 없고, 영업장 전체가 개방된 구조의 영업장을 말한다]으로서 그 영업장의 각 부분으로부터 출입구까지의 수평거리가 10미터 이하인 경우	• 영업장으로 사용하는 바닥면적의 합계가 **33제곱미터 이하**인 경우 • 영업장내 구획된 실이 없고, 영업장 어느 부분에서도 출입구 및 비상구를 확인할 수 있는 경우
	만화카페업 제외
	만화책 등 다수의 도서를 갖춘 다음 각 목의 영업. 다만, 도서를 대여·판매만 하는 영업인 경우와 영업장으로 사용하는 바닥면적의 합계가 **50㎡ 미만**인 경우는 제외한다.

13. 공개사항 정리

위반업소 공개사항	화재안전조사 결과 공개사항	안전관리우수업소 공표사항

• 미이행업소명
• 미이행업소의 주소
• 소방청장·소방본부장 또는 소방서장이 조치한 내용
• 미이행의 횟수
	• 다중이용업소의 상호 및 주소
	• 안전시설 등 설치 및 유지·관리 현황
	• 피난시설, 방화구획 및 방화시설 설치 및 유지·관리 현황
	• 그 밖에 대통령령으로 정하는 사항
	  – 소방안전교육 이수 현황
	  – 안전시설 등에 대한 정기점검 결과
	  – 화재배상책임보험 가입 현황
		• 안전관리우수업소의 명칭과 다중이용업주 이름
		• 안전관리우수업소의 내용
		• 안전관리우수업소 표지를 부착할 수 있는 기간

14. 안전관리우수업소 갱신 및 사용정지 공표

신규 또는 갱신공표 사항	표지 사용정지 공표 사항
• 안전관리우수업소의 명칭과 다중이용업주 이름 • 안전관리우수업무의 내용 • 안전관리우수업소 표지를 부착할 수 있는 기간	• 안전관리우수업소의 표지 사용정지대상인 다중이용업소의 명칭과 다중이용업주 이름 • 안전관리우수업소 표지의 사용을 정지하는 사유 • 안전관리우수업소 표지의 사용정지일

소방승진은 이패스 소방사관
www.kfs119.co.kr

PART 02

2024년~2018년 소방법령Ⅲ 승진시험 기출문제

CHAPTER 01 24년 소방장 승진시험 소방법령Ⅲ
CHAPTER 02 23년 소방장 승진시험 소방법령Ⅲ
CHAPTER 03 22년 소방장 승진시험 소방법령Ⅲ
CHAPTER 04 21년 소방장 승진시험 소방법령Ⅲ
CHAPTER 05 20년 소방장 승진시험 소방법령Ⅲ
CHAPTER 06 19년 소방장 승진시험 소방법령Ⅲ
CHAPTER 07 18년 소방장 승진시험 소방법령Ⅲ

CHAPTER 01 24년 소방장 승진시험 소방법령Ⅲ

14 「다중이용업소의 안전관리에 관한 특별법」 및 같은 법 시행령상 정의에 대한 내용으로 옳은 것은?

① "안전시설등"은 소방시설, 비상구, 영업장 내부 피난 통로, 그 밖의 안전시설로서 누전차단기, 창문 등을 포함한다.
② "실내장식물"은 건축물 내부의 천장 또는 벽에 설치 하는 것으로서 가구류와 너비 10센티미터 이하인 반자돌림대를 포함한다.
③ "밀폐구조의 영업장"이란 지상층에 있는 다중이용업소의 영업장 중 채광·환기·통풍 및 피난 등이 용이하지 못한 구조로 되어 있거나, 행정안전부령으로 정하는 요건을 모두 갖춘 개구부의 면적의 합계가 영업장으로 사용하는 바닥면적의 30분의 1 이하가 되는 것을 말한다.
④ "영업장의 내부구획"이란 다중이용업소의 영업장 내부를 이용객들이 사용할 수 있도록 벽(칸막이 제외)을 사용하여 구획된 실(室)을 만드는 것을 말한다.

해설 (동형모의고사 3회 14번, 핵심요약 15P)
용어의 정의

구 분	정 의
다중이용업	불특정 다수인이 이용하는 영업 중 화재 등 재난 발생 시 생명·신체·재산상의 피해가 발생할 우려가 높은 것으로서 대통령령으로 정하는 영업을 말한다.
안전시설등	소방시설, 비상구, 영업장 내부 피난통로, 그 밖의 안전시설로서 대통령령으로 정하는 것을 말한다.
실내 장식물	건축물 내부의 천장 또는 벽에 설치하는 것으로서 대통령령으로 정하는 것을 말한다.
화재위험 평가	다중이용업소가 밀집한 지역 또는 건축물에 대하여 화재 발생 가능성과 화재로 인한 불특정 다수인의 생명·신체·재산상의 피해 및 주변에 미치는 영향을 예측·분석하고 이에 대한 대책을 마련하는 것을 말한다.
밀폐구조의 영업장	지상층에 있는 다중이용업소의 영업장 중 채광·환기·통풍 및 피난 등이 용이하지 못한 구조로 되어 있으면서 "무창층" 요건을 모두 갖춘 영업장을 말한다.
영업장의 내부구획	다중이용업소의 영업장 내부를 이용객들이 사용할 수 있도록 벽 또는 칸막이 등을 사용하여 구획된 실(室)을 만드는 것을 말한다.

정답 14. ①

15 「다중이용업소의 안전관리에 관한 특별법 시행령」상 다중이용업의 영업으로 옳은 것은? (단, 영업장의 주된 출입구가 건축물 외부의 지면과 직접 연결된 곳은 없음)

① 지상 2층에 설치된 수용 인원 100명인 인터넷컴퓨터 게임시설제공업
② 지하층에 설치된 영업장으로 사용하는 바닥면적의 합계가 50제곱미터인 제과점영업
③ 하나의 건축물에 두 곳의 학원이 설치된 경우로서 학원의 총 수용인원이 200명인 학원
④ 지상 2층에 설치된 공유주방을 운영하는 영업으로서 영업장 바닥면적의 합계가 90제곱미터인 휴게음식점영업

해설 (동형모의고사 1회 17번, 핵심요약 16P)
대통령령이 정하는 다중이용업의 범위
② 지하층에 설치된 영업장으로 사용하는 바닥면적의 합계가 66제곱미터 이상인 제과점영업
③ 하나의 건축물에 두 곳의 학원이 설치된 경우로서 학원의 총 수용인원이 300명 이상인 학원
④ 지상 2층에 설치된 공유주방을 운영하는 영업으로서 영업장 바닥면적의 합계가 100제곱미터 이상인 휴게음식점영업

16 「다중이용업소의 안전관리에 관한 특별법 시행령」상 간이스프링클러설비를 설치하여야 하는 다중이용업소의 영업장으로 옳지 않은 것은?

① 지하층에 설치된 수면방업의 영업장
② 지상 3층에 있는 밀폐구조의 영업장
③ 지상 2층에 있는 실내권총사격장의 영업장
④ 지상 1층에 있는 숙박을 제공하는 고시원업의 영업장

해설 (동형모의고사 1회 23번, 핵심요약 24p)
간이스프링클러설비(캐비닛형 포함)설치 대상
- 지하층에 설치된 영업장
- 산후조리원업의 영업장(지상1층·지상과 직접 맞닿은 층은 제외)
- 고시원업의 영업장(지상1층·지상과 직접 맞닿은 층은 제외)
- 밀폐구조의 영업장
- 권총사격장의 영업장

정답 15. ① 16. ④

2025년 다중이용업소의 안전관리에 관한 특별법

17 「다중이용업소의 안전관리에 관한 특별법」상 소방청장이 5년마다 수립·시행하여야 하는 다중이용업소의 안전관리기본계획의 목적으로 옳지 않은 것은?

① 안전기준의 개발
② 화재배상책임보험제도의 정착
③ 위급한 상황으로 인한 인적·물적 피해의 감소
④ 다중이용업소 밀집지역의 소방시설 설치, 유지·관리 와 개선

해설 (동형모의고사 1회 20번, 핵심요약 20p)
안전관리기본계획의 수립·시행 등(법 제5조)
소방청장은 다중이용업소의 ① 화재 등 재난이나 그 밖의 위급한 상황으로 인한 인적·물적 피해의 감소, ② 안전기준의 개발, ③ 자율적인 안전관리능력의 향상, ④ 화재배상책임보험제도의 정착 등을 위하여 5년마다 다중이용업소의 안전관리기본계획(이하 "기본계획"이라 한다)을 수립·시행하여야 한다.

18 「다중이용업소의 안전관리에 관한 특별법 시행규칙」상 다중이용업소 안전시설등의 설치·유지 기준으로 옳지 않은 것은?

① 소화기는 영업장 안의 구획된 실마다 설치할 것
② 고시원업의 영업장에는 층별로 가로 50센티미터 이상, 세로 50센티미터 이상 열리는 창문을 1개 이상 설치할 것
③ 양 옆에 구획된 실이 있는 영업장으로서 구획된 실의 출입문 열리는 방향이 피난통로 방향인 경우에는 영업장 내부 피난통로의 폭은 120센티미터 이상으로 설치할 것
④ 2층 이상 4층 이하에 위치하는 영업장의 발코니 또는 부속실과 연결되는 비상구에는 피난기구를 화재안전 기준에 따라 설치할 것

해설 (핵심요약 25~27p)
영업자의 내부 피난통로
내부 피난 통로의 폭은 120㎝ 이상으로 할 것. 다만, 양옆에 구획된 실이 있는 영업장으로서 구획된 실의 출입문 열리는 방향이 피난 통로 방향인 경우에는 150㎝ 이상으로 설치하여야 한다.

정답 17. ④ 18. ③

19. 「다중이용업소의 안전관리에 관한 특별법」 및 같은 법 시행규칙상 영업장의 내부구획에 관한 내용으로 옳지 않은 것은?

① 단란주점 및 유흥주점 영업, 노래연습장업은 법에서 정한 재료로 영업장 내부를 구획하고자 할 때에는 천장(반자속)까지 구획하여야 한다.
② 다중이용업소의 영업장 내부를 구획하고자 할 때에는 불연재료 또는 준불연재료로 구획하여야 한다.
③ 다중이용업소의 영업장 내부를 구획함에 있어 배관 및 전선관 등이 영업장 또는 천장(반자속)의 내부구획된 부분을 관통하여 틈이 생긴 때에는 행정안전부령에서 정하고 있는 재료를 사용하여 그 틈을 메워야 한다.
④ 소방본부장이나 소방서장은 영업장의 내부구획이 기준에 맞지 아니하는 경우에는 그 다중이용업주에게 보완 등 필요한 조치를 명하거나 허가관청에 관계 법령에 따른 영업정지 처분 또는 허가등의 취소를 요청 할 수 있다.

해설 (핵심요약 35P, 오엑스문제 69번 148p)

법 제10조의2(영업장의 내부구획)
① 다중이용업소의 영업장 내부를 구획하고자 할 때에는 불연재료로 구획하여야 한다. 이 경우 다음 각 호의 어느 하나에 해당하는 다중이용업소의 영업장은 천장(반자속)까지 구획하여야 한다.
1. 단란주점 및 유흥주점 영업
2. 노래연습장업

시행규칙 제11조의3(영업장의 내부구획 기준) 법 제10조의2제1항에 따라 다중이용업소의 영업장 내부를 구획함에 있어 배관 및 전선관 등이 영업장 또는 천장(반자속)의 내부구획된 부분을 관통하여 틈이 생긴 때에는 다음 각 호의 어느 하나에 해당하는 재료를 사용하여 그 틈을 메워야 한다.
1. 「산업표준화법」에 따른 한국산업표준에서 내화충전성능을 인정한 구조로 된 것
2. 「과학기술분야 정부출연연구기관 등의 설립·운영에 관한 법률」에 따라 설립된 한국건설기술연구원의 장이 국토교통부장관이 정하여 고시하는 기준에 따라 내화충전성능을 인정한 구조로 된 것

20. 「다중이용업소의 안전관리에 관한 특별법 시행령」상 기준 미만의 화재안전등급에 대한 조치명령으로 손실을 입은 자에 대한 손실보상 내용으로 옳지 않은 것은?

① 손실보상에 관하여는 소방청장·소방본부장 또는 소방서장과 손실을 입은 자가 협의해야 한다.
② 소방청장·소방본부장 또는 소방서장은 보상금액에 관한 협의가 성립되지 않아 보상금액의 수령을 거부한 경우에는 그 보상금액을 공탁하고 이 사실을 통지하여야 한다.
③ 보상금의 지급 또는 공탁의 통지에 불복하는 자는 지급 또는 공탁의 통지를 받은 날부터 30일 이내에 지방토지수용위원회에 재결(裁決)을 신청할 수 있다.
④ 손실보상의 범위, 협의절차, 방법 등에 관하여 필요한 사항은 「공익사업을 위한 토지 등의 취득 및 보상에 관한 법률」이 정하는 바에 따른다.

정답 19. ② 20. ③

해설 (2019년 기출 18번 문제, 347P 실전예상문 21번, 핵심요약 43p)

시행령 제12조(손실보상)
① 법 제15조제3항에 따라 소방청장·소방본부장 또는 소방서장이 손실을 보상하는 경우에는 법 제15조제2항에 따른 명령으로 인하여 생긴 손실은 **시가로 보상**해야 한다.
② 제1항에 따른 손실보상에 관하여는 소방청장·소방본부장 또는 소방서장과 손실을 입은 자가 **협의**해야 한다.
③ 제2항에 따른 보상금액에 관한 협의가 성립되지 아니한 경우에는 소방청장·소방본부장 또는 소방서장은 그 보상금액을 지급하여야 한다. 다만, 보상금액의 수령을 거부하거나 수령할 자가 불분명한 경우에는 그 **보상금액을 공탁**하고 이 사실을 **통지**하여야 한다.
④ 제3항에 따른 보상금의 지급 또는 공탁의 통지에 불복하는 자는 지급 또는 공탁의 통지를 받은 날부터 **30일 이내**에 행정안전부령으로 정하는 바에 따라 「공익사업을 위한 토지 등의 취득 및 보상에 관한 법률」 제49조에 따른 **중앙토지수용위원회에 재결**(裁決)을 신청할 수 있다.
⑤ 제1항에 따른 손실보상의 범위, 협의절차, 방법 등에 관하여 필요한 사항은 「공익사업을 위한 토지 등의 취득 및 보상에 관한 법률」이 정하는 바에 따른다.

21. 「다중이용업소의 안전관리에 관한 특별법」 및 같은 법 시행령과 시행규칙상 다중이용업소에 대한 화재위험평가 등에 관한 내용으로 옳은 것은?

① 소방청장, 소방본부장 또는 소방서장은 화재안전등급이 에이(A) 등급인 다중이용업소에 대해서는 화재위험평가 결과를 통보받은 날부터 3년이 되는 날까지 소방안전교육 및 화재안전조사를 면제할 수 있다.

② 소방청장, 소방본부장 또는 소방서장은 화재위험평가 결과 화재안전등급의 평가점수가 50점인 경우 해당 다중이용업주 또는 관계인에게 조치를 명할 수 있다.

③ 화재위험평가를 대행하려는 자가 소방기술사 자격을 취득한 사람 1명, 소방설비기사(기계)와 소방설비산업 기사(전기) 두종류의 자격을 가진 사람 1명을 보유하였다면 화재위험평가 대행자의 등록요건 중 기술인력을 갖춘 것이다.

④ 평가대행자 사무소의 소재지 및 상호의 변경사유가 발생하면 변경사유가 발생한 날부터 30일 이내에 행정안전부령으로 정하는 서류를 첨부하여 행정안전부령으로 정하는 바에 따라 소방청장에게 변경등록을 해야 한다.

해설 (핵심요약 43~44P)
① 소방청장, 소방본부장 또는 소방서장은 화재안전등급 이 에이(A) 등급인 다중이용업소에 대해서는 화재위험평가 결과를 통보받은 날부터 **2년이 되는 날**까지 소방안전교육 및 화재안전조사를 면제할 수 있다.
② 소방청장·소방본부장 또는 소방서장은 화재위험평가 결과 화재안전등급이 **대통령령으로 정하는 기준 미만**(D등급(20점 이상 39점 이하) 또는 E 등급(20점 미만)]인 경우에는 해당 **다중이용업주 또는 관계인**에게 대하여 개수(改修)·이전·제거, 사용의 금지 또는 제한, 사용폐쇄, 공사의 정지 또는 중지, 그 밖의 필요한 조치 명령을 할 수 있다.
③ 화재위험평가를 대행하려는 자는 소방기술사 자격을 취득한 사람 1명 이상, 다음 어느 하나에 해당하는 사람 2명 이상의 기술능력을 갖추어야 한다.
 - 소방기술사, 소방설비기사 또는 소방설비산업기사 자격을 가진 사람
 - 소방기술과 관련된 자격·학력 및 경력을 인정받은 사람으로서 자격 수첩을 발급받은 사람

정답 21. ①

22 「다중이용업소의 안전관리에 관한 특별법」 및 같은 법 시행령상 법령위반업소의 공개에 관한 규정으로 옳은 것은?

① 소방청장, 소방본부장 또는 소방서장은 다중이용업주가 조치 명령을 2회 이상 받고도 이행하지 아니하였을 때에는 그 조치 내용(그 위반사항에 대하여 수사기관에 고발된 경우에는 그 고발된 사실을 포함한다)을 인터넷 등에 공개해야 한다.
② 소방청, 소방본부 또는 소방서의 인터넷 홈페이지에 공개한 경우로서 다중이용업주가 사후에 조치명령을 이행한 경우에는 이를 확인한 날부터 7일 이내에 공개내용을 해당 인터넷 홈페이지에서 삭제해야 한다.
③ 소방청장·소방본부장 또는 소방서장은 조치명령 미이행업소를 공개할 때에는 관보 또는 시·도의 공보 등 시행령에서 정하고 있는 2개 이상의 매체에 공개한다.
④ 조치명령 미이행업소의 공개기간은 그 업소가 조치명령을 이행하지 아니한 때부터 60일 이내로 한다.

해설 (핵심요약 48p, 2018년 기출 19번)
법령위반업소의 공개

구분	규정 내용
공개할 사유	• 안전시설등에 대하여 보완 등 필요한 조치명령을 2회 이상 받고도 이행하지 아니하였을 때 • 화재위험평가 결과 그 화재안전등급이 D또는 E등급인 경우에는 해당 다중이용업주 또는 관계인에게 개수(改修)·이전·제거, 사용의 금지 또는 제한, 사용폐쇄, 공사의 정지 또는 중지, 그 밖의 필요한 조치 명령을 2회 이상 받고도 이행하지 아니하였을 때
공개할 사항	• 미이행업소명 ※ 업주명(X) • 미이행업소의 주소 • 소방청장·소방본부장 또는 소방서장이 조치한 내용 • 미이행의 횟수
공개기간	조치 명령을 이행하지 아니한 때부터 조치 명령을 이행할 때까지
공개방법	이 법에 정하는 2개 이상의 매체에 공개
공개 내용삭제	다중이용업주가 사후에 조치 명령을 이행한 경우에는 이를 확인한 날부터 2일 이내에 공개내용을 해당 인터넷 홈페이지에서 삭제해야 한다

정답 22. ③

2025년 다중이용업소의 안전관리에 관한 특별법

23 「다중이용업소의 안전관리에 관한 특별법」상 화재위험평가대행자의 등록을 반드시 취소하여야 하는 경우로 옳은 것은?

① 평가서를 거짓으로 작성하거나 고의 또는 중대한 과실로 평가서를 부실하게 작성한 경우
② 최근 1년 이내에 2회의 업무정지처분을 받고 다시 업무정지처분 사유에 해당하는 행위를 한 경우
③ 등록 후 2년 이내에 화재위험평가 대행 업무를 시작하지 아니하거나 계속하여 2년 이상 화재위험평가 대행실적이 없는 경우
④ 평가대행자가 화재위험평가 결과 보고서를 소방청장·소방본부장 또는 소방서장 등에게 제출한 날부터 2년간 보존하지 아니한 경우

해설 (동형모의고사 1회 14번, 2회 22번, 핵심요약 46P)
평가대행자의 행정처분

위반사항	행정처분기준			
	1차	2차	3차	4차 이상
평가서를 거짓으로 작성하거나 고의 또는 중대한 과실로 평가서를 부실하게 작성한 경우	업무정지 6월	등록취소		
최근 1년 이내에 2회의 업무정지처분을 받고 다시 업무정지처분 사유에 해당하는 행위를 한 경우	등록취소			
등록 후 2년 이내에 화재위험평가 대행업무를 개시하지 아니하거나 계속하여 2년 이상 화재위험평가 대행 실적이 없는 경우	경고	등록취소		
평가대행자가 화재위험평가결과보고서를 소방청장·소방본부장 또는 소방서장 등에게 제출한 날부터 2년간 보존하지 아니한 경우	경고	업무정지 1월	업무정지 3월	업무정지 6월

24 「다중이용업소의 안전관리에 관한 특별법 시행령」상 과태료 개별기준에서 부과금액이 다른 것은?

① 안전시설등 설치신고를 하지 않고 영업장 내부구조를 변경한 경우
② 안전시설등 설치신고를 하지 않고 안전시설등을 설치한 경우
③ 실내장식물을 기준에 따라 설치·유지하지 않은 경우
④ 안전시설등의 작동·기능에 지장을 주지 않는 경미한 사항을 2회 이상 위반한 경우

정답 24. ③

해설 (동형모의고사 3회 17번, 핵심요약 52~53P)
과태료 부과기준

위반행위	과태료 금액
안전시설등의 작동·기능에 지장을 주지 않는 경미한 사항을 2회 이상 위반한 경우	100만원
안전시설등 설치신고를 하지 않고 안전시설등을 설치한 경우	
안전시설등 설치신고를 하지 않고 영업장 내부구조를 변경한 경우	
실내장식물을 기준에 따라 설치·유지하지 않은 경우	300만원

25 「다중이용업소의 안전관리에 관한 특별법」상 조치명령을 이행하지 아니한 다중이용업주에게 이행강제금을 부과하는 경우로 옳지 않은 것은?

① 영업장의 내부구획이 기준에 맞지 아니한 경우
② 안전시설등이 기준에 맞게 설치 또는 유지되어 있지 아니한 경우
③ 다중이용업소의 실내장식물이 기준에 맞지 아니한 경우
④ 화재위험평가 결과 다중이용업소에 부여된 화재안전 등급이 대통령령으로 정한 기준 이상인 경우

해설 (동형모의고사 1회25번, 5회 21번, 적중예상문제 21번, 핵심요약 53P)
이행강제금 부과 개별기준

위반행위	이행강제금 금액
안전시설등에 대하여 보완 등 필요한 조치명령을 위반한 경우	
• 안전시설의 작동·기능에 지장을 주지 않는 경미한 사항인 경우	200
• 안전시설등을 고장상태로 방치한 경우	600
• 안전시설등을 설치하지 않은 경우	1,000
실내장식물에 대한 교체 또는 제거 등 필요한 조치 명령을 위반한 경우	1,000
영업장의 내부구획에 대한 보완 등 필요한 조치 명령을 위반한 경우	1,000
화재안전조사 조치 명령을 위반한 경우	
• 다중이용업소의 공사의 정지 또는 중지 명령을 위반한 경우	200
• 다중이용업소의 사용금지 또는 제한 명령을 위반한 경우	600
• 다중이용업소의 개수·이전 또는 제거 명령을 위반한 경우	1,000

정답 25. ④

CHAPTER 02 23년 소방장 승진시험 소방법령 Ⅲ

14 「다중이용업소의 안전관리에 관한 특별법 시행규칙」상 화재발생시 인명피해가 발생할 우려가 높은 불특정다수인이 출입하는 영업에 해당하지 않는 것은?

① 방탈출카페업
② 키즈카페업
③ 콜라텍업
④ 고시원업

해설 행정안전부령으로 정하는 영업

업소명	정의
전화방업·화상대화방업	구획된 실(室) 안에 전화기·텔레비전·모니터 또는 카메라 등 상대방과 대화할 수 있는 시설을 갖춘 형태의 영업
수면방업	구획된 실(室) 안에 침대·간이침대 그 밖에 휴식을 취할 수 있는 시설을 갖춘 형태의 영업
콜라텍업	손님이 춤을 추는 시설 등을 갖춘 형태의 영업으로서 주류판매가 허용되지 아니하는 영업
방탈출카페업	제한된 시간 내에 방을 탈출하는 놀이 형태의 영업
키즈카페업	• 기타유원시설업으로서 실내공간에서 13세 미만의 어린이에게 놀이를 제공하는 영업 • 실내에 어린이에게 놀이를 제공하는 것을 업으로 하는 자의 영업소로서 어린이놀이시설을 갖춘 영업 • 휴게음식점영업으로서 실내공간에서 어린이에게 놀이를 제공하고 부수적으로 음식류를 판매·제공하는 영업
만화카페업	만화책 등 다수의 도서를 갖춘 다음 각 목의 영업. 다만, 도서를 대여·판매만 하는 영업인 경우와 영업장으로 사용하는 바닥면적의 합계가 50㎡ 미만인 경우는 제외 가. 만화책 등 다수의 도서를 갖춘 휴게음식점영업 나. 도서의 열람, 휴식공간 등을 제공할 목적으로 실내에 다수의 구획된 실(室)을 만들거나 입체 형태의 구조물을 설치한 영업

정답 14. ④

15 「다중이용업소의 안전관리에 관한 특별법 시행규칙」상 소방안전교육의 대상자 등에 관한 설명으로 옳지 않은 것은?

① 교육대상자가 소방안전교육을 받을 수 없는 사유에 해당할 때에는 3개월의 범위에서 소방안전교육을 연기할 수 있다.
② 다중이용업주와 교육대상 종업원은 위반행위가 적발된 날부터 2개월 이내 수시 교육을 받아야 한다.
③ 신규 교육 또는 직전의 보수 교육을 받은 날이 속하는 달의 마지막 날부터 2년 이내에 1회 이상 보수 교육을 받아야 한다.
④ 수시 교육 및 보수 교육 대상자에게는 교육일 10일 전까지 소방안전교육에 필요한 사항을 교육대상자에게 알려야 한다.

[해설] 다중이용업주와 교육대상 종업원은 위반행위가 **적발된 날부터** 3개월 이내에 수시교육을 받아야한다.

16 「다중이용업소의 안전관리에 관한 특별법 시행령」상 과태료의 부과기준 중 개별기준에 대한 설명으로 옳지 않은 것은?

	위반행위	횟수	과태료 금액
①	실내장식물을 기준에 따라 설치·유지하지 않은 경우	1회	100만원
②	소화펌프를 고장상태로 방치한 경우	1회	200만원
③	다중이용업주가 소방안전교육을 받지 않은 경우	2회	200만원
④	다중이용업주가 소방안전관리 업무를 하지 않은 경우	1회	100만원

[해설] 실내장식물을 기준에 따라 설치·유지하지 않은 경우 : 300만원 이하의 과태료

17 「다중이용업소의 안전관리에 관한 특별법 시행령」상 화재위험평가 대행자의 등록사항 변경신청을 해야 하는 중요사항으로 옳지 않은 것은?

① 대표자
② 사무소의 소재지
③ 기술인력 보유현황
④ 장비 보유현황

[해설] 화재위험평가대행자의 등록사항 변경신청에서 중요사항
• 대표자
• 사무소의 소재지
• 평가대행자의 명칭이나 상호
• 기술인력의 보유현황

[정답] 15. ② 16. ① 17. ④

18 「다중이용업소의 안전관리에 관한 특별법 시행규칙」상 다중이용업소에 안전시설등의 설치신고 시 제출해야 하는 서류에 해당하지 않는 것은?

① 안전시설등의 설계도서
② 안전시설등 설치명세서
③ 구획된 실의 세부용도 등이 표시된 영업장의 평면도
④ 화재배상책임보험 가입 증명서

해설 안전시설 등 설치 또는 완공 신고시 첨부서류

설치 신고시 제출서류	완공신고 시 제출서류
• 소방시설설계업자가 작성한 안전시설등의 설계도서 1부 ※ 설계도서 : 소방시설의 계통도, 실내장식물의 재료 및 설치면적, 내부구획의 재료, 비상구 및 창호도 등이 표시된 것 • 안전시설등 설치명세서 1부 • 구획된 실의 세부용도 등이 표시된 영업장의 평면도 1부	• 소방시설설계업자가 작성한 안전시설등의 설계도서 1부. 다만, 완공신고의 경우에는 설치내용이 설치신고 시와 달라진 경우에만 제출한다. • 안전시설등 설치명세서 1부. 다만, 완공신고의 경우에는 설치내용이 설치신고 시와 달라진 경우에만 제출한다. • 구획된 실의 세부용도 등이 표시된 영업장의 평면도 1부. 다만, 완공신고의 경우에는 설치내용이 설치신고 시와 달라진 경우에만 제출한다. • 화재배상책임보험 증권 사본 등 화재배상책임보험 가입을 증명할 수 있는 서류 1부 • 전기안전점검 확인서 등 전기설비의 안전진단을 증빙할 수 있는 서류 1부. • 구조안전 확인서(건축물 외벽에 발코니 형태의 비상구를 설치한 경우만 해당한다) 1부

19 「다중이용업소의 안전관리에 관한 특별법 시행규칙」상 다중이용업의 허가관청이 허가등을 한 날부터 14일 이내에 관할 소방본부장 또는 소방서장에게 통보하여야 하는 사항에 해당하지 않는 것은?

① 영업주의 주소
② 영업주의 연락처
③ 다중이용업소의 소재지
④ 다중이용업의 영업장 면적

해설 관련 행정기관의 통보사항
• 다중이용업주의 성명 및 주소
• 다중이용업소의 상호 및 주소
• 다중이용업의 업종 및 영업장 면적

정답 18. ④ 19. ②

20 「다중이용업소의 안전관리에 관한 특별법 시행령」상 소방시설 중 간이스프링클러설비를 설치해야 하는 영업장으로 옳지 않은 것은?

① 지상 1층에 설치된 밀폐구조의 영업장
② 지상 1층에 설치된 실내권총사격장의 영업장
③ 지상 1층에 설치된 산후조리원의 영업장
④ 지하층에 설치된 영업장

[해설] 간이스프링클러설비(캐비닛형 포함)
- 지하층에 설치된 영업장
- 산후조리원업의 영업장(지상1층·지상과 직접 맞닿은 층은 제외)
- 고시원업의 영업장(지상1층·지상과 직접 맞닿은 층은 제외)
- 밀폐구조의 영업장
- 권총사격장의 영업장

21 「다중이용업소의 안전관리에 관한 특별법」상 다중이용업소 안전관리기본계획의 수립 및 시행에 대한 설명으로 옳지 않은 것은?

① 기본계획에는 다중이용업소의 화재위험평가의 연구, 개발에 관한 사항이 포함되어야 한다.
② 소방청장은 관계 중앙행정기관의 장과 협의를 거쳐 기본계획 수립지침을 작성하고 이를 특별시장·광역시장·특별자치시장·도지사 또는 특별자치도지사에게 통보해야 한다.
③ 소방청장은 기본계획을 수립하면 국무총리에게 보고하고 관계 중앙행정기관의 장과 특별시장·광역시장·특별자치시장·도지사 또는 특별자치도지사에게 통보한후 이를 공고해야 한다.
④ 소방청장은 기본계획에 따라 매년 연도별 안전관리계획을 수립·시행하여야 한다.

[해설]
소방청장은 관계 중앙행정기관의 장과 협의를 거쳐 기본계획 수립지침을 작성하고 이를 관계 중앙행정기관의 장에게 통보해야 한다.

정답 20. ③ 21. ②

2025년 다중이용업소의 안전관리에 관한 특별법

22 「다중이용업소의 안전관리에 관한 특별법 시행령」상 다중이용업소에 해당하지 않는 영업은?

① 하나의 건축물에 학원과 기숙사가 함께 있는 수용인원 90명인 학원
② 맥반석·황토·옥 등을 직접 또는 간접 가열하여 발생되는 열기 또는 원적외선 등을 이용하여 땀을 낼 수 있는 시설 및 설비 등의 서비스를 제공하는 수용인원 100명인 목욕장업
③ 가상체험 체육시설업 (다만, 실내에 1개 이상의 별도의 구획된 실을 만들어 골프 종목의 운동이 가능한 시설을 경영하는 영업으로 한정)
④ 복합유통게임제공업

해설 수용인원이 100명 이상 300명 미만으로 하나의 건축물에 학원과 기숙사가 함께 있는 학원

23 다중이용업소의 안전관리에 관한 특별법령상 안전관리우수업소에 관한 설명으로 옳지 않은 것은?

① 소방본부장이나 소방서장은 안전관리우수업소에 대하여 안전관리우수업소 표지를 발급한 날부터 3년마다 정기적으로 심사하여 위반사항이 없는 경우에는 안전관리우수업소표지를 갱신해 주어야 한다.
② 안전관리우수업소로 공표된 업소는 보험요율 차등 적용의 고려 대상이다.
③ 안전관리우수업소 표지는 2종(금색, 은색)중 1종을 선택할 수 있다.
④ 안전관리우수업소의 요건으로는 공표일 기준으로 최근 3년 동안 화재 발생 사실이 없어야 한다.

해설
소방본부장이나 소방서장은 안전관리우수업소에 대하여 안전관리우수업소 표지를 내준 날부터 **2년마다** 정기적으로 심사를 하여 위반사항이 없는 경우에는 안전관리우수업소표지를 갱신하여 내줘야 한다.

정답 22. ① 23. ①

24 「다중이용업소의 안전관리에 관한 특별법 시행규칙」상 피난안내도 및 피난안내 영상물에 대한 설명으로 옳지 않은 것은?

① 영업장으로 사용하는 바닥면적의 합계가 33제곱미터 이하인 경우에는 피난안내도를 비치하지 않을 수 있다.
② 피난안내도 및 피난안내 영상물은 한글 및 1개 이상의 외국어를 사용하여 작성하여야 한다.
③ 단란주점영업 및 유흥주점영업의 영업장은 피난안내 영상물을 상영할 수 있는 시설이 설치된 경우만 피난안내 영상물 상영 대상이 된다.
④ 영화상영관 중 전체 객석 수의 합계가 200석 이상인 영화상영관의 경우 피난안내 영상물은 장애인을 위한 한국수어·폐쇄자막 등을 이용하여 상영해야 한다.

> **해설** 「영화 및 비디오물의 진흥에 관한 법률」 제2조제10호에 따른 영화상영관 중 전체 객석 수의 합계가 **300석 이상**인 영화상영관의 경우 피난안내 영상물은 장애인을 위한 한국수어·폐쇄자막·화면해설 등을 이용하여 상영해야 한다.

25 다중이용업소의 안전관리에 관한 특별법령상 다중이용업소에 설치·유지해야 하는 안전시설등에 있어서 피난설비의 설치 기준으로 옳지 않은 것은?

① 다중이용업소 비상구에 설치하는 피난기구의 종류에는 미끄럼대, 피난사다리, 구조대, 완강기, 간이완강기, 다수인 피난장비, 승강식 피난기가 있다.
② 유도등, 유도표지 또는 비상조명등 중 하나 이상은 영업장의 구획된 실마다 설치해야 한다.
③ 피난유도선은 영업장 내부 피난통로 또는 복도가 있는 영업장에만 설치한다.
④ 휴대용 비상조명등은 영업장 안의 구획된 실마다 화재안전성능기준에 따라 설치해야 한다.

> **해설** 피난기구 : 미끄럼대, 피난사다리, 구조대, 완강기, 다수인 피난장비, 승강식 피난기
> ※ 피난기구: **간이완강기**(×)

정답 24. ④ 25. ①

CHAPTER 03 22년 소방장 승진시험 소방법령 Ⅲ

14 「다중이용업소의 안전관리에 관한 특별법」상 다중이용업을 하려는 자(다중이용업을 하고 있는 자를 포함)가 안전시설등을 설치하기 전에 소방본부장이나 소방서장에게 안전시설등의 설계도서를 첨부하여 행정안전부령으로 정하는 바에 따라 신고해야 하는 경우로 옳지 않은 것은?

① 안전시설등을 설치하려는 경우
② 안전시설등의 공사를 마친 경우
③ 영업장 안의 실내장식물을 교체하려는 경우
④ 영업장 면적의 증가로 영업장 내부구조를 변경하려는 경우

해설 다중이용업을 하려는 자(하고 있는자 포함)는 안전시설등을 설치하기 전에 소방본부장이나 소방서장에게 신고해야 할 사항(법 제9조제3항)
- 안전시설등을 설치하려는 경우
- 영업장 내부구조를 변경하려는 경우로서 다음에 해당하는 경우
  – 영업장 면적의 증가
  – 영업장의 구획된 실의 증가
  – 내부통로 구조의 변경
- 안전시설등의 공사를 마친 경우

15 「다중이용업소의 안전관리에 관한 특별법」 제14조에서는 다중이용업소의 소방안전관리를 위해 다중이용업주에게 「화재의 예방 및 안전관리에 관한 법률」상의 소방안전관리 업무를 수행할 것을 규정하고 있다. 여기에 해당하지 않는 것은?

① 화기(火氣) 취급의 감독
② 소방시설이나 그 밖의 소방 관련 시설의 유지·관리
③ 「화재의 예방 및 안전관리에 관한 법률」 제37조에 따른 소방훈련 및 교육
④ 「소방시설 설치 및 관리에 관한 법률」 제16조에 따른 피난시설, 방화구획 및 방화시설의 유지·관리

해설 소방안전관리업무 수행의무
- 피난시설, 방화구획 및 방화시설의 유지·관리
- 소방시설이나 그 밖의 소방관련시설의 유지·관리
- 화기(火氣)취급의 감독
- 그 밖의 소방안전관리에 필요한 업무

정답 14. ③ 15. ③

16 「다중이용업소의 안전관리에 관한 특별법 시행령」상 다중이용업소의 영업장 중 "밀폐구조의 영업장"에 대하여 대통령령으로 정하는 기준에 대한 설명이다. ( ) 안에 들어갈 내용으로 옳은 것은?

> 대통령령으로 정하는 기준이란 「소방시설 설치 및 관리에 관한 법률 시행령」 제2조제1호 각 목에 따른 요건을 모두 갖춘 개구부의 면적의 합계가 영업장으로 사용하는 ( )가 되는 것을 말한다.

① 연면적의 15 % 이하
② 연면적의 30 % 이하
③ 바닥면적의 15분의 1 이하
④ 바닥면적의 30분의 1 이하

해설 대통령령으로 정하는 기준이란 「소방시설 설치 및 관리에 관한 법률 시행령」 제2조제1호 각 목에에 따른 요건을 모두 갖춘 개구부의 면적의 합계가 영업장으로 사용하는 바닥면적의 30분의 1 이 되는 것을 말한다.

17 다중이용업소에 설치하는 안전시설등의 설치·유지 기준 중 비상벨설비 또는 자동화재탐지설비에 대한 내용으로 옳지 않은 것은?

① 영업장의 구획된 실마다 비상벨설비 또는 자동화재탐지설비 중 하나 이상을 화재안전성능기준에 따라 설치하여야 한다.
② 자동화재탐지설비를 설치하는 경우에는 각 구획된 실마다 감지기와 지구음향장치를 설치하여야 한다.
③ 비상방송설비의 음향장치가 설치된 경우 해당 실에는 자동화재탐지설비의 지구음향장치를 설치하지 않을 수 있다.
④ 영상음향차단장치가 설치된 영업장에는 자동화재탐지설비의 수신기를 별도로 설치하지 않을 수 있다.

해설 영상음향차단장치가 설치된 영업장에 자동화재탐지설비의 수신기를 별도로 설치할 것

정답 16. ④ 17. ④

2025년 다중이용업소의 안전관리에 관한 특별법

18 다중이용업소의 위반행위 횟수에 따른 과태료의 가중된 부과기준에 대한 설명으로 옳지 않은 것은?

① 위반행위의 횟수에 따른 과태료의 가중된 부과기준은 최근 1년간 같은 위반행위로 과태료 부과처분을 받은 경우에 적용한다.
② 이 경우 기간의 계산은 위반행위에 대하여 적발된 날과 그 후 다시 같은 위반행위를 하여 적발된 날을 기준으로 한다.
③ 가중된 부과 처분을 하는 경우 가중 처분의 적용 차수는 그 위반행위 전 부과 처분 차수의 다음 차수로 한다.
④ 적발된 날부터 소급하여 3년이 되는 날 전에 한 부과 처분은 가중 처분의 차수 산정 대상에서 제외한다.

해설 이 경우 기간의 계산은 위반행위에 대하여 과태료 부과처분을 받은 날과 그 처분 후 다시 같은 위반행위를 하여 적발된 날을 기준으로 한다.〈2022. 3. 15.개정〉

19 「다중이용업소의 안전관리에 관한 특별법」상 소방청장은 5년마다 다중이용업소의 안전관리기본계획을 수립·시행하도록 규정하고 있다. 이 안전관리기본계획 내용에 포함되지 않는 것은?

① 다중이용업소의 자율적인 안전관리 촉진
② 다중이용업소의 화재위험평가의 실시 및 평가
③ 다중이용업소의 화재배상책임보험 제도의 정비 및 개선
④ 다중이용업소의 적정한 유지·관리에 필요한 교육과 기술 연구·개발

해설 다중이용업소의 화재위험평가의 실시 및 평가는 안전관리 집행계획에 포함되어야 할 내용이다.

20 「다중이용업소의 안전관리에 관한 특별법」 및 같은 법 시행규칙 상 다중이용업주가 다중이용업소의 안전관리를 위하여 정기적으로 실시하는 안전시설등의 점검주기와 점검결과서의 보관기간으로 옳은 것은?

	점검주기	보관기간
①	매 월 1회 이상	1년
②	매 분기별 1회 이상	1년
③	매 월 1회 이상	3년
④	매 분기별 1회 이상	3년

정답 18. ② 19. ② 20. ②

해설 **다중이용업주의 안전시설등에 대한 정기점검 대상 등**

구분	관련규정 내용
점검의무자	다중이용업주
점검대상	다중이용업소의 영업장에 설치된 안전시설등
점검자의 자격	• 해당 영업장의 다중이용업주 또는 소방안전관리자 • 해당 업소의 종업원 중 소방안전관리자 자격을 취득한 자, 소방기술사·소방설비기사 또는 소방설비산업기사 자격을 취득한 자 • 소방시설관리업자
점검주기	매 분기별 1회 이상 점검
점검방법	안전시설등 세부점검표를 사용하여 안전시설등의 작동 및 유지·관리상태를 점검
점검결과서	작성하여 1년간 보관

21
「다중이용업소의 안전관리에 관한 특별법」 및 같은 법 시행규칙상 보험회사가 다중이용업소의 화재배상책임보험에 대한 계약을 해제 또는 해지를 할 수 있는 사항으로 옳지 않은 것은?

① 다중이용업에 해당하지 않게 된 경우
② 다중이용업주의 변경으로 변경된 다중이용업주가 화재배상책임보험 계약을 승계한 경우
③ 다중이용업주가 화재배상책임보험에 이중으로 가입되어 그 중 하나의 계약을 해제 또는 해지하려는 경우
④ 천재지변, 사고 등의 사유로 다중이용업주가 다중이용업을 더 이상 운영할 수 없게 된 사실을 증명한 경우

해설 **화재배상책임보험 계약의 해제·해지 가능 사유**
- 다중이용업주가 변경된 경우. 다만, 변경된 다중이용업주가 화재배상책임보험 계약을 승계한 경우는 제외한다.
- 다중이용업주가 화재배상책임보험에 이중으로 가입되어 그 중 하나의 계약을 해제 또는 해지하려는 경우
- 폐업한 경우
- 다중이용업에 해당하지 않게 된 경우
- 천재지변, 사고 등의 사유로 다중이용업주가 다중이용업을 더 이상 운영할 수 없게 된 사실을 증명한 경우
- 「상법」에 따른 계약 해지 사유가 발생한 경우

22
「다중이용업소의 안전관리에 관한 특별법」 및 같은 법 시행규칙상 "화재위험평가 대행자"의 행정처분 기준에 따라 1차 위반 시 등록을 취소하여야 하는 위반사항으로 옳은 것은?

① 도급받은 화재위험평가 업무를 하도급한 경우
② 등록요건의 기술 능력에 속하는 기술 인력이 부족한 경우
③ 업무정지 처분기간 중 신규계약에 의하여 화재위험평가대행 업무를 한 경우
④ 화재위험평가서를 허위로 작성하거나 고의 또는 중대한 과실로 평가서를 부실하게 작성한 경우

정답 21. ② 22. ③

[해설] 등록취소 사유
- 평가대행자의 등록 요건의 기술인력에 속하는 기술인력이 전혀 없는 경우
- 평가대행자의 등록 요건의 구비해야 하는 장비가 전혀 없는 경우
- 평가대행자의 결격사유에 해당하는 경우
- 거짓, 그 밖의 부정한 방법으로 등록한 경우
- 최근 1년 이내에 2회의 업무정지처분을 받고 다시 업무정지처분 사유에 해당하는 행위를 한 경우
- 다른 사람에게 등록증이나 명의를 대여한 경우
- 업무정지처분 기간에 신규계약에 의하여 화재위험평가대행업무를 한 경우

23 다중이용업주가 위반행위 등에 대한 조치명령을 이행하지 아니하는 경우 소방청장, 소방본부장, 소방서장이 부과하는 이행강제금에 대한 설명으로 옳지 않은 것은?

① 이행강제금을 부과하기 전에 이행강제금을 부과·징수한다는 것을 미리 문서나 전화로 알려주어야 한다.
② 최초의 조치명령을 한 날을 기준으로 매년 2회의 범위에서 그 조치명령이 이행될 때까지 반복하여 이행강제금을 부과·징수할 수 있다.
③ 조치명령을 받은 자가 명령을 이행하면 새로운 이행강제금의 부과를 즉시 중지하되, 이미 부과된 이행강제금은 징수하여야 한다.
④ 안전시설등의 보완 등 필요한 조치의 명령을 받은 후 그 정한 기간 이내에 그 명령을 이행하지 아니하는 자에게는 1천만원 이하의 이행강제금을 부과한다.

[해설] 소방청장, 소방본부장 또는 소방서장은 이행강제금을 부과하기 전에 이행강제금을 부과·징수한다는 것을 미리 문서로 알려 주어야 한다.

24 「다중이용업소의 안전관리에 관한 특별법 시행령」상 다중이용업소에 설치하는 안전시설등에 해당하지 않는 것은?

① 창문
② 다수인 피난장비
③ 영업장 내부 피난통로
④ 단독경보형감지기

정답 23. ① 24. ④

해설 **대통령령으로 정하는 안전시설등**

구분		시설명
소방 시설	소화설비	• 소화기 또는 자동확산소화기 • 간이스프링클러설비(캐비닛형 포함)
	경보설비	• 비상벨설비 또는 자동화재탐지설비 • 가스누설경보기

	피난설비	• 피난기구
		  – 미끄럼대
		  – 피난사다리
		  – 구조대
		  – 완강기
		  – 다수인 피난장비
		  – 승강식 피난기
		• 피난유도선
		• 유도등, 유도표지 또는 비상조명등
		• 휴대용비상조명등

비상구		
영업장 내부통로		
그 밖의 안전시설		• 영상음향차단장치 • 누전차단기 • 창문

25 「다중이용업소의 안전관리에 관한 특별법 시행규칙」상 다중이용업소의 비상구 설치 기준에 관한 설명으로 옳지 않은 것은?

① 비상구는 구획된 실 또는 천장으로 통하는 구조가 아니어야 한다. 다만, 영업장 바닥에서 천장까지 준불연재료로 구획된 부속실(전실)은 그러하지 아니하다.
② 비상구는 다른 영업장 또는 다른 용도의 시설(주차장은 제외)을 경유하는 구조가 아닌 것이어야 한다.
③ 비상구 규격은 가로 75센티미터 이상, 세로 150센티미터이상(비상구 문틀을 제외한 비상구의 가로 길이 및 세로 길이를 말함)으로 한다.
④ 복층구조의 영업장에 옹벽 또는 외벽이 유리로 설치된 경우에는 영업장으로 사용하는 어느 하나의 층에 비상구를 설치하여야 한다.

해설 비상구는 구획된 실 또는 천장으로 통하는 구조가 아니어야 한다. 다만, 영업장 바닥에서 천장까지 불연재료로 구획된 부속실(전실)은 그러하지 아니하다.

정답 25. ①

CHAPTER 04 21년 소방장 승진시험 소방법령 Ⅲ

14 다음 〈보기〉에서 빈칸에 들어갈 숫자의 총합은 얼마인가?

> 가. 보험회사는 화재배상책임보험의 보험금 청구를 받은 때에는 지체 없이 지급할 보험금을 결정하고 보험금 결정 후 (　)일 이내에 피해자에게 보험금을 지급하여야 한다.
> 나. 평가대행자가 준수해야 할 사항으로 화재위험평가결과보고서를 소방청장·소방본부장 또는 소방서장 등에게 제출한 날부터 (　)년간을 보존해야 한다.
> 다. 소방청장·소방본부장 또는 소방서장은 수시 교육 및 보수 교육을 실시하려는 때에는 교육 대상자에게 교육일 (　)일전에 교육 일시 및 장소 등 소방안전교육에 필요한 사항을 교육대상자에게 알려야 한다.
> 라. 보험회사는 화재책임보험 계약 체결 사실을 보험회사의 전산시스템에 입력한 날부터 (　)일 이내에 소방청장, 소방본부장 또는 소방서장에게 알려야 한다. 다만, 계약의 효력발생일부터 (　)일을 초과하여서는 아니 된다.

① 51　　　　　　　　　　② 61
③ 63　　　　　　　　　　④ 57

[해설]
가. 보험회사는 화재배상책임보험의 보험금 청구를 받은 때에는 지체 없이 지급할 보험금을 결정하고 **보험금 결정 후 14일 이내**에 피해자에게 보험금을 지급하여야 한다.
나. 평가대행자가 준수해야 할 사항으로 화재위험평가결과보고서를 소방청장·소방본부장 또는 소방서장 등에게 제출한 날부터 **2년간을 보존**해야 한다.
다. 소방청장·소방본부장 또는 소방서장은 수시 교육 및 보수 교육을 실시하려는 때에는 교육 대상자에게 교육일 **10일전**에 교육 일시 및 장소 등 소방안전교육에 필요한 사항을 교육대상자에게 알려야 한다.
라. 보험회사는 화재책임보험 계약 체결 사실을 보험회사의 전산시스템에 입력한 날부터 **5일 이내**에 소방청장, 소방본부장 또는 소방서장에게 알려야 한다. 다만, 계약의 효력발생일부터 30일을 초과하여서는 아니 된다.

15 다중이용업소의 안전관리에 관한 특별법상 과태료의 부과기준에서 부과금액이 다른 것은?

① 영업장 내부 피난통로에 피난에 지장을 주는 물건 등을 쌓아 놓은 경우
② 비상구를 폐쇄·훼손·변경 등의 행위를 한 경우
③ 소화펌프를 고장상태로 방치한 경우
④ 안전시설등의 공사를 마친 후 신고를 하지 않은 경우

정답 14. ②　15. ③

해설 과태료의 부과기준

위반행위	과태료 금액(단위: 만원)		
	1회	2회	3회 이상
소화펌프를 고장상태로 방치한 경우		200	
비상구를 폐쇄·훼손·변경하는 등의 행위를 한 경우	100	200	300
영업장 내부 피난통로에 피난에 지장을 주는 물건 등을 쌓아 놓은 경우	100	200	300
안전시설등의 공사를 마친 후 신고를 하지 않은 경우	100	200	300

16. 다음 중 소방안전교육의 교과과정으로 옳지 않은 것은?

① 화재안전과 관련된 법령 및 제도
② 소방시설 및 방화시설의 유지·관리 및 사용방법
③ 다중이용업소에 화재가 발생한 경우 초기대응 및 대피요령
④ 소방계획서의 작성방법

해설 소방안전교육의 교과과정(제7조)
- 화재안전과 관련된 법령 및 제도
- 다중이용업소에서 화재가 발생한 경우 초기대응 및 대피요령
- 소방시설 및 방화시설(防火施設)의 유지·관리 및 사용방법
- 심폐소생술 등 응급처치 요령

17. 다중이용업소의 안전관리집행계획의 내용이 아닌 것은?

① 다중이용업주와 종업원에 대한 소방안전교육·훈련계획
② 다중이용업소 밀집 지역의 소방시설 설치, 유지·관리와 개선계획
③ 다중이용업소의 화재위험평가의 실시 및 평가
④ 다중이용업소의 안전 관련 법령 정비 등 제도 개선에 관한 사항

해설 다중이용업소의 집행계획에 포함해야할 사항
- 다중이용업소 밀집 지역의 소방시설 설치, 유지·관리와 개선계획
- 다중이용업주와 종업원에 대한 소방안전교육·훈련계획
- 다중이용업주와 종업원에 대한 자체지도 계획
- 다중이용업소의 화재위험평가의 실시 및 평가
- 평가결과에 따른 조치계획(화재위험지역이나 건축물에 대한 안전관리와 시설정비 등에 관한 사항을 포함한다)

④의 다중이용업소의 안전 관련 법령 정비 등 제도 개선에 관한 사항 → 안전관리기본계획에 포함해야할 사항

정답 16. ④ 17. ④

18 다중이용업소의 안전시설등을 설치 신고하는 경우 반드시 제출하는 서류가 아닌 것은?

① 소방시설설계업자가 작성한 안전시설등의 설계도서 1부
② 전기안전점검 확인서 등 전기설비의 안전진단을 증빙할 수 있는 서류 1부.
③ 안전시설등 설치명세서 1부
④ 구획된 실의 세부용도 등이 표시된 영업장의 평면도 1부

> **해설** 다중이용업소 안전시설등 설치신고시 첨부서류(시행규칙 제11조)
> - 소방시설설계업자가 작성한 안전시설등의 설계도서 1부
> - 안전시설등 설치명세서 1부
> - 구획된 실의 세부용도 등이 표시된 영업장의 평면도 1부.
> - 화재배상책임보험 증권 사본 등 화재배상책임보험 가입을 증명할 수 있는 서류 1부
> - 전기안전점검 확인서 등 전기설비의 안전진단을 증빙할 수 있는 서류(고시원업, 전화방업·화상대화방업, 수면방업, 콜라텍업, 방탈출카페업, 키즈카페업, 만화카페업만 해당한다) 1부.
>   ※ 소방본부장 소방서장은 행정정보의 공동이용을 통하여 전기안전점검 확인서를 확인해야 하며, 신고인이 확인에 동의하지 않는 경우에는 그 서류를 제출하도록 해야 한다
> - 구조안전 확인서(건축물 외벽에 발코니 형태의 비상구를 설치한 경우만 해당한다) 1부

19 다중이용업소의 안전관리에 관한 특별법상 다중이용업소에 해당하지 않는 것은?

① 「사격 및 사격장 안전관리에 관한 법률 시행령」 제2조제1항 및 별표 1에 따른 실내권총사격장
② 가상체험 체육시설업(지하에 구획된 실이 없는 것으로 골프종목이 가능한 시설을 경영하는 영업을 말한다)
③ 「의료법」 제82조제4항에 따른 안마시술소
④ 「모자보건법」 제2조제10호에 따른 산후조리업

> **해설**
> 체육시설의 설치·이용에 관한 법률」 제10조제1항제2호에 따른 가상체험 체육시설업(실내에 1개 이상의 별도의 구획된 실을 만들어 골프 종목의 운동이 가능한 시설을 경영하는 영업으로 한정한다)

20 다중이용업소의 안전관리에 관한 특별법상 이행강제금 부과의 개별기준에서 금액이 다른 것은?

① 영업장 내부구획에 대한 보완 등 필요한 조치명령을 위반한 경우
② 실내장식물에 대한 교체 또는 제거 등 필요한 조치명령을 위반한 경우
③ 다중이용업소의 사용금지 또는 제한명령을 위반한 경우
④ 안전시설등에 대하여 보완 등 필요한 조치명령을 위반하여 안전시설 등을 설치하지 않은 경우

정답 18. ② 19. ② 20. ③

해설 이행강제금 부과 개별기준

위반행위	이행강제금 금액
• 안전시설등에 대하여 보완 등 필요한 조치명령을 위반한 경우	
– 안전시설등의 작동·기능에 지장을 주지 않는 경미한 사항인 경우	200
– 안전시설등을 고장상태로 방치한 경우	600
– 안전시설등을 설치하지 않은 경우	1,000
• 실내장식물에 대한 교체 또는 제거 등 필요한 조치 명령을 위반한 경우	1,000
• 영업장의 내부구획에 대한 보완 등 필요한 조치 명령을 위반한 경우	1,000
• 화재안전조사 조치 명령을 위반한 경우	
– 다중이용업소의 공사의 정지 또는 중지 명령을 위반한 경우	200
– 다중이용업소의 사용금지 또는 제한 명령을 위반한 경우	600
– 다중이용업소의 개수·이전 또는 제거 명령을 위반한 경우	1,000

21 고시원업에 설치하는 창문의 규격과 수량으로 옳은 것은?

① 가로 75㎝ 이상, 세로 150㎝ 이상, 1개 이상
② 가로 50㎝ 이상, 세로 50㎝ 이상, 1개 이상
③ 가로 75㎝ 이상, 세로 150㎝ 이상, 2개 이상
④ 가로 50㎝ 이상, 세로 50㎝ 이상, 2개 이상

해설 고시원업의 창문
• 영업장 층별로 가로 50㎝ 이상, 세로 50㎝ 이상 열리는 창문을 1개 이상 설치할 것
• 영업장 내부 피난 통로 또는 복도에 바깥 공기와 접하는 부분에 설치할 것(구획된 실에 설치하는 것을 제외한다)

22 다음 중 피난 안내 영상물 상영 대상으로 모두 옳은 것은?(영업장 모두 피난안내 영상물을 상영할 수 있는 시설을 갖춘 영업장으로 가정한다)

① 스크린골프연습장, 노래연습장 및 단란주점영업
② 영화상영관, 비디오물소극장업 및 수면방업
③ 게임제공업 및 복합유통게임제공업의 영업
④ 인터넷컴퓨터게임시설제공업 및 콜라텍업

해설 피난안내 영상물 상영대상
• 영화상영관 및 비디오물소극장업의 영업장
• 노래연습장업의 영업장
• 단란주점영업 및 유흥주점영업의 영업장
• 영상물 상영시설이 설치된 전화방업·화상대화방업, 수면방업, 콜라텍업

정답 21. ② 22. ②

2025년 다중이용업소의 안전관리에 관한 특별법

23 다중이용업소에 합판 또는 목재의 실내장식물을 설치하는 경우로서 그 면적이 영업장 천장과 벽을 합한 면적이 300제곱미터인 경우에 방염성능기준 이상의 것으로 설치할 수 있는 최대면적으로 옳은 것은?

① 100제곱미터
② 200제곱미터
③ 150제곱미터
④ 300제곱미터

해설 다중이용업의 실내장식물(제10조)
합판 또는 목재로 실내장식물을 설치하는 경우로서 그 면적이 영업장 천장과 벽을 합한 면적의 10분의 3(스프링클러설비 또는 간이스프링클러설비가 설치된 경우에는 10분의 5) 이하인 부분은 「소방시설 설치 및 관리에 관한 법률」 제12조제3항에 따른 방염성능기준 이상의 것으로 설치할 수 있다.
따라서 300제곱미터 × 3/10 = 100제곱미터

24 안전관리우수업소의 요건으로 옳지 않은 것은?

① 공표일 기준으로 최근 3년 동안 피난시설, 방화구획 및 방화시설 관련 위반행위가 없을 것
② 공표일 기준으로 최근 3년 동안 안전시설등 작동기능점검의 실시하고 그 결과를 보관하고 있을 것
③ 공표일 기준으로 최근 3년 동안 화재 발생 사실이 없을 것
④ 공표일 기준으로 최근 3년 동안 소방·건축·전기 및 가스 관련 법령 위반 사실이 없을 것

해설 안전관리우수업소 표지 요건
- 공표일 기준으로 최근 3년 동안 피난시설, 방화구획 및 방화시설의 유지·관리 위반행위가 없을 것
- 공표일 기준으로 최근 3년 동안 소방·건축·전기 및 가스 관련 법령 위반 사실이 없을 것
- 공표일 기준으로 최근 3년 동안 화재 발생 사실이 없을 것
- 자체 계획을 수립하여 종업원의 소방교육 또는 소방훈련을 정기적으로 실시하고 공표일 기준으로 최근 3년 동안 그 기록을 보관하고 있을 것

정답 23. ① 24. ②

25 다중이용업소의 안전관리에 관한 특별법 상 용어의 정으로 옳지 않은 것은?

① 실내장식물 – 건축물 내부의 천장 또는 벽에 설치하는 것으로서 대통령령으로 정하는 것
② 영업장의 내부구획 – 다중이용업소의 영업장 내부를 이용객들이 사용할 수 있도록 벽 또는 칸막이 등을 사용하여 구획된 실(室)을 만드는 것
③ 안전시설등 – 소방시설과 비상구(非常口), 그 밖에 소방 관련 시설로서 대통령령으로 정하는 것을 말한다.
④ 밀폐구조의 영업장 – 지상층에 있는 다중이용업소의 영업장 중 채광·환기·통풍 및 피난 등이 용이하지 못한 구조로 되어 있으면서 "무창층" 요건을 모두 갖춘 영업장을 말한다.

해설 이 법에서 정하는 용어의 정의

구 분	정의
다중이용업	불특정 다수인이 이용하는 영업 중 화재 등 재난 발생 시 생명·신체·재산상의 피해가 발생할 우려가 높은 것으로서 대통령령으로 정하는 영업을 말한다.
안전시설등	소방시설, 비상구, 영업장 내부 피난통로, 그 밖의 안전시설로서 대통령령으로 정하는 것을 말한다.
실내 장식물	건축물 내부의 천장 또는 벽에 설치하는 것으로서 대통령령으로 정하는 것을 말한다.
화재위험평가	다중이용업소가 밀집한 지역 또는 건축물에 대하여 화재 발생 가능성과 화재로 인한 불특정 다수인의 생명·신체·재산상의 피해 및 주변에 미치는 영향을 예측·분석하고 이에 대한 대책을 마련하는 것을 말한다.
밀폐구조의 영업장	지상층에 있는 다중이용업소의 영업장 중 채광·환기·통풍 및 피난 등이 용이하지 못한 구조로 되어 있으면서 "무창층" 요건을 모두 갖춘 영업장을 말한다.
영업장의 내부구획	다중이용업소의 영업장 내부를 이용객들이 사용할 수 있도록 벽 또는 칸막이 등을 사용하여 구획된 실(室)을 만드는 것을 말한다.

③ 소방시설과 비상구(非常口), 그 밖에 소방 관련 시설로서 대통령령으로 정하는 것은 소방시설 설치 및 관리에 관한 법률상 용어의 정의 중 소방시설등에 대한 용어의 정의다

정답 25. ③

CHAPTER 05 20년 소방장 승진시험 소방법령 Ⅲ

14 다중이용업소의 안전관리에 관한 특별법 상 다중이용업소에 해당하지 않는 것은?

① 3층에서 위치한 바닥면적 합계가 95제곱미터인 일반음식점
② 영업장이 지하층에 설치된 경우로 그 영업장의 바닥면적 합계가 66제곱미터 이상인 일반음식점
③ 수용인원 100명 이상 300명 미만으로서 하나의 건축물에 학원과 기숙사가 함께 있는 학원
④ 「의료법」 제82조제4항에 따른 안마시술소

[해설] 3층의 경우 바닥면적 합계가 100제곱미터 이상 일반음식점이 다중이용업소에 해당함

15 다중이용업소의 안전관리기본계획 수립지침 중 화재 등 재난 발생 경감대책으로 옳지 않은 것은?

① 화재피해 원인조사 및 분석
② 안전관리정보의 전달 관리체계 구축
③ 화재 등 재난 발생에 대비한 교육 훈련과 예방에 관한 홍보
④ 소관법령 및 관련기준의 정비

[해설] 화재 등 재난 발생 경감대책(시행령 제5조제1호)
- 화재피해 원인조사 및 분석
- 안전관리정보의 전달·관리체계 구축
- 화재 등 재난 발생에 대비한 교육·훈련과 예방에 관한 홍보
※ 소관법령 및 관련기준의 정비 → 화재 등 재난 발생을 줄이기 위한 중·장기 대책

16 허가관청은 다중이용업주가 다음 각 호의 어느 하나에 해당하는 행위를 하였을 때에는 그 신고를 수리 한 날부터 30일 이내에 소방본부장 또는 소방서장에게 통보하여야하는 사항에 해당하지 않은 것은?

① 휴업 폐업 또는 휴업 후 영업의 재개(再開)
② 다중이용업소 교육 이수 및 보험가입 여부
③ 다중이용업주의 변경 또는 다중이용업주 주소의 변경
④ 다중이용업소 상호 또는 주소의 변경

[정답] 14. ① 15. ④ 16. ②

해설 관련 행정기관의 통보사항(법 제7조)

구분	허가등 통보	변경신고등 통보
통보기관	허가등의 행정관청	
받는기관	소재지를 관할하는 소방본부장 또는 소방서장	
허가등의 통보사항	• 업주의 성명 및 주소 • 업소의 상호 및 주소 • 다중이용업의 업종 및 영업장 면적 • 허가일자등	• 업주의 변경 또는 업주 주소의 변경 • 업소 상호 또는 주소의 변경 • 영업 내용의 변경 • 휴업·폐업 또는 휴업 후 영업의 재개
통보기한	허가등을 한 날부터 14일 이내	신고를 수리한 날부터 30일 이내
통보방법	다중이용업소 허가 등 사항(변경사항) 통보서에 따라 통보	

17
다중이용업소 화재배상책임보험 회사가 보험료율을 차등 적용할 시 고려하는 사항이 아닌 것은?

① 공개된 법령위반업소에 해당하는지 여부
② 공표된 안전관리우수업소에 해당하는지 여부
③ 해당 다중이용업소가 속한 업종의 화재발생빈도
④ 해당 다중이용업소의 위치

해설 보험료율 차등적용 시 고려할 사항
- 해당 다중이용업소가 속한 업종의 화재발생빈도
- 해당 다중이용업소의 영업장 면적
- 화재위험평가 결과
- 공개된 법령위반업소에 해당하는지 여부
- 공표된 안전관리우수업소에 해당하는지 여부

18
다중이용업소의 화재를 예방하고 화재로 인한 생명·신체·재산상의 피해를 방지하기 위하여 필요하다고 인정하는 경우에는 화재위험평가를 할 수 있는 지역 또는 건축물에 해당하지 않는 것은?

① 2천제곱미터 지역 안에 다중이용업소가 55개 이상 밀집하여 있는 경우
② 5층의 건축물로서 다중이용업소가 15개 있는 경우
③ 하나의 건축물에 다중이용업소로 사용하는 영업장 바닥면적의 합계가 1,000제곱미터인 경우
④ 6층의 건축물로서 노래연습장 5개 유흥주점 4개 있는 경우

해설 다중이용업소에 대한 화재위험평가 등(법 제15조)
- 2천제곱미터 지역 안에 다중이용업소가 50개 이상 밀집하여 있는 경우
- 5층 이상인 건축물로서 다중이용업소가 10개 이상 있는 경우
- 하나의 건축물에 다중이용업소로 사용하는 영업장 바닥면적의 합계가 1천제곱미터 이상인 경우

정답 17. ④ 18. ④

19 안전시설등 설치·유지 기준에서 영업장의 내부피난통로에 관한 내용이다. ()에 들어갈 내용으로 옳은 것은?

> 가. 내부 피난통로의 폭은 (ㄱ)센티미터 이상으로 할 것. 다만, 양 옆에 구획된 실이 있는 영업장으로서 구획된 실의 출입문 열리는 방향이 피난통로 방향인 경우에는 (ㄴ)센티미터 이상으로 설치하여야 한다.
> 나. 구획된 실부터 주된 출입구 또는 비상구까지의 내부 피난통로의 구조는 (ㄷ) 이상 구부러지는 형태로 설치하지 말 것

	(ㄱ)	(ㄴ)	(ㄷ)
①	150	120	두번
②	120	150	두번
③	150	120	세번
④	120	150	세번

해설 영업장 내부 피난통로 설치·유지 기준
- 내부 피난통로의 폭은 120센티미터 이상으로 할 것. 다만, 양 옆에 구획된 실이 있는 영업장으로서 구획된 실의 출입문 열리는 방향이 피난통로 방향인 경우에는 150센티미터 이상으로 설치하여야 한다.
- 구획된 실부터 주된 출입구 또는 비상구까지의 내부 피난통로의 구조는 세 번 이상 구부러지는 형태로 설치하지 말 것

20 다중이용업소의 안전관리에 관한 특별법 시행령에 따른 안전관리우수업소의 표지등에 대한 내용으로 옳은 것은?

> 가. (ㄱ)이나 (ㄴ)은 안전관리우수업소에 대하여 안전관리우수업소 표지를 내준 날부터 (ㄷ) 마다 정기적으로 심사를 하여 위반사항이 없는 경우에는 안전관리우수업소표지를 갱신하여 내줘야 한다.
> 나. 이에 따른 정기심사와 안전관리우수업소표지 갱신절차에 관하여 필요한 사항은 (ㄹ)으로 정한다.

	(ㄱ)	(ㄴ)	(ㄷ)	(ㄹ)
①	소방청장	소방서장	3년	행정안전부령
②	시도지사	소방본부장	3년	대통령
③	소방본부장	소방서장	2년	행정안전부령
④	소방본부장	소방서장	2년	대통령

정답 19. ④ 20. ③

해설 안전관리우수업소의 표지 등(시행령 제21조)
① 소방본부장이나 소방서장은 안전관리우수업소에 대하여 안전관리우수업소 표지를 내준 날부터 2년마다 정기적으로 심사를 하여 위반사항이 없는 경우에는 안전관리우수업소표지를 갱신하여 내줘야 한다.
② 제1항에 따른 정기심사와 안전관리우수업소표지 갱신절차에 관하여 필요한 사항은 행정안전부령으로 정한다.

21. 다중이용업소의 안전관리에 관한 특별법 시행규칙 상 소방안전교육 위탁기관이 갖추어야 하는 시설기준에 아닌 것은?

① 강의실 : 바닥면적 100제곱미터 이상이고 의자·탁자 및 교육용 비품을 갖출 것
② 사무실 : 바닥면적 60제곱미터 이상일 것
③ 심폐소생술체험 마네킹
④ 실습·체험실 : 바닥면적 100제곱미터 이상일 것

해설 소방안전교육 위탁기관이 갖추어야 하는 시설기준(시행규칙 별표5)
1. 사무실 : 바닥면적 60제곱미터 이상일 것
2. 강의실 : 바닥면적 100제곱미터 이상이고 의자·탁자 및 교육용 비품을 갖출 것
3. 실습·체험실 : 바닥면적 100제곱미터 이상일 것
4. 교육용기자재

갖추어야 할 교육용기자재의 종류
• 빔프로젝터 1개(스크린 포함)
• 소화기(단면절개:斷面切開) : 3종 각 1개
• 경보설비시스템 1개
• 스프링클러모형 1개
• 자동화재탐지설비 세트 1개
• 소화설비 계통도 세트 1개
• 소화기 시뮬레이터 세트 1개
• 「소방시설 설치 및 관리에 관한 법률 시행규칙」 제20조제1항에 따른 소방시설 점검기구 각 1개

22. 다중이용업소 안전시설 중 피난설비의 설치·유지 기준에 대한 설명으로 옳지 않은 것은?

① 2층 이상 4층 이하에 위치하는 영업장의 발코니 또는 부속실과 연결되는 비상구에는 피난기구를 화재안전기준에 따라 설치할 것
② 영업장의 구획된 실마다 유도등, 유도표지 또는 비상조명등 중 하나 이상을 화재안전성능기준에 따라 설치할 것
③ 영업장내부 피난통로 또는 복도에 설치하는 피난유도선은 축광에 의하여 빛을 내는 방식으로 할 것
④ 영업장 안의 구획된 실마다 휴대용 비상조명등을 화재안전성능기준에 따라 설치할 것

해설 피난유도선의 설치·유지 기준(시행규칙 별표2)
• 영업장 내부 피난통로 또는 복도에 소방청장이 정하여 고시하는 유도등 및 유도표지의 화재안전성능기준에 따라 설치할 것
• 전류에 의하여 빛을 내는 방식으로 할 것

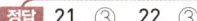
21. ③ 22. ③

2025년 다중이용업소의 안전관리에 관한 특별법

23 다중이용업소의 영업장 내부를 구획하고자 할 때에는 불연재료로 구획하여야 한다 이 경우 천장(반자속)까지 구획하여야 하는 다중이용업소의 영업장은?

① 단란주점, 고시원
② 노래연습장, 안마시술소
③ 노래연습장, 유흥주점
④ 산후조리업, 유흥주점

해설 영업장의 내부구획(법 제10조의2) 다중이용업소의 영업장 내부를 구획하고자 할 때에는 불연재료로 구획하여야 한다. 이 경우 다음 각 호의 어느 하나에 해당하는 다중이용업소의 영업장은 천장(반자속)까지 구획하여야 한다.
• 단란주점 및 유흥주점 영업
• 노래연습장업

24 다음 중 소방안전교육을 받아야 하는 대상에 해당하지 않은 사람은?

① 보수교육 이수 2년이 지난 뒤 연기신청하고 2개월 동안 외국 체류 중인 다중이용업주
② 실내장식물의 설치기준 위반행위가 적발된 뒤 2개월이 지난 다중이용업주
③ 지난해 위험물안전관리자 교육을 받고 올해 키즈카페업을 하려는 다중이용업주
④ 올해 소방안전관리자 강습교육을 받고 콜라텍업에 취업한 종업원

해설 소방안전교육(제8조)
다중이용업주와 그 종업원 및 다중이용업을 하려는 자는 소방청장, 소방본부장 또는 소방서장이 실시하는 소방안전교육을 받아야 한다. 다만, 다중이용업주나 종업원이 그 해당연도에 다음 각 호의 어느 하나에 해당하는 교육을 받은 경우에는 그러하지 아니하다.
• 소방안전관리자 강습 또는 실무교육
• 위험물안전관리자 교육

25 다중이용업소의 안전시설등에 대한 정기점검에 대한 내용으로 옳지 않은 것은?

① 점검대상은 다중이용업소의 영업장에 설치된 안전시설등이다.
② 해당 영업장의 다중이용업주도 점검을 할 수 있다.
③ 점검주기는 반기별 1회 이상 점검해야한다.
④ 점검방법은 안전시설등의 작동 및 유지 관리 상태를 점검한다.

해설 안전점검의 대상, 점검자의 자격 등(시행규칙 제14조)
• 안전점검 대상 : 다중이용업소의 영업장에 설치된 안전시설등
• 안전점검자의 자격은 다음 각 목과 같다.
  – 해당 영업장의 다중이용업주 또는 다중이용업소가 위치한 특정소방대상물의 소방안전관리자(소방안전관리자가 선임된 경우에 한한다)
  – 해당 업소의 종업원 중 소방안전관리자 자격을 취득한 자, 소방기술사·소방설비기사 또는 소방설비산업기사 자격을 취득한 자
  – 소방시설관리업자
• 점검주기 : 매 분기별 1회 이상 점검. 다만, 「소방시설 설치 및 관리에 관한 법률」 제22조제1항에 따라 자체점검을 실시한 경우에는 자체점검을 실시한 그 분기에는 점검을 실시하지 아니할 수 있다.
• 점검방법 : 안전시설등 세부점검표를 사용하여 안전시설등의 작동 및 유지·관리 상태를 점검한다.

정답 23. ③ 24. ④ 25. ③

CHAPTER 06 19년 소방장 승진시험 소방법령 Ⅲ

14 「다중이용업소의 안전관리에 관한 특별법 시행규칙」상 화재위험평가업무의 대행자가 등록 후 2년 이내에 화재위험평가 대행업무를 이행하지 아니하거나 계속하여 2년 이상 화재위험평가 대행 실적이 없는 경우의 2차 행정처분 기준으로 옳은 것은?

① 경고
② 영업정지 3월
③ 영업정지 6월
④ 등록취소

해설 평가대행자에 대한 행정처분의 기준

위반사항	행정처분기준			
	1차	2차	3차	4차 이상
등록 후 2년 이내에 화재위험평가 대행업무를 개시하지 아니하거나 계속하여 2년 이상 화재위험평가 대행실적이 없는 경우	경고	등록취소		

15 「다중이용업소의 안전관리에 관한 특별법 시행령」상 다중이용업소 영업장에 설치·유지하는 안전시설등에서 피난설비에 해당되지 않은 것은?

① 비상구
② 구조대
③ 피난유도선
④ 휴대용비상조명등

해설 다중이용업소에 설치하는 안전시설 중 피난설비
- 피난기구: 미끄럼대, 피난사다리, 구조대, 완강기, 다수인 피난장비, 승강식 피난기
- 피난유도선
- 유도등, 유도표지 또는 비상조명등
- 휴대용비상조명등

정답 14. ① 15. ①

2025년 다중이용업소의 안전관리에 관한 특별법

16 「다중이용업소의 안전관리에 관한 특별법 시행령」상 과태료 부과권자는 과태료 금액의 2분의 1의 범위에서 그 금액을 감경하여 부과할 수 있는 기준으로 옳지 않은 것은?

① 위반행위자가 처음 위반행위를 한 경우로서, 3년 이상 해당 업종을 모범적으로 영위한 사실이 인정되는 경우
② 위반행위자가 화재 등 재난으로 재산에 현저한 손실이 발생하거나 사업여건의 악화로 사업이 중대한 위기에 처하는 등의 사정이 있는 경우
③ 위반행위자가 다른 위반행위로 다른 법률에 따라 과태료·벌금·영업정지 등의 제재를 받은 경우
④ 위반행위가 고의나 중대한 과실이 아닌 사소한 부주의나 오류로 인한 것으로 인정되는 경우

해설 과태료 금액의 2분의 1의 범위에서 그 금액을 감경하여 부과할 수 있는 경우
- 위반행위자가 「질서위반행위규제법 시행령」 제2조의2제1항 각 호의 어느 하나에 해당하는 경우

> 「질서위반행위규제법 시행령」 제2조의2제1항
> 1. 국민기초생활 수급자
> 2. 한부모가족 보호대상자
> 3. 장애의 정도가 심한 장애인
> 4. 1급부터 3급까지의 상이등급 판정을 받은 국가유공자
> 5. 미성년자

- 위반행위자가 처음 위반행위를 한 경우로서, 3년 이상 해당 업종을 모범적으로 영위한 사실이 인정되는 경우
- 위반행위자가 화재 등 재난으로 재산에 현저한 손실이 발생하거나 사업여건의 악화로 사업이 중대한 위기에 처하는 등의 사정이 있는 경우
- 위반행위가 고의나 중대한 과실이 아닌 사소한 부주의나 오류로 인한 것으로 인정되는 경우
- 위반행위자가 같은 위반행위로 다른 법률에 따라 과태료·벌금·영업정지 등의 제재를 받은 경우
- 위반행위자자 위법행위로 인한 결과를 시정하거나 해소한 경우
- 그 밖에 위반행위의 정도, 위반행위의 동기와 그 결과 등을 고려하여 감경할 필요가 있다고 인정되는 경우

17 「다중이용업소의 안전관리에 관한 특별법」상 화재위험평가대행자의 등록을 취소하거나 6개월 이내에 기간을 정하여 업무의 정지를 명할 수 있는 자는?

① 소방청장
② 시·도지사
③ 소방본부장
④ 소방서장

해설 평가대행자의 등록취소 등(제17조)
소방청장은 평가대행자가 이 법에 따른 위반행위에 해당하는 경우에는 그 등록을 취소하거나 6개월 이내의 기간을 정하여 업무의 정지를 명할 수 있다.

정답 16. ③ 17. ①

18 「다중이용업소의 안전관리에 관한 특별법 시행령」상 화재위험평가의 결과에 따른 조치명령으로 인한 손실보상 기준으로 옳지 않은 것은?

① 소방청장·소방본부장 또는 소방서장이 손실을 보상하는 경우에는 조치명령으로 인하여 생긴 손실을 시가로 보상해야 한다.
② 손실보상에 관하여는 소방청장·소방본부장 또는 소방서장과 손실을 입은 자가 협의해야 한다.
③ 보상금액에 관한 협의가 성립되지 아니한 경우에는 소방청장·소방본부장 또는 소방서장은 그 보상금액을 지급하여야 한다. 다만, 보상금액의 수령을 거부하거나 수령할 자가 불분명한 경우에는 그 보상금액을 공탁하고 이 사실을 통지하여야 한다.
④ 보상금의 지급 또는 공탁의 통지에 불복하는 자는 지급 또는 공탁의 통지를 받은 날부터 14일 이내에 행정안전부령으로 정하는 바에 따라 「공익사업을 위한 토지 등의 취득 및 보상에 관한 법률」에 따른 중앙토지수용위원회에 재결(裁決)을 신청해야 한다.

해설 손실보상(시행령 제12조 제4항)
보상금의 지급 또는 공탁의 통지에 불복하는 자는 지급 또는 공탁의 통지를 받은 날부터 30일 이내에 행정안전부령으로 정하는 바에 따라 「공익사업을 위한 토지 등의 취득 및 보상에 관한 법률」에 따른 중앙토지수용위원회에 재결(裁決)을 신청할 수 있다.

19 「다중이용업소의 안전관리에 관한 특별법」 제7조 제1항의 내용이다. 허가관청이 소방본부장 또는 소방서장에게 통보하여야 할 사항에 해당하지 않은 것은?

> 다른 법률에 따라 다중이용업의 허가·인가·등록·신고수리(이하 "허가등"이라 한다)를 하는 행정기관(이하 "허가관청"이라 한다)은 허가등을 한 날부터 14일 이내에 행정안전부령으로 정하는 바에 따라 다중이용업소의 소재지를 관할하는 소방본부장 또는 소방서장에게 다음 각 호의 사항을 통보하여야 한다.

① 다중이용업주의 성명 및 주소
② 다중이용업소의 상호 및 주소
③ 다중이용업의 업종 및 영업장 면적
④ 다중이용업소의 화재배상책임보험 증권 사본

해설 관련 행정기관의 통보사항(법 제7조 제1항)
• 다중이용업주의 성명 및 주소
• 다중이용업소의 상호 및 주소
• 다중이용업의 업종 및 영업장 면적

정답 18. ④ 19. ④

> 2025년 다중이용업소의 안전관리에 관한 특별법

20 「다중이용업소의 안전관리에 관한 특별법 시행규칙」상 소방안전교육의 교과과정에 해당되지 않은 것은?

① 화재배상책임보험과 관련된 법령 및 제도
② 다중이용업소에서 화재가 발생한 경우 초기대응 및 대피요령
③ 심폐소생술 등 응급처치 요령
④ 소방시설 및 방화시설(防火施設)의 유지·관리 및 사용방법

> **해설** 소방안전교육의 교과과정(시행규칙 제7조)
> • 화재안전과 관련된 법령 및 제도
> • 다중이용업소에서 화재가 발생한 경우 초기대응 및 대피요령
> • 소방시설 및 방화시설(防火施設)의 유지·관리 및 사용방법
> • 심폐소생술 등 응급처치 요령

21 「다중이용업소의 안전관리에 관한 특별법 시행규칙」상 피난안내도 및 피난안내 영상물에 포함되어야할 내용에 해당되지 않은 것은?

① 화재 시 대피할 수 있는 비상구 위치
② 구획된 실 등에서 비상구 및 출입구까지의 피난 동선
③ 장애인 및 노약자의 피난 및 구조 방법
④ 소화기, 옥내소화전 등 소방시설의 위치 및 사용방법

> **해설** 피난안내도 및 피난안내 영상물에 포함되어야 할 내용
> • 화재 시 대피할 수 있는 비상구 위치
> • 구획된 실 등에서 비상구 및 출입구까지의 피난 동선
> • 소화기, 옥내소화전 등 소방시설의 위치 및 사용방법
> • 피난 및 대처방법

22 「다중이용업소의 안전관리에 관한 특별법 시행령」상 다중이용업의 범위에 해당하지 않은 것은?

① 지상 3층 휴게음식점영업으로서 영업장으로 사용하는 바닥면적 합계가 80제곱미터
② 지하 2층 일반음식점영업으로서 영업장으로 사용하는 바닥면적 합계가 150제곱미터
③ 지상 2층 단란주점영업으로서 영업장으로 사용하는 바닥면적 합계가 80제곱미터
④ 지하 2층 유흥주점영업으로서 영업장으로 사용하는 바닥면적 합계가 80제곱미터

> **해설** 「식품위생법 시행령」에 따른 다중이용업의 범위
> • 휴게음식점영업·제과점영업 또는 일반음식점영업으로서 영업장으로 사용하는 바닥면적의 합계가 100제곱미터(영업장이 지하층에 설치된 경우에는 그 영업장의 바닥면적 합계가 66제곱미터) 이상인 것. 다만, 영업장(내부계단으로 연결된 복층구조의 영업장을 제외한다)이 다음의 어느 하나에 해당하는 층에 설치되고 그 영업장의 주된 출입구가 건축물 외부의 지면과 직접

정답 20. ① 21. ③ 22. ①

연결되는 곳에서 하는 영업을 제외한다.
- 지상 1층
- 지상과 직접 접하는 층
• 단란주점영업과 유흥주점영업

23 「다중이용업소의 안전관리에 관한 특별법 시행규칙」상 다중이용업소의 안전시설등 세부점검표 점검사항이 아닌 것은?

① 누전차단기 설치 위치 확인
② 영상음향차단장치 작동기능점검
③ 커튼, 카페트 등 방염선처리제품 사용 여부
④ 안전시설등 세부점검표 분기별 작성 및 1년간 보관여부

해설 안전시설등 세부점검표(시행규칙 별지10호 서식 참조)
• 소화기 또는 자동확산소화기의 외관점검
  - 구획된 실마다 설치되어 있는지 확인
  - 약제 응고상태 및 압력게이지 지시침 확인
• 간이스프링클러설비 작동기능점검
  - 시험밸브 개방 시 펌프기동, 음향경보 확인
  - 헤드의 누수·변형·손상·장애 등 확인
• 경보설비 작동기능점검
  - 비상벨설비의 누름스위치, 표시등, 수신기 확인
  - 자동화재탐지설비의 감지기, 발신기, 수신기 확인
  - 가스누설경보기 정상작동여부 확인
• 피난설비 작동기능점검 및 외관점검
  - 유도등·유도표지 등 부착상태 및 점등상태 확인
  - 구획된 실마다 휴대용비상조명등 비치 여부
  - 화재신호 시 피난유도선 점등상태 확인
  - 피난기구(완강기, 피난사다리 등) 설치상태 확인
• 비상구 관리상태 확인
  - 비상구 폐쇄·훼손, 주변 물건 적치 등 관리상태
  - 구조변형, 금속표면 부식·균열, 용접부·접합부 손상 등 확인(건축물 외벽에 발코니 형태의 비상구를 설치한 경우만 해당)
• 영업장 내부 피난통로 관리상태 확인
  - 영업장 내부 피난통로 상 물건 적치 등 관리상태
• 창문(고시원) 관리상태 확인
• 영상음향차단장치 작동기능점검
  - 경보설비와 연동 및 수동작동 여부 점검 (화재신호 시 영상음향차단 되는 지 확인)
• 누전차단기 작동 여부 확인
• 피난안내도 설치 위치 확인
• 피난안내영상물 상영 여부 확인
• 실내장식물·내부구획 재료 교체 여부 확인
  - 커튼, 카페트 등 방염선처리제품 사용 여부
  - 합판·목재 방염성능확보 여부
  - 내부구획재료 불연재료 사용 여부
• 방염 소파·의자 사용 여부 확인
• 안전시설등 세부점검표 분기별 작성 및 1년간 보관여부
• 화재배상책임보험 가입여부 및 계약기간 확인

정답 23. ①

24 「다중이용업소의 안전관리에 관한 특별법 시행규칙」상 다중이용업소의 비상구 추락방지에 대한 기준으로 옳지 않은 것은?

① 영업장의 위치가 2층 이상 4층 이하인 경우 그 영업장에 설치하는 비상구를 말한다.
② 발코니 및 부속실 입구의 문을 개방하면 경보음이 울리도록 경보음 발생 장치를 설치한다.
③ 추락위험을 알리는 표지를 문(부속실의 경우 외부로 나가는 문은 제외)에 부착할 것
④ 부속실에서 건물 외부로 나가는 문 안쪽에는 기둥·바닥·벽 등의 견고한 부분에 탈착이 가능한 쇠사슬 또는 안전로프 등을 바닥에서부터 120㎝ 이상의 높이에 가로로 설치할 것.

> **해설** 다중이용업소의 비상구 추락방지 기준(시행규칙 제11조의2) 영업장의 위치가 2층 이상 4층 이하인 경우 그 영업장에 설치하는 비상구를 말한다.
> - 발코니 및 부속실 입구의 문을 개방하면 경보음이 울리도록 경보음 발생 장치를 설치하고, 추락위험을 알리는 표지를 문(부속실의 경우 외부로 나가는 문도 포함한다)에 부착할 것
> - 부속실에서 건물 외부로 나가는 문 안쪽에는 기둥·바닥·벽 등의 견고한 부분에 탈착이 가능한 쇠사슬 또는 안전로프 등을 바닥에서부터 120㎝ 이상의 높이에 가로로 설치할 것. 다만, 120센티미터 이상의 난간이 설치된 경우에는 쇠사슬 또는 안전로프 등을 설치하지 않을 수 있다.

25 「다중이용업소의 안전관리에 관한 특별법 시행령」상 소방청장·소방본부장 또는 소방서장은 조치명령을 받은 후 그 정한 기간 이내에 그 명령을 이행하지 아니하는 자에게는 1천만원 이하의 이행강제금을 부과한다. 이행강제금 개별기준 금액으로 옳은 것은?

① 다중이용업소의 개수·이전 또는 제거명령을 위반한 경우: 600만원
② 실내장식물에 대한 교체 또는 제거 등 필요한 조치명령을 위반한 경우: 1,000만원
③ 안전시설등을 설치하지 않은 경우: 600만원
④ 안전시설등을 고장상태로 방치한 경우: 1,000만원

> **해설** 이행강제금 개별기준
>
> | 위반행위 | 이행강제금 금액 |
> | --- | --- |
> | • 안전시설등에 대하여 보완 등 필요한 조치명령을 위반한 경우 | |
> | – 안전시설등의 작동·기능에 지장을 주지 않는 경미한 사항인 경우 | 200 |
> | – 안전시설등을 고장상태로 방치한 경우 | 600 |
> | – 안전시설등을 설치하지 않은 경우 | 1,000 |
> | • 실내장식물에 대한 교체 또는 제거 등 필요한 조치명령을 위반한 경우 | 1,000 |
> | • 영업장의 내부구획에 대한 보완 등 필요한 조치명령을 위반한 경우 | 1,000 |
> | • 화재안전조사 조치명령을 위반한 경우 | |
> | – 다중이용업소의 공사의 정지 또는 중지 명령을 위반한 경우 | 200 |
> | – 다중이용업소의 사용금지 또는 제한 명령을 위반한 경우 | 600 |
> | – 다중이용업소의 개수·이전 또는 제거명령을 위반한 경우 | 1,000 |

정답 24. ③ 25. ②

CHAPTER 07 18년 소방장 승진시험 소방법령 Ⅲ

14 다중이용업소에 설치해야 하는 안전시설등의 설치기준 중 비상구에 대한 설명으로 옳지 않은 것은?

① 비상구는 영업장의 주된 출입구의 측면에 설치하되 주된 출입구 중심선으로부터의 수평거리가 영업장의 짧은 변 길이의 2분의1 이상 떨어진 위치에 설치 할 것.

② 비상구는 구획된 실 또는 천장으로 통하는 구조가 아닌 것으로 할 것. 다만, 영업장 바닥에서 천장까지 불연재료(不燃材料)로 구획된 부속실(전실)은 그러하지 아니하다.

③ 비상구는 다른 영업장 또는 다른 용도의 시설(주차장은 제외한다)을 경유하는 구조가 아닌 것이어야 하고, 층별 영업장은 다른 영업장 또는 다른 용도의 시설과 불연재료·준불연재료로 된 차단벽이나 칸막이로 분리되도록 할 것.

④ 비상구 규격은 가로 75센티미터 이상, 세로 150센티미터 이상(비상구 문틀을 제외한 비상구의 가로길이 및 세로길이를 말한다)으로 할 것.

해설 비상구는 영업장(2개 이상의 층이 있는 경우에는 각각의 층별 영업장을 말한다. 이하 이 표에서 같다) 주된 출입구의 반대방향에 설치하되, 주된 출입구 중심선으로부터의 수평거리가 영업장의 긴 변 길이의 2분의 1 이상 떨어진 위치에 설치할 것.

15 피난안내 영상을 상영해야하는 다중이용업소는 모두 몇 개 인가?

㉠ 인터넷컴퓨터 게임시설제공업	㉡ 비디오물감상실업
㉢ 안마시술소	㉣ 숙식을 제공하는 형태의 고시원업
㉤ 복합영상물제공업	㉥ 비디오물소극장업

① 1개　　② 2개
③ 3개　　④ 4개

해설 피난안내 영상물 상영 대상
- 영화상영관 및 비디오물소극장업의 영업장
- 노래연습장업의 영업장
- 단란주점영업 및 유흥주점영업의 영업장. 다만, 피난안내 영상물을 상영할 수 있는 시설이 설치된 경우만 해당한다.
- 화재안전등급이 제11조제1항에 해당하거나 화재발생시 인명피해가 발생할 우려가 높은 불특정다수인이 출입하는 영업으로서 행정안전부령으로 정하는 영업으로서 피난안내 영상물을 상영할 수 있는 시설을 갖춘 영업장

정답 14. ①　15. ①

2025년 다중이용업소의 안전관리에 관한 특별법

16 다중이용업소의 화재로 인하여 다른 사람이 사망·부상을 당하거나 재산상의 손해를 입은 경우 피해자에게 보험금을 지급할 때 그 기준으로 옳지 않은 것은?

① 사망하는 경우 피해자 1명당 1억 5천만원의 범위에서 피해자에게 발생한 손해액을 지급한다.
② 부상의 경우 피해자 1명당 부상등급이 1급인 경우 3천만원, 2급은 1500만원한도로 지급한다.
③ 부상에 대한 치료를 마친 후에 더 이상 치료 효과를 기대할 수 없고 그 증상이 고정된 상태에서 그 부상이 원인이 되어 휴유장애의 등급이 1급인 경우 피해자 1명당 지급한도액은 1억원으로 한다.
④ 재산상손해의 경우 사고 1건당 10억원 범위에서 피해자에게 발생한 손해액을 지급한다.

[해설] 화재배상책임보험의 보험금액(시행령 제9조의3)
부상에 대한 치료를 마친 후 더 이상의 치료효과를 기대할 수 없고 그 증상이 고정된 상태에서 그 부상이 원인이 되어 신체의 장애(이하 "후유장애"라 한다)가 생긴 경우 : 피해자 1명당 【별표 3】에서 정하는 금액의 범위에서 피해자에게 발생한 손해액을 지급한다. 별표3에서 휴유장애의 등급이 1급인 경우 피해자 1명당 지급한도액은 1억 5천만원으로 한다.

17 안전관리우수업소에 대한 공표절차와 관련된 내용으로 옳은 것은?

① 소방본부장이나 소방서장은 안전관리우수업소를 인정하여 공표하려면 규정에 정한 매체에 안전관리우수업소 인정 예정공고를 해야 한다.
② 안전관리우수업소 인정 예정공고의 내용에 이의가 있는 사람은 안전관리우수업소 인정 예정공고일부터 14일 이내 소방본부장이나 소방서장에게 전자우편이나 서면으로 이의신청을 할 수 있다.
③ 소방본부장이나 소방서장은 이의신청이 있으면 이에 대하여 조사·검토한 후 그 결과를 이의신청 당사자에게 알려야하고 다중이용영업주에게는 알려서는 안 된다.
④ 안전관리우수업소를 인정하여 공표하려는 경우에는 공표일부터 3년의 범위에서 안전관리우수업소표지 사용기간을 정하여 공표해야한다.

[해설] 안전관리우수업소의 공표절차 등(시행령 제20조)
② 안전관리우수업소 인정 예정공고의 내용에 이의가 있는 사람은 안전관리우수업소 인정 예정공고일부터 20일 이내 소방본부장이나 소방서장에게 전자우편이나 서면으로 이의신청을 할 수 있다.
③ 소방본부장이나 소방서장은 이의신청이 있으면 이에 대하여 조사·검토한 후 그 결과를 이의신청 당사자와 다중이용영업주에게 알려야 한다.
④ 안전관리우수업소를 인정하여 공표하려는 경우에는 공표일부터 2년의 범위에서 안전관리우수업소표지 사용기간을 정하여 공표해야한다.

정답 16. ③ 17. ①

18 다중이용업소 조치명령 미 이행업소의 공개와 관련된 내용 중 옳지 않은 것은?

① 조치명령 미이행업소를 공개할 때에는 미이행업소명, 미이행업소의 주소, 소방청장·소방본부장 또는 소방서장이 조치한 내용, 미이행의 횟수를 포함 해야한다.
② 소방청장·소방본부장 또는 소방서장은조치명령 미이행업소를 공개할 때에는 2개 이상의 매체에 공개하고, 소방청, 소방본부 또는 소방서의 인터넷 홈페이지에 공개한 경우로서 다중이용업주가 사후에 조치명령을 이행한 경우에는 이를 확인한 날부터 7일 이내에 공개내용을 해당 인터넷 홈페이지에서 삭제해야 한다.
③ 소방청장·소방본부장 또는 소방서장이 조치명령 미이행업소를 공개하려면 공개내용과 공개방법 등을 그 업소의 관계인(영업주와 소속 종업원을 말한다)에게 미리 알려야 하고, 공개기간은 그 업소가 조치명령을 이행하지 아니한 때부터 조치명령을 이행할 때까지로 한다.
④ 다중이용업주가 "안전시설등"을 행정안전부령으로 정하는 기준에 맞게 설치 또는 유지하지 않아 조치 명령을 2회 이상 받고도 이행하지 아니하였을 때에는 그 조치 내용(그 위반사항에 대하여 수사기관에 고발된 경우에는 그 고발된 사실을 포함한다)을 인터넷 등에 공개할 수 있다.

해설 소방청장·소방본부장 또는 소방서장은조치명령 미이행업소를 공개할 때에는 2개 이상의 매체에 공개하고, 소방청, 소방본부 또는 소방서의 인터넷 홈페이지에 공개한 경우로서 다중이용업주가 사후에 조치명령을 이행한 경우에는 이를 확인한 날부터 2일 이내에 공개내용을 해당 인터넷 홈페이지에서 삭제해야 한다.

19 「소방안전교육에 필요한 교육인력 및 시설·장비 기준」의 규정에서 정한 강사의 자격요건으로 옳지 않은 것은?

① 소방설비기사 및 위험물산업기사 자격을 소지한 자로서 소방 관련 기관(단체)에서 2년 이상 강의경력이 있는 자
② 소방위 또는 지장소방위 이사으이 소방공무원 또는 소방설비기사자격을 소지한 소방장 또는 지방소방장 이상의 소방공무원
③ 대학 또는 이와 동등 이상의 교육기관에서 소방안전관련학과를 졸업하고 소방 관련 기관(단체)에서 2년 이상 강의경력이 있는 자
④ 소방 관련 기관(단체)에서 10년 이상 실무경력이 있는 자로서 5년 이상 강의경력이 있는 자

해설 **강사의 자격요건**
- 소방 관련학의 석사학위 이상을 가진 자
- 전문대학 또는 이와 동등 이상의 교육기관에서 소방안전 관련 학과 전임강사 이상으로 재직한 자
- 소방기술사, 위험물기능장, 소방시설관리사, 소방안전교육사자격을 소지한 자
- 소방설비기사 및 위험물산업기사 자격을 소지한 자로서 소방 관련 기관(단체)에서 2년 이상 강의경력이 있는 자
- 소방설비산업기사 및 위험물기능사 자격을 소지한 자로서 소방 관련 기관(단체)에서 5년 이상 강의경력이 있는 자
- 대학 또는 이와 동등 이상의 교육기관에서 소방안전 관련 학과를 졸업하고 소방 관련 기관(단체)에서 5년 이상 강의경력이 있는 자
- 소방 관련 기관(단체)에서 10년 이상 실무경력이 있는 자로서 5년 이상 강의경력이 있는 자
- 소방위 또는 지방소방위 이상의 소방공무원 또는 소방설비기사 자격을 소지한 소방장 또는 지방소방장 이상의 소방공무원

정답 18. ② 19. ③

2025년 다중이용업소의 안전관리에 관한 특별법

- 간호사 또는 응급구조사 자격을 소지한 소방공무원(응급처치 교육에 한한다)

20 다중이용업소에 설치하는 안전시설등의 종류 중 소방시설에 해당되지 않은 것은?

① 옥내소화전설비
② 자동확산소화기
③ 비상벨설비
④ 휴대용비상조명등

해설 다중이용업소 안전시설등 중 소방시설
- 소화설비: 소화기 또는 자동확산소화기, 간이스프링클러설비(캐비닛형 간이스프링클러설비를 포함한다)
- 경보설비: 비상벨설비 또는 자동화재탐지설비, 가스누설경보기
- 피난설비: 피난기구(미끄럼대, 피난사다리, 구조대, 완강기, 다수인 피난장비, 승강식 피난기), 피난유도선, 유도등, 유도표지 또는 비상조명등, 휴대용비상조명등

21 「다중이용업소의 안전관리에 관한 특별법」상 300만원 이하의 과태료 부과대상에 해당하는 자가 아닌 것은?

① 안전시설등을 기준에 따라 설치·유지하지 아니한 자
② 설치신고를 하지 아니하고 안전시설등을 설치하거나 영업장 내부구조를 변경한 자
③ 피난시설, 방화구획 또는 방화시설에 대하여 폐쇄·훼손·변경 등의 행위를 한 자
④ 명령을 받은 후 그 정한 기간 이내에 그 명령을 이행하지 아니하는 자

해설 조치 명령을 받은 후 그 정한 기간 이내에 그 명령을 이행하지 아니하는 자에게는 1천만원 이하의 이행강제금을 부과한다.

22 소방청장이 다중이용업소 평가대행자의 등록을 취소해야만 하는 경우인 것은?

① 다른 평가서의 내용을 복제한 경우
② 최근 1년 이내에 2회의 업무정지처분을 받고 다시 업무정지처분 사유에 해당하는 행위를 한 경우
③ 평가서를 거짓으로 작성하거나 고의 또는 중대한 과실로 평가서를 부실하게 작성한 경우
④ 등록 후 2년 이내에 화재위험평가 대행 업무를 시작하지 아니하거나 계속하여 2년 이상 화재위험평가 대행 실적이 없는 경우

해설 평가대행자의 등록취소 사유
- 평가대행자 등록 결격사유에 해당하는 경우. 다만, 6개월 이내에 그 임원을 바꾸어 임명한 경우는 제외한다.
- 거짓이나 그 밖의 부정한 방법으로 등록한 경우
- 최근 1년 이내에 2회의 업무정지처분을 받고 다시 업무정지처분 사유에 해당하는 행위를 한 경우
- 다른 사람에게 등록증이나 명의를 대여한 경우

정답 20. ① 21. ④ 22. ②

23 소방본부장이 수립하는 다중이용업소의 안전관리 집행계획 내용에 포함되지 않은 것은?

① 다중이용업주와 종업원에 대한 소방안전교육·훈련계획
② 다중이용업주와 종업원에 대한 자체지도 계획
③ 다중이용업소의 화재배상책임보험제도의 정비 및 개선
④ 다중이용업소 밀집 지역의 소방시설 설치, 유지·관리와 개선계획

해설 다중이용업소에 대한 집행계획을 수립할 때 포함시켜야 할 내용
- 다중이용업소 밀집 지역의 소방시설 설치, 유지·관리와 개선계획
- 다중이용업주와 종업원에 대한 소방안전교육·훈련계획
- 다중이용업주와 종업원에 대한 자체지도 계획
- 다중이용업소의 화재위험평가의 실시 및 평가
- 화재위험평가결과에 따른 조치계획(화재위험지역이나 건축물에 대한 안전관리와 시설정비 등에 관한 사항을 포함한다)

따라서 ③의 경우 다중이용업소의 화재배상책임보험제도의 정비 및 개선사항은 안전관리기본계획에 포함되어야 할 사항이다.

24 다중이용업소에 안전시설등을 설치하거나 안전시설등의 공사를 마친 경우에는 안전시설등 설치(완공)신고서를 소방본부장 또는 소방서장에게 제출하여야 한다. 다음 중 첨부서류가 아닌 것은?

① 소방시설설계업자가 작성한 안전시설등의 설계도서
② 소방시설공사의 소방기술자 연명부
③ 구획된 실의 세부용도 등이 표시된 영업장의 평면도
④ 안전시설등의 설치 명세서

해설 안전시설등의 설치 및 완공신고시 첨부서류
① 소방시설설계업자가 작성한 안전시설등의 설계도서(소방시설의 계통도, 실내장식물의 재료 및 설치면적, 내부구획의 재료, 비상구 및 창호도 등이 표시된 것을 말한다) 1부. 다만, 완공신고의 경우에는 설치신고 시 제출한 설계도서와 달라진 내용이 있는 경우에만 제출한다.
② 안전시설등 설치명세서 1부. 다만, 완공신고의 경우에는 설치내용이 설치신고 시와 달라진 경우에만 제출한다.
③ 구획된 실의 세부용도 등이 표시된 영업장의 평면도(복도, 계단 등 해당 영업장의 부수시설이 포함된 평면도를 말한다) 1부. 다만, 완공신고의 경우에는 설치내용이 설치신고 시와 달라진 경우에만 제출한다.
④ 화재배상책임보험 증권 사본 등 화재배상책임보험 가입을 증명할 수 있는 서류 1부(완공시)
⑤ 전기안전점검확인서(고시원업, 전화방업·화상대화방업, 수면방업, 콜라텍업만 해당한다) 1부(완공시)

정답 23. ③ 24. ②

2025년 다중이용업소의 안전관리에 관한 특별법

25 「다중이용업소의 안전관리에 관한 특별법 시행령」상 실내장식물은 모두 몇 개 인가?

> ㉠ 종이류(두께 2밀리미터 이상인 것을 말한다)·합성수지류 또는 섬유류를 주원료로 한 물품
> ㉡ 공간을 구획하기 위하여 설치하는 간이 칸막이(접이식 등 이동 가능한 벽체나 천장 또는 반자가 실내에 접하는 부분까지 구획하지 아니하는 벽체를 말한다)
> ㉢ 너비 10센티미터 이하인 반자돌림대
> ㉣ 다중이용업소의 내부 천장 또는 바닥에 설치하는 합판이나 목재나 내부마감재료

① 0개 ② 1개
③ 2개 ④ 4개

해설 실내장식물(시행령 제3조)
- 종이류(두께 2밀리미터 이상인 것을 말한다)·합성수지류 또는 섬유류를 주원료로 한 물품
- 합판이나 목재
- 공간을 구획하기 위하여 설치하는 간이 칸막이(접이식 등 이동 가능한 벽체나 천장 또는 반자가 실내에 접하는 부분까지 구획하지 아니하는 벽체를 말한다)
- 흡음(吸音)이나 방음(防音)을 위하여 설치하는 흡음재(흡음용 커튼을 포함한다) 또는 방음재(방음용 커튼을 포함한다)

정답 25. ③

소방승진은 이패스 소방사관
www.kfs119.co.kr

PART 03

다중이용업소의 안전관리에 관한 특별법 OX 문제
(최신 개정법령 반영)

CHAPTER 01 총칙
CHAPTER 02 다중이용업소의 안전관리 기본계획 등
CHAPTER 03 허가관청의 통보 등
CHAPTER 03의2 다중이용업주의 화재배상책임보험의 의무가입 등
CHAPTER 04 다중이용업소 안전관리를 위한 기반조성
CHAPTER 05 보칙
CHAPTER 06 벌칙

▼ 제2장 다중이용업소의 안전관리에 관한 특별법 OX문제

- 먼저, 기본서의 내용을 충분히 숙지한 후 다중이용업소의 안전관리에 관한 법률 최종 완성을 위해 본 교재의 OX 문제로 단원별 전체를 정리하시기 바랍니다.

- 저자가 추천하는 실력확인 OX 문제 공부 방법
  정답을 맞히는 것보다 지문을 반복적으로 읽는 것이 중요합니다. 반드시 정답을 가리고 지문을 먼저 읽고, 정답을 교재에 표시하지 않은 상태로 반복 학습하시길 추천 드립니다.

CHAPTER 01 총칙

01 이 법은 화재 등 재난이나 그 밖의 위급한 상황으로부터 국민의 생명·신체 및 재산을 보호하기 위하여 다중이용업소의 소방시설등의 설치·유지 및 안전관리와 화재위험평가, 다중이용업주의 화재배상책임보험에 필요한 사항을 정함으로써 공공의 안전과 복리 증진에 이바지함을 목적으로 한다. (O | X)

정답 (X)
해설 소방시설등의 설치·유지 및 안전관리 → 안전시설등의 설치·유지 및 안전관리

02 "다중이용업"이란 특정한 다수인이 이용하는 영업 중 화재 등 재난 발생 시 생명·신체·재산상의 피해가 발생할 우려가 높은 것으로서 행정안전부령으로 정하는 영업을 말한다. (O | X)

정답 (X)
해설 특정한 다수인 → 불특정 다수인, 행정안전부령 → 대통령령

03 "안전시설등"이란 소방시설, 비상구, 밀폐구조의 영업장, 그 밖의 안전시설로서 대통령령으로 정하는 것을 말한다. (O | X)

정답 (X)
해설 밀폐구조의 영업장 → 영업장 내부 피난통로

04 "실내장식물"이란 건축물 내부의 천장 또는 벽에 설치하는 것으로서 대통령령으로 정하는 것을 말한다. (O | X)

정답 (O)

2025년 다중이용업소의 안전관리에 관한 특별법

05 "화재위험평가"란 다중이용업의 영업소(이하 "다중이용업소"라 한다)가 밀집한 지역 또는 건축물에 대하여 화재안정성과 화재로 인한 불특정 다수인의 생명·신체·재산상의 피해 및 주변에 미치는 영향을 예측·분석하고 이에 대한 대책을 마련하는 것을 말한다. (O | X)

정답 (×)
해설 화재 안정성과 → 화재발생 가능성과

06 "밀폐구조의 영업장"이란 지하층에 있는 다중이용업소의 영업장 중 채광·환기·통풍 및 피난 등이 용이하지 못한 구조로 되어 있으면서 대통령령으로 정하는 기준에 해당하는 영업장을 말한다. (O | X)

정답 (×)
해설 지하층 → 지상층

07 "영업장의 내부구획"이란 다중이용업소의 영업장 내부를 이용객들이 사용할 수 있도록 벽 또는 칸막이 등을 사용하여 구획된 실(室)을 만드는 것을 말한다. (O | X)

정답 (O)

08 휴게음식점영업·제과점영업 또는 일반음식점영업으로서 영업장으로 사용하는 바닥면적의 합계가 100㎡ 이상인 것은 모두 다중이용업에 해당한다. (O | X)

정답 (×)
해설 영업장(내부계단으로 연결된 복층구조의 영업장을 제외한다)이 지상 1층 또는 지상과 직접 접하는 층에 설치되고 그 영업장의 주된 출입구가 건축물 외부의 지면과 직접 연결되는 곳에서 하는 영업은 다중이용업에서 제외한다.

09 휴게음식점영업·제과점영업 또는 일반음식점영업으로서 영업장이 지하층의 경우 영업장으로 사용하는 바닥면적의 합계가 66㎡ 이상인 것은 다중이용업에 해당된다. 다만, 영업장(내부계단으로 연결된 복층구조의 영업장을 제외한다)이 지상 1층 또는 지상과 직접 접하는 층에 설치되고 그 영업장의 주된 출입구가 건축물 외부의 지면과 직접 연결되는 곳에서 하는 영업을 제외한다. (O | X)

정답 (O)

10 단란주점영업과 유흥주점영업의 영업장은 층별 면적과 관계없이 다중이용업에 해당한다.   (O | X)

정답 (O)

11 공유주방 운영업 중 휴게음식점영업·제과점영업 또는 일반음식점영업에 사용되는 공유주방을 운영하는 영업으로서 영업장 바닥면적의 합계가 100㎡(영업장이 지하층에 설치된 경우에는 그 바닥면적 합계가 66㎡) 이상인 것. 다만, 영업장(내부계단으로 연결된 복층구조의 영업장은 제외한다.)이 지상 1층 또는 지상과 직접 접하는 층에 설치되고 그 영업장의 주된 출입구가 건축물 외부의 지면과 직접 연결되는 곳에서 하는 영업은 제외한다.   (O | X)

정답 (O)

12 영화 및 비디오물의 진흥에 관한 법률에 따른 영화상영관·비디오물 감상실업·비디오물소극장업 및 복합유통게임제공업은 다중이용업에 해당한다.   (O | X)

정답 (X)
해설 복합유통게임제공업 → 복합영상물제공업

13 수용인원이 300명 이상인 학원은 대통령령으로 정하는 다중이용업에 해당한다.   (O | X)

정답 (O)

14 수용인원 100명 이상 300명 이하로서 하나의 건축물에 학원과 기숙사가 함께 있는 학원은 대통령령으로 정하는 다중이용업에 해당한다.   (O | X)

정답 (X)
해설 수용인원 100명 이상 300명 이하로서 → 수용인원 100명 이상 300명 미만으로서

15 수용인원 100명 이상 300명 미만으로서 하나의 건축물에 학원이 둘 이상 있는 경우로서 학원의 수용인원이 300명 이상인 학원은 대통령령으로 정하는 다중이용업에 해당한다. (O | X)

정답 (O)

16 하나의 영업장에서 「공중위생관리법」 제2조제1항제3호가목에 따른 목욕장업 중 맥반석·황토·옥 등을 직접 또는 간접 가열하여 발생하는 열기나 원적외선 등을 이용하여 땀을 배출하게 할 수 있는 시설 및 설비를 갖춘 것으로서 영업장의 바닥면적의 합계가 (물로 목욕을 할 수 있는 시설 부분의 바닥면적은 제외한다)이 300㎡ 이상인 것은 대통령령으로 정하는 다중이용업에 해당한다. (O | X)

정답 (O)

17 등급 분류된 게임물 중 전체이용가 게임물을 설치하여 공중의 이용에 제공하는 청소년게임제공업이 지상 2층에 위치한 경우 면적에 관계없이 대통령령으로 정하는 다중이용업에 해당하지 않는다. (O | X)

정답 (X)
해설 「게임산업진흥에 관한 법률」 제2조제6호의2(게임제공업 : 청소년게임제공업과 일반게임제공업)으로 지상 2층에 있는 경우 면적에 관계없이 대통령령으로 정하는 다중이용업에 해당한다.

18 등급 분류된 게임물 중 청소년 이용 불가 게임물과 전체이용가 게임물을 설치하여 공중의 이용에 제공하는 일반게임제공업이 지상 2층에 있는 경우 면적에 관계없이 대통령령으로 정하는 다중이용업에 해당한다. (O | X)

정답 (O)

19 "인터넷컴퓨터게임시설제공업"이란 컴퓨터 등 필요한 기자재를 갖추고 공중이 게임물을 이용하게 하거나 부수적으로 그 밖의 정보제공물을 이용할 수 있도록 하는 영업을 말한다. (O | X)

정답 (O)

20 "복합유통게임제공업"이란 청소년게임제공업 또는 인터넷컴퓨터게임시설제공업과 이 법에 의한 다른 영업 또는 다른 법률에 따른 영업을 같은 장소에서 함께 영위하는 영업을 말한다.

(O | X)

정답 (O)

21 "복합유통게임제공업"은 지상 1층 또는 지상과 직접 접하는 층에 설치되고 그 영업장의 주된 출입구가 건축물 외부의 지면과 직접 연결된 구조에 해당하는 경우는 다중이용업에서 제외한다.

(O | X)

정답 (X)

해설 복합유통게임제공업은 층별, 면적에 관계없이 다중이용업에 해당한다.

22 게임제공업·인터넷컴퓨터게임시설제공업은 영업장(내부계단으로 연결된 복층구조의 영업장은 제외한다.)이 지상 1층 또는 지상과 직접 접하는 층에 설치되고 그 영업장의 주된 출입구가 건축물 외부의 지면과 직접 연결된 구조에 해당하는 경우는 다중이용업에서 제외한다.

(O | X)

정답 (O)

23 휴게음식점영업·제과점영업·일반음식점영업·게임제공업 또는 인터넷컴퓨터게임시설제공업은 영업장(내부계단으로 연결된 복층구조의 영업장은 제외한다)이 지상 1층 또는 지상과 직접 접하는 층에 설치되고 그 영업장의 주된 출입구가 건축물 외부의 지면과 직접 연결된 구조에 해당하는 경우는 다중이용업에서 제외한다.

(O | X)

정답 (O)

24 산후조리원업은 구획된 실(室) 안에 임산부가 공부할 수 있는 시설을 갖추고 숙박 또는 숙식을 제공하는 형태의 영업을 말한다.

(O | X)

정답 (X)

해설 고시원업 : 구획된 실(室) 안에 학습자가 공부할 수 있는 시설을 갖추고 숙박 또는 숙식을 제공하는 형태의 영업

25 노래연습장업·산후조리업·고시원업 또는 전화방업은 층별 또는 면적에 관계없이 대통령령으로 정하는 다중이용업에 해당한다. (O | X)

정답 (×)
해설 전화방업은 층별 또는 면적에 관계없이 행정안전부령으로 정하는 다중이용업에 해당한다.

26 권총사격장 중 실내사격장에 한정하여 대통령령으로 정하는 다중이용업에 해당한다. (O | X)

정답 (O)

27 가상체험 체육시설업 중 실내에 1개 이상의 별도의 구획된 실을 만들어 골프 종목의 운동이 가능한 시설을 경영하는 영업으로 한정하여 대통령령으로 정하는 다중이용업에 해당한다. (O | X)

정답 (O)

28 「공중위생관리법」에 따른 안마시술소는 대통령령으로 정하는 다중이용업에 해당한다. (O | X)

정답 (×)
해설 「공중위생관리법」→「의료법」

29 이 법에서 다중이용업은「식품위생법 시행령」「영화 및 비디오물의 진흥에 관한 법률」「학원의 설립·운영 및 과외교습에 관한 법률」「공중위생관리법」「게임산업진흥에 관한 법률」「음악산업진흥에 관한 법률」「모자보건법」「사격 및 사격장 안전관리에 관한 법률 시행령」「체육시설의 설치·이용에 관한 법률」「의료법」에 따라 허가등을 허가관청에서 한 경우를 말한다. (O | X)

정답 (O)
해설 이 법 시행령 제2조의 다중이용업 참고

30 화재위험평가결과 화재안전등급이 에이(A) 등급에 해당하거나 화재 발생 시 인명피해가 발생할 우려가 높은 불특정 다수인이 출입하는 영업으로서 행정안전부령으로 정하는 영업은 다중이용업에 해당한다. 이 경우 소방청장은 관계 중앙행정기관의 장과 미리 협의하여야 한다.

(O | X)

정답 (X)
해설 에이(A)등급 이거나 → 디(D) 또는 이(E) 등급이거나

---

31 구획된 실(室) 안에 전화기·텔레비전·모니터 또는 카메라 등 상대방과 대화할 수 있는 시설을 갖춘 형태의 전화방업·화상대화방업은 행정안전부령으로 정하는 다중이용업에 해당한다.

(O | X)

정답 (O)

---

32 전화방업·화상대화방업, 수면방업, 콜라텍업, 고시원업, 방탈출카페업, 키즈카페업, 만화카페업은 행정안전부령으로 정하는 다중이용업에 해당한다.

(O | X)

정답 (X)
해설 고시원업은 대통령령으로 정하는 다중이용업에 해당한다.

---

33 만화책 등 다수의 도서를 갖춘 휴게음식점 영업은 이 법에 따른 다중이용업에 해당한다.

(O | X)

정답 (O)

---

34 만화책 등 다수의 도서를 갖추고 도서의 열람, 휴식공간 등을 제공할 목적으로 실내에 다수의 구획된 실(室)을 만들거나 입체 형태의 구조물을 설치한 영업을 만화카페업이라 한다.

(O | X)

정답 (O)

2025년 다중이용업소의 안전관리에 관한 특별법

35 방탈출카페업은 제한된 시간 내에 방을 탈출하는 놀이 형태의 영업을 말한다. (O | X)

정답 (O)

36 도서를 대여·판매만 하는 영업인 경우와 영업장으로 사용하는 바닥면적의 합계가 50제곱미터 이하인 경우는 만화카페업에서 제외한다. (O | X)

정답 (X)
해설 바닥면적의 합계가 50㎡ 이하 → 바닥면적의 합계가 50㎡ 미만

37 관광진흥법 시행령에서 기타유원시설업이란 유기시설이나 유기기구를 갖추어 관광객에게 이용하게 하는 업으로서 안전성검사 대상이 아닌 유기시설 또는 유기기구를 설치하여 운영하는 업을 말한다. (O | X)

정답 (O)

38 관광진흥법 시행령에 따른 기타유원시설업으로서 실내공간에서 10세 미만의 어린이에게 놀이를 제공하는 영업을 키즈카페업이라고 하며, 이 법에 따른 다중이용업에 해당한다. (O | X)

정답 (X)
해설 10세 미만 → 13세 미만

39 "어린이놀이시설"이란 어린이놀이기구가 설치된 실내 또는 실외의 놀이터로서 어린이에게 놀이를 제공하는 것을 업으로 하는 자의 영업소를 말한다. (O | X)

정답 (O)

40 실내에 어린이에게 놀이를 제공하는 것을 업으로 하는 자의 영업소로서 어린이놀이시설을 갖춘 영업장은 행정안전부령으로 정하는 키즈카페업으로 다중이용업에 해당한다. (O | X)

정답 (O)

41 일반음식점으로서 실내공간에서 어린이에게 놀이를 제공하고 부수적으로 음식류를 판매·제공하는 영업장은 안전시설등 설치 신고를 해야 하는 다중이용업에 해당한다. (O | X)

정답 (×)
해설 일반음식점 → 휴게음식점

42 "키즈카페업"이란 다음 각 목의 영업을 말한다. (O | X)
① 기타유원시설업으로서 실내공간에서 13세 미만의 어린이에게 놀이를 제공하는 영업
② 실내에 어린이에게 놀이를 제공하는 것을 업으로 하는 자의 영업소로서 어린이 놀이시설을 갖춘 영업
③ 휴게음식점영업으로서 실내공간에서 어린이에게 놀이를 제공하고 부수적으로 음식류를 판매·제공하는 영업

정답 (O)

43 "만화카페업"이란 다음 각 목의 영업을 말한다. (O | X)
① 만화책 등 다수의 도서를 갖춘 휴게음식점영업
② 도서의 열람, 휴식공간 등을 제공할 목적으로 실내에 다수의 구획된 실(室)을 만들거나 입체 형태의 구조물을 설치한 영업

정답 (O)

44 다중이용업주는 규정에 따라 안전시설등에서 소방시설은 소화설비, 경보설비, 피난설비, 소화용수설비, 소방활동상설비를 설치·유지해야 한다. (O | X)

정답 (×)
해설 소화용수설비, 소방활동상설비는 안전시설등의 설비에 해당하지 않는다.

45 이 법에서 정의하는 안전시설등에서 그 밖의 안전시설에는 비상구, 영업장 내부통로, 창문이 해당하는 설비이다. (O | X)

정답 (×)
해설 이 법에서 정의하는 안전시설등에서 그 밖의 안전시설에는 1) 영상음향차단장치, 2) 누전차단기, 3) 창문이 해당한다.

2025년 다중이용업소의 안전관리에 관한 특별법

46 이 법에서 정의하는 안전시설등에서 소화설비에는 소화기, 자동확산소화기, 간이스프링클러설비(캐비닛형 간이스프링클러설비를 포함한다)가 설비이다. (O | X)

정답 (O)

47 이 법에서 정의하는 안전시설등에서 1) 비상벨설비 또는 자동화재탐지설비 2) 누전경보기는 다중이용업소의 영업장에 설치해야 할 경보설비에 해당한다. (O | X)

정답 (×)
해설 2) 누전경보기 → 2) 가스누설경보기

48 이 법에서 정의하는 안전시설등에서 간이완강기, 다수인 피난장비, 피난교, 미끄럼대, 피난사다리, 구조대, 피난유도선, 유도등, 유도표지, 비상조명등, 휴대용비상조명등은 다중이용업주가 설치·유지해야하는 피난설비에 해당한다. (O | X)

정답 (×)
해설 간이완강기와 피난교는 해당 설비가 아니다.

49 비상구와 영업장 내부 피난 통로는 안전시설등에서 그 밖의 안전시설에 해당한다. (O | X)

정답 (×)
해설 비상구와 영업장 내부 피난 통로는 개별적으로 다중이용업에서 설치·유지해야 하는 안전시설에 해당한다.

50 종이류(두께 2㎜ 이상인 것을 말한다)·합성수지류 또는 섬유류를 주원료로 한 물품은 이 법에 따른 내부 마감 재료에 해당한다. (O | X)

정답 (×)
해설 내부 마감 재료 → 실내장식물

51 접이식 등 이동 가능한 벽체나 천장 또는 반자가 실내에 접하는 부분까지 구획하지 아니하는 벽체를 칸막이라 한다. (O | X)

정답 (X)
해설 칸막이 → 간이 칸막이

52 가구류(옷장, 찬장, 식탁, 식탁용 의자, 사무용 책상, 사무용 의자 및 계산대, 그 밖에 이와 비슷한 것을 말한다)와 너비 10cm 이하인 반자돌림대 등과 「건축법」 제52조에 따른 내부마감 재료는 이 법에 따른 실내장식물에서 제외한다. (O | X)

정답 (O)

53 이 법에 따른 실내장식물이란 건축물 내부의 천장이나 벽에 붙이는(설치하는) 것으로서 다음 각 호의 어느 하나에 해당하는 것을 말한다. (O | X)
① 종이류(두께 2mm 이상인 것을 말한다)·합성수지류 또는 섬유류를 주원료로 한 물품
② 전시용 합판 또는 섬유판 합판이나 목재
③ 무대 막 또는 암막
④ 흡음(吸音)이나 방음(防音)을 위하여 설치하는 흡음재(흡음용 커튼을 포함한다) 또는 방음재(방음용 커튼을 포함한다.)

정답 (X)
해설 2. 전시용 합판 또는 섬유판 → 합판이나 목재
3. 무대막 또는 암막 → 공간을 구획하기 위하여 설치하는 간이 칸막이

54 "밀폐구조의 영업장" 이란 무창층 요건을 모두 갖춘 개구부의 면적 합계가 영업장으로 사용하는 바닥면적의 80분의 1 이하가 되는 것을 말한다. (O | X)

정답 (X)
해설 80분의 1 이하 → 30분의 1 이하

> **2025년 다중이용업소의 안전관리에 관한 특별법**

55 소방청장은 국민의 생명·신체 및 재산을 보호하기 위하여 불특정 다수인이 이용하는 다중이용업소의 안전시설등의 설치·유지 및 안전관리에 필요한 시책을 마련하여야 한다. (O | X)

정답 (X)
해설 소방청장은 → 국가와 지방자치단체는

56 다중이용업을 운영하는 자(이하 "다중이용업주"라 한다)는 소방청장, 소방본부장 또는 소방서장이 실시하는 다중이용업소의 안전관리 등에 관한 시책에 협조하여야 하며, 다중이용업소를 이용하는 사람들을 화재 등 재난이나 그 밖의 위급한 상황으로부터 보호하기 위하여 노력하여야 한다. (O | X)

정답 (X)
해설 소방청장, 소방본부장 또는 소방서장이 → 국가와 지방자치단체

57 다중이용업소의 화재 등 재난에 대한 안전관리에 관하여는 다른 법률에 우선하여 이 법을 적용한다. (O | X)

정답 (O)

58 「화재로 인한 재해보상과 보험가입에 관한 법률」에 따른 특수건물의 다중이용업주에 대하여는 제3장의2 화재책임보험 의무가입등을 적용하지 아니한다. (O | X)

정답 (O)

59 다중이용업주의 화재배상책임에 관하여 이 법에서 규정한 것 외에는 「상법」에 따른다. (O | X)

정답 (X)
해설 상법 → 민법

CHAPTER 02 다중이용업소의 안전관리 기본계획 등

01 소방청장은 다중이용업소의 화재 등 재난이나 그 밖의 위급한 상황으로 인한 인적·물적 피해의 감소, 안전기준의 개발, 자율적인 안전관리능력의 향상, 화재 배상 책임 보험제도의 정착 등을 위하여 매년 전년도 12월 31일까지 다중이용업소의 안전관리 기본계획(이하 "기본계획"이라 한다)을 수립·시행하여야 한다. (O | X)

정답 (X)
해설 매년 전년도 12월 31일까지 → 5년마다

02 다중이용업소 화재피해 원인조사 및 분석은 다중이용업소의 안전관리 기본계획에 포함되어야 하는 사항이다. (O | X)

정답 (X)
해설 기본계획 수립지침에 포함해야 하는 내용이다.

03 소방청장은 기본계획에 따라 매년 연도별 안전관리계획(이하 "연도별 계획"이라 한다)을 수립·시행하여야 한다. (O | X)

정답 (O)

04 소방청장은 수립된 기본계획 및 연도별 계획을 관계 중앙행정기관의 장과 시·도지사에게 통보하여야 한다. (O | X)

정답 (O)

2025년 다중이용업소의 안전관리에 관한 특별법

05 소방청장은 기본계획 및 연도별 계획을 수립하는 데 필요하면 관계 중앙행정기관의 장 및 시장·군수·구청장에게 관련된 자료의 제출을 요구할 수 있다. 이 경우 자료 제출을 요구받은 관계기관은 특별한 사유가 없으면 요구에 따라야 한다. (O | X)

정답 (X)
해설 관계 중앙행정기관의 장 및 시장·군수·구청장 → 관계 중앙행정기관의 장 및 시·도지사

06 소방청장은 다중이용업소의 안전관리 기본계획(이하 "기본계획"이라 한다)을 관계 중앙행정기관의 장과 협의를 거쳐 5년마다 수립해야 한다. (O | X)

정답 (O)

07 소방청장은 관계 중앙행정기관의 장과 협의를 거쳐 기본계획 수립지침을 작성하고 이를 시·도지사에게 통보해야 한다. (O | X)

정답 (X)
해설 시·도지사에게 → 관계 중앙행정기관의 장

08 소방청장은 기본계획을 수립하면 행정안전부 장관에게 보고하고 관계 중앙행정기관의 장과 특별시장·광역시장·특별자치시장·도지사 또는 특별자치도지사(이하 "시·도지사"라 한다)에게 통보한 후 이를 공고해야 한다. (O | X)

정답 (X)
해설 행정안전부 장관에게 보고 → 국무총리에게 보고

09 기본계획 수립지침에는 화재 등 재난 발생 경감대책, 화재 등 재난 발생을 줄이기 위한 중·장기 대책을 포함해야 한다. (O | X)

정답 (O)

10 소방청장은 매년 연도별 안전관리계획(이하 "연도별 계획"이라 한다)을 전년도 12월 31일까지 수립해야 한다. (O | X)

정답 (O)

11 소방청장은 연도별 계획을 수립하면 지체 없이 관계 중앙행정기관의 장과 소방본부장 및 소방서장에게 통보해야 한다. (O | X)

정답 (X)
해설 소방본부장 및 소방서장에게 → 시·도지사 및 소방본부장에게

12 소방청장은 기본계획 및 연도별 계획에 따라 전국의 다중이용업소의 안전관리를 위하여 5년마다 안전관리집행계획(이하 "집행계획"이라 한다)을 수립하여 국무총리에게 보고하여야 한다. (O | X)

정답 (X)
해설 소방본부장은 기본계획 및 연도별 계획에 따라 관할 지역 다중이용업소의 안전관리를 위하여 매년 안전관리집행계획(이하 "집행계획"이라 한다)을 수립하여 소방청장에게 제출하여야 한다….

13 소방본부장은 집행계획을 수립하는 데 필요하면 해당 소방서장에게 관련된 자료의 제출을 요구할 수 있다. 이 경우 자료 제출을 요구받은 해당 소방서장은 지체없이 요구에 따라야 한다. (O | X)

정답 (X)
해설 소방본부장은 집행계획을 수립하는 데 필요하면 해당 시장·군수·구청장(자치구의 구청장을 말한다. 이하 같다)에게 관련된 자료의 제출을 요구할 수 있다. 이 경우 자료 제출을 요구받은 해당 시장·군수·구청장은 특별한 사유가 없으면 요구에 따라야 한다.

14 집행계획의 수립 시기, 대상, 내용 등에 관하여 필요한 사항은 대통령령으로 정한다. (O | X)

정답 (O)

2025년 다중이용업소의 안전관리에 관한 특별법

15 소방본부장은 공고된 기본계획과 통보된 연도별 계획에 따라 안전관리집행계획(이하 "집행계획"이라 한다.)을 해당연도 전년도 12월 31일까지 수립해야 하며, 수립된 집행계획과 전년도 추진실적을 매년 1월 31일까지 소방청장에게 제출해야 한다. (O | X)

정답 (O)

16 관할지역의 다중이용업소에 대한 집행계획을 수립할 때에는 다음 각 호의 사항을 포함해야 한다. (O | X)

① 다중이용업소 밀집 지역의 소방시설 설치, 유지·관리와 개선계획
② 다중이용업주와 종업원에 대한 소방안전교육·훈련계획
③ 다중이용업주와 종업원에 대한 자체지도 계획
④ 다중이용업소의 화재위험평가의 실시 및 평가
⑤ 화재위험평가결과에 따른 조치계획(화재위험 지역이나 건축물에 대한 안전관리와 시설정비 등에 관한 사항을 포함한다)

정답 (O)

17 소방청장은 안전관리 기본계획을 수립한 경우에는 이를 관보에 공고한다. (O | X)

정답 (O)

CHAPTER 03 허가관청의 통보 등

01 다른 법률에 따라 다중이용업의 허가·인가·등록·신고 수리를 "허가등"이라 하고 허가등을 하는 행정기관을 이 법에서 "허가관청"이라 한다. (O | X)

정답 (O)

02 다른 법률에 따라 다중이용업의 허가등을 하는 허가관청은 허가등을 한 날부터 30일 이내에 대통령령으로 정하는 바에 따라 다중이용업소의 소재지를 관할하는 소방본부장 또는 소방서장에게 1) 다중이용업주의 성명 및 주소, 2) 다중이용업소의 상호 및 주소, 3) 다중이용업의 업종 및 영업장 면적을 통보하여야 한다. (O | X)

정답 (X)
해설 30일 이내 → 14일 이내, 대통령령으로 → 행정안전부령으로

03 다중이용업의 허가등을 하는 허가관청은 허가등을 한 날부터 14일 이내에 1) 영업주의 성명·주소, 2) 다중이용업소의 상호·소재지, 3) 다중이용업의 종류·영업장 면적, 4) 허가등 일자를 다중이용업 허가등 사항(변경사항)통보서에 따라 관할 소방본부장 또는 소방서장에게 통보하여야 한다. (O | X)

정답 (O)

04 허가관청은 다중이용업주가 1) 휴업·폐업 또는 휴업 후 영업의 재개(再開), 2) 영업 내용의 변경, 3) 다중이용업주의 변경 또는 다중이용업주 주소의 변경, 4) 다중이용업소 상호 또는 주소의 변경 행위를 하였을 때에는 그 신고를 수리(受理)한 날부터 14일 이내에 소방본부장 또는 소방서장에게 통보하여야 한다. (O | X)

정답 (X)
해설 14일 이내 → 30일 이내

05 소방청장, 소방본부장 또는 소방서장은 다중이용업주의 휴업·폐업 또는 사업자등록말소 사실을 확인하기 위하여 필요한 경우에는 사업자등록번호를 기재하여 관할 세무관서의 장에게 대표자 성명 및 주민등록번호, 사업장 소재지, 휴업·폐업한 사업자의 성명 및 주민등록번호, 휴업일·폐업일에 대한 과세정보 제공을 요청할 수 있다. 이 경우 요청을 받은 세무관서의 장은 정당한 사유가 없으면 그 요청에 따라야 한다. (O | X)

정답 (O)

---

06 허가관청은 휴·폐업과 휴업 후 영업 재개신고를 수리한 때에는 다중이용업 허가등 사항(변경사항) 통보서에 따라 14일 이내에 소방본부장 또는 소방서장에게 통보하여야 한다. (O | X)

정답 (X)
해설 14일 이내 → 30일 이내

---

07 허가관청은 1) 영업 내용의 변경, 2) 다중이용업주의 변경 또는 다중이용업주 주소의 변경, 3) 다중이용업소 상호 또는 주소의 변경사항 신고를 수리한 때에는 수리한 날부터 30일 이내에 다중이용업 허가등 사항(변경사항) 통보서에 따라 그 변경내용을 관할 소방본부장 또는 소방서장에게 통보하여야 한다. (O | X)

정답 (O)

---

08 허가관청은 소방본부장 또는 소방서장에게 허가등 및 허가변경사항을 통보한 경우에는 다중이용업 허가등 사항 통보 대장에 그 사실을 기록하여 관리하여야 한다. (O | X)

정답 (X)
해설 소방본부장 또는 소방서장은 허가관청으로부터 허가등 또는 변경사항 통보를 받았을 때 다중이용업 허가등 사항 처리 접수 대장에 그 사실을 기록하여 관리하여야 한다.

---

09 허가관청은 허가등 또는 허가등의 변경사항을 통보할 때에는 전산시스템을 이용하여 통보해야 한다. (O | X)

정답 (X)
해설 허가관청은 허가등 또는 허가등의 변경사항을 통보할 때에는 전산시스템을 이용하여 통보할 수 있다.

10 소방본부장 또는 소방서장은 다른 법률에 따라 다중이용업주의 변경신고 또는 다중이용업주의 지위승계 신고를 수리하기 전에 다중이용업을 하려는 자가 소방안전교육 이수, 화재 배상책임보험 가입하였는지를 확인하여야 한다. (O | X)

정답 (×)
해설 소방본부장 또는 소방서장은 → 허가관청은

11 다중이용업주와 그 종업원 및 다중이용업을 하려는 자는 소방청장, 소방본부장 또는 소방서장이 실시하는 소방안전교육을 받아야 한다. 다만, 다중이용업주나 종업원이 2년 이내에 소방안전관리자 또는 실무교육을 받았으면 신규교육을 받은 것으로 본다. (O | X)

정답 (×)
해설 다중이용업주와 그 종업원 및 다중이용업을 하려는 자는 소방청장, 소방본부장 또는 소방서장이 실시하는 소방안전교육을 받아야 한다. 다만, 다중이용업주나 종업원이 그 해당연도에 소방안전관리자 또는 실무교육을 받았으면 그렇지 않다.

12 다중이용업주와 그 종업원 및 다중이용업을 하려는 자는 소방청장, 소방본부장 또는 소방서장이 실시하는 소방안전교육을 받아야 한다. 다만, 다중이용업주나 종업원이 그 해당연도에 위험물운송자 교육을 받은 경우에는 그렇지 않다. (O | X)

정답 (×)
해설 위험물운송자 교육 → 위험물안전관리자

13 다중이용업주는 소방안전교육 대상자인 종업원이 소방안전교육을 받도록 하여야 한다. (O | X)

정답 (O)

14 소방청장, 소방본부장 또는 소방서장은 다중이용업주·그 종업원 및 다중이용업을 하려는 자가 소방안전교육을 받은 사람에게는 교육 이수를 증명하는 서류를 발급하여야 한다. (O | X)

정답 (O)

15 소방안전교육의 대상자, 횟수, 시기, 교육시간, 그 밖에 교육에 필요한 사항은 대통령령으로 정한다. (O | X)

정답 (X)
해설 대통령령 → 행정안전부령

---

16 소방청장·소방본부장 또는 소방서장이 실시하는 소방안전교육을 받아야 하는 대상자는 다음 각 호와 같다. (O | X)

① 다중이용업을 운영하는 자(이하 "다중이용업주"라 한다)
② 다중이용업주 외에 해당 영업장(다중이용업주가 둘 이상의 영업장을 운영하는 경우에는 각각의 영업장을 말한다)을 관리하는 종업원 1명 이상 또는 「국민연금법」 제8조제1항에 따라 국민연금 가입의무대상자인 종업원 1명 이상
③ 다중이용업을 하려는 자

정답 (O)

---

17 다중이용업주가 직접 소방안전교육을 받기 곤란한 경우로서 소방청장이 정하는 경우에는 영업장의 종업원 중 행정안전부령이 소방청장이 정하는 자가 다중이용업주를 대신하여 소방안전교육을 받게 할 수 있다. (O | X)

정답 (X)
해설 행정안전부령이 정하는 자 → 소방청장이 정하는 자
※ 다중이용업주 및 종업원 소방안전교육에 관한 규정(소방청 훈령) 제3조에 정하고 있음

---

18 "영업주가 직접 소방안전교육을 받기 곤란한 경우로서 소방청장이 정하는 경우"란 다중이용업주(안전시설 등 완비증명서에 기재된 사업자를 말한다. 이하 "영업주"라 한다)가 미성년, 고령, 질병 또는 국외거주 등의 사유로 영업을 하기 어려운 경우로서 영업주가 소방안전교육을 받기 곤란하거나 동일한 영업주가 둘 이상의 영업장을 운영하는 경우로 영업주가 소방안전교육을 받게 하는 것이 적당하지 않은 것을 말한다. (O | X)

정답 (O)

19 같은 영업주가 둘 이상의 영업장을 운영하는 경우로서 영업주에게 소방안전교육을 받게 하는 것이 적당하지 않아 영업주를 대신하여 각각의 영업장을 관리하는 책임자에게 대신 교육을 받게 할 수 있다. (O | X)

정답 (O)

20 다중이용업주(안전시설 등 완비증명서에 기재된 사업자를 말한다. 이하 "영업주"라 한다)가 미성년, 고령, 질병 또는 국외거주 등의 사유로 영업주가 소방안전교육을 받기 곤란한 경우 영업주를 대신하여 영업장을 관리하는 책임자에게 대신 교육을 받게 할 수 있다. (O | X)

정답 (O)

21 다중이용업을 하려는 자는 다중이용업을 시작하기 전에 신규교육을 소방안전교육을 받아야 한다. (O | X)

정답 (O)

22 교육대상자가 국외에 체류하고 있거나, 질병·부상 등으로 입원해 있는 등 정해진 기간 안에 소방안전교육을 받을 수 없는 사유가 있는 때에는 소방청장이 정하는 바에 따라 1개월의 범위에서 소방안전교육을 연기할 수 있다. (O | X)

정답 (X)
해설 1개월의 범위에서 → 3개월의 범위에서

23 다중이용업을 하려는 자는 다중이용업에 종사하기 전에 소방안전 신규교육을 받아야 한다. (O | X)

정답 (X)
해설 다중이용업을 하려는 자는 다중이용업을 시작하기 전에 소방안전 신규교육을 받아야 한다.

24 다중이용업의 교육대상 종업원은 다중이용업을 시작하기 전에 소방안전 신규교육을 받아야 한다. (O | X)

정답 (X)
해설 다중이용업의 교육대상 종업원은 다중이용업에 종사하기 전에 소방안전 신규교육을 받아야 한다

25 다른 법률에 따라 다중이용업주의 변경신고 또는 다중이용업주의 지위승계 신고를 하는 경우에는 소방본부장 또는 소방서장이 해당 신고를 수리하기 전까지 소방안전 신규교육을 받아야 한다. (O | X)

정답 (X)
해설 소방본부장 또는 소방서장이 → 허가관청이

26 안전시설등의 설치신고 또는 영업장 내부구조 변경신고를 한 경우에 완공신고를 하기 전까지 소방안전 신규교육을 받아야 한다. (O | X)

정답 (O)

27 이 법에서 정하는 다음 사항을 위반한 다중이용업주와 교육대상 종업원은 위반행위가 적발된 날부터 3개월 이내 수시교육을 받아야 한다. (O | X)

① 소방안전교육을 받을 의무 위반 또는 교육 이수 지원의무 위반
② 안전시설등 기준에 따라 설치·유지 의무 위반(과태료부과 대상이 되는 위반행위에 한함)
③ 실내장식물의 설치기준 위반
④ 정기점검과 관련하여 다음을 의무를 위반한 경우
　- 안전시설등을 점검(위탁하여 실시하는 경우를 포함한다)하지 아니한 경우
　- 정기점검결과서를 작성하지 아니하거나 거짓으로 작성한 경우
　- 정기점검 결과서를 보관하지 않은 경우
⑤ 피난시설, 방화구획 및 방화시설의 유지·관리의무 위반
⑥ 피난안내도의 비치 또는 피난 안내 영상물의 상영의무 위반
⑦ 소방안전관리업무를 하지 아니한 경우

정답 (O)

28 다중이용업주 및 그 종업원은 이 법에서 정하는 소방안전 신규교육, 수시교육, 실무교육을 받아야 한다. (O | X)

정답 (X)
해설 신규교육, 수시교육, 실무교육 → 신규교육, 수시교육, 보수교육

29 이 법에서 정하는 다음 사항을 위반한 다중이용업주와 교육대상 종업원은 위반행위가 적발된 날부터 3개월 이내 수시교육을 받아야 한다. (O | X)

① 안전시설등 설치 신고를 하지 않고 안전시설등을 설치한 경우
② 안전시설등 설치 신고를 하지 않고 영업장 내부구조를 변경한 경우
③ 안전시설등의 공사를 마친 후 신고를 하지 않은 경우
④ 비상구에 추락 등의 방지를 위한 장치를 기준에 따라 갖추지 않은 경우
⑤ 영업장의 내부구획을 기준에 따라 설치·유지하지 아니한 자
⑥ 화재 배상책임보험을 가입하지 않는 다중이용업주
⑦ 안전사고 보고 또는 즉시 보고를 하지 않거나 거짓으로 한 경우

정답 (X)
해설 모두 수시교육을 받아야하는 위반행위에 해당하지 않는다.

30 다중이용업주 및 그 종업원은 신규 교육 또는 직전의 보수교육을 받은 날이 속하는 달의 다음 날부터 2년 이내에 1회 이상 보수교육을 받아야 한다. (O | X)

정답 (X)
해설 다음 날부터 → 마지막 날부터

31 소방청장·소방본부장 또는 소방서장은 소방안전교육을 하려는 때에는 교육 일시 및 장소 등 소방안전교육에 필요한 사항을 교육일 20일 전까지 소방청·소방본부 또는 소방서의 홈페이지에 게재해야 한다. (O | X)

정답 (X)
해설 교육일 20일 전까지 → 교육일 30일 전까지

32 소방청장·소방본부장 또는 소방서장은 다중이용업주 및 그 종업원의 신규교육 대상자 중 안전시설 등의 설치신고 또는 영업장 내부구조 변경신고를 하는 자는 완공신고 접수 시 교육 대상자에게 알려야 한다. (O | X)

정답 (X)
해설 완공신고 접수 시 → 신고 접수 시

33 소방청장·소방본부장 또는 소방서장은 다중이용업주 및 그 종업원에게 수시교육 및 보수교육을 하려는 경우 교육일 10일 전까지 교육대상자에게 알려야 한다. (O | X)

정답 (O)

34 소방청장·소방본부장 또는 소방서장이 소방안전교육을 하려는 때에는 다중이용업과 관련된 직능단체 및 민법상의 비영리법인과 협의하여 다른 법령에서 정하는 다중이용업 관련 교육과 병행하여 실시할 수 있다. (O | X)

정답 (O)

35 소방안전교육 시간은 8시간 이내로 한다. (O | X)

정답 (X)
해설 8시간 → 4시간

36 소방안전교육을 받은 사람이 교육받은 날부터 1년 이내에 다중이용업을 하려는 경우 또는 다중이용업에 종사하려는 경우에는 보수교육을 받은 것으로 본다. (O | X)

정답 (X)
해설 소방안전교육을 받은 사람이 교육받은 날부터 2년 이내에 다중이용업을 하려는 경우 또는 다중이용업에 종사하려는 경우에는 신규교육을 받은 것으로 본다….

37 행정관청은 소방안전교육을 이수한 사람에게 소방안전교육 이수 증명서를 발급하고, 그 내용을 소방안전교육 이수증명서 발급(재발급)대장에 적어 관리하여야 한다. (O | X)

정답 (X)

해설 행정관청은 → 소방청장·소방본부장 또는 소방서장은

38 소방안전교육 이수증명서를 발급받은 사람은 소방안전교육 이수 증명서를 잃어버렸거나 헐어서 쓸 수 없게 되어 소방안전교육 이수증명서를 재발급받으려면 소방안전교육 이수증명서 재발급 신청서에 이전에 발급받은 소방안전교육 이수 증명서를 첨부(잃어버린 경우는 제외한다)하여 소방청장, 소방본부장 또는 소방서장에게 제출하여야 한다. 이 경우 재발급 신청을 받은 소방청장, 소방본부장 또는 소방서장은 소방안전교육 이수증명서를 즉시 재발급하고, 소방안전교육 이수증명서 발급(재발급) 대장에 그 사실을 적어 관리하여야 한다. (O | X)

정답 (X)

해설 소방청장, 소방본부장 또는 소방서장에게 → 소방본부장 또는 소방서장에게, 소방청장, 소방본부장 또는 소방서장은 → 소방본부장 또는 소방서장은

39 기타 소방안전교육을 위하여 필요한 사항은 다중이용업주 및 종업원 소방안전교육에 관한 규정(소방청 훈령)으로 정한다. (O | X)

정답 (O)

40 소방청장, 소방본부장 또는 소방서장은 다중이용업주와 그 종업원 및 다중이용업을 하려는 자에 대한 자율안전관리 책임의식을 높이고 화재 발생 시 초기대응능력을 향상하기 위하여 인터넷 홈페이지를 이용한 사이버 소방안전교육을 위한 환경을 조성하여야 한다. (O | X)

정답 (X)

해설 소방본부장 또는 소방서장은 → 소방청장, 소방본부장 또는 소방서장은

41 소방청장, 소방본부장 또는 소방서장은 사이버교육을 위하여 소방청, 소방본부 또는 소방서의 인터넷 홈페이지에 누구나 쉽게 접속하여 사이버교육을 받을 수 있도록 시스템을 구축·운영하여야 한다. (O | X)

정답 (O)

42 사이버교육을 위한 시스템 구축과 그 밖에 필요한 사항은 행정안전부령으로 정한다.
(O | X)

정답 (X)
해설 행정안전부령으로 정한다. → 소방청장이 정한다. (다중이용업주 및 종업원 소방안전교육에 관한 규정 제6조의2에 규정함)

43 소방안전교육의 교과과정은 1) 화재안전과 관련된 법령 및 제도, 2) 다중이용업소에서 화재가 발생한 경우 초기대응 및 대피요령, 3) 안전시설등의 유지·관리 및 정기점검 요령, 4) 심폐소생술 등 응급처치 요령
(O | X)

정답 (X)
해설 안전시설등의 유지·관리 및 정기점검요령 → 소방시설 및 방화시설(防火施設)의 유지·관리 및 사용방법.

44 소방청장·소방본부장 또는 소방서장은 소방안전교육의 내실화를 위하여 교육 인력 및 시설·장비를 갖추어야 한다.
(O | X)

정답 (O)

45 다중이용업주 및 다중이용업을 하려는 자는 영업장에 행정안전부령으로 정하는 안전시설등을 행정안전부령으로 정하는 기준에 따라 설치·유지하여야 한다.
(O | X)

정답 (X)
해설 행정안전부령으로 정하는 안전시설등 → 대통령령으로 정하는 안전시설등

46 숙박을 제공하는 형태의 다중이용업소의 영업장 또는 밀폐구조의 영업장 중 대통령령으로 정하는 영업장에는 소방시설 중 간이스프링클러설비를 행정안전부령으로 정하는 기준에 따라 설치하여야 한다.
(O | X)

정답 (O)

47 이 법에서 정하는 간이스프링클러설비(캐비닛형 간이스프링클러설비를 포함한다)는 1) 지하층에 설치된 영업장, 2) 산후조리업의 영업장, 3) 고시원업의 영업장, 4) 밀폐구조의 영업장, 5) 권총사격장의 영업장에만 설치한다. (O | X)

정답 (O)

48 소방본부장이나 소방서장은 안전시설등이 행정안전부령으로 정하는 기준에 맞게 설치 또는 유지되어 있지 아니한 경우에는 그 다중이용업주에게 안전시설등의 보완 등 필요한 조치를 명하거나 허가관청에 관계 법령에 따른 영업정지 처분 또는 허가등의 취소를 요청할 수 있다. (O | X)

정답 (O)

49 다중이용업을 하려는 자(다중이용업을 하고 있는 자를 포함한다)는 1) 안전시설등을 설치 2) 영업장 내부구조를 변경으로 영업장 면적증가, 영업장 구획된 실의 증가, 내부통로 구조의 변경, 3) 안전시설등의 공사를 마친 경우에는 안전시설등을 설치하기 전에 미리 소방본부장이나 소방서장에게 행정안전부령으로 정하는 안전시설등의 설계도서를 첨부하여 행정안전부령으로 정하는 바에 따라 신고하여야 한다. (O | X)

정답 (O)

50 다중이용업소의 영업장에 설치·유지해야 하는 안전시설등 및 간이스프링클러설비를 설치해야 하는 영업장은 다중이용업소의 안전관리에 관한 특별법 시행령 별표1의2 같다. (O | X)

정답 (O)

51 다중이용업소의 영업장에 설치·유지하여야 하는 안전시설등(이하 "안전시설등"이라 한다)의 설치·유지 기준은 다중이용업소의 안전관리에 관한 특별법 시행규칙 별표 2와 같다. (O | X)

정답 (O)

52

다중이용업을 하려는 자는 다중이용업소에 안전시설등을 설치하거나 안전시설등의 공사를 마친 경우에는 안전시설등 설치(완공)신고서에 다음 각 호의 서류를 첨부하여 소방본부장 또는 소방서장에게 제출하여야 한다. (O | X)

① 소방시설설계업자가 작성한 안전시설등의 설계도서 1부(설치신고 시 제출)
② 안전시설등 설치명세서 1부(설치신고 시 제출)
③ 구획된 실의 세부용도 등이 표시된 영업장의 평면도 1부(설치신고 시 제출)
④ 화재배상책임보험 증권 사본 등 화재배상책임보험 가입을 증명할 수 있는 서류 1부
⑤ 전기안전점검확인서 1부
⑥ 구조안전 확인서(건축물 외벽에 발코니 형태의 비상구를 설치한 경우만 해당한다) 1부〈2023.08.01.신설〉

정답 (O)

53

안전시설등 설치(완공)신고 시에 노래연습장업, 목욕장업, 고시원업, 방탈출카페업은 전기안전점검확인서는 첨부해야 한다. (O | X)

정답 (X)

해설 안전시설등 설치(완공) 신고 시에 고시원업, 전화방업·화상대화방업, 수면방업, 콜라텍업, 방탈출카페업, 만화카페업, 키즈카페업은 전기안전점검확인서는 첨부해야 한다.

54

소방본부장이나 소방서장은 다중이용업주가 안전시설등을 설치하려는 경우, 영업장 내부구조를 변경하려는 경우로서 신고를 받았을 때는 설계도서가 행정안전부령으로 정하는 기준에 맞는지를 확인하고, 그에 맞도록 지도하여야 한다. (O | X)

정답 (O)

55

소방본부장이나 소방서장은 다중이용업소의 안전시설등 공사 완료의 신고를 받았을 때는 안전시설등이 행정안전부령으로 정하는 기준에 맞게 설치되었다고 인정하는 경우에는 행정안전부령으로 정하는 바에 따라 안전시설등 완비증명서를 발급해야 하며, 그 기준에 맞지 아니한 경우에는 시정될 때까지 안전시설등 완비 증명서를 발급하여서는 아니 된다. (O | X)

정답 (O)

56 소방본부장 또는 소방서장은 안전시설등 공사 완료의 신고를 받았을 때 현장을 확인한 결과 안전시설등이 적합하다고 인정하는 경우에는 안전시설등 완비 증명서를 발급하고, 적합하지 아니할 때는 신청인에게 서면으로 그 사유를 통보하고 보완을 요구하여야 한다. (O | X)

정답 (O)

57 안전시설등 설치(완공)신고서를 접수하거나 안전시설등 완비증명서를 발급한 때에는 안전시설등 완비증명서 발급 대장에 발급 일자 등을 적어 관리하여야 한다. (O | X)

정답 (O)

58 완비 증명서를 분실한 경우, 헐어서 쓸 수 없게 된 경우에 해당하여 발급받은 안전시설등 완비증명서를 재발급받으려는 경우로 발급받은 안전시설등 완비증명서를 재발급받으려는 다중이용업주는 안전시설등 완비증명서 재발급 신청서에 이전에 발급받은 안전시설등 완비 증명서를 첨부하여 소방본부장 또는 소방서장에게 제출하여야 한다. (O | X)

정답 (O)

59 안전시설등 및 영업장 내부구조 변경 등이 없이 내장식물을 변경하는 경우, 다중이용업주의 변경 또는 다중이용업주의 주소 변경, 다중이용업소 상호 또는 주소의 변경이 있는 경우로 발급받은 안전시설등 완비증명서를 재발급받으려는 다중이용업주는 안전시설등 완비증명서 재발급 신청서에 이전에 발급받은 안전시설등 완비증명서를 첨부하여 소방본부장 또는 소방서장에게 제출하여야 한다. (O | X)

정답 (O)

60 안전시설등을 추가하지 아니하는 업종으로 업종 변경을 한 경우로 발급받은 안전시설등 완비증명서를 재발급받으려는 다중이용업주는 안전시설등 완비증명서 재발급 신청서에 이전에 발급받은 안전시설등 완비 증명서를 첨부하여 소방본부장 또는 소방서장에게 제출하여야 한다. (O | X)

정답 (O)

2025년 다중이용업소의 안전관리에 관한 특별법

61 소방본부장 또는 소방서장은 안전시설등 완비증명서 재발급 신청을 받은 날부터 3일 이내에 안전시설등 완비 증명서를 재발급하고, 안전시설등 완비증명서 발급 대장에 그 사실을 기록하여 관리하여야 한다. (O | X)

정답 (×)
해설 5일 이내 → 3일 이내

62 다중이용업주 및 다중이용업을 하려는 자는 설치·유지하는 안전시설등 중 모든 비상구에 추락위험을 알리는 표지 등 추락 등의 방지를 위한 장치를 이 법이 정하는 기준에 따라 갖추어야 한다. (O | X)

정답 (×)
해설 영업장의 위치가 2층 이상 4층 이하인 경우 그 영업장에 설치하는 비상구에 추락위험 방지 장치를 해야 한다.

63 비상구에 추락위험을 알리는 표지 등 추락 등의 방지를 위한 장치를 행정안전부령으로 정하는 기준에 따라 갖추어야 한다. (O | X)

정답 (○)

64 다중이용업소에 설치하거나 교체하는 실내장식물(반자돌림대 등의 너비가 10센티미터 이하인 것은 제외한다)은 준불연재료(不燃材料) 또는 난연재료로 설치하여야 한다. (O | X)

정답 (×)
해설 준불연재료(不燃材料) 또는 난연재료로 → 불연재료(不燃材料) 또는 준불연재료로

65 실내장식물 중 전시용 합판 또는 간이 칸막이를 목재로 실내장식물을 설치하는 경우로서 그 면적이 영업장 천장과 벽을 합한 면적의 10분의 3(스프링클러설비 또는 간이스프링클러설비가 설치된 경우에는 10분의 5) 이하인 부분은 방염성능기준 이상의 것으로 설치할 수 있다. (O | X)

정답 (×)
해설 전시용 합판 또는 간이 칸막이를 → 합판 또는 목재

66 소방본부장이나 소방서장은 다중이용업소의 실내장식물이 실내장식물의 기준에 맞지 아니할 때에는 그 다중이용업주에게 해당 부분의 실내장식물을 교체하거나 제거하게 하는 등 필요한 조치를 명하거나 허가관청에 관계 법령에 따른 영업정지 처분 또는 허가등의 취소를 요청할 수 있다. (O | X)

정답 (O)

67 다중이용업소의 영업장 내부를 구획하고자 할 때는 불연재료로 구획하여야 한다. 이 경우 단란주점, 유흥주점 및 노래연습장의 영업장은 반자까지 구획하여야 한다. (O | X)

정답 (X)
해설 반자까지 구획하여야 한다. → 천장(반자 속)까지 구획하여야 한다.

68 다중이용업소의 영업장 내부를 구획하면서 배관 및 전선관 등이 영업장 또는 천장(반자 속)의 내부 구획된 부분을 관통하여 틈이 생긴 때에는 불연충전성능을 인정한 구조에 해당하는 재료를 사용하여 그 틈을 메워야 한다. (O | X)

정답 (X)
해설 불연충전성능을 인정한 구조 → 내화 충전성능을 인정한 구조

69 소방본부장이나 소방서장은 영업장의 내부구획이 이 법이 정하는 기준에 맞지 아니할 때는 그 다중이용업주에게 보완 등 필요한 조치를 명하거나 허가관청에 관계 법령에 따른 영업정지 처분 또는 허가등의 취소를 요청할 수 있다. (O | X)

정답 (O)

70 다중이용업주는 피난시설, 방화구획 및 방화시설을 유지·관리해야 한다. (O | X)

정답 (O)

2025년 다중이용업소의 안전관리에 관한 특별법

71 다중이용업주는 화재 등 재난이나 그 밖의 위급한 상황의 발생 시 이용객들이 안전하게 피난할 수 있도록 피난계단·피난통로, 피난설비 등이 표시된 피난안내도를 갖추어 두거나 피난안내에 관한 영상물을 상영하여야 한다. (O | X)

정답 (O)

72 피난안내도를 갖추어 두거나 피난 안내에 관한 영상물을 상영하여야 하는 대상, 피난안내도를 갖추어 두어야 하는 위치, 피난 안내에 관한 영상물의 상영시간, 피난안내도 및 피난 안내에 관한 영상물에 포함되어야 할 내용과 그 밖에 필요한 사항은 행정안전부령으로 정한다. (O | X)

정답 (O)

73 다중이용업주는 다중이용업소의 안전관리를 위하여 정기적으로 안전시설등을 점검하고 그 점검 결과서를 작성하여 2년간 보관하여야 한다. (O | X)

정답 (X)
해설 2년간 → 1년간

74 다중이용업주가 안전시설등을 점검을 할 때는 다중이용업소에 설치된 안전시설등이 건축물의 다른 시설·장비와 연계되어 작동되는 경우에는 해당 건축물의 소유자·관리자·점유자 및 소방안전관리자는 다중이용업주의 안전점검에 협조해야 한다. (O | X)

정답 (O)

75 다중이용업주는 안전시설등 정기점검을 평가대행자에게 위탁할 수 있다. (O | X)

정답 (X)
해설 평가대행자에게 → 소방시설관리업자에게

76 안전점검의 대상, 점검자의 자격, 점검주기, 점검방법, 그 밖에 필요한 사항은 행정안전부령으로 정한다. (O | X)

정답 (O)

77 다중이용업주가 다중이용업소의 안전관리를 위하여 안전시설등을 점검하는 경우에는 안전시설등 정기 점검표를 사용하여 점검한다. (O | X)

정답 (X)
해설 안전시설등 정기점검표 → 안전시설등 세부 점검표

78 다중이용업주가 다중이용업소의 안전관리를 위한 안전점검 대상은 다중이용업소의 영업장에 설치된 소방시설등에 대해 점검해야 한다. (O | X)

정답 (X)
해설 소방시설등 → 안전시설등

79 다중이용업소 안전관리를 위한 안전점검자의 자격은 다음 각 목과 같다. (O | X)
① 해당 영업장의 다중이용업주
② 다중이용업소가 위치한 특정소방대상물의 소방안전관리자(소방안전관리자가 선임된 경우 한함)
③ 해당 업소의 종업원 중 소방안전관리자 자격을 취득한 자
④ 해당 업소의 종업원 중 소방기술사·소방시설관리사·소방설비기사 또는 소방설비산업기사 자격을 취득한 자
⑤ 소방시설관리업자

정답 (O)

80 다중이용업소의 안전시설등 점검주기는 매월 1회 이상 점검한다. 다만, 소방시설 자체점검을 실시한 경우에는 자체점검을 실시한 해당 월에는 점검을 실시하지 아니할 수 있다. (O | X)

정답 (X)
해설 다중이용업소의 안전시설등 점검주기는 매 분기별 1회 이상 점검한다. 다만, 소방시설 자체점검을 실시한 경우에는 자체점검을 실시한 그 분기에는 점검을 실시하지 아니할 수 있다.

2025년 다중이용업소의 안전관리에 관한 특별법

81 다중이용업소의 안전시설등 점검방법은 안전시설등의 작동 및 유지·관리 상태와 설비별 주요 구성품의 구조 기준을 점검한다. (O | X)

정답 (×)
해설 다중이용업소의 안전시설등 점검방법은 안전시설등의 작동 및 유지·관리 상태를 점검한다.

82 다중이용업소에 설치한 창문, 영업장 내부통로, 비상구의 설치 기준은 건축법에 따른다. (O | X)

정답 (×)
해설 다중이용업소에 설치한 창문, 영업장 내부통로, 비상구는 다중이용업소에 설치하는 안전시설등으로 이 법에 따른 설치기준에 따른다.

83 다중이용업소에 설치·유지하여야 하는 안전시설등에서 소방시설은 소화설비, 경보설비, 피난설비, 소방용수설비가 있다. (O | X)

정답 (×)
해설 소화용수설비는 해당 없음

84 노래반주기 등 영상음향장치를 사용하는 영업장에는 비상벨설비 또는 자동화재탐지설비를 설치하여야 한다. (O | X)

정답 (×)
해설 비상벨설비 또는 자동화재탐지설비 → 자동화재탐지설비

85 가스누설경보기는 가스시설을 사용하는 주방이나 난방시설이 있는 영업장에만 설치한다. (O | X)

정답 (O)

86 주된 출입구 외에 해당 영업장 내부에서 피난층 또는 지상으로 통하는 직통 계단이 주된 출입구 중심선으로부터 보행거리로 영업장의 긴 변 길이의 2분의 1 이상 떨어진 위치에 별도로 설치된 경우 영업장에는 비상구를 설치하지 않을 수 있다. (O | X)

정답 (X)
해설 보행거리 → 수평거리

87 피난층에 설치된 영업장[영업장으로 사용하는 바닥면적이 33㎡ 이하인 경우로서 영업장 내부에 구획된 실(室)이 없고, 영업장 전체가 개방된 구조의 영업장을 말한다]으로서 그 영업장의 각 부분으로부터 출입구까지의 수평거리가 10m 이하면 영업장에는 비상구를 설치하지 않을 수 있다. (O | X)

정답 (O)

88 영업장 내부 피난 통로는 구획된 실(室)이 있는 영업장에만 설치한다. (O | X)

정답 (O)

89 영업장 내부 피난 통로 또는 복도가 있는 영업장에만 피난유도선을 설치한다. (O | X)

정답 (O)

90 이 법에서 비상구, 영업장 내부통로, 영상음향차단장치, 누전차단기, 창문은 그 밖의 안전시설에 해당한다. (O | X)

정답 (X)
해설 이 법에서 영상음향차단장치, 누전차단기, 창문은 그 밖의 안전시설에 해당한다.

91 누전차단기는 노래반주기 등 영상음향장치를 사용하는 영업장에만 설치한다. (O | X)

정답 (X)
해설 영상음악차단장치는 노래반주기 등 영상음향장치를 사용하는 영업장에만 설치한다.

92 창문은 산후조리원의 영업장에만 설치한다. (O | X)

정답 (×)
해설 창문은 고시원업의 영업장에만 설치한다.

93 "피난유도선(避難誘導線)"이란 햇빛이나 전등불로 축광(蓄光)하여 빛을 내거나 전류에 의하여 빛을 내는 유도체로서 화재 발생 시 등 어두운 상태에서 피난을 유도할 수 있는 시설을 말한다. (O | X)

정답 (O)

94 "영상음향차단장치"란 영상 모니터에 화상(畵像) 및 음반 재생장치가 설치되어 있어 영화, 음악 등을 감상할 수 있는 시설이나 화상 재생장치 및 음반 재생장치의 기능이 있는 시설 중 두 가지를 동시에 차단하는 장치를 말한다. (O | X)

정답 (×)
해설 "영상음향차단장치"란 영상 모니터에 화상(畵像) 및 음반 재생장치가 설치되어 있어 영화, 음악 등을 감상할 수 있는 시설이나 화상 재생장치 또는 음반 재생장치 중 한 가지 기능만 있는 시설을 차단하는 장치를 말한다.

95 화재안전등급에서 "평가점수"란 영업소 등에 사용되거나 설치된 가연물의 양, 소방시설의 화재진화를 위한 성능 등을 고려한 영업소의 화재안전성을 100점 만점 기준으로 환산한 점수를 말한다. (O | X)

정답 (×)
해설 "평가점수"란 다중이용업소에 대하여 화재예방, 화재감지·경보, 피난, 소화설비, 건축방재등의 항목별로 소방청장이 정하여 고시하는 기준을 갖추었는지에 대하여 평가한 점수를 말한다.

96 화재안전등급의 "평가점수"는 영업소에 사용되거나 설치된 가연물의 양, 소방시설의 화재진압 성능 및 영업소의 면적을 종합적으로 고려하여 100점 만점 기준으로 환산한 점수를 말한다. (O | X)

정답 (×)
해설 '영업소의 면적'은 평가 기준에 포함되지 않음.

97 화재안전등급에서 100점 만점 기준으로 평가점수가 낮을수록 화재 안전성이 우수하다고 볼 수 있다. (O | X)

정답 (X)
해설 화재안전등급에서 100점 만점 기준으로 평가점수가 높을수록 화재 안전성이 우수하다고 볼 수 있다.

98 화재안전등급에서 100점 만점 기준으로 평가점수가 높을수록 화재 발생 가능성이 크다고 볼 수 있다. (O | X)

정답 (X)
해설 화재안전등급에서 100점 만점 기준으로 평가점수가 높을수록 화재 발생 가능성이 작다고 볼 수 있다.

99 화재평가대행자가 소방기술사 자격을 취득한 사람 1명 및 위험물기능장, 소방설비기사 또는 소방설비산업기사 자격을 가진 사람 2명을 갖추었다면 기술능력 기준에 충족한다. (O | X)

정답 (X)
해설 화재평가대행자가 갖추어야 할 기술인력
① 소방기술사 자격을 취득한 사람 1명 이상
② 소방기술사, 소방설비기사 또는 소방설비산업기사 자격을 가진 사람 2명 이상
③ 소방기술과 관련된 자격·학력 및 경력을 인정받은 사람으로서 자격 수첩을 발급받은 사람 2명 이상

100 화재평가대행자를 하려는 자는 화재 모의시험이 가능한 컴퓨터 2대 이상, 화재 모의시험을 위한 프로그램을 시설 및 장비로 갖추어야 한다. (O | X)

정답 (O)
해설 2대 이상 → 1대 이상

101 화재평가대행자의 기술능력 기준에서 두 종류 이상의 자격을 가진 기술인력은 그 중 두 종류의 자격을 가진 기술인력으로 본다. (O | X)

정답 (X)
해설 화재평가대행자의 기술능력 기준에서 두 종류 이상의 자격을 가진 기술인력은 그중 한 종류의 자격을 가진 기술인력으로 본다.

2025년 다중이용업소의 안전관리에 관한 특별법

102 평가대행자가 화재위험평가 대행업무와 전문 소방시설설계업 또는 전문 소방시설공사업을 함께 할 때는 전문 소방시설설계업 또는 전문 소방시설공사업 보유 기술인력으로 등록된 소방기술사는 평가대행자가 갖추어야 하는 소방기술사로 볼 수 있다. (O | X)

정답 (×)
해설 평가대행자가 화재위험평가 대행업무와 「소방시설공사업법」 및 같은 법 시행령에 따른 전문 소방시설설계업 또는 전문 소방공사감리업을 함께 하는 경우에는 전문 소방시설설계업 또는 전문 소방공사감리업 보유 기술인력으로 등록된 소방기술사는 평가대행자가 갖추어야 하는 소방기술사로 볼 수 있다.

103 영업장 내부 피난 통로 또는 복도에는 햇빛이나 전등불로 축광(蓄光)하여 빛을 내거나 전류에 의하여 빛을 내는 방식의 피난유도선을 설치할 것. (O | X)

정답 (×)
해설 영업장 내부 피난 통로 또는 복도에는 전류에 의하여 빛을 내는 방식의 피난유도선을 설치할 것.

104 다중이용업소 영업장의 구획된 실마다 소화기, 비상벨, 유도등, 휴대용비상조명등을 설치할 것. (O | X)

정답 (O)

105 비상구는 영업장의 주된 출입구의 반대 방향에 설치하되, 주된 출입구 중심선으로부터의 수평거리가 영업장의 가장 긴 대각선 길이, 가로 또는 세로 길이 중 가장 긴 길이의 2분의 1 이상 떨어진 위치에 설치할 것. (O | X)

정답 (O)

106 비상구를 건물구조로 인하여 주된 출입구의 반대 방향에 설치할 수 없는 경우에는 주된 출입구 중심선으로부터의 수평거리가 영업장의 가장 긴 대각선 길이, 가로 또는 세로 길이 중 가장 긴 길이의 2분의 1 이상 떨어진 위치에 설치할 것. (O | X)

정답 (×)
해설 설치할 것. → 설치할 수 있다.

107 비상구 규격은 문틀을 포함하여 가로 75㎝ 이상, 세로 150㎝ 이상으로 할 것. (O | X)

정답 (X)
해설 비상구 규격은 문틀을 제외하고 가로 75㎝ 이상, 세로 150㎝ 이상으로 할 것

107-1 비상구등은 구획된 실 또는 천장으로 통하는 구조가 아닌 것으로 할 것. (O | X)

정답 (O)

107-2 다만, 영업장 바닥에서 천장까지 내화구조(不燃材料)로 구획된 부속실(전실), 「모자보건법」 제2조 제10호에 따른 산후조리원에 설치하는 방풍실 또는 「녹색건축물 조성 지원법」에 따라 설계된 방풍구조는 그렇지 않다. (O | X)

정답 (X)
해설 내화구조 → 불연재료

107-3 비상구등은 다른 영업장 또는 다른 용도의 시설(주차장은 제외한다)을 경유하는 구조가 아닌 것이어야 할 것. (O | X)

정답 (O)

108 주된 출입구의 문이 비상구등의 문이 「건축법 시행령」 제35조에 따른 피난계단 또는 특별피난계단의 설치 기준에 따라 설치해야 하는 문이 아니거나 같은 영 제46조에 따라 설치되는 방화구획이 아닌 곳에 위치한 경우에 해당하고, 다음의 기준을 모두 충족하는 경우에는 주된 출입구의 문을 자동문[미서기(슬라이딩)문을 말한다]으로 설치할 수 있다. (O | X)

가) 화재감지기와 연동하여 개방되는 구조
나) 정전 시 자동으로 개방되는 구조
다) 정전 시 수동으로 개방되는 구조

정답 (O)

109 주된 출입구 및 비상구의 문은 피난방향으로 열리는 구조로 할 것 (O | X)

정답 (O)

110 주요 구조부(영업장의 벽, 천장 및 바닥을 말한다. 이하 이 표에서 같다)가 내화구조(耐火構造)인 경우 비상구등의 문은 방화문(防火門)으로 설치할 것. (O | X)

정답 (O)

110-1 "방화문(防火門)"이란 「건축법 시행령」 제64조에 따른 60분+ 방화문, 60분 방화문, 30분 방화문으로서 언제나 닫힌 상태를 유지하거나 화재로 인한 연기의 발생 또는 온도의 상승에 따라 자동적으로 닫히는 구조를 말한다. 다만, 자동으로 닫히는 구조 중 열에 의하여 녹는 퓨즈[도화선(導火線)을 말한다]타입 구조의 방화문은 제외한다. (O | X)

정답 (O)

111 영업장의 벽, 천장 및 바닥이 내화구조가 아닌 경우 비상구와 주 출입문은 불연재료로 설치할 수 있다. (O | X)

정답 (O)

112 건물의 구조상 비상구 또는 주된 출입구의 문이 지표면과 접하는 경우로서 화재의 연소 확대 우려가 없는 경우 비상구와 주 출입문은 불연재료로 설치할 수 있다. (O | X)

정답 (O)

113 비상구 또는 주 출입구의 문이 피난계단 또는 특별피난계단의 설치기준에 따라 설치하여야 하는 문이 아니거나 방화구획이 아닌 곳에 있는 경우 비상구와 주 출입문은 불연재료로 설치할 수 있다. (O | X)

정답 (O)

114 복층구조의 영업장은 각 층마다 영업장 내부의 계단 등으로 피난할 수 있는 비상구를 설치할 것.
(O | X)

정답 (X)

해설 각 층마다 영업장 외부의 계단 등으로 피난할 수 있는 비상구를 설치할 것.

115 복층구조의 영업장의 위치 및 구조가 건축물 주요 구조부를 훼손하는 경우, 옹벽 또는 외벽이 유리로 설치된 경우에는 영업장의 각 층마다 영업장 외부의 계단 등으로 피난할 수 있는 비상구를 설치해야 함에도 그 영업장으로 사용하는 어느 하나의 층에 비상구를 설치할 것. (O | X)

정답 (O)

116 영업장의 위치가 2층 이상 4층 이하인 경우 비상구는 발코니 또는 부속실 설치, 적합한 피난기구, 추락주의 표지, 문개방 경보장치, 안전로프 또는 안전쇠사슬을 설치할 것.
(O | X)

정답 (O)

117 영업장의 위치가 2층 이상 4층 이하에 발코니를 설치하는 경우 피난 시에 유효한 발코니는 활하중 5킬로뉴턴/제곱미터(5kN/㎡) 이상, 가로 75㎝ 이상, 세로 150㎝ 이상, 면적 1.12㎡ 이상, 난간의 높이 120㎝ 이상인 것을 말한다. (O | X)

정답 (X)

해설 난간의 높이 120㎝ 이상 → 난간의 높이 100㎝ 이상

118 영업장의 위치가 2층 이상 4층 이하에 부속실을 설치하는 경우 피난 시에 유효한 부속실의 규격은 불연재료로 바닥에서 천장까지 구획된 실로서 가로 75㎝ 이상, 세로 150㎝ 이상, 면적 1.12㎡ 이상인 것을 말한다. (O | X)

정답 (O)

119 영업장의 위치가 2층 이상 4층 이하에 부속실을 설치하는 경우 부속실 입구의 문과 건물 외부로 나가는 문의 규격은 비상구 규격으로 할 것. 다만, 100㎝ 이상의 난간이 있는 경우에는 발판 등을 설치하고 건축물 외부로 나가는 문의 규격과 재질을 가로 75㎝ 이상, 세로 100㎝ 이상의 문을 설치할 수 있다. (O | X)

정답 (X)
해설 부속실을 설치하는 경우 부속실 입구의 문과 건물 외부로 나가는 문의 규격은 비상구 규격으로 할 것. 다만, 120㎝ 이상의 난간이 있는 경우에는 발판 등을 설치하고 건축물 외부로 나가는 문의 규격과 재질을 가로 75㎝ 이상, 세로 100㎝ 이상의 창호로 설치할 수 있다.

120 영업장의 위치가 2층 이상 4층 이하에 발코니 또는 부속실을 설치한 경우 발코니 및 부속실 입구의 문을 개방하면 경보음이 울리도록 경보음 발생 장치를 설치하고, 추락위험을 알리는 표지를 문(부속실의 경우 외부로 나가는 문도 포함한다)에 부착할 것. (O | X)

정답 (O)

121 영업장의 위치가 2층 이상 4층 이하에 발코니 또는 부속실을 설치한 경우 부속실에서 건물 외부로 나가는 문 안쪽에는 기둥·바닥·벽 등의 견고한 부분에 탈착이 가능한 쇠사슬 또는 안전로프 등을 바닥에서부터 100㎝ 이상의 높이에 가로로 설치할 것. 다만, 120㎝ 이상의 난간이 설치된 경우에는 쇠사슬 또는 안전로프 등을 설치하지 않을 수 있다. (O | X)

정답 (X)
해설 100㎝ 이상의 높이 → 120㎝ 이상의 높이

122 영업장의 내부 피난 통로는 폭은 120㎝ 이상으로 할 것. 다만, 양옆에 구획된 실이 있는 영업장으로서 구획된 실의 출입문 열리는 방향이 피난 통로 방향인 경우에는 150㎝ 이상으로 설치하여야 한다. (O | X)

정답 (O)

123 영업자의 내부 피난 통로의 구조는 구획된 실부터 주된 출입구 또는 비상구까지의 두 번 이상 구부러지는 형태로 설치하지 말 것. (O | X)

정답 (X)
해설 두 번 이상 → 세 번 이상

124 고시원 영업장은 층별로 영업장 내부 피난 통로 또는 복도에 안쪽 공기와 접하는 부분에 가로 50㎝ 이상, 세로 50㎝ 이상 열리는 창문을 통로 양옆으로 1개 이상 설치할 것. (O | X)

정답 (X)

해설 고시원 영업장은 층별로 영업장 내부 피난 통로 또는 복도에 바깥 공기와 접하는 부분에 가로 50㎝ 이상, 세로 50㎝ 이상 열리는 창문을 1개 이상 설치할 것.

125 노래반주기등이 있는 영업장은 화재 시 자동화재탐지설비의 감지기에 따라 자동으로 음향 및 영상이 정지될 수 있는 구조로 설치하되, 수동으로도 조작할 수 있도록 설치할 것. (O | X)

정답 (O)

126 영상음향차단장치의 수동차단스위치를 설치하는 경우에는 관계인이 일정하게 거주하거나 일정하게 근무하는 장소에 설치할 것. 이 경우 수동차단스위치와 가장 가까운 곳에 "영상음향차단스위치"라는 표지를 부착하여야 한다. (O | X)

정답 (O)

127 전기로 인한 화재 발생 위험을 예방하기 위하여 부하 용량에 알맞은 누전차단기(과전류차단기를 포함한다)를 설치할 것. (O | X)

정답 (O)

128 영상음향차단장치의 작동으로 실내 등의 전원이 차단되지 않는 구조로 설치할 것 (O | X)

정답 (O)

129 보일러실과 영업장 사이의 출입문은 방화문으로 설치하고, 개구부(開口部)에는 방화댐퍼(화재 시 연기 등을 차단하는 장치)를 설치할 것. (O | X)

정답 (O)

2025년 다중이용업소의 안전관리에 관한 특별법

130 소방청장 또는 시·도지사는 해당 영업장에 대해 화재위험평가를 실시한 결과 화재안전등급이 A등급인 업종에 대해서는 소방시설·비상구 또는 그 밖의 안전시설등의 설치를 면제한다. (O | X)

정답 (×)
해설 소방청장 또는 시·도지사는 → 소방청장·소방본부장 또는 소방서장은

131 소방청장·소방본부장 또는 소방서장은 비상구의 크기, 비상구의 설치 거리, 간이스프링클러설비의 배관 구경 등 소방청장이 정하여 고시하는 안전시설등에 대해서는 소방청장이 고시하는 바에 따라 안전시설등의 설치·유지 기준을 적용하지 않는다. (O | X)

정답 (×)
해설 소방본부장 또는 소방서장은 비상구의 크기, 비상구의 설치 거리, 간이스프링클러설비의 배관 구경 등 소방청장이 정하여 고시하는 안전시설등에 대해서는 소방청장이 고시하는 바에 따라 안전시설등의 설치·유지 기준의 일부를 적용하지 않을 수 있다.

132 피난안내도는 모든 다중이용업의 영업자에 비치해야 한다. (O | X)

정답 (O)

133 영업장으로 사용하는 바닥면적의 합계가 33㎡ 이하면 또는 영업장 내 구획된 실이 없고, 그 영업장의 각 부분으로부터 출입구까지의 수평거리가 10m 이하면 피난안내도를 비치하지 않는다. (O | X)

정답 (×)
해설 영업장으로 사용하는 바닥면적의 합계가 33㎡ 이하인 경우 또는 영업장내 구획된 실이 없고, 영업장 어느 부분에서도 출입구 및 비상구를 확인할 수 있는 경우에는 피난안내도를 비치하지 않을 수 있다.

134 피난안내 영상물 상영대상은 영화상영관 및 비디오물소극장업의 영업장, 노래연습장업의 영업장, 단란주점영업 및 유흥주점영업의 영업장, 영상물 상영시설이 설치된 전화방업·화상대화방업, 수면방업, 콜라텍업, 방탈출카페업, 만화카페업, 키즈카페업이다. (O | X)

정답 (O)

135 피난안내도는 영업장 주 출입구 부분의 손님이 쉽게 볼 수 있는 위치, 구획된 실의 벽, 탁자 등 손님이 쉽게 볼 수 있는 위치 또는 인터넷컴퓨터게임시설이 설치된 책상에 비치할 것. (O | X)

정답 (O)

136 피난안내 영상물 상영 시간은 영업장의 내부구조 등을 고려하여 정한다. (O | X)

정답 (O)

137 피안안내 영상물은 영화상영관 및 비디오물소극장업의 경우 매회 영화상영 또는 비디오물 상영 시작 전, 노래연습장업 등 그 밖의 영업의 경우 매회 새로운 이용객이 입장하여 노래방 기기(機器) 등을 작동할 때에 상영되도록 한다. (O | X)

정답 (O)

138 피난안내도 및 피난 안내 영상물에 포함되어야 할 내용은 다르다. (O | X)

정답 (X)
해설 피난안내도 및 피난안내 영상물에 포함되어야 할 내용
　① 화재 시 대피할 수 있는 비상구 위치
　② 구획된 실 등에서 비상구 및 출입구까지의 피난 동선
　③ 소화기, 옥내소화전 등 소방시설의 위치 및 사용방법
　④ 피난 및 대처방법

139 피난안내도 및 피난 안내영상물은 한글 및 영어, 중국어, 일본어 등 2개 이상의 외국어를 사용하여 작성하여야 한다. (O | X)

정답 (X)
해설 피난안내도 및 피난 안내영상물은 한글 및 1개 이상의 외국어를 사용하여 작성하여야 한다.

140 피난안내도의 크기는 B4(257㎜×364㎜) 이상의 크기로 하고, 재질은 종이(코팅 처리한 것을 말한다), 아크릴, 강판 등 쉽게 훼손 또는 변형되지 않는 것으로 할 것. (O | X)

정답 (O)

141 영화상영관 중 전체 객석 수의 합계가 300석 이상인 영화상영관의 경우 피난 안내영상물은 장애인을 위한 한국수어·폐쇄자막·화면해설 등을 이용하여 상영해야 한다. (O | X)

정답 (O)

142 화재배상책임보험 가입 영업소 표지의 크기는 지름 12cm로 하고, 재질은 투명한 코팅으로 마감된 종이 스티커로 한다. (O | X)

정답 (O)

143 화재배상책임보험 가입 영업소 표지 부착 기간은 1년간 부착한다. (O | X)

정답 (X)
해설 화재배상책임보험 가입 영업소 표지 부착 기간 : 화재배상책임보험의 계약 기간

144 화재배상책임보험 가입 영업소 표지 부착 위치는 구획된 실의 벽, 탁자 등 손님이 쉽게 볼 수 있는 위치에 부착한다. (O | X)

정답 (X)
해설 부착 위치: 영업장의 주된 출입문 또는 주된 출입문 주변에 쉽게 볼 수 있는 위치

145 안전관리우수업소 표지의 규격은 가로 500㎝ × 세로 300㎝로 하고 재질은 스테인레스(금색 또는 은색)로 한다. (O | X)

정답 (X)
해설 가로 500㎜ × 세로 500㎜ → 가로 450㎜ × 세로 300㎜

146 안전관리우수업소 표지의 이미지에는 표장, 안전시설등·교육·정기점검, 안전관리 우수업소(영문 포함), 소방호스를 표시한다.

(O | X)

정답 (O)

해설 이미지
① 표장: 119 형상화 18밀리미터(검정색)
② 안전시설등·교육·정기점검: KoPubWorld돋움체 3.5밀리미터(검정색)
③ 안전관리 우수업소(영문포함): KoPubWorld돋움체 4.5밀리미터(검정색)
④ 소방호스: 85밀리미터(적색/회색 또는 청색/회색)

CHAPTER 03의2 다중이용업주의 화재배상책임보험의 의무가입 등

01 다중이용업주 및 다중이용업을 하려는 자는 다중이용업소의 화재(폭발을 포함)로 인하여 자신의 재산과 다른 사람이 사망·부상하거나 재산상의 손해를 입은 때에는 과실이 없는 경우에도 피해자에게 대통령령으로 정하는 금액을 지급할 책임을 지는 화재배상책임보험에 가입하여야 한다. (O | X)

정답 (X)
해설 자신의 재산과 다른 사람이 사망·부상하거나 → 다른 사람이 사망·부상하거나

02 「보험업법」에 따른 다른 종류의 보험상품에 화재배상책임보험의 내용이 포함되는 경우에는 이 법에 따른 화재배상책임보험으로 본다. (O | X)

정답 (O)

03 보험회사는 화재배상책임보험 계약을 체결하는 경우 해당 다중이용업소의 소방시설의 설치·유지 및 안전관리에 관한 사항을 고려하여 보험료율을 차등 적용할 수 있다. (O | X)

정답 (X)
해설 소방시설의 → 안전시설등의

04 보험료율을 차등 적용하는 경우에는 다중이용업소의 업종 및 면적 등 대통령령으로 정하는 사항을 고려해야 한다. (O | X)

정답 (O)
해설 다중이용업소의 업종 및 면적 등 대통령령으로 정하는 사항
① 해당 다중이용업소가 속한 업종의 화재발생빈도
② 해당 다중이용업소의 영업장 면적
③ 화재위험평가 결과
④ 공개된 법령위반업소에 해당하는지 여부
⑤ 공표된 안전관리우수업소에 해당하는지 여부

05 보험료율을 차등 적용하는 경우에는 다중이용업소의 업종 및 면적 등 다음 각 호의 사항을 고려해야 한다. (O | X)

① 해당 다중이용업소가 속한 업종의 화재발생빈도
② 해당 다중이용업소의 영업장 면적
③ 화재위험평가 결과
④ 공개된 법령위반업소에 해당하는지 여부
⑤ 공표된 안전관리우수업소에 해당하는지 여부

정답 (O)

06 다중이용업주 및 다중이용업을 하려는 자가 가입하여야 하는 화재배상책임보험은 사망의 경우 피해자 1명당 1억5천만 원의 범위에서 피해자에게 발생한 손해액을 지급할 것. 다만, 그 손해액이 3천만 원 미만인 경우에는 3천만 원으로 하는 기준을 충족하는 것이어야 한다. (O | X)

정답 (X)
해설 그 손해액이 2천만 원 미만인 경우에는 2천만 원으로 한다.

07 다중이용업주 및 다중이용업을 하려는 자가 가입하여야 하는 화재배상책임보험은 부상의 경우 피해자 1명당 별표 2에서 정하는 금액의 범위에서 피해자에게 발생한 손해액을 지급할 것. (O | X)

정답 (O)

08 다중이용업주 및 다중이용업을 하려는 자가 가입하여야 하는 화재배상책임보험은 부상에 대한 치료를 마친 후 더 이상의 치료 효과를 기대할 수 없고 그 증상이 고정된 상태에서 그 부상이 원인이 되어 신체장애(이하 "후유장애"라 한다)가 생긴 경우에 피해자 1명당 별표 3에서 정하는 금액의 범위에서 피해자에게 발생한 손해액을 지급할 것. (O | X)

정답 (O)

> 2025년 다중이용업소의 안전관리에 관한 특별법

09 다중이용업주 및 다중이용업을 하려는 자가 가입하여야 하는 화재배상책임보험은 재산상 손해의 경우 사고 1건당 1억 원의 범위에서 피해자에게 발생한 손해액을 지급할 것. (O | X)

정답 (×)
해설 1억 원 → 10억 원

10 화재배상책임보험은 하나의 사고로 부상 당한 사람이 치료 중 그 부상이 원인이 되어 사망한 경우 피해자 1명당 사망보험 금액과 부상으로 인한 보험금액을 뺀 금액을 지급할 것. (O | X)

정답 (○)
해설 보험 지급금액 = 사망 보험금 + 부상 보험금액

11 화재배상책임보험은 하나의 사고로 부상 당한 사람에게 후유장애가 생긴 경우 피해자 1명당 부상에 따른 금액과 후유장애에 따른 금액을 더한 금액을 지급할 것. (O | X)

정답 (×)
해설 보험 지급금액 = 부상 보험금 + 후유장애 보험금액

12 후유장애 보험금액을 지급한 후 그 부상이 원인이 되어 사망한 경우 피해자 1명당 사망 보험금 중 사망한 날 이전에 해당하는 손해액을 뺀 금액을 지급할 것 (O | X)

정답 (×)
해설 보험 지급금액 = 사망보험금 - 후유장애 보험금액 중 사망한 날 이후에 해당하는 금액을 뺀 금액

13 소방본부장 또는 소방서장은 보험회사가 보험료율을 차등 적용하는 데 활용할 수 있도록 화재위험평가 결과, 법령위반업소 현황, 안전관리우수업소 현황을 매년 1월 31일까지 「보험업법」 제176조에 따른 보험료율 산출기관에 제공해야 한다. (O | X)

정답 (×)
해설 소방본부장 또는 소방서장은 → 소방청장은

14 다중이용업주는 다중이용업주를 변경한 경우, 안전시설등 설치(변경)신고를 한 경우에는 화재배상책임보험에 가입한 후 그 증명서(보험증권을 포함한다)를 소방본부장 또는 소방서장에게 제출하여야 한다. (O | X)

정답 (O)

15 화재배상책임보험에 가입한 다중이용업주는 행정안전부령으로 정하는 바에 따라 화재배상책임보험에 가입한 영업소임을 표시하는 표지를 부착할 수 있다. (O | X)

정답 (O)

16 보험회사는 화재배상책임보험의 계약을 체결하고 있는 다중이용업주에게 그 계약 종료일의 45일 전부터 30일 전까지의 기간 및 20일 전부터 10일 전까지의 기간에 각각 그 계약이 끝난다는 사실을 알려야 한다. (O | X)

정답 (×)
해설 보험회사는 화재배상책임보험의 계약을 체결하고 있는 다중이용업주에게 그 계약 종료일의 75일 전부터 30일 전까지의 기간 및 30일 전부터 10일 전까지의 기간에 각각 그 계약이 끝난다는 사실을 알려야 한다. 다만, 다음 각 호의 어느 하나에 해당하는 경우에는 그러하지 아니하다.
① 보험기간이 1개월 이내인 계약의 경우
② 다중이용업주가 자기와 다시 계약을 체결한 경우
③ 다중이용업주가 다른 보험회사와 새로운 계약을 체결한 사실을 안 경우

17 보험회사는 화재배상책임보험에 가입하여야 할 자가 1) 계약을 체결한 경우, 2) 계약을 체결한 후 계약 기간이 끝나기 전에 그 계약을 해지한 경우, 3) 계약을 체결한 자가 그 계약 기간이 끝난 후 자기와 다시 계약을 체결하지 아니한 경우에는 그 사실을 행정안전부령으로 정하는 기간 내에 허가 등의 행정관청에 알려야 한다. (O | X)

정답 (×)
해설 허가등의 행정관청에 → 소방청장, 소방본부장 또는 소방서장

18 보험회사는 화재배상책임보험 계약 체결 사실을 보험회사의 전산시스템에 입력한 날부터 14일 이내에 소방청장, 소방본부장 또는 소방서장에게 알려야 한다. 다만, 계약의 효력발생일부터 30일을 초과하여서는 아니 된다. (O | X)

정답 (X)
해설 14일 이내에 → 5일 이내에

19 보험회사는 화재배상책임보험 계약 해지 사실을 보험회사의 전산시스템에 입력한 날부터 5일 이내에 소방청장, 소방본부장 또는 소방서장에게 알려야 한다. 다만, 계약의 효력소멸일부터 20일을 초과하여서는 아니 된다. (O | X)

정답 (X)
해설 20일을 초과 → 30일을 초과

20 화재책임보험 계약을 체결한 자가 그 계약 기간이 끝난 후 자기와 다시 계약을 체결하지 아니한 경우에는 다음과 같이 소방청장, 소방본부장 또는 소방서장에게 알려야 한다. (O | X)

가. 매월 1일부터 10일까지의 기간 내에 계약이 끝난 경우: 같은 달 20일까지
나. 매월 11일부터 20일까지의 기간 내에 계약이 끝난 경우: 같은 달 말일까지
다. 매월 21일부터 말일까지의 기간 내에 계약이 끝난 경우: 그 다음 달 10일까지

정답 (O)

21 보험회사가 소방청장, 소방본부장 또는 소방서장에게 화재배상책임보험 계약 체결 사실 등을 알릴 때에는 다음 각 호의 사항을 포함하여야 한다. (O | X)

① 다중이용업주의 성명, 주민등록번호 및 주소(법인의 경우에는 법인의 명칭, 법인등록번호 및 주소를 말한다)
② 다중이용업소의 상호, 영 제2조에 따른 다중이용업의 종류, 영업장 면적 및 영업장 주소
④ 계약을 체결한 경우만 화재배상책임보험 계약 기간

정답 (O)

22 허가관청은 다중이용업주가 화재배상책임보험에 가입하지 아니하였을 때에는 소방본부장 또는 소방서장에게 다중이용업주에 대한 과태료부과 등 필요한 조처를 할 것을 요청할 수 있다.
(O | X)

정답 (X)

해설 소방본부장 또는 소방서장은 다중이용업주가 화재배상책임보험에 가입하지 아니하였을 때에는 허가관청에 다중이용업주에 대한 인가·허가의 취소, 영업의 정지 등 필요한 조처를 할 것을 요청할 수 있다.

23 소방청장, 소방본부장 또는 소방서장은 다중이용업주의 화재배상책임보험 가입을 관리하는 데 필요한 경우에는 사업자등록번호를 기재하여 관할 세무관서의 장에게 과세정보 제공을 요청할 수 있다.
(O | X)

정답 (O)

24 보험회사가 제1항에 따라 화재배상책임보험 계약 체결 사실 등을 알릴 때는 책임보험전산망을 이용하여야 한다. 다만, 전산망의 장애 등으로 책임보험전산망을 이용하기 곤란한 경우에는 문서 또는 전자우편 등의 방법으로 알릴 수 있다.
(O | X)

정답 (O)

25 보험회사는 화재배상책임보험의 보험금 청구를 받은 때에는 14일 이내 지급할 보험금을 결정하고 보험금 결정 후 지체 없이 피해자에게 보험금을 지급하여야 한다.
(O | X)

정답 (X)

해설 보험회사는 화재배상책임보험의 보험금 청구를 받은 때에는 지체 없이 지급할 보험금을 결정하고 보험금 결정 후 14일 이내에 피해자에게 보험금을 지급하여야 한다.

26 보험회사는 다중이용업주가 화재배상책임보험에 가입할 때에는 계약의 체결을 거부할 수 없다. 다만, 대통령령으로 정하는 경우에는 그렇지 않다.
(O | X)

정답 (O)

27 보험회사는 다중이용업주가 화재배상책임보험 청약 당시 보험회사가 요청한 소방시설등의 유지·관리에 관한 사항 등 화재 발생 위험에 관한 중요한 사항을 알리지 아니하거나 거짓으로 알린 경우를 말한다. (O | X)

정답 (X)
해설 소방시설등의 → 안전시설등의

28 다중이용업소에서 화재가 발생할 개연성이 높은 경우 등 행정안전부령으로 정하는 사유가 있으면 다수의 보험회사가 공동으로 화재배상책임보험 계약을 체결할 수 있다. 이 경우 소방청장은 다중이용업주에게 공동계약체결의 절차 및 보험료에 대한 안내를 해야 한다. (O | X)

정답 (X)
해설 보험회사는 → 소방청장은

29 해당 영업장에서 화재 관련 사고가 발생한 사실이 있는 경우, 보험회사가 「보험업법」에 따라 허가를 받거나 신고한 화재배상책임보험의 보험요율과 보험금액의 산출 기준이 책임을 담보하기에 현저히 곤란하다고 보험요율 산출기관이 인정한 경우에는 공동으로 화재배상책임보험 계약을 체결할 수 있다. (O | X)

정답 (O)

30 보험회사는 화재배상책임보험 외에 다른 보험의 가입을 다중이용업주에게 강요할 수 없다. (O | X)

정답 (O)

31 보험회사는 다중이용업주와의 화재배상책임보험 계약을 해제하거나 해지하여서는 아니 된다. (O | X)

정답 (O)

32 보험회사는 1) 다중이용업주가 변경된 경우(다만, 변경된 다중이용업주가 화재배상책임보험 계약을 승계한 경우는 포함한다.), 2) 다중이용업주가 화재배상책임보험에 이중으로 가입되어 그 중 하나의 계약을 해제 또는 해지하려는 경우, 3) 그 밖에 행정안전부령으로 정하는 경우에는 다중이용업주와의 화재배상책임보험 계약을 해제하거나 해지할 수 있다. (O | X)

정답 (×)
해설 다만, 변경된 다중이용업주가 화재배상책임보험 계약을 승계한 경우는 제외한다.

33 보험회사는 1) 다중이용업이 폐업한 경우, 2) 다중이용업에 해당하지 않게 된 경우, 3) 천재지변, 사고 등의 사유로 보험회사가 다중이용업을 더 이상 운영할 수 없게 된 사실을 증명한 경우, 4) 「상법」 따른 계약 해지 사유가 발생한 경우에는 다중이용업주와의 화재배상책임보험 계약을 해제하거나 해지할 수 있다. (O | X)

정답 (×)
해설 3) 천재지변, 사고 등의 사유로 다중이용업주가 다중이용업을 더 이상 운영할 수 없게 된 사실을 증명한 경우

CHAPTER 04 다중이용업소 안전관리 기반조성 등

01 다중이용업주는 「화재의 예방 및 안전관리에 관한 법」에 따른 소방계획서 작성, 자위소방대 조직, 소화·통보 및 피난 교육 및 훈련 등 소방안전관리업무를 수행하여야 한다. (O | X)

정답 (×)
해설 소방안전관리업무 수행의무
① 피난시설, 방화구획 및 방화시설의 유지·관리
② 소방시설이나 그 밖의 소방관련시설의 유지·관리
③ 화기(火氣)취급의 감독
④ 그 밖의 소방안전관리에 필요한 업무

02 다중이용업주는 다중이용업소의 화재, 영업장 시설의 하자 또는 결함 등으로 인하여 1) 사람이 사망한 사고, 2) 사람이 부상당하거나 중독된 사고, 3) 화재 또는 폭발사고, 4) 비상구에서 사람이 추락한 사고가 발생했거나 발생한 사실을 알게 된 경우 소방본부장 또는 소방서장에게 그 사실을 지체없이 보고해야 한다. (O | X)

정답 (×)
해설 지체없이 → 즉시 보고

03 다중이용업주의 안전사고 보고의 방법 및 절차 등 필요한 사항은 대통령령으로 정한다. (O | X)

정답 (O)

04 다중이용업주가 안전사고 발생 사실을 보고하는 경우에는 사고 개요 및 피해 상황을 문서로 보고한다. (O | X)

정답 (×)
해설 다중이용업주가 안전사고 발생 사실을 보고하는 경우에는 사고 개요 및 피해 상황을 전화·팩스 또는 정보통신망 등으로 보고하는 방법으로 한다.

05 소방청장, 소방본부장 또는 소방서장은 이 법에서 정하는 지역 또는 건축물에 대하여 화재를 예방하고 화재로 인한 생명·신체·재산상의 피해를 방지하기 위하여 필요하다고 인정하는 경우에는 화재위험평가를 해야한다. (O | X)

정답 (X)

해설 해야 한다. → 할 수 있다.

06 화재위험평가 지역 또는 건축물은 다음과 같다. (O | X)

① 1천 제곱미터 지역 안에 다중이용업소가 50개 이상 밀집하여 있는 경우
② 10층 이상인 건축물로서 다중이용업소가 10개 이상 있는 경우
③ 하나의 건축물에 다중이용업소로 사용하는 영업장 바닥면적의 합계가 2천 제곱미터 이상인 경우

정답 (X)

해설 화재위험평가 지역 또는 건축물
① 2천 제곱미터 지역 안에 다중이용업소가 50개 이상 밀집하여 있는 경우
② 5층 이상인 건축물로서 다중이용업소가 10개 이상 있는 경우
③ 하나의 건축물에 다중이용업소로 사용하는 영업장 바닥면적의 합계가 1천 제곱미터 이상인 경우

07 2천 제곱미터 지역 안에 다중이용업소가 50개 이상 밀집하여 있는 화재위험평가대상은 도로로 둘러싸인 일단(一團)의 지역의 중심건물을 기준으로 한다. (O | X)

정답 (X)

해설 중심건물 → 중심지점

08 소방청장, 소방본부장 또는 소방서장은 화재위험평가 결과 그 화재안전등급이 대통령령으로 정하는 기준 이상인 다중이용업소에 대해서는 해당 다중이용업주 또는 관계인에게 「화재의 예방 및 안전관리에 관한 법률」 제14조에 따른 조치를 명할 수 있다. (O | X)

정답 (X)

해설 대통령령으로 정하는 기준 이상인 경우 → 대통령령으로 정하는 기준 미만인 경우

09 소방청장·소방본부장 또는 소방서장은 화재위험평가의 결과 그 화재안전등급이 D 또는 E 등급이면 해당 다중이용업주 또는 관계인에 대하여 개수(改修)·이전·제거, 사용의 금지 또는 제한, 사용폐쇄, 공사의 정지 또는 중지, 그 밖의 필요한 조치 명령을 할 수 있다. (O | X)

정답 (O)

10 화재안전등급의 산정기준·방법 등은 소방청장이 정하여 고시한다. (O | X)

정답 (O)

11 화재안전등급에서 "평가점수"란 영업소 등에 사용되거나 설치된 가연물의 양, 소방시설의 화재진화를 위한 성능 등을 고려한 영업소의 화재가능성을 100점 만점 기준으로 환산한 점수를 말한다. (O | X)

정답 (×)
해설 "평가점수"란 다중이용업소에 대하여 화재예방, 화재감지·경보, 피난, 소화설비, 건축방재등의 항목별로 소방청장이 정하여 고시하는 기준을 갖추었는지에 대하여 평가한 점수를 말한다.

12 화재안전등급에서 "위험수준"이란 영업소 등에 사용되거나 설치된 가연물의 양, 소방시설의 화재진화를 위한 성능을 고려한 영업소의 화재 발생 가능성을 100점 만점 기준으로 환산한 점수를 말한다. (O | X)

정답 (×)
해설 다중이용업소의 안전관리에 관한 특별법 시행령 [별표 4] 비고에서 위험수준은 삭제함

13 소방청장, 소방본부장 또는 소방서장은 화재위험평가를 화재위험평가 대행자로 하여금 대행하게 할 수 있다. (O | X)

정답 (O)

14 소방청장, 소방본부장 또는 소방서장은 화재위험평가의 결과 그 그 화재안전등급이 대통령령으로 정하는 기준 이상(A등급)인 다중이용업소에 대해서는 안전시설등의 전부를 설치하지 아니하게 할 수 있다. (O | X)

정답 (X)
해설 전부 → 일부

14-1 소방청장, 소방본부장 또는 소방서장은 화재안전등급이 대통령령으로 정하는 기준 이상인 다중이용업소에 대해서는 행정안전부령으로 정하는 기간(2년) 동안 제8조에 따른 소방안전교육 및 「화재의 예방 및 안전관리에 관한 법률」 제7조에 따른 화재안전조사를 면제할 수 있다. (O | X)

정답 (O)

15 소방청장, 소방본부장 또는 소방서장은 다중이용업주 또는 관계인이 개수(改修)·이전·제거, 사용의 금지 또는 제한, 사용폐쇄, 공사의 정지 또는 중지, 그 밖의 필요한 조치 명령으로 인하여 손실을 입은 자가 있으면 대통령령으로 정하는 바에 따라 이를 보상하여야 한다. (O | X)

정답 (O)

16 소방청장·소방본부장 또는 소방서장이 손실을 보상하는 경우에는 개수(改修)·이전·제거, 사용의 금지 또는 제한, 사용폐쇄, 공사의 정지 또는 중지, 그 밖의 필요한 조치 명령으로 인하여 생긴 손실을 정당한 보상을 해야 한다. (O | X)

정답 (X)
해설 정당한 보상을 → 시가로 보상

17 이 법에서 정하는 손실보상에 관하여는 소방청장·소방본부장 또는 소방서장과 손실을 본 자가 협의해야 한다. (O | X)

정답 (O)

18 보상금액에 관한 협의가 성립되지 아니한 경우에는 소방청장·소방본부장 또는 소방서장은 그 보상금액을 공탁하고. 또한, 보상금액의 수령을 거부하거나 수령할 자가 불분명한 경우에는 그 보상금액을 공탁하고 이 사실을 통지하여야 한다. (O | X)

정답 (X)
해설 보상금액에 관한 협의가 성립되지 아니한 경우에는 소방청장·소방본부장 또는 소방서장은 그 보상금액을 지급하여야 한다. 다만, 보상금액의 수령을 거부하거나 수령할 자가 불분명한 경우에는 그 보상금액을 공탁하고 이 사실을 통지하여야 한다.

19 이 법에서 정하는 손실 보상금의 지급 또는 공탁의 통지에 불복하는 자는 지급 또는 공탁의 통지를 받은 날부터 60일 이내에 행정안전부령으로 정하는 바에 따라 「토지수용법」 제49조에 따른 중앙토지수용위원회에 재결(裁決)을 신청할 수 있다. (O | X)

정답 (X)
해설 이 법에서 정하는 손실 보상금의 지급 또는 공탁의 통지에 불복하는 자는 지급 또는 공탁의 통지를 받은 날부터 30일 이내에 행정안전부령으로 정하는 바에 따라 「공익사업을 위한 토지 등의 취득 및 보상에 관한 법률」 제49조에 따른 중앙토지수용위원회에 재결(裁決)을 신청할 수 있다.

20 이 법에서 정하는 손실 보상금의 지급 또는 공탁의 통지에 불복하는 자는 손실보상재결신청서에 따라 중앙토지수용위원회에 재결을 신청하여야 한다. (O | X)

정답 (O)

21 손실보상의 범위, 협의 절차, 방법 등에 관하여 필요한 사항은 「공익사업을 위한 토지 등의 취득 및 보상에 관한 법률」이 정하는 바에 따른다. (O | X)

정답 (O)

22 화재위험평가를 대행하려는 자는 대통령령으로 정하는 기술인력, 시설 및 장비를 갖추고 행정안전부령으로 정하는 바에 따라 소방청장에게 화재위험평가 대행자로 등록해야 한다. 등록 사항 중 대통령령으로 정하는 중요 사항을 변경할 때에도 또한 같다. (O | X)

정답 (O)

23 화재위험평가를 대행하려는 자는 화재위험평가대행자 등록신청서에 다음 각 호의 서류(전자문서를 포함한다)를 첨부하여 소방청장에게 제출해야 한다. (O | X)

① 기술인력명부 및 기술자격을 증명하는 서류
② 실무경력증명서(해당자에 한함) 1부
③ 시설 및 장비명세서 1부
④ 병력(病歷) 신고 및 개인정보 이용 동의서(법인인 경우에는 소속 임원의 것을 포함한다)

정답 (O)

24 평가대행자 등록신청을 받은 소방청장은 「전자정부법」 제36조제1항에 따른 행정정보의 공동이용을 통하여 법인 등기사항증명서(법인인 경우만 해당한다), 사업자등록증명(개인인 경우만 해당한다) 및 해당 기술인력의 국가기술자격취득사항확인서을 확인하여야 한다. 다만, 신청인이 사업자등록증명 또는 국가기술자격취득사항확인서의 확인에 동의하지 않는 경우에는 사업자등록증 사본 또는 국가기술자격증 사본을 첨부하도록 하여야 한다. (O | X)

정답 (O)

25 평가대행자 등록신청 시 개인정보 이용 동의서를 제출받은 소방청장은 국민건강보험공단 등 관계 기관에 치료경력의 조회를 요청할 수 있다. (O | X)

정답 (O)

26 소방청장은 평가대행자 등록신청이 기준에 적합하다고 인정되는 경우에는 등록신청을 받은 날부터 15일 이내에 화재위험평가대행자등록증을 발급하고, 화재위험평가대행자등록증 발급(재발급) 대장에 기록하여 관리해야 한다. (O | X)

정답 (×)
해설 15일 이내 → 30일 이내

27 화재위험평가대행자등록증을 발급받은 자(이하 "평가대행자"라 한다)는 화재위험평가대행자등록증을 잃어버리거나 화재위험평가대행자등록증이 헐어 못쓰게 된 경우에는 소방청장에게 화재위험평가대행자등록증의 재발급을 신청할 수 있다. (O | X)

정답 (O)

28 소방청장은 화재위험평가대행자등록증 재발급 신청서를 접수한 경우에는 2일 이내에 화재위험평가대행자등록증을 재발급해야 한다. (O | X)

정답 (X)

해설 2일 이내 → 3일 이내

29 평가대행자의 등록이 취소된 자는 지체 없이 화재위험평가대행자등록증을 소방청장에게 반납해야 한다. (O | X)

정답 (O)

30 다음 각 호의 어느 하나에 해당하는 자는 평가대행자로 등록할 수 없다. (O | X)

① 피성년후견인
② 심신상실자, 알코올 중독자 등 대통령령으로 정하는 정신적 제약이 있는 자
③ 등록이 취소(피성년후견인이 되어 등록이 취소된 경우는 제외한다)된 후 2년이 지나지 아니한 자
④ 이 법, 「소방기본법」, 「소방시설공사업법」, 「화재의 예방 및 안전관리에 관한 법률」, 「소방시설 설치 및 관리에 관한 법률」, 「위험물 안전관리법」을 위반하여 징역 이상의 실형을 선고받고 그 형의 집행이 끝나거나 집행을 받지 아니하기로 확정된 후 2년이 지나지 아니한 사람
⑤ 임원 중 ①부터 ④까지의 어느 하나에 해당하는 사람이 있는 법인

정답 (O)

31 위 문제에서 "심신상실자, 알코올 중독자 등 대통령령으로 정하는 정신적 제약이 있는 자"란 다음 각 호의 사람을 말하며, 평가대행자로 등록할 수 없다. (O | X)

① 심신상실자
② 알코올·마약·대마 또는 향정신성의약품 관련 장애로 평가대행자의 업무를 정상적으로 수행할 수 없다고 해당 분야의 전문의가 인정하는 사람
③ 치매, 조현병·조현정동장애·양극성 정동장애(조울병)·재발성 우울장애 등의 정신질환이나 정신 발육지연, 뇌전증으로 평가대행자의 업무를 정상적으로 수행할 수 없다고 해당 분야의 전문의가 인정하는 사람

정답 (O)

32 평가대행자는 다음 각 호의 사항을 준수하여야 한다. (O | X)

① 평가서를 거짓으로 작성하지 아니할 것
② 다른 평가서의 내용을 복제(複製)하지 아니할 것
③ 평가서를 2년간 보존할 것
④ 등록증이나 명의를 다른 사람에게 대여하거나 도급받은 화재위험평가 업무를 하도급하지 아니할 것

정답 (O)

33 평가대행자는 업무를 휴업하거나 폐업하려면 소방청장에게 신고하여야 한다. (O | X)

정답 (O)

34 평가대행자 휴업 또는 폐업 신고에 필요한 사항은 행정안전부령으로 정한다. (O | X)

정답 (O)

35 평가대행자는 휴업 또는 폐업을 하려는 때에는 화재위험평가대행자 휴업(폐업)신고서에 화재위험평가대행자 등록증을 첨부하여 소방청장에게 제출하여야 한다. (O | X)

정답 (O)

36 소방청장은 휴업 또는 폐업신고를 받은 때에는 이를 소방본부장 또는 소방서장에게 통보하여야 한다. (O | X)

정답 (X)
해설 소방본부장 또는 소방서장에게 → 특별시장·광역시장·특별자치시장·도지사 또는 특별자치도지사에게

37 화재위험평가결과보고서를 소방청장·소방본부장 또는 소방서장 등에게 제출한 날부터 3년간 보존해야 한다. (O | X)

정답 (O)
해설 3년간 → 2년간

38
평가대행자 변경등록사항 중 "대통령령이 정하는 중요사항"이라 함은 다음 각 호의 사항을 말한다. 2023년 (O | X)

① 대표자
② 사무소의 소재지
③ 평가대행자의 명칭이나 상호
④ 기술인력의 보유현황

정답 (O)

39
평가대행자는 변경 사유가 발생하면 변경 사유가 발생한 날부터 14일 이내에 행정안전부령으로 정하는 서류를 첨부하여 행정안전부령으로 정하는 바에 따라 소방청장에게 변경등록을 해야 한다. (O | X)

정답 (X)
해설 14일 이내 → 30일 이내

40
소방청장은 평가대행자의 업무의 폐지신고를 받은 경우, 등록을 취소한 경우에는 이를 소방청 인터넷 홈페이지 등에 공고해야 한다. (O | X)

정답 (O)

41
소방청장은 평가대행자가 이 법에서 정하는 의무를 위반한 경우에는 그 등록을 취소하거나 6개월 이내의 기간을 정하여 업무의 정지를 명할 수 있다. (O | X)

정답 (O)

42
평가대행자의 등록취소 또는 업무정지 처분을 받은 자는 그 처분을 받은 다음 날부터 화재위험평가 대행업무를 수행할 수 없다. (O | X)

정답 (X)
해설 받은 다음 날부터 → 받은 날부터

43 평가대행자에 대한 행정처분의 기준과 그 밖에 필요한 사항은 행정안전부령으로 정한다.

(O | X)

정답 (O)

44 소방청장은 평가대행자의 등록을 취소하거나 업무를 정지하려면 청문을 하여야 한다.

(O | X)

정답 (O)

45 평가서의 작성방법 및 화재위험평가의 대행에 필요한 비용의 산정기준은 행정안전부령으로 정한다.

(O | X)

정답 (X)
해설 소방청장은 평가서의 작성방법 및 화재위험평가의 대행에 필요한 비용의 산정기준을 정하여 고시하여야 한다.

46 소방청장은 허가등 또는 그 변경사항과 관련 통계 등 업무 수행에 필요한 행정정보를 다중이용업소의 안전관리에 관한 정책 수립, 연구·조사 등에 활용하기 위하여 책임보험전산망을 구축·운영해야 한다.

(O | X)

정답 (X)
해설 소방청장은 허가등 또는 그 변경사항과 관련 통계 등 업무 수행에 필요한 행정정보를 다중이용업소의 안전관리에 관한 정책 수립, 연구·조사 등에 활용하기 위하여 전산시스템을 구축·운영하여야 한다.

47 소방청장은 화재배상책임보험에 가입하지 아니한 다중이용업주를 효율적으로 관리하기 위하여 구축·운영하는 전산시스템과 보험회사 및 보험 관련 단체가 관리·운영하는 전산시스템을 연계하여 책임보험전산망을 구축·운영해야 한다.

(O | X)

정답 (X)
해설 구축·운영해야 한다. → 구축·운영할 수 있다.

2025년 다중이용업소의 안전관리에 관한 특별법

48 소방청장은 전산시스템 및 책임보험전산망의 구축·운영을 위하여 시·도지사, 소방본부장 또는 소방서장에 필요한 자료 또는 정보의 제공을 요청할 수 있다. 이 경우 관련 자료나 정보의 제공을 요청받은 자는 특별한 사유가 없으면 요청에 따라야 한다. (O | X)

정답 (X)
해설 소방청장은 전산시스템 및 책임보험전산망의 구축·운영을 위하여 허가관청, 보험회사 및 보험 관련 단체에 필요한 자료 또는 정보의 제공을 요청할 수 있다. 이 경우 관련 자료나 정보의 제공을 요청받은 자는 특별한 사유가 없으면 요청에 따라야 한다.

49 소방청장은 소방본부장 또는 소방서장이 전산시스템을 다중이용업소의 안전관리에 관한 업무에 활용할 수 있도록 해야 한다. (O | X)

정답 (X)
해설 소방본부장 또는 소방서장이 → 허가관청이

50 소방청장은 책임보험전산망을 다중이용업소의 안전관리에 관한 업무에 활용할 수 있도록 하여야 한다. (O | X)

정답 (X)
해설 책임보험전산망에 대하여는 그렇지 않다

51 소방청장, 소방본부장 또는 소방서장은 다중이용업주가 안전시설등 보안 등 필요한 조치 명령 또는 화재안전조사 결과 개수, 이전 제거 등 조치 명령을 2회 이상 받고도 이행하지 아니하였을 때에는 그 조치 내용(그 위반사항에 대하여 수사기관에 고발된 경우에는 그 고발된 사실을 포함한다)을 인터넷 등에 공개할 수 있다. (O | X)

정답 (O)

52 다중이용위반업소를 공개하는 경우 그 내용·기간 및 방법 등에 필요한 사항은 대통령령으로 정한다. (O | X)

정답 (O)

53 조치 명령 미이행업소의 공개가 제삼자의 법익을 침해하는 경우에는 제삼자와 관련된 사실을 공개하여서는 아니 된다. (O | X)

정답 (O)

54 소방청장·소방본부장 또는 소방서장이 조치명령 미이행업소를 공개하려면 공개내용과 공개방법 등을 그 업소의 관계인(영업주와 소속 종업원을 말한다)에게 미리 알려야 한다. (O | X)

정답 (O)

55 조치 명령 미이행업소를 공개할 때에는 1) 미이행 업소명 및 업주명, 2) 미이행업소의 주소, 3) 소방청장·소방본부장 또는 소방서장이 조치한 내용, 4) 미이행의 횟수를 포함해야 하며, 공개기간은 그 업소가 조치명령을 이행하지 아니한 때부터 조치명령을 이행할 때까지로 한다. (O | X)

정답 (X)
해설 미이행업소명 및 업주명 → 미이행업소명

56 소방청장·소방본부장 또는 소방서장은 조치 명령 미이행 업소를 1) 관보 또는 시·도의 공보, 2) 소방청, 시·도 소방본부 또는 소방서의 인터넷 홈페이지, 3) 중앙일간지 신문 또는 해당 지역 일간지 신문, 4) 유선방송, 5) 반상회보(班常會報), 6) 시·군·구청 소식지 중에서 2개 이상의 매체에 공개한다. (O | X)

정답 (O)

57 소방청장, 소방본부장 또는 소방서장은 소방청, 소방본부 또는 소방서의 인터넷 홈페이지에 공개한 경우로서 다중이용업주가 사후에 조치명령을 이행한 경우에는 이를 확인한 날부터 3일 이내에 공개내용을 해당 인터넷 홈페이지에서 삭제해야 한다. (O | X)

정답 (X)
해설 3일 이내 → 2일 이내

58 소방청장, 소방본부장 또는 소방서장은 다중이용업소를 「화재의 예방 및 안전관리에 관한 법률」 제7조에 따라 화재안전조사를 실시한 경우 1) 다중이용업소의 상호 및 주소, 2) 안전시설등 설치 및 유지·관리 현황, 3) 피난시설, 방화구획 및 방화시설 설치 및 유지·관리 현황, 4) 소방안전교육 이수 현황, 5) 안전시설등에 대한 정기점검 결과, 6) 화재배상책임보험 가입 현황을 인터넷 등에 공개할 수 있다. (O | X)

정답 (O)

59 화재안전조사 결과를 공개하는 경우 그 내용·기간 및 방법 등에 필요한 사항은 대통령령으로 정한다. (O | X)

정답 (O)

60 화재안전조사 결과의 공개는 해당 조사를 실시한 날부터 60일 이내에 소방청, 시·도 소방본부 또는 소방서의 인터넷 홈페이지에 30일 이내의 기간 동안 게시하는 방법으로 한다. (O | X)

정답 (X)
해설 화재안전조사 결과의 공개는 해당 조사를 실시한 날부터 30일 이내에 소방청, 시·도 소방본부 또는 소방서의 인터넷 홈페이지에 60일 이내의 기간 동안 게시하는 방법으로 한다.

61 소방청장, 소방본부장 또는 소방서장은 다중이용업소의 안전관리업무 이행 실태가 우수하여 대통령령으로 정하는 요건을 갖추었다고 인정할 때에는 그 사실을 해당 다중이용업주에게 통보하고 이를 공표할 수 있다. (O | X)

정답 (X)
해설 소방청장, 소방본부장 또는 소방서장은 → 소방본부장이나 소방서장은

62 안전관리우수업소의 요건은 다음 각 호와 같다. (O | X)
① 공표일 기준으로 최근 3년 동안 피난시설, 방화구획 및 방화시설의 설치·유지 의무 위반행위가 없을 것
② 공표일 기준으로 최근 3년 동안 소방·건축·전기 및 위험물 관련 법령 위반 사실이 없을 것
③ 공표일 기준으로 최근 3년 동안 화재 발생 사실이 없을 것
④ 자체계획을 수립하여 종업원의 소방교육 또는 소방훈련을 정기적으로 실시하고 공표일 기준으로 최근 2년 동안 그 기록을 보관하고 있을 것

정답 (×)

해설 ② 공표일 기준으로 최근 3년 동안 소방·건축·전기 및 가스 관련 법령 위반 사실이 없을 것
④ 자체계획을 수립하여 종업원의 소방교육 또는 소방훈련을 정기적으로 실시하고 공표일 기준으로 최근 3년 동안 그 기록을 보관하고 있을 것

63 통보받은 다중이용업주는 그 사실을 나타내는 표지(이하 "안전관리우수업소표지"라 한다)를 영업소의 명칭과 함께 영업소의 출입구에 부착해야 한다. (O | X)

정답 (×)

해설 부착해야 한다. → 부착할 수 있다.

64 소방본부장이나 소방서장은 우수다중이용업소에 대하여는 3년 동안 소방안전교육 및 「화재의 예방 및 안전관리에 관한 법률 제7조에 따른 화재안전조사를 면제할 수 있다. (O | X)

정답 (×)

해설 3년 동안 → 소방본부장 또는 소방서장으로부터 안전관리업무 이행 실태가 우수하다고 통보받은 날부터 2년이 되는 날까지

65 안전관리 우수업소표지에 필요한 사항은 행정안전부령으로 정한다. (O | X)

정답 (O)

66 소방본부장이나 소방서장은 안전관리우수업소를 인정하여 공표하려면 안전관리우수업소 요건을 1) 관보 또는 시·도의 공보, 2) 소방청, 시·도 소방본부 또는 소방서의 인터넷 홈페이지, 3) 중앙일간지 신문 또는 해당 지역 일간지 신문, 4) 유선방송, 5)반상회보(班常會報), 6) 시·군·구청 소식지 중에서 2개 이상의 매체에 안전관리우수업소 인정 예정공고를 해야 한다.

(O | X)

정답 (×)

해설 소방본부장이나 소방서장은 안전관리우수업소를 인정하여 공표하려면 안전관리우수업소 요건을 1) 관보 또는 시·도의 공보 2) 소방청, 시·도 소방본부 또는 소방서의 인터넷 홈페이지 3) 중앙일간지 신문 또는 해당 지역 일간지 신문에 안전관리우수업소 인정 예정공고를 해야 한다.

67 안전관리우수업소 인정 예정공고의 내용에 이의가 있는 사람은 안전관리우수업소 인정 예정공고일부터 30일 이내에 소방본부장이나 소방서장에게 전자우편이나 구술로 이의신청을 할 수 있다. (O | X)

정답 (×)
해설 안전관리우수업소 인정 예정공고의 내용에 이의가 있는 사람은 안전관리우수업소 인정 예정공고일부터 20일 이내에 소방본부장이나 소방서장에게 전자우편이나 서면으로 이의신청을 할 수 있다.

68 소방본부장이나 소방서장은 안전관리우수업소 인정 예정공고의 내용에 이의신청이 있으면 이에 대하여 조사·검토한 후, 그 결과를 이의신청 당사자에게 알려야하고 다중이용영업주에게는 알려서는 안 된다. (O | X)

정답 (×)
해설 소방본부장이나 소방서장은 안전관리우수업소 인정 예정공고의 내용에 이의신청이 있으면 이에 대하여 조사·검토한 후, 그 결과를 이의신청을 한 당사자와 해당 다중이용업주에게 알려야 한다.

69 소방본부장이나 소방서장은 안전관리우수업소를 인정하여 공표하려는 경우에는 공표일부터 2년의 범위에서 안전관리우수업소표지 사용 기간을 정하여 공표해야 한다. (O | X)

정답 (O)

70 소방본부장 또는 소방서장은 안전관리우수업소의 표지를 발급한 때에는 이를 20일 이내 공표하여야 한다. (O | X)

정답 (×)
해설 20일 이내 → 지체 없이

71 안전관리우수업소 공표 또는 갱신공표 1) 관보 또는 시·도의 공보, 2) 소방청, 시·도 소방본부 또는 소방서의 인터넷 홈페이지, 3) 중앙일간지 신문 또는 해당 지역 일간지 신문, 4) 유선방송, 5) 반상회보(班常會報), 6) 시·군·구청 소식지 중에서 2개 이상의 매체에 다음 내용을 기재하여 이를 공표한다. (O | X)

① 안전관리우수업소의 명칭과 다중이용업주 이름
② 안전관리우수업무의 내용
③ 안전관리우수업소 표지를 부착할 수 있는 기간

정답 (O)

72 안전관리우수업소의 표지 사용정지 공표는 1) 관보 또는 시·도의 공보, 2) 소방청, 시·도 소방본부 또는 소방서의 인터넷 홈페이지, 3) 중앙일간지 신문 또는 해당 지역 일간지 신문, 4) 유선방송, 5) 반상회보(班常會報), 6) 시·군·구청 소식지 중에서 2개 이상의 매체에 다음 내용을 기재하여 이를 공표한다. (O | X)

① 안전관리우수업소의 표지 사용정지대상인 다중이용업소의 명칭과 다중이용업주 이름
② 안전관리우수업소 표지의 사용을 정지하는 사유
③ 안전관리우수업소 표지의 사용정지일

정답 (O)

73 소방본부장이나 소방서장은 안전관리우수업소에 대하여 안전관리우수업소 표지를 내준 날부터 3년마다 정기적으로 심사를 하여 위반사항이 없는 경우에는 안전관리우수업소 표지를 갱신하여 내줄 수 있다. (O | X)

정답 (X)
해설 소방본부장이나 소방서장은 안전관리우수업소에 대하여 안전관리우수업소 표지를 내준 날부터 2년마다 정기적으로 심사를 하여 위반사항이 없는 경우에는 안전관리 우수업소표지를 갱신하여 내줄 수 있다.

74 소방본부장 또는 소방서장은 안전관리우수업소 표지를 발급한 날부터 3년이 되는 날 이후 20일 이내에 정기심사를 실시하여 안전관리우수업소 요건에 적합한 경우에는 안전관리 우수업소표지를 갱신해 주어야 한다. (O | X)

정답 (X)
해설 소방본부장 또는 소방서장은 안전관리우수업소 표지를 발급한 날부터 2년이 되는 날 이후 30일 이내에 정기심사를 실시하여 안전관리우수업소 요건에 적합한 경우에는 안전관리 우수업소표지를 갱신해 주어야 한다.

75 소방본부장 또는 소방서장은 안전관리 우수업소표지를 발급 또는 갱신 발급하였을 때에는 안전관리우수업소 표지 발급(갱신발급) 대장에 그 사실을 기록하고 관리하여야 한다. (O | X)

정답 (O)

76 다중이용업주는 그 영업장이 안전관리우수업소 요건에 해당하면 소방본부장이나 소방서장에게 안전관리우수업소로 인정해 줄 것을 신청할 수 있다. (O | X)

정답 (O)

77 안전관리우수업소로 인정을 받으려는 다중이용업주는 안전관리우수업소 공표신청서에 다중이용업의 영업허가증 사본과 안전시설등 완비증명서 사본을 첨부하여 소방본부장 또는 소방서장에게 신청하여야 한다. (O | X)

정답 (X)
해설 안전관리우수업소로 인정을 받으려는 다중이용업주는 안전관리우수업소 공표신청서에 안전시설등 완비증명서 사본을 첨부하여 소방본부장 또는 소방서장에게 신청하여야 한다.

78 소방본부장 또는 소방서장은 안전관리우수업소로 인정해 줄 것을 신청 받은 경우에는 인정 예정공고를 거쳐 안전관리우수업소 요건에 적합한지를 확인하여야 한다. (O | X)

정답 (O)

79 소방본부장 또는 소방서장은 안전관리우수업소 요건에 적합한지를 확인결과 그 다중이용업소가 그 요건에 적합하다고 인정하는 때에는 그 사실을 안전관리우수업소 공표신청을 한 다중이용업주에게 통보하고 안전관리우수업소 표지를 교부하여야 하며, 부적합하다고 인정하는 때에는 신청인에게 서면으로 그 사유를 통보하여야 한다. (O | X)

정답 (O)

80 소방본부장이나 소방서장은 안전관리우수업소로 인정해 줄 것을 신청을 받은 다중이용업소를 안전관리우수업소로 인정하려면 해당 업소에 그 사실을 통보하고 공표해야 한다. (O | X)

정답 (O)

CHAPTER 05 보칙

01 이 법에 따른 화재배상책임보험의 보험금 청구권 중 자신의 사망 또는 부상으로 인하여 발생한 청구권은 이를 압류할 수 없다. (O | X)

정답 (×)
해설 이 법에 따른 화재배상책임보험의 보험금 청구권 중 다른 사람의 사망 또는 부상으로 인하여 발생한 청구권은 이를 압류할 수 없다.

02 소방청장, 소방본부장 또는 소방서장은 다중이용업주 및 그 종업원에 대한 소방안전교육 업무, 전산시스템 구축·운영에 관한 업무를 대통령령으로 정하는 바에 따라 관련 법인 또는 단체에 위탁할 수 있다. (O | X)

정답 (×)
해설 소방청장, 소방본부장 또는 소방서장은 다중이용업주 및 그 종업원에 대한 소방안전교육 업무, 책임보험 전산망의 구축·운영에 관한 업무를 대통령령으로 정하는 바에 따라 관련 법인 또는 단체에 위탁할 수 있다.

03 위탁받은 업무에 종사하는 법인 또는 단체의 임원 및 직원은 「형법」 제129조부터 제132조까지의 규정을 적용할 때에는 공무원으로 본다. (O | X)

정답 (O)

04 화재위험평가업무를 대행하는 사람은 「형법」 제129조부터 제132조까지의 규정을 적용할 때에는 공무원으로 본다. (O | X)

정답 (O)

05 위탁받은 법인 또는 단체의 장은 행정안전부령으로 정하는 바에 따라 위탁받은 업무의 수행에 드는 경비를 교육 대상자로부터 징수할 수 있다. (O | X)

정답 (O)

06 소방안전교육을 위탁받은 자가 갖추어야 할 시설기준, 교수요원의 자격 등에 필요한 사항은 행정안전부령으로 정한다. (O | X)

정답 (X)
해설 대통령령 → 행정안전부령

07 업무를 위탁받은 자는 그 직무상 알게 된 정보를 누설하거나 다른 사람에게 제공하는 등 부당한 목적을 위하여 사용해서는 안 된다. (O | X)

정답 (O)

CHAPTER 06 벌칙

01 화재위험평가대행자로 등록하지 아니하고 화재위험평가 업무를 대행한 자는 1년 이하의 징역 또는 1천만 원 이하의 벌금에 처한다. (O | X)

정답 (O)

02 업무를 위탁받은 자가 그 직무상 알게 된 정보를 누설하거나 다른 사람에게 정보를 제공하거나 부당한 목적으로 이용한 자는 1년 이하의 징역 또는 1천만원 이하의 벌금에 처한다. (O | X)

정답 (X)
해설 업무를 위탁받은 자가 그 직무상 알게 된 정보를 다른 사람에게 정보를 제공하거나 부당한 목적으로 이용한 자는 1년 이하의 징역 또는 1천만원 이하의 벌금에 처한다.

03 법인의 대표자나 법인 또는 개인의 대리인, 사용인, 그 밖의 종업원이 그 법인 또는 개인의 업무에 관하여 이 법에 따른 벌칙에 해당하는 위반행위를 하면 그 행위자를 벌하는 외에 그 법인 또는 개인에게도 해당 조문의 벌칙을 과(科)한다. 다만, 법인 또는 개인이 그 위반행위를 방지하기 위하여 해당 업무에 관하여 상당한 주의와 감독을 게을리하지 아니한 경우에는 그러하지 아니하다. (O | X)

정답 (X)
해설 벌칙 → 벌금형

04 과태료는 대통령령으로 정하는 바에 따라 소방청장 또는 시·도지사가 부과·징수한다. (O | X)

정답 (X)
해설 소방청장 또는 시·도지사 → 소방청장, 소방본부장 또는 소방서장

05 과태료 부과권자는 위반행위자가 처음 위반행위를 한 경우로서, 2년 이상 해당 업종을 모범적으로 영위한 사실이 인정되는 경우에는 과태료 금액의 2분의 1의 범위에서 그 금액을 감경하여 부과할 수 있다. (O | X)

정답 (×)
해설 2년 → 3년

06 위반행위의 횟수에 따른 과태료의 가중된 부과기준은 최근 1년간 같은 위반행위로 과태료 부과처분을 받은 경우에 적용한다. 이 경우 기간의 계산은 위반행위에 대하여 과태료 부과처분을 받은 날과 그 처분 후 다시 같은 위반행위를 하여 적발된 날을 기준으로 한다. (O | X)

정답 (×)
해설 받은 다음 날 → 받은 날

07 과태료 가중된 부과처분을 하는 경우 가중처분의 적용 차수는 그 위반행위 전 부과처분 차수의 다음 차수로 한다. 다만, 적발된 날부터 소급하여 5년이 되는 날 전에 한 부과처분은 가중처분의 차수 산정 대상에서 제외한다. (O | X)

정답 (×)
해설 5년 → 3년

08 소방청장, 소방본부장 또는 소방서장은 보험계약 만료 사실을 다중이용업주에게 통지하지 않거나, 보험계약 체결을 거부하거나, 임의로 계약을 해제 또는 해지한 보험회사에게는 이 법에 정하는 최고 금액의 과태료를 부과한다. (O | X)

정답 (O)
해설 300만원의 과태료
① 보험회사가 보험만료 사실을 통지하지 않은 경우
② 보험회사가 다중이용업주와의 화재배상책임보험 계약 체결을 거부한 경우
③ 보험회사가 임의로 계약을 해제 또는 해지한 경우
④ 안전시설등을 설치하지 않은 경우
⑤ 실내장식물을 기준에 따라 설치·유지하지 않은 경우
⑥ 비상구에 추락 등의 방지를 위한 장치를 기준에 따라 갖추지 않은 경우

09 이 법에 정하는 과태료 개별기준에서 최저금액은 50만 원을 부과한다. (O | X)

정답 (X)

해설 100만원의 과태료가 최저금액이다
① 안전시설등의 작동·기능에 지장을 주지 않는 경미한 사항을 2회 이상 위반한 경우
② 안전시설등 설치 신고를 하지 않고 안전시설등을 설치한 경우
③ 안전시설등 설치 신고를 하지 않고 영업장 내부구조를 변경한 경우

10 소방청장, 소방본부장 또는 소방서장은 다중이용업소에서 화재 등 안전사고를 즉시 보고를 하지 않거나 거짓으로 한 경우에는 과태료 300만원을 부과하고 이 법에 따른 수시교육을 받도록 해야 한다. (O | X)

정답 (X)

해설 소방청장, 소방본부장 또는 소방서장은 다중이용업소에서 화재 등 안전사고의 즉시 보고를 하지 않거나 거짓으로 한 경우에는 과태료 200만원을 부과한다. 이 위반행위는 수시교육에 해당하는 위반사항에 해당하지 않는다.

11 소방서장이 다중이용업소에 대한 화재안전조사 시 다중이용업주가 화재배상책임보험에 가입하지 않은 기간이 15일이 되었음을 알았을 때 106만원의 과태료를 부과한다. (O | X)

정답 (X)

해설 화재책임보험 가입 의무 기간 경과에 따른 과태료는 화재배상책임보험에 가입하지 않은 기간이 10일 초과 30일 이하인 경우 : 100만원에 11일째부터+만원/일으로 105만원의 과태료를 부과한다.

12 소방청장, 소방본부장 또는 소방서장은 최근 1년간 다중이용업소에서 피난안내에 관한 영상물을 상영하지 않아 2회 위반한 경우 과태료는 200만원을 부과처분 한다. (O | X)

정답 (O)

13 소방청장, 소방본부장 또는 소방서장은 피난시설, 방화구획 또는 방화시설을 폐쇄·훼손·변경하는 등의 행위로 보완 등 조치 명령을 받은 후 그 정한 기간 이내에 그 명령을 이행하지 아니하는 자에게는 1천만원 이하의 이행강제금을 부과한다. (O | X)

정답 (X)

> **[해설]** 이행강제금 부과대상
> ① 안전시설등에 대하여 보완 등 필요한 조치 명령을 이행하지 않은 경우
> ② 실내장식물에 대한 교체 또는 제거 등 필요한 조치 명령을 이행하지 않은 경우
> ③ 영업장의 내부구획에 대한 보완 등 필요한 조치 명령을 이행하지 않은 경우
> ④ 화재안전조사 개수·이전·제거 등 조치 명령을 이행하지 않은 경우

14 소방청장, 소방본부장 또는 소방서장은 이행강제금을 부과하기 전에 이행강제금을 부과·징수한다는 것을 미리 문서로 알려 주어야 한다. (O | X)

정답 (O)

15 소방청장, 소방본부장 또는 소방서장은 이행강제금을 부과할 때에는 이행강제금의 금액, 이행강제금의 부과 사유, 납부기한, 수납기관, 이의 제기 방법 및 이의 제기 기관 등을 적은 문서로 하여야 한다. (O | X)

정답 (O)

16 소방청장, 소방본부장 또는 소방서장은 최초의 조치 명령을 한 날을 기준으로 매년 2회의 범위에서 이행강제금을 납부할 때까지 반복하여 제1항에 따른 이행강제금을 부과·징수할 수 있다. (O | X)

정답 (X)
해설 이행강제금을 납부할 때까지 → 그 조치 명령이 이행될 때까지

17 소방청장, 소방본부장 또는 소방서장은 조치 명령을 받은 자가 명령을 이행하면 새로운 이행강제금의 부과를 즉시 중지하고, 이미 부과된 이행강제금도 철회해야 한다. (O | X)

정답 (X)
해설 소방청장, 소방본부장 또는 소방서장은 조치 명령을 받은 자가 명령을 이행하면 새로운 이행강제금의 부과를 즉시 중지하되, 이미 부과된 이행강제금은 징수하여야 한다.

18 소방청장, 소방본부장 또는 소방서장은 제1항에 따라 이행강제금 부과처분을 받은 자가 이행강제금을 기한까지 납부하지 아니하면 지방세 체납처분의 예 또는 「지방행정제재·부과금의 징수 등에 관한 법률」에 따라 징수한다. (O | X)

정답 (X)
해설 지방세 체납처분 → 국세 체납처분

19 이행강제금의 징수절차에 관해서는 「지방세징수법 시행규칙」을 준용한다. 이 경우 납부고지서에는 이의 방법 및 이의 제기 기간 등을 함께 적어야 한다. (O | X)

정답 (X)
해설 「지방세징수법 시행규칙」 → 「국고금 관리법 시행규칙」

20 이행강제금을 부과하는 위반행위의 종류와 위반 정도에 따른 금액과 이의 제기 절차, 그 밖에 필요한 사항은 행정안전부령으로 정한다. (O | X)

정답 (X)
해설 행정안전부령 → 대통령령

21 이행강제금의 부과·징수절차는 행정안전부령으로 정한다. (O | X)

정답 (O)

22 이행강제금 부과권자는 위반행위의 동기와 그 결과를 고려하여 이행강제금 부과기준액의 2분의 1까지 경감하여 부과할 수 있다. (O | X)

정답 (O)

23 소방청장, 소방본부장 또는 소방서장은 실내장식물에 대한 교체 또는 제거 등 필요한 조치 명령을 받은 후 그 정한 기간 이내에 그 명령을 이행하지 아니하는 자에게는 600만원의 이행강제금을 부과한다. (O | X)

정답 (X)
해설 600만원 → 1,000만원

24 소방청장, 소방본부장 또는 소방서장은 다중이용업소의 공사의 정지 또는 중지 명령을 위반한 경우, 안전시설등의 작동·기능에 지장을 주지 않는 경미한 사항을 위반하여 조치 명령을 받은 후 그 정한 기간 이내에 그 명령을 이행하지 아니하는 자에게는 600만원의 이행강제금을 부과한다. (O | X)

정답 (X)
해설 600만원 → 200만원

25 소방청장, 소방본부장 또는 소방서장은 영업장의 내부구획에 대한 보완 등 필요한 조치 명령을 위반한 경우, 다중이용업소의 개수·이전 또는 제거 명령을 위반한 경우, 안전시설등을 설치하지 않아 조치명령을 위반한 경우, 실내장식물에 대한 교체 또는 제거 등 필요한 조치 명령을 위반한 경우에는 각각 이행강제금은 같다. (O | X)

정답 (O)
해설 각각 이행강제금은 1,000만원을 부과한다.

26 소방청장, 소방본부장 또는 소방서장은 안전시설등을 고장상태로 방치하여 보완 등 필요한 조치명령을 이행하지 않은 경우, 다중이용업소의 사용금지 또는 제한 명령을 위반한 경우에는 600만원의 이행강제금을 부과한다. (O | X)

정답 (O)
해설 다중이용업소의 사용금지 또는 제한 명령을 위반한 경우에도 600만원의 이행강제금을 부과한다.

소방승진은 이패스 소방사관
www.kfs119.co.kr

PART 04

다중이용업소의 안전관리에 관한 특별법 소방법령 III
(최신 개정법령 반영)

CHAPTER 01 총칙
CHAPTER 02 다중이용업소의 안전관리 기본계획 등
CHAPTER 03 허가관청의 통보 등
CHAPTER 03의2 다중이용업주의 화재배상책임보험의 의무가입 등
CHAPTER 04 다중이용업소 안전관리를 위한 기반조성
CHAPTER 05 보칙
CHAPTER 06 벌칙
CHAPTER 07 기간정리
CHAPTER 08 권한자 정리

▼ 제1장 다중이용업소의 안전관리에 관한 특별법 제정

1. 제정배경

(1) 사회적, 경제적 발전에 따른 국민의 다양한 욕구 증가
   ① 노래방·비디오방·단란주점 등 다중이용업의 형태가 대형화·밀집화
   ② 새로운 업종의 출현 등으로 양적·질적으로 급격히 팽창
   ③ 이러한 영업장은 대규모 화재 위험에 노출되고 화재 발생시 영업주나 종업원의 초기 대처능력 미흡 등으로 인하여 많은 인명과 재산피해를 발생
   ④ 그동안 정부에서는 1995.12.6. 완비증명제 시행 등 화재안전대책을 보완하여 왔으나 크게 실효를 거두지 못하였다.

(2) 입법의 필요성
   ① 다중이용업소의 현실보다 효과적으로 대처할 수 있도록 각 개별 법령에 규정된 안전기준을 일원화
   ② 관련 부처와의 유기적인 협조체제를 구축하는 등 다중이용업의 안전을 종합적으로 관리함으로써 화재로 인한 인명 및 재산피해를 최소화하기 위해 특별법 제정의 필요성에 따라 이를 제정하게 됨

2. 소방법의 분법화

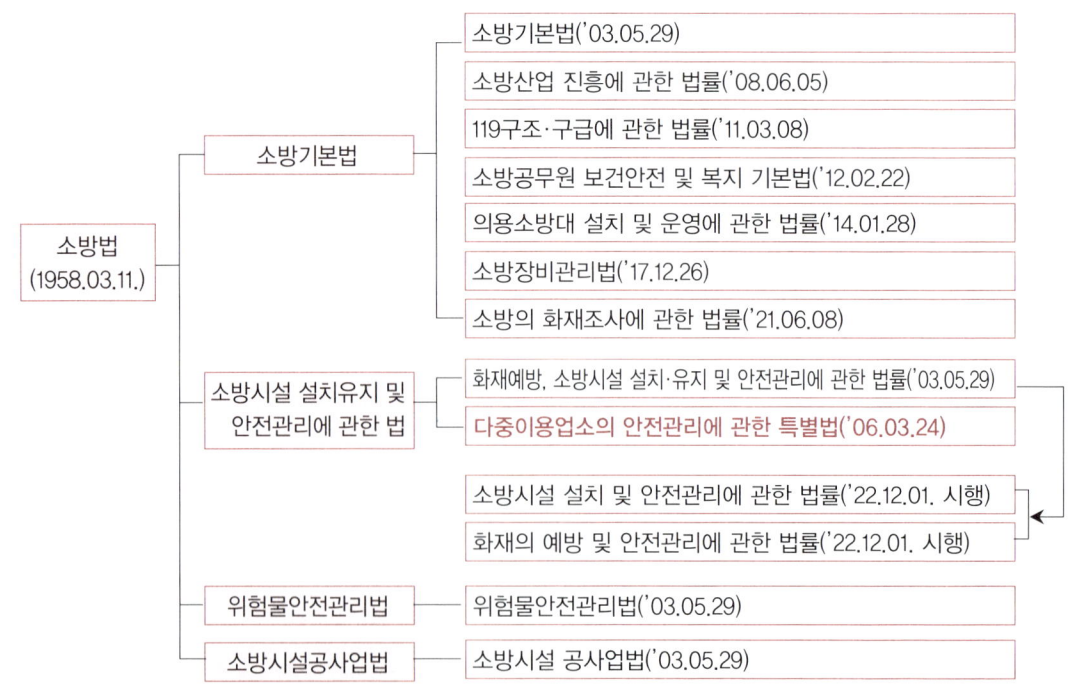

3. 법률의 구성 및 체계

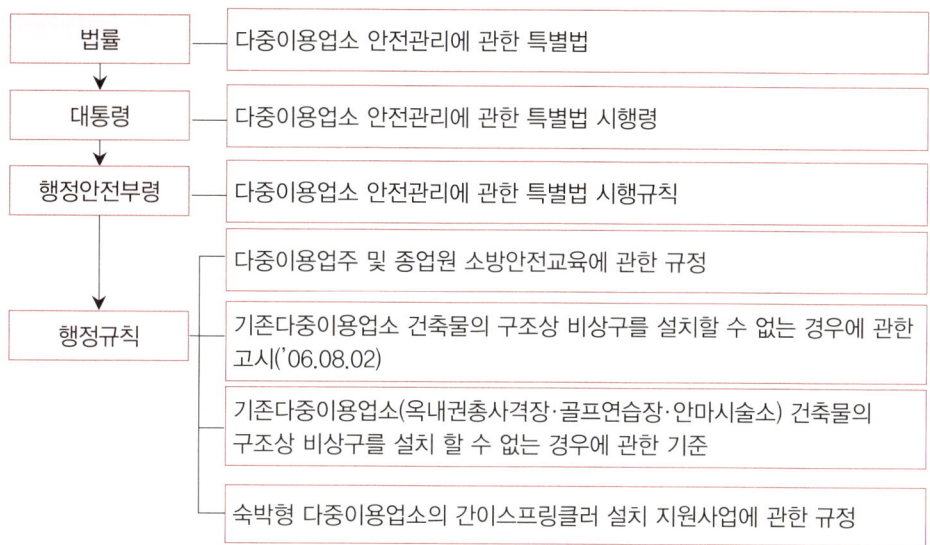

(1) 법의 제정일 : 2006.03.24.

(2) 법의 시행일 : 2007.03.25.

(3) 법의 구성 : 제6장 26조 및 부칙으로 구성되어 있다.

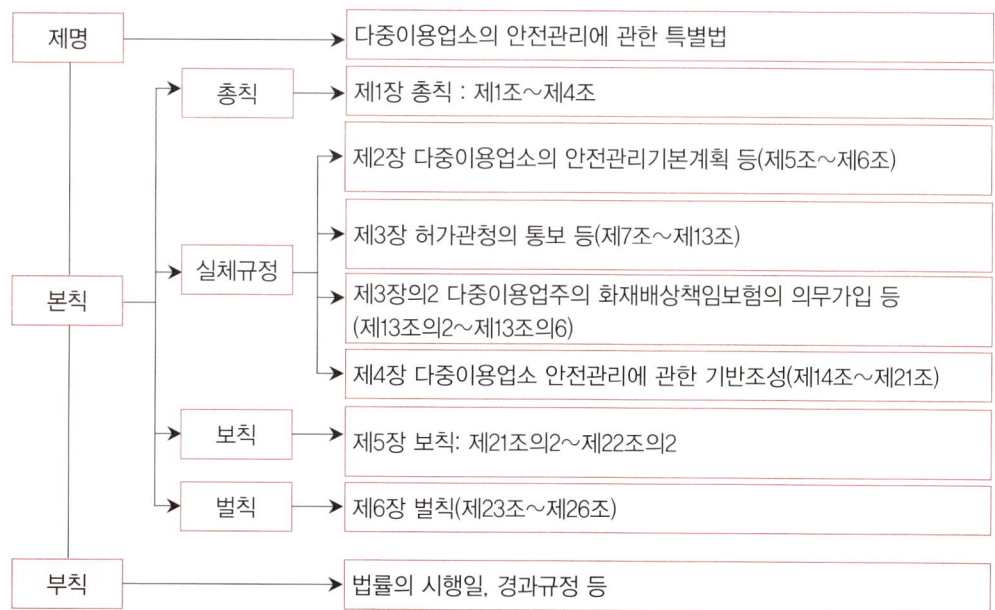

(4) 법의 장·조문별 세부구성

장	조문 및 제목
제1장 총칙	제1조(목적) 제2조(정의) 제3조(국가 등의 책무) 제4조(다른 법률과의 관계)
제2장 다중이용업소의 안전관리기본계획 등	제5조(안전관리기본계획의 수립·시행 등) 제6조(집행계획의 수립·시행 등)
제3장 허가관청의 통보 등	제7조(관련 행정기관의 통보사항) 제7조의2(허가관청의 확인사항) 제8조(소방안전교육) 제9조(다중이용업소의 안전관리기준 등) 제9조의2(다중이용업소의 비상구 추락방지) 제10조(다중이용업의 실내장식물) 제10조의2(영업장의 내부구획) 제11조(피난시설, 방화구획 및 방화시설의 유지·관리) 제12조(피난안내도의 비치 또는 피난안내 영상물의 상영) 제13조(다중이용업주의 안전시설등에 대한 정기점검 등)
제3장의2 다중이용업주의 화재배상책임보험의 의무가입 등	제13조의2(화재배상책임보험 가입 의무) 제13조의3(화재배상책임보험 가입 촉진 및 관리) 제13조의4(보험금의 지급) 제13조의5(화재배상책임보험 계약의 체결의무 및 가입 강요 금지) 제13조의6(화재배상책임보험 계약의 해제·해지)
제4장 다중이용업소 안전관리를 위한 기반조성	제14조(다중이용업소의 소방안전관리) 제14조의2(다중이용업주의 안전사고 보고의무) 제15조(다중이용업소에 대한 화재위험평가 등) 제16조(화재위험평가 대행자의 등록 등) 제17조(평가대행자의 등록취소 등) 제17조의2(청문) 제18조(평가서의 작성방법 및 평가대행 비용의 산정기준) 제19조(안전관리에 관한 전산시스템의 구축·운영) 제20조(법령위반업소의 공개) 제20조의2(화재안전조사 결과 공개) 제21조(안전관리우수업소표지 등)
제5장 보칙	제21조의2(압류의 금지) 제22조(권한의 위탁 등) 제22조의2(벌칙 적용 시의 공무원 의제)
제6장 벌칙	제23조(벌칙) 제24조(양벌규정) 제25조(과태료) 제26조(이행강제금)

CHAPTER 01 총칙

제1조(목적)

이 법은 화재 등 재난이나 그 밖의 위급한 상황으로부터 국민의 생명·신체 및 재산을 보호하기 위하여 다중이용업소의 안전시설등의 설치·유지 및 안전관리와 화재위험평가, 다중이용업주의 화재배상책임보험에 필요한 사항을 정함으로써 공공의 안전과 복리 증진에 이바지함을 목적으로 한다.

제2조(정의) 2018년 ~ 2024년

① 이 법에서 사용하는 용어의 뜻은 다음과 같다.
　1. "다중이용업"이란 불특정 다수인이 이용하는 영업 중 화재 등 재난 발생 시 생명·신체·재산상의 피해가 발생할 우려가 높은 것으로서 대통령령(제2조)으로 정하는 영업을 말한다.
　2. "안전시설등"이란 소방시설, 비상구, 영업장 내부 피난통로, 그 밖의 안전시설로서 대통령령으로 정하는 것을 말한다.
　3. "실내장식물"이란 건축물 내부의 천장 또는 벽에 설치하는 것으로서 대통령령으로 정하는 것을 말한다.
　4. "화재위험평가"란 다중이용업의 영업소(이하 "다중이용업소"라 한다)가 밀집한 지역 또는 건축물에 대하여 화재 발생 가능성과 화재로 인한 불특정 다수인의 생명·신체·재산상의 피해 및 주변에 미치는 영향을 예측·분석하고 이에 대한 대책을 마련하는 것을 말한다.
　5. "밀폐구조의 영업장"이란 지상층에 있는 다중이용업소의 영업장 중 채광·환기·통풍 및 피난 등이 용이하지 못한 구조로 되어 있으면서 대통령령으로 정하는 기준에 해당하는 영업장을 말한다.
　6. "영업장의 내부구획"이란 다중이용업소의 영업장 내부를 이용객들이 사용할 수 있도록 벽 또는 칸막이 등을 사용하여 구획된 실(室)을 만드는 것을 말한다.
② 이 법에서 사용하는 용어의 뜻은 제1항에서 규정하는 것을 제외하고는 「소방기본법」, 「소방시설공사업법」, 「화재의 예방 및 안전관리에 관한 법률」 및 「건축법」에서 정하는 바에 따른다.

시행령 제2조(다중이용업) 「다중이용업소의 안전관리에 관한 특별법」(이하 "법"이라 한다) 제2조제1항제1호에서 **"대통령령으로 정하는 영업"**이란 다음 각 호의 영업을 말한다. 다만, 영업을 옥외 시설 또는 옥외 장소에서 하는 경우 그 영업은 제외한다. 2019년 ~ 2024년

1. 「식품위생법 시행령」 제21조 제8호에 따른 식품접객업 중 다음 각 목의 어느 하나에 해당하는 것
　가. 휴게음식점영업·제과점영업 또는 일반음식점영업으로서 영업장으로 사용하는 바닥면적의 합계가 100제곱미터(영업장이 지하층에 설치된 경우에는 그 영업장의 바닥면적 합계가 66제곱미터) 이상인 것. 다만, 영업장(내부계단으로 연결된 복층구조의 영업장을 제외한다)이 다음의 어느 하나에 해당하는 층에 설치되고 그 영업장의 주된 출입구가 건축물 외부의 지면과 직접 연결되는 곳에서 하는 영업을 제외한다.
　　1) 지상 1층

2) 지상과 직접 접하는 층
나. 단란주점영업과 유흥주점영업

1의2. 「식품위생법 시행령」 제21조제9호에 따른 **공유주방 운영업 중 휴게음식점영업·제과점영업 또는 일반음식점영업에 사용되는 공유주방을 운영하는 영업**으로서 영업장 바닥면적의 합계가 **100제곱미터(영업장이 지하층에 설치된 경우에는 그 바닥면적 합계가 66제곱미터) 이상**인 것. 다만, 영업장(내부계단으로 연결된 복층구조의 영업장은 제외한다)이 다음 각 목의 어느 하나에 해당하는 층에 설치되고 그 영업장의 주된 출입구가 건축물 외부의 지면과 직접 연결되는 곳에서 하는 영업은 제외한다.

가. 지상 1층
나. 지상과 직접 접하는 층

> **Plus One | 식품위생법 시행령 제21조(영업의 종류)**
>
> 8. 식품접객업
>   가. 휴게음식점영업: 주로 다류(茶類), 아이스크림류 등을 조리·판매하거나 패스트푸드점, 분식점 형태의 영업 등 음식류를 조리·판매하는 영업으로서 음주행위가 허용되지 아니하는 영업.
>   나. 일반음식점영업: 음식류를 조리·판매하는 영업으로서 식사와 함께 부수적으로 음주행위가 허용되는 영업
>   다. 단란주점영업: 주로 주류를 조리·판매하는 영업으로서 손님이 노래를 부르는 행위가 허용되는 영업
>   라. 유흥주점영업: 주로 주류를 조리·판매하는 영업으로서 유흥종사자를 두거나 유흥시설을 설치할 수 있고 손님이 노래를 부르거나 춤을 추는 행위가 허용되는 영업
>   바. 제과점영업: 주로 빵, 떡, 과자 등을 제조·판매하는 영업으로서 음주행위가 허용되지 아니하는 영업
> 9. 공유주방 운영업: 여러 영업자가 함께 사용하는 공유주방을 운영하는 영업

해당업종	해당되는 경우	제외되는 경우
휴게음식점영업 제과점영업 일반음식점	영업장으로 사용하는 바닥면적의 합계가 100제곱미터 이상 (영업장이 지하층에 설치된 경우 66제곱미터 이상)	① 영업장이 지상1층에 설치되고, 주된 출입구가 건축물 외부의 지면과 직접 연결된 경우 ② 건축물대장에는 지하 1층으로 되어 있으나, 영업장 4면 중에서 1면의 주된 출입구가 건축물 지면과 직접 연결되는 경우
	내부계단으로 연결된 복층구조의 영업장	영업장이 지상 2층 이상에 설치되고, 주된 출입구가 건축물 외부의 지면(GL:Ground Level)과 직접 연결되는 경우

2. 「영화 및 비디오물의 진흥에 관한 법률」 제2조제10호, 같은 조 제16호가목·나목 및 라목에 따른 **영화상영관·비디오물감상실업·비디오물소극장업 및 복합영상물제공업**

> **Plus One | 정의(영화 및 비디오물의 진흥에 관한 법률 제2조)**
>
> 10. "영화상영관"이라 함은 영리를 목적으로 영화를 상영하는 장소 또는 시설을 말한다. 다만, 연간 영화상영 일수가 영화상영 일수가 연간 120일 이내이고 계속상영기간이 30일 이내인 장소 또는 시설을 제외한다.
> 16. "비디오물시청제공업"이라 함은 다음 각 목의 어느 하나에 해당하는 영업을 말한다.
>   가. 비디오물감상실업 : 다수의 구획된 시청실과 비디오물 시청 기자재를 갖추고 비디오물을 공중의 시청에 제공하는 영업
>   나. 비디오물소극장업 : 영사막 및 다수의 객석과 비디오물 시청 기자재를 갖추고 비디오물만을 전용으로 공중의 시청에 제공하는 영업
>   라. 복합영상물제공업: 비디오물감상실업을 하면서 부수적으로 게임물을 이용할 수 있는 시설 또는 노래를 할 수 있는 시설을 갖추어 공중에 제공하는 영업

3. 「학원의 설립·운영 및 과외교습에 관한 법률」 제2조제1호에 따른 **학원**(이하 "학원"이라 한다)으로서 다음 각 목의 어느 하나에 해당하는 것 `2023년`

> **Plus One | 학원의 설립·운영 및 과외교습에 관한 법률 제2조(정의)**
>
> 1. "학원"이란 사인(私人)이 같은 시간에 교습을 받거나 학습장소로 이용할 수 있는 인원 10명의 학습자 또는 불특정다수의 학습자에게 30일 이상의 교습과정에 따라 지식·기술·예능을 교습하거나 30일 이상 학습장소로 제공되는 시설을 말한다. 다만, 학교, 도서관·박물관 및 과학관, 사업장 등의 시설로서 소속 직원의 연수를 위한 시설, 평생교육시설, 직업능력개발훈련시설, 자동차운전학원, 입주민을 위한 교육을 하기 위하여 설치하거나 사용하는 시설

가. 「소방시설 설치 및 관리에 관한 법률 시행령」 별표 7에 따라 산정된 수용인원(이하 "수용인원"이라 한다)이 **300명 이상**인 것

> **Plus One | 수용인원 산정방법**
>
> | 특정소방대상물의 구분 | | 산정방법 |
> |---|---|---|
> | 숙박시설이 있는 특정소방대상물 | 침대가 있는 숙박시설 | 종사원 수 + 침대수(2인용 2명) |
> | | 침대가 없는 숙박시설 | 종사원 수 + (바닥면적의 합계 ÷ $3m^2$) |
> | 숙박시설이 없는 특정소방대상물 | 강의실, 교무실, 상담실, 실습실, 휴게실 | 바닥면적의 합계 ÷ $1.9m^2$ |
> | | 강당, 문화 및 집회시설, 운동시설, 종교시설 | 바닥면적의 합계 ÷ $4.6m^2$
관람석 있는 경우 : 고정식 의자수
긴 의자의 경우 : 정면 너비 ÷ 0.45m |
> | | 그 밖의 특정소방대상물 | 바닥면적의 합계 ÷ $3m^2$ |

나. 수용인원 100명 이상 300명 미만으로서 다음의 어느 하나에 해당하는 것.
  (1) 하나의 건축물에 학원과 기숙사가 함께 있는 학원
  (2) 하나의 건축물에 학원이 둘 이상 있는 경우로서 학원의 수용인원이 300명 이상인 학원
  (3) 하나의 건축물에 제1호, 제2호, 제4호부터 제7호까지, 제7호의2부터 제7호의5까지 및 제8호의 다중이용업 중 어느 하나 이상의 다중이용업과 학원이 함께 있는 경우

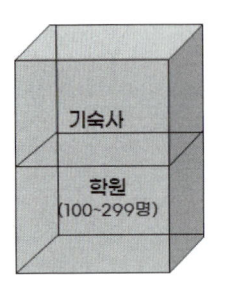 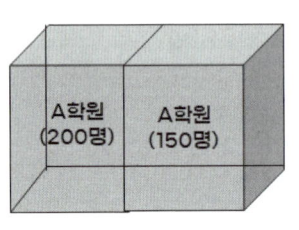 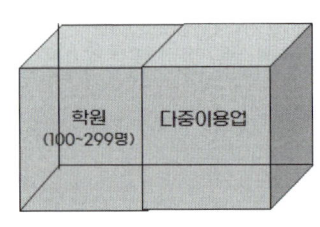

다만, 학원으로 사용하는 부분과 다른 용도로 사용하는 부분(학원의 운영권자를 달리하는 학원과 학원을 포함한다)이 「건축법 시행령」 제46조에 따른 방화구획으로 나누어진 경우는 제외한다.

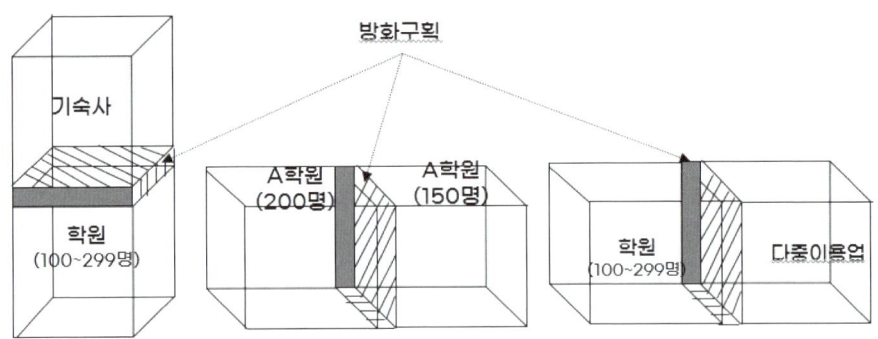

4. 목욕장업으로서 다음 각 목에 해당하는 것
  가. 하나의 영업장에서 「공중위생관리법」 제2조제1항제3호가목에 따른 목욕장업 중 맥반석·황토·옥 등을 직접 또는 간접 가열하여 발생하는 열기나 원적외선 등을 이용하여 땀을 배출하게 할 수 있는 시설 및 설비를 갖춘 것으로서 수용인원(물로 목욕을 할 수 있는 시설부분의 수용인원은 제외한다)이 **100명 이상인 것**
  나. 「공중위생관리법」 제2조제1항제3호나목의 시설 및 설비를 갖춘 **목욕장업**

> **Plus One | 공중위생관리법 제2조(정의)**
>
> 3. "목욕장업"이라 함은 다음 각목의 어느 하나에 해당하는 서비스를 손님에게 제공하는 영업을 말한다. 다만, 숙박업 영업소에 부설된 욕실 등 대통령령이 정하는 경우를 제외한다.
>   가. 물로 목욕을 할 수 있는 시설 및 설비 등의 서비스
>   나. 맥반석·황토·옥 등을 직접 또는 간접 가열하여 발생되는 열기 또는 원적외선 등을 이용하여 땀을 낼 수 있는 시설 및 설비 등의 서비스

5. 「게임산업진흥에 관한 법률」 제2조제6호·제6호의2·제7호 및 제8호의 **게임제공업·인터넷컴퓨터게임시설제공업 및 복합유통게임제공업.** 다만, 게임제공업 및 인터넷컴퓨터게임시설제공업의 경우에는 영업장(내부계단으로 연결된 복층구조의 영업장은 제외한다)이 다음 각 목의 어느 하나에 해당하는 층에 설치되고 그 영업장의 주된 출입구가 건축물 외부의 지면과 직접 연결된 구조에 해당하는 경우는 제외한다.
   가. 지상 1층
   나. 지상과 직접 접하는 층

> **Plus One | 게임산업진흥에 관한 법률 제2조(정의)**
>
> 6. "게임제공업"이라 함은 공중이 게임물을 이용할 수 있도록 이를 제공하는 영업을 말한다.
> 6의2. 제6호의 게임제공업 중 일정한 물리적 장소에서 필요한 설비를 갖추고 게임물을 제공하는 영업은 다음 각 호와 같다.
>   가. 청소년게임제공업 : 제21조의 규정에 따라 등급분류된 게임물 중 전체이용가 게임물을 설치하여 공중의 이용에 제공하는 영업
>   나. 일반게임제공업 : 제21조의 규정에 따라 등급분류된 게임물 중 청소년이용불가 게임물과 전체이용가 게임물을 설치하여 공중의 이용에 제공하는 영업
> 7. "인터넷컴퓨터게임시설제공업"이라 함은 컴퓨터 등 필요한 기자재를 갖추고 공중이 게임물을 이용하게 하거나 부수적으로 그 밖의 정보제공물을 이용할 수 있도록 하는 영업을 말한다.
> 8. "복합유통게임제공업"이라 함은 청소년게임제공업 또는 인터넷컴퓨터게임시설제공업과 이 법에 의한 다른 영업 또는 다른 법률에 의한 영업을 동일한 장소에서 함께 영위하는 영업을 말한다.

6. 「음악산업진흥에 관한 법률」 제2조제13호에 따른 **노래연습장업**
7. 「모자보건법」 제2조제10호에 따른 **산후조리업**
7의2. **고시원업**[구획된 실(室) 안에 학습자가 공부할 수 있는 시설을 갖추고 숙박 또는 숙식을 제공하는 형태의 영업]
7의3. 「사격 및 사격장 안전관리에 관한 법률 시행령」 제2조제1항 및 별표 1에 따른 **권총사격장(실내사격장에 한정하며, 같은 조 제1항에 따른 종합사격장에 설치된 경우를 포함한다)**
7의4. 「체육시설의 설치·이용에 관한 법률」 제10조제1항제2호에 따른 **가상체험 체육시설업(실내에 1개 이상의 별도의 구획된 실을 만들어 골프 종목의 운동이 가능한 시설을 경영하는 영업으로 한정한다)**
7의5. 「의료법」 제82조제4항에 따른 **안마시술소**
8. 법 제15조제2항에 따른 화재안전등급(이하 "화재안전등급"이라 한다.)이 제11조제1항에 해당하거나 화재발생시 인명피해가 발생할 우려가 높은 불특정다수인이 출입하는 영업으로서 **행정안전부령으로 정하는 영업.** 이 경우 소방청장은 관계 중앙행정기관의 장과 미리 협의하여야 한다.

※ 시행규칙 제2조(다중이용업) 행정안전부령으로 정하는 영업 `2023년`

업소명	정의
전화방업·화상대화방업	구획된 실(室) 안에 전화기·텔레비전·모니터 또는 카메라 등 상대방과 대화할 수 있는 시설을 갖춘 형태의 영업
수면방업	구획된 실(室) 안에 침대·간이침대 그 밖에 휴식을 취할 수 있는 시설을 갖춘 형태의 영업

콜라텍업	손님이 춤을 추는 시설 등을 갖춘 형태의 영업으로서 주류판매가 허용되지 아니하는 영업
방탈출카페업	제한된 시간 내에 방을 탈출하는 놀이 형태의 영업
키즈카페업	가. 기타유원시설업으로서 실내공간에서 13세 미만의 어린이에게 놀이를 제공하는 영업 나. 실내에 어린이에게 놀이를 제공하는 것을 업으로 하는 자의 영업소로서 어린이놀이시설을 갖춘 영업 다. 휴게음식점영업으로서 실내공간에서 어린이에게 놀이를 제공하고 부수적으로 음식류를 판매·제공하는 영업
만화카페업	만화책 등 다수의 도서를 갖춘 다음 각 목의 영업. 다만, 도서를 대여·판매만 하는 영업인 경우와 영업장으로 사용하는 바닥면적의 합계가 50㎡ 미만인 경우는 제외 가. 만화책 등 다수의 도서를 갖춘 휴게음식점영업 나. 도서의 열람, 휴식공간 등을 제공할 목적으로 실내에 다수의 구획된 실(室)을 만들거나 입체 형태의 구조물을 설치한 영업

법 제2조(정의)

① 이 법에서 사용하는 용어의 뜻은 다음과 같다.

2. "**안전시설등**"이란 소방시설, 비상구, 영업장 내부 피난통로, 그 밖의 안전시설로서 **대통령령(제2조의2)으로 정하는 것**을 말한다.

시행령 제2조의2(안전시설등) "**대통령령으로 정하는 것**"이란 **별표 1**의 시설을 말한다.
시행령 별표1 안전시설등 2018년 2017년 2022년

구분		시설명
소방 시설	소화설비	1) 소화기 또는 자동확산소화기 2) 간이스프링클러설비(캐비닛형 포함)
	경보설비	1) 비상벨설비 또는 자동화재탐지설비 2) 가스누설경보기
	피난설비	1) 피난기구 　가) 미끄럼대　　나) 피난사다리　　다) 구조대 　라) 완강기　　　마) 다수인 피난장비　바) 승강식 피난기 2) 피난유도선 3) 유도등, 유도표지 또는 비상조명등 4) 휴대용비상조명등
비상구		
영업장 내부통로		
그 밖의 안전시설		1) 영상음향차단장치 2) 누전차단기 3) 창문

법 제2조(정의)

① 이 법에서 사용하는 용어의 뜻은 다음과 같다.
3. "실내장식물"이란 건축물 내부의 천장 또는 벽에 설치하는 것으로서 대통령령(제3조)으로 정하는 것을 말한다.

> **시행령 제3조(실내장식물)** "대통령령으로 정하는 것"이란 건축물 내부의 천장이나 벽에 붙이는(설치하는) 것으로서 다음 각 호의 어느 하나에 해당하는 것을 말한다. 2018년
> 1. 종이류(두께 2밀리미터 이상인 것을 말한다)·합성수지류 또는 섬유류를 주원료로 한 물품
> 2. 합판이나 목재
> 3. 공간을 구획하기 위하여 설치하는 간이 칸막이(접이식 등 이동 가능한 벽체나 천장 또는 반자가 실내에 접하는 부분까지 구획하지 아니하는 벽체를 말한다)
> 4. 흡음(吸音)이나 방음(防音)을 위하여 설치하는 흡음재(흡음용 커튼을 포함한다) 또는 방음재(방음용 커튼을 포함한다)
>
> 다만, 가구류(옷장, 찬장, 식탁, 식탁용 의자, 사무용 책상, 사무용 의자 및 계산대, 그 밖에 이와 비슷한 것을 말한다)와 너비 10센티미터 이하인 반자돌림대 등과 「건축법」 제52조에 따른 내부마감재료는 제외한다.
>
> > **건축법 제52조(건축물의 마감재료 등)**
> > ① 대통령령으로 정하는 용도 및 규모의 건축물의 벽, 반자, 지붕(반자가 없는 경우에 한정한다) 등 내부의 마감 재료는 방화에 지장이 없는 재료로 하되, 실내공기질 유지기준 및 권고기준을 고려하고 관계 중앙행정기관의 장과 협의하여 국토교통부령으로 정하는 기준에 따른 것이어야 한다.

법 제2조(정의)

① 이 법에서 사용하는 용어의 뜻은 다음과 같다.
4. "화재위험평가"란 다중이용업의 영업소(이하 "다중이용업소"라 한다)가 밀집한 지역 또는 건축물에 대하여 화재 발생 가능성과 화재로 인한 불특정 다수인의 생명·신체·재산상의 피해 및 주변에 미치는 영향을 예측·분석하고 이에 대한 대책을 마련하는 것을 말한다.
5. "밀폐구조의 영업장"이란 지상층에 있는 다중이용업소의 영업장 중 채광·환기·통풍 및 피난 등이 용이하지 못한 구조로 되어 있으면서 대통령령(제3조의2)으로 정하는 기준에 해당하는 영업장을 말한다.
   ※ 정의 신설 이유 : 간이스프링클러설비를 적용하여 화재피해를 최소화하기 위함
6. "영업장의 내부구획"이란 다중이용업소의 영업장 내부를 이용객들이 사용할 수 있도록 벽 또는 칸막이 등을 사용하여 구획된 실(室)을 만드는 것을 말한다.
   ※ 정의 신설 이유 : 불연재료 사용 의무화 등을 위함(신설 2014. 1. 7.)

> **시행령 제3조의2(밀폐구조의 영업장)** 법 제2조제1항제5호에서 "대통령령으로 정하는 기준"이란 「소방시설 설치 및 관리에 관한 법률 시행령」 제2조제1호 각 목에 따른 요건을 모두 갖춘 개구부의 면적의 합계가 영업장으로 사용하는 바닥면적의 30분의 1 이하가 되는 것을 말한다.

> **Plus One | 「소방시설 설치 및 관리에 관한 법률 시행령」 제2조(정의)** `2022년`
>
> "무창층"(無窓層)이란 지상층 중 다음 각 목의 요건을 모두 갖춘 개구부(건축물에서 채광·환기·통풍 또는 출입 등을 위하여 만든 창·출입구 등, 그 밖에 이와 비슷한 것을 말한다.)의 면적의 합계가 해당 층의 바닥면적의 30분의 1 이하가 되는 층을 말한다.
> - 크기는 지름 50㎝ 이상의 원이 내접(內接)할 수 있는 크기일 것
> - 해당 층의 바닥 면으로부터 개구부 밑부분까지의 높이가 1.2m 이내일 것
> - 도로 또는 차량이 진입할 수 있는 빈터를 향할 것
> - 화재 시 건축물로부터 쉽게 피난할 수 있도록 창살이나 그 밖의 장애물이 설치되지 아니할 것
> - 내부 또는 외부에서 쉽게 부수거나 열 수 있을 것

※ 정의 신설 이유 : 간이스프링클러설비를 적용하여 피해를 최소화하고 안전의 사각지대를 방지하기 위함

제3조(국가 등의 책무) `2017년`

① **국가와 지방자치단체**는 국민의 생명·신체 및 재산을 보호하기 위하여 불특정 다수인이 이용하는 다중이용업소의 안전시설등의 설치·유지 및 안전관리에 필요한 **시책을 마련**하여야 한다.
② 다중이용업을 운영하는 자(이하 "다중이용업주"라 한다)는 국가와 지방자치단체가 실시하는 다중이용업소의 안전관리 등에 관한 **시책에 협조**하여야 하며, 다중이용업소를 이용하는 사람들을 화재 등 재난이나 그 밖의 위급한 상황으로부터 보호하기 위하여 노력하여야 한다.

제4조(다른 법률과의 관계)

① 다중이용업소의 화재 등 재난에 대한 안전관리에 관하여는 다른 법률에 **우선하여 이 법을 적용**한다.
② 「화재로 인한 재해보상과 보험가입에 관한 법률」에 따른 특수건물의 다중이용업주에 대하여는 제13조의2부터 제13조의6까지를 **적용하지 아니한다.**
③ 다중이용업주의 화재배상책임에 관하여 이 법에서 규정한 것 외에는 「**민법**」에 따른다.

> **Plus One | 화재로 인한 재해보상과 보험가입에 관한 법률법 제2조 (용어)**
>
> | 용어 | 정의 |
> |---|---|
> | 특약부화재보험 | 화재로 인한 건물의 손해와 특수건물의 화재로 인하여 다른 사람이 사망 또는 부상을 입었을 때 손해배상책임을 담보하는 보험을 말한다. |
> | 특수건물 | 국유건물·공유건물·교육시설·백화점·시장·의료시설·흥행장·숙박업소·다중이용업소·운수시설·공장·공동주택과 그 밖에 여러 사람이 출입 또는 근무하거나 거주하는 건물로서 화재의 위험이나 건물의 면적 등을 고려하여 대통령령으로 정하는 건물을 말한다 |

시행령 제2조(특수건물)						
다음 각 목의 영업으로 사용하는 부분의 바닥면적의 합계가 2,000㎡ 이상인 건물						
게임산업 진흥에 관한 법률	음악산업 진흥에 관한 법률	식품위생법 시행령	학원의 설립·운영 및 과외교습에 관한 법률	공중위생 관리법	사격 및 사격장 안전관리에 관한 법률	영화 및 비디오물의 진흥에 관한 법률
게임제공업 인터넷컴퓨터 게임시설제공업	노래 연습장업	휴게음식점영업 일반음식점영업 단란주점영업 유흥주점영업 공유주방운영업	학 원	목욕장업	실내사격장	영화상영관

법 제5조(보험 가입의 의무)

① 특수건물의 소유자는 그 특수건물의 화재로 인한 해당 건물의 손해를 보상받고 제4조제1항에 따른 손해배상책임을 이행하기 위하여 그 특수건물에 대하여 손해보험회사가 운영하는 특약부화재보험에 가입하여야 한다. 다만, 종업원에 대하여 「산업재해보상보험법」에 따른 산업재해보상보험에 가입하고 있는 경우에는 그 종업원에 대한 제4조제1항에 따른 손해배상책임 중 사망이나 부상에 따른 손해배상책임을 담보하는 보험에 가입하지 아니할 수 있다.

② 특수건물의 소유자는 특약부화재보험에 부가하여 풍재(風災), 수재(水災) 또는 건물의 무너짐 등으로 인한 손해를 담보하는 보험에 가입할 수 있다.

③ 손해보험회사는 제1항과 제2항에 따른 보험계약의 체결을 거절하지 못한다.

④ 특수건물의 소유자는 다음 각 호에서 정하는 날부터 30일 이내에 특약부화재보험에 가입하여야 한다.
  1. 특수건물을 건축한 경우: 「건축법」 제22조에 따른 건축물의 사용승인, 「주택법」 제49조에 따른 사용검사 또는 관계 법령에 따른 준공인가·준공확인 등을 받은 날
  2. 특수건물의 소유권이 변경된 경우: 그 건물의 소유권을 취득한 날
  3. 그 밖의 경우: 특수건물의 소유자가 그 건물이 특수건물에 해당하게 된 사실을 알았거나 알 수 있었던 시점 등을 고려하여 대통령령으로 정하는 날

⑤ 특수건물의 소유자는 제4항의 특약부화재보험에 관한 계약을 매년 갱신하여야 한다.

CHAPTER 02 다중이용업소의 안전관리 기본계획 등

제5조(안전관리기본계획의 수립·시행 등) 2018년 ~ 2024년
① 소방청장은 다중이용업소의 화재 등 재난이나 그 밖의 위급한 상황으로 인한 인적·물적 피해의 감소, 안전기준의 개발, 자율적인 안전관리능력의 향상, 화재배상책임보험제도의 정착 등을 위하여 **5년마다** 다중이용업소의 안전관리기본계획(이하 "기본계획"이라 한다)을 수립·시행하여야 한다. 2024년
② 기본계획에는 다음 각 호의 사항이 포함되어야 한다. 2017년 2022년
   1. 다중이용업소의 안전관리에 관한 기본 방향
   2. 다중이용업소의 자율적인 안전관리 촉진에 관한 사항
   3. 다중이용업소의 화재안전에 관한 정보체계의 구축 및 관리
   4. 다중이용업소의 안전 관련 법령 정비 등 제도 개선에 관한 사항
   5. 다중이용업소의 적정한 유지·관리에 필요한 교육과 기술 연구·개발
   5의2. 다중이용업소의 화재배상책임보험에 관한 기본 방향
   5의3. 다중이용업소의 화재배상책임보험 가입관리전산망(이하 "책임보험전산망"이라 한다)의 구축·운영
   5의4. 다중이용업소의 화재배상책임보험제도의 정비 및 개선에 관한 사항
   6. 다중이용업소의 화재위험평가의 연구·개발에 관한 사항
   7. 그 밖에 다중이용업소의 안전관리에 관하여 대통령령(제6조)으로 정하는 사항
③ 소방청장은 기본계획에 따라 매년 연도별 안전관리계획(이하 "연도별계획"이라 한다)을 수립·시행하여야 한다.
④ 소방청장은 수립된 기본계획 및 연도별계획을 관계 중앙행정기관의 장과 특별시장·광역시장·특별자치시장·도지사 또는 특별자치도지사(이하 "시·도지사"라 한다)에게 통보하여야 한다.
⑤ 소방청장은 기본계획 및 연도별계획을 수립하기 위하여 필요하면 관계 중앙행정기관의 장 및 시·도지사에게 관련된 자료의 제출을 요구할 수 있다. 이 경우 자료 제출을 요구받은 관계 중앙행정기관의 장 또는 시·도지사는 특별한 사유가 없으면 요구에 따라야 한다.

시행령 제4조(안전관리기본계획의 수립절차 등) 2023년
① 소방청장은 다중이용업소의 안전관리기본계획(이하 "기본계획"이라 한다)을 관계 중앙행정기관의 장과 협의를 거쳐 **5년마다** 수립해야 한다.
② 소방청장은 관계 중앙행정기관의 장과 협의를 거쳐 기본계획 수립지침을 작성하고 이를 관계 중앙행정기관의 장에게 통보해야 한다.
③ 소방청장은 **기본계획을 수립**하면 **국무총리에게 보고**하고 관계 **중앙행정기관의 장**과 특별시장·광역시장·특별자치시장·도지사 또는 특별자치도지사(이하 "**시·도지사**"라 한다)에게 **통보**한 후 이를 **공고**해야 한다.

| 계획수립
(소방청장) | 보고
⇨ | 국무총리 | 통보
⇨ | 관계중앙행정기관의 장
시·도지사 | ⇨ | 관보공고 |

시행규칙 제3조(안전관리기본계획의 공고) 소방청장은 영 제4조제3항에 따라 안전관리기본계획을 수립한 경우에는 이를 **관보**에 **공고**한다.

시행령 제5조(안전관리기본계획 수립지침) 기본계획 수립지침에는 다음 각 호의 내용을 포함시켜야 한다.
2020년
1. 화재 등 재난 발생 경감대책
   가. 화재피해 원인조사 및 분석
   나. 안전관리정보의 전달·관리체계 구축
   다. 화재 등 재난 발생에 대비한 교육·훈련과 예방에 관한 홍보
2. 화재 등 재난 발생을 줄이기 위한 중·장기 대책
   가. 다중이용업소 안전시설 등의 관리 및 유지계획
   나. 소관법령 및 관련기준의 정비

시행령 제6조(안전관리기본계획 등에 관한 사항) "대통령령이 정하는 사항"이란 다음 각 호의 사항을 말한다.
1. 안전관리 중·장기 기본계획에 관한 사항
   가. 다중이용업소의 안전관리체제
   나. 안전관리실태평가 및 개선계획
2. 시·도 안전관리기본계획에 관한 사항

시행령 제7조(연도별 안전관리계획의 통보 등) ① 소방청장은 매년 연도별 안전관리계획(이하 "연도별 계획"이라 한다)을 **전년도 12월 31일까지** 수립해야 한다.
② 소방청장은 연도별 계획을 수립하면 지체 없이 **관계 중앙행정기관의 장과 시·도지사 및 소방본부장에게 통보**해야 한다.

제6조(집행계획의 수립·시행 등)

① **소방본부장**은 기본계획 및 연도별계획에 따라 관할 지역 다중이용업소의 안전관리를 위하여 **매년 안전관리집행계획**(이하 "집행계획"이라 한다)을 수립하여 소방청장에게 제출하여야 한다.
② 소방본부장은 집행계획을 수립하기 위하여 필요하면 해당 시장·군수·구청장(자치구의 구청장을 말한다. 이하 같다)에게 관련된 자료의 제출을 요구할 수 있다. 이 경우 자료 제출을 요구받은 해당 시장·군수·구청장은 특별한 사유가 없으면 요구에 따라야 한다.
③ 집행계획의 수립 시기, 대상, 내용 등에 관하여 필요한 사항은 **대통령령**으로 정한다.

시행령 제8조(집행계획의 내용 등) 2018년 2018년 2021년

① 소방본부장은 공고된 기본계획과 통보된 연도별 계획에 따라 안전관리집행계획(이하 "집행계획"이라 한다)을 수립해야 하며, 수립된 집행계획과 전년도 추진실적을 **매년 1월 31일**까지 소방청장에게 제출해야 한다.
② 소방본부장은 관할지역의 다중이용업소에 대한 집행계획을 수립할 때에는 다음 각 호의 사항을 포함시켜야 한다.
  1. 다중이용업소 밀집 지역의 소방시설 설치, 유지·관리와 개선계획
  2. 다중이용업주와 종업원에 대한 소방안전교육·훈련계획
  3. 다중이용업주와 종업원에 대한 자체지도 계획
  4. 다중이용업소의 화재위험평가의 실시 및 평가
  5. 평가결과에 따른 조치계획(화재위험지역이나 건축물에 대한 안전관리와 시설정비 등에 관한 사항을 포함한다)
③ 집행계획의 수립시기는 해당 **연도 전년 12월 31일**까지로 하며, 그 수립대상은 **다중이용업**으로 한다.

실전예상문제

01 다중이용업소의 안전관리에 관한 특별법의 구성으로 옳은 것은?

① 제8장 제53조 및 부칙
② 제7장 제40조 및 부칙
③ 제8장 제35조 및 부칙
④ 제6장 제26조 및 부칙

해설 소방관계법령의 구성

법령명	구성	비고
위험물안전관리법	제7장 제39조 및 부칙	
다중이용업소 안전관리에 관한 특별법	제6장 제26조 및 부칙	

정답 ④

02 소방시설 완비증명제 최초 시행연도는?

① 1994. 12. 6.
② 1995. 12. 6.
③ 1996. 12. 6.
④ 1997. 12. 6.

해설 소방시설 완비증명제 시행연도 : 1995. 12. 6.
정답 ②

03 다중이용업소의 안전관리에 관한 특별법 제정연도는?

① 2005. 3. 24.
② 2006. 3. 24.
③ 2007. 3. 25.
④ 2008. 3. 25.

해설 제정연도 : 2006. 3. 24.(시행 2007. 3. 25.)
정답 ②

2025년 다중이용업소의 안전관리에 관한 특별법

04 다중이용업소 안전관리에 관한 법률 구성에서 실체규정이란 법률이 달성하고자 하는 목적을 구현하기 위하여 필요한 가장 기본적인 사항을 규정해 놓은 것으로, 법률의 본질적이고 핵심적인 부분을 말한다. 다음 중 실체 규정만으로 묶인 것은?

> 가. 다중이용업소의 안전관리기본계획에 관한 사항
> 나. 벌칙에 관한 사항
> 다. 허가관청의 통보 등에 관한 사항
> 라. 권한의 위탁 등에 관한 사항
> 마. 다중이용업주의 화재배상책임보험의 의무가입 등에 관한 사항
> 바. 다중이용업소 안전관리를 위한 기반조성에 관한 사항

① 가, 나, 라
② 가, 다, 마
③ 가, 다, 라, 마
④ 가, 다, 마, 바

해설 나. 벌칙 관한 사항 : 벌칙규정에 해당
라. 권한의 위임 위탁에 관한 사항 : 보칙 규정에 해당

정답 ④

05 다중이용업소의 안전관리에 관한 특별법의 목적 내용으로 옳지 않은 것은?

① 다중이용업소에 설치하는 소방시설 및 안전시설등의 설치·유지 및 안전관리에 관한 필요한 사항을 정함
② 다중이용업주의 화재보험에 관하여 필요한 사항을 정함
③ 국민의 생명·신체 및 재산을 보호하고 공공의 안전과 복리증진에 이바지함을 목적으로 함
④ 화재위험평가에 관한 사항을 규정함

해설 **다중이용업소의 안전관리에 관한 특별법의 목적**
이 법은 화재 등 재난이나 그 밖의 위급한 상황으로부터 국민의생명·신체 및 재산을보호하기 위하여 다중이용업소의 소방시설 및 안전시설 등의 설치·유지 및 안전관리와 화재위험평가, 다중이용업주의 화재배상책임보험에 필요한 사항을 정함으로써 공공의 안전과 복리 증진에 이바지함을 목적으로 한다.

정답 ②

06 다중이용업소의 안전시설 등에 관한 설명으로 적합하지 않는 내용은?

① 비상구
② 영업장 내부 피난통로
③ 창문
④ 비상구 자동개방장치

해설 안전시설 등이란 소방시설, 비상구, 영업장 내부 피난통로, 창문, 그 밖의 안전시설로서 대통령령으로 정하는 것(영상음향차단장치, 누전차단기, 창문)을 말한다.

정답 ④

07 지상 2층 이상에 설치 되어 있는 다중이용업소로써 영업장으로 사용하는 바닥면적의 합계가 100제곱미터 이상인 경우에 다중이용업의 범위에 해당되는 영업장이 아닌 것은?

① 휴게음식점영업
② 복합유통영상물제공업
③ 제과점영업
④ 일반음식점영업

해설 복합유통영상물제공업은 다중이용업의 범위에 규정되어 있지 않으나 복합영상물제공업은 층별 면적에 관계없이 다중이용업소에 해당된다.

정답 ②

08 지하층에서 영업하는 일반음식점이 다중이용업소의 범위에 들어가기 위한 규모는?

① 영업장의 바닥면적 합계가 66제곱미터 이상
② 영업장의 사용면적 합계가 66제곱미터 이상
③ 영업장의 바닥면적 합계가 100제곱미터 이상
④ 영업장의 사용면적 합계가 100제곱미터 이상

해설 일반음식점 : 영업장이 지하층에 설치된 경우에는 그 영업장의 바닥면적 합계가 66제곱미터 이상인 것

정답 ①

09 학원의 경우 수용인원이 300명 이상인 경우 바닥면적의 합계는 얼마인가?

① 900㎡
② 570㎡
③ 460㎡
④ 300㎡

해설 학원의 경우 강의실.교무실.상담실.실습실.휴게실 그밖에 이와 비슷한 용도로 사용하는 특정소방대상물로 수용인원 산정은 : 바닥면적의 합계 ÷ 1.9㎡이다. 따라서 수용인원 300명이상은 570㎡이다

정답 ②

2025년 다중이용업소의 안전관리에 관한 특별법

10 영업장이 지하층에 설치된 경우로 그 영업장의 바닥면적 합계가 66제곱미터 이상인 것이 다중이용업소로 범위에 해당되는 것으로 옳은 것은?

① 제과점영업, 휴게음식점영업, 단란주점영업
② 일반음식점영업, 제과점영업, 노래연습장
③ 휴게음식점영업, 일반음식점영업, 제과점영업
④ 휴게음식점영업, 일반음식점영업, 유흥주점영업

해설 휴게음식점영업·제과점영업 또는 일반음식점영업으로서 영업장으로 사용하는 바닥면적의 합계가 100제곱미터(영업장이 지하층에 설치된 경우에는 그 영업장의 바닥면적 합계가 66제곱미터) 이상인 것.
정답 ③

11 다음 중 다중이용업소에서 제외되는 영업장으로 옳은 것은?

① 지상 2층에 영업장으로 사용되는 바닥면적의 합계가 100제곱미터 이상인 제과점
② 영업장이 지하층에 설치된 일반음식점으로 그 영업장의 바닥면적 합계가 66제곱미터이상 인 것
③ 지상 1층에 영업장으로 사용되는 바닥면적의 합계가 100제곱미터이상인 휴게음식점이 설치되고 그 영업장의 주된 출입구가 건축물 외부의 지면과 직접 연결되는 곳
④ 지상 2층에 영업장으로 사용되는 바닥면적의 합계가 100제곱미터이상인 게임제공업

해설 휴게음식점영업·제과점영업 또는 일반음식점영업의 다중이용업소 제외
영업장(내부계단으로 연결된 복층구조의 영업장을 제외한다)이 지상 1층 또는 지상과 직접 접하는 층에 설치되고 그 영업장의 주된 출입구가 건축물 외부의 지면과 직접 연결되는 곳에서 하는 영업을 제외한다.
정답 ③

12 「식품위생법 시행령」에 따른 영업의 종류 중 식품접객업의 설명으로 옳지 않은 것은?

① 일반음식점영업 : 음식류를 조리·판매하는 영업으로서 식사와 함께 부수적으로 음주행위가 허용되는 영업
② 휴게음식점영업 : 주로 다류(茶類), 아이스크림류 등을 조리·판매하거나 패스트푸드점, 분식점 형태의 영업 등 음식류를 조리·판매하는 영업으로서 음주행위가 허용되지 아니하는 영업
③ 유흥주점영업 : 주로 주류를 조리·판매하는 영업으로서 유흥종사자를 두거나 유흥시설을 설치할 수 있고 손님이 노래를 부르거나 춤을 추는 행위가 허용되는 영업
④ 휴게음식점영업 : 편의점, 슈퍼마켓, 휴게소, 그 밖에 음식류를 판매하는 장소에서 컵라면, 일회용 다류 또는 그 밖의 음식류에 물을 부어 주는 영업도 포함한다.

해설 편의점, 슈퍼마켓, 휴게소, 그 밖에 음식류를 판매하는 장소(인터넷컴퓨터게임시설제공업을 하는 영업소 등 음식류를 부수적으로 판매하는 장소를 포함한다)에서 컵라면, 일회용 다류 또는 그 밖의 음식류에 물을 부어 주는 경우는 휴게음식점영업에서 제외한다.
정답 ④

13 다음 중 「영화 및 비디오물의 진흥에 관한 법률」에 따른 다중이용업소에 해당되지 않은 것은?

① 복합유통게임제공업
② 비디오물감상실업
③ 비디오물소극장업
④ 영화상영관

해설 「영화 및 비디오물의 진흥에 관한 법률」에 따른 다중이용업소
① "영화상영관"이라 함은 영리를 목적으로 영화를 상영하는 장소 또는 시설을 말한다. 다만, 연간 영화상영일수가 연간 120일 이내이고 계속상영기간이 30일 이내인 영화상영 장소나 시설은 제외한다.
② "비디오물시청제공업"이라 함은 다음 각 목의 어느 하나에 해당하는 영업을 말한다.
 ㉠ 비디오물감상실업 : 다수의 구획된 시청실과 비디오물 시청기자재를 갖추고 비디오물을 공중의 시청에 제공(이용자가 직접 시청시설을 작동하여 이용하는 경우를 포함한다)하는 영업
 ㉡ 비디오물소극장업 : 영사막 및 다수의 객석과 비디오물 시청기자재를 갖추고 비디오물만을 전용으로 공중의 시청에 제공하는 영업
 ㉢ 복합영상물제공업 : 비디오물감상실업을 하면서 부수적으로 게임물을 이용할 수 있는 시설 또는 노래를 할 수 있는 시설을 갖추어 공중에 제공하는 영업
※ 복합유통 게임제공업은 「게임산업진흥에 관한 법률」에 따른 다중이용업에 해당한다.

정답 ①

14 다음 중 수용인원 100명 이상 300명 미만의 학원으로 다중이용업에 해당되는 경우는?

① 학원의 운영권자를 달리하는 학원과 학원이 방화구획으로 나누어진 경우
② 하나의 건축물에 학원이 둘 이상 있는 경우로서 학원의 수용인원이 200명 이상인 학원
③ 하나의 건축물에 학원과 치과의원과 함께 있는 학원
④ 하나의 건축물에 학원과 기숙사가 함께 있는 학원

해설 수용인원 100명 이상 300명 미만으로서 다음의 어느 하나에 해당하는 것. 다만, 학원으로 사용하는 부분과 다른 용도로 사용하는 부분이 방화구획으로 나누어진 경우는 제외한다.
① 하나의 건축물에 학원과 기숙사가 함께 있는 학원
② 하나의 건축물에 학원이 둘 이상 있는 경우로서 학원의 수용인원이 300명 이상인 학원
③ 하나의 건축물에 다중이용업 중 어느 하나 이상의 다중이용업과 학원이 함께 있는 경우

정답 ④

15 지상 1층에서 3층까지 동일인이 학원을 경영할 경우 방화구획 여부와 관계없이 수용인원의 합이 몇 명 이상 일 때 다중이용업 범위에 해당되는가?

① 300명 이상
② 200명 이상
③ 100명 이상 300명 미만
④ 250명 이상

해설 하나의 건축물에 학원이 둘 이상 있는 경우로서 학원의 수용인원이 300명 이상인 학원이 다중이용업에 해당 된다.

정답 ①

2025년 다중이용업소의 안전관리에 관한 특별법

16 다중이용업소의 안전관리에 관한 특별법에서 정하는 용어 정의로 맞게 설명한 것은?

① "다중이용업"란 불특정 다수인이 이용하는 영업 중 화재 등 재난발생시 생명·신체·재산상의 피해가 발생할 우려가 높은 것으로서 행정안전부령이 정하는 영업을 말한다.
② "수면방업"이란 구획된 실(室) 안에 침대·간이침대 그 밖에 휴식을 취할 수 있는 시설을 갖춘 형태의 영업을 말한다.
③ "실내장식물"이란 건축물 내부의 천장 또는 벽에 설치하는 것으로서 행정안전부령으로 정하는 것을 말한다.
④ "밀폐구조의 영업장"이란 지상층에 있는 다중이용업소의 영업장 중 채광·환기·통풍 및 피난 등이 용이하지 못한 구조로 되어 있으면서 행정안전부령으로 정하는 기준에 해당하는 영업장을 말한다.

해설 ①③④의 용어의 기준 등은 대통령령으로 정한 기준이 맞는 설명이다
정답 ②

17 다중이용업이란 불특정 다수인이 이용하는 영업 중 화재 등 재난 발생 시 생명·신체·재산상의 피해가 발생할 우려가 높은 것으로서 대통령령이 정하는 영업을 말하는데 다음 중 이에 해당되지 않는 다중이용업은?

① 안마시술소
② 키즈카페업
③ 고시원업
④ 가상체험 체육시설업

해설 키즈카페업은 다음의 영업장으로 행정안전부령으로 정하는 다중이용업에 해당
① 실내공간에서 어린이에게 놀이를 제공하는 영업
② 실내에 어린이 놀이시설을 갖춘 영업
③ 휴게음식점영업으로서 실내공간에서 어린이에게 놀이를 제공하고 부수적으로 음식류를 판매·제공하는 영업
정답 ②

18. 화재위험평가결과 화재안전등급이 D등급 또는 E등급인 경우에 해당하거나 화재발생시 인명피해가 발생할 우려가 높은 불특정다수인이 출입하는 영업으로서 소방청장이 관계 중앙행정기관의 장과 협의하여 행정안전부령으로 정하는 영업장에 해당 되지 않은 것은?

① 화상대화방업
② 만화카페업
③ 수면방업
④ 고시원업

해설 행정안전부령으로 정하는 영업(시행규칙 제2조)

업소명	정의
전화방업·화상대화방업	구획된 실(室) 안에 전화기·텔레비전·모니터 또는 카메라 등 상대방과 대화할 수 있는 시설을 갖춘 형태의 영업
수면방업	구획된 실(室) 안에 침대·간이침대 그 밖에 휴식을 취할 수 있는 시설을 갖춘 형태의 영업
콜라텍업	손님이 춤을 추는 시설 등을 갖춘 형태의 영업으로서 주류판매가 허용되지 아니하는 영업
방탈출카페업	제한된 시간 내에 방을 탈출하는 놀이 형태의 영업
키즈카페업	가. 실내공간에서 어린이에게 놀이를 제공하는 영업 나. 실내에 에 따른 어린이 놀이시설을 갖춘 영업 다. 휴게음식점영업으로서 실내공간에서 어린이에게 놀이를 제공하고 부수적으로 음식류를 판매·제공하는 영업
만화카페업	만화책 등 다수의 도서를 갖춘 다음 각 목의 영업. 다만, 도서를 대여·판매만 하는 영업인 경우와 영업장으로 사용하는 바닥면적의 합계가 50㎡ 미만인 경우는 제외 가. 만화책 등 다수의 도서를 갖춘 휴게음식점영업 나. 도서의 열람, 휴식공간 등을 제공할 목적으로 실내에 다수의 구획된 실(室)을 만들거나 입체 형태의 구조물을 설치한 영업

정답 ④

19. 건축물의 층별, 면적, 수용인원에 관계 없이 다중이용업소에 해당 되는 것은?

① 게임제공업
② 제과점
③ 산후조리업
④ 일반음식점

해설 산후조리업은 층별·면적 관계없이 다중이용업에 해당 된다.
정답 ③

20. 수용인원을 기준으로 다중이용소 범위를 결정하는 영업장으로 알맞게 짝지어진 것은?

① 목욕장업, 고시원업
② 학원, 목욕장업
③ 안마시술소, 콜라텍업
④ 수면방업, 유흥주점업

해설 학원, 목욕장업은 「소방시설 설치유지 및 안전관리에 관한 법률 시행령」 별표 3에 따라 산정된 수용인원에 따라 다중이용업의 범위를 정한다.
정답 ②

2025년 다중이용업소의 안전관리에 관한 특별법

21 다음 중 다중이용업소의 범위에 해당 되는 것은?

① 골프장업
② 석궁사격장과 함께 설치한 권총 실내사격장
③ 자연식 권총사격장
④ 산소방업

해설 「사격 및 사격장 안전관리에 관한 법률 시행령」제2조 제1호 및 별표1의 권총사격장(실내사격장에 한정하며, 종합사격장에 설치된 경우를 포함한다)이 다중이용업소이다. 가상체험 체육시설업(실내골프연습장업), 수면방업이 다중이용업소이다.
정답 ②

22 다음 중 다중이용업소 범위에 해당되지 않는 것은?

① 목욕장업
② 수면방업
③ 콜라텍업
④ 놀이방업

해설 놀이방업은 다중이용업소가 아니다.
정답 ④

23 화재 발생시 인명피해가 발생할 우려가 높은 불특정다수인이 출입하는 다중이용업이 아닌 것은?

① 수면방업
② 노래연습장업
③ 산후조리업
④ 당구장업

해설 당구장업은 근린생활시설이나 운동시설에 해당된다.
정답 ④

24 다음 중 다중이용업 범위에 해당하지 않는 것은?

① 연예장
② 수면방업
③ 콜라텍업
④ 단란주점영업

해설 연예장 : 문화 및 집회시설
정답 ①

25 구획된 실(室)안에 학습자가 공부할 수 있는 시설을 갖추고 숙박을 제공하는 형태의 영업은?

① 고시원업
② 전화방업
③ 수면방업
④ 콜라텍업

해설 용어 정의
① 고시원업 : 구획된 실(室) 안에 학습자가 공부할 수 있는 시설을 갖추고 숙박 또는 숙식을 제공하는 형태의 영업
② 전화방업·화상대화방업 : 구획된 실(室) 안에 전화기·텔레비전·모니터 또는 카메라 등 상대방과 대화할 수 있는 시설을 갖춘 형태의 영업
③ 수면방업 : 구획된 실(室) 안에 침대·간이침대 그 밖에 휴식을 취할 수 있는 시설을 갖춘 형태의 영업
④ 콜라텍업 : 손님이 춤을 추는 시설 등을 갖춘 형태의 영업으로서 주류판매가 허용되지 아니하는 영업

정답 ①

26 다중이용업의 범위에 층별, 면적별 구분이 없이 다중이용업에 해당 되나 지상 1층에 영업장이 위치하고 그 영업장의 주된 출입구가 건축물 외부의 지면과 직접 연결된 구조에 해당 하는 경우에 다중이용업에서 제외되는 영업에 해당되는 것은?

① 제과점, 게임제공업
② 인터넷컴퓨터게임시설제공업, 게임제공업
③ 인터넷컴퓨터게임시설제공업, 일반음식점, 휴게음식점
④ 복합유통제공업, 인터넷컴퓨터게임시설제공업, 게임제공업

해설 게임제공업 및 인터넷컴퓨터게임시설제공업의 경우에는 영업장(내부계단으로 연결된 복층구조의 영업장은 제외한다)이 지상 1층 또는 지상과 직접 접하는 층에 설치되고 그 영업장의 주된 출입구가 건축물 외부의 지면과 직접 연결된 구조에 해당하는 경우는 다중이용업에서 제외한다.

정답 ②

27 「사격 및 사격장 안전관리에 관한 법률 시행령」상 권총사격장 중 다중이용업에 해당 되는 것은?

① 복도식 사격장
② 격벽식 사격장
③ 실내 사격장
④ 자연식 사격장

해설 다중이용업에 해당하는 권총사격장의 범위
다음 권총 사격장 중 실내 사격장에 한정하며, 종합사격장에 설치된 경우를 포함한다.

종류	구분
권총 사격장	가. 복도식사격장(탄도 전체를 덮는 사옥이 설치된 사격장) 나. 격벽식사격장(발사한 탄알이 사격장 밖으로 튀어나가지 못하도록 사좌로부터 탄알받이 사이에 방탄벽을 설치한 사격장) 다. 실내사격장(실내에 설치된 사격장) 라. 자연식사격장(복도식과 격벽식 외의 실외사격장) 마. 클레이 사격장, 라이플사격장, 공기총사격장, 석궁사격장에 설치된 것 포함

정답 ③

2025년 다중이용업소의 안전관리에 관한 특별법

28 다음 보기에서 설명하는 해당 다중이용업소가 아닌 것은?

- 영업장이 지하층에 설치된 경우에는 그 영업장의 바닥면적 합계가 66제곱미터 이상
- 영업장으로 사용하는 바닥면적의 합계가 100제곱미터 이상인 것.
- 주 출입구가 지상1층 또는 피난층에 면한 영업장 제외

① 복합유통게임제공업 ② 일반음식점업
③ 제과점업 ④ 휴게음식점업

해설 휴게음식점영업·제과점영업 또는 일반음식점영업에 대한 다중이용업의 범위의 설명이다.
정답 ①

29 다음 설명한 내용 중 다중이용업 범위에 해당되는 것은?

① 수용인원이 100명 이상인 일반목욕장업
② 맥반석·황토·옥 등을 직접 또는 간접 가열하여 발생되는 열기 또는 원적외선 등을 이용하여 땀을 낼 수 있는 시설 및 설비 등을 갖춘 목욕장업
③ 물을 사용하는 목욕탕 밖에 찜질방시설이 있는 경우로서 수용인원이 100명 이상 즉 300㎡ 이상 (욕탕부분 수용인원은 포함)
④ 학원의 면적이 570㎡ 미만

해설 **다중이용업의 범위**
① 수용인원이 100명 이상이더라도 일반목욕장업은 제외
③ 물을 사용하는 목욕탕 밖에 찜질방시설이 있는 경우로서 수용인원이 100명 이상 즉 300㎡ 이상(욕탕부분 수용인원은 제외)
④ 학원의 면적이 570㎡ 미만은 해당 없음
정답 ②

30 다중이용업소에 대한 설명 중 옳지 않은 것은?

① 목욕장업이 다중이용업소 해당 유무를 판단 함에 있어 물을 사용하는 목욕탕 밖에 찜질방 시설이 없는 경우의 일반목욕장은 수용인원이 100명 이상이라도 다중이용업소에 포함되지 않음
② 콜라텍업 이란 손님이 춤을 추는 시설 등을 갖춘 형태의 영업으로서 주류 판매가 허용되는 영업
③ 고시원업이란 구획된 실(室) 안에 학습자가 공부할 수 있는 시설을 갖추고 숙박 또는 식을 제공하는 형태의 영업
④ 휴게음식점영업 : 주로 다류(茶類), 아이스크림류 등을 조리·판매하거나 패스트푸드점, 분식점 형태의 영업 등 음식류를 조리·판매하는 영업으로서 음주행위가 허용되지 아니하는 영업

해설 콜라텍업 : 손님이 춤을 추는 시설 등을 갖춘 형태의 영업으로서 주류 판매가 허용되지 아니하는 영업
정답 ②

31 다음 중 면적별, 층별, 수용인원 등에 관계 없이 다중이용업소에 해당되는 것은?

① 학원
② 게임제공업
③ 일반음식점
④ 가상체험 체육시설업

해설 실내에 1개 이상의 별도의 구획된 실을 만들어 골프 종목의 운동이 가능한 시설을 경영하는 영업장 은 면적, 층, 수용인원과 관계없이 다중이용업소이다.
정답 ④

32 다중이용업 중에서 행정안전부령으로 정하는 것을 모두 고르시오.

가. 전화방업·화상대화방업	나. 고시원업
다. 수면방업	라. 방탈출카페업
마. 산후조리원업	바. 키즈카페업

① 가, 나, 라
② 가, 다, 마
③ 가, 다, 라, 마
④ 가, 다, 라, 바

해설 행정안전부령으로 정하는 다중이용업
전화방업·화상대화방업, 콜라텍업, 수면방업, 방탈출카페업, 키즈카페업, 만화카페업
정답 ④

2025년 다중이용업소의 안전관리에 관한 특별법

33 다음 중 용어의 정의에서 실내장식물에 해당되는 것은?

① 너비 10센티미터 이상의 반자돌림대
② 가구류
③ 방화에 지장 없는 건축 마감재료
④ 사무용 의자 및 계산대

해설 가구류(옷장, 찬장, 식탁, 식탁용 의자, 사무용 책상, 사무용 의자 및 계산대, 그 밖에 이와 비슷한 것을 말한다)와 너비 10센티미터 이하인 반자돌림대 등과 「건축법」 제52조(방화에 지장이 없는)에 따른 건축 내부마감재료는 제외한다.
정답 ①

34 다중이용업소 안전관리에 관한 특별법에 규정한 실내장식물에 해당 되지 않는 것은?

① 종이류(두께 2밀리미터 이상인 것을 말함)·합성수지류 또는 섬유류를 주원료로 한 물품
② 합판이나 목재
③ 공간을 구획하기 위하여 설치하는 간이 칸막이
④ 찬장, 식탁, 옷장

해설 가구류(옷장, 찬장, 식탁, 식탁용 의자, 사무용 책상, 사무용 의자 및 계산대, 그 밖에 이와 비슷한 것을 말한다)는 실내장식물에 제외한다.
정답 ④

35 다중이용업소 안전관리에 관한 특별법 상 실내장식물에 해당 되지 않는 것은?

① 두께 2밀리미터 이상의 종이류를 주원료로 한 물품
② 흡음용 커튼
③ 합성수지류 또는 섬유류를 주원료로 한 물품
④ 너비 10센티미터 이하의 반자돌림대

해설 ①②③ 이외에 흡음(吸音)이나 방음(防音)을 위하여 설치하는 흡음재(흡음용 커튼을 포함한다) 또는 방음재(방음용 커튼을 포함한다)
정답 ④

36 지상층에 있는 다중이용업소의 영업장 중 채광·환기·통풍 및 피난 등이 용이하지 못한 구조로 되어 있으면서 대통령령으로 정하는 기준에 해당하는 영업장을 용어의 정의로 맞는 것은?

① 폐쇄구조의 영업장
② 비상구 등이 없는 영업장
③ 무창층 구조의 영업장
④ 밀폐구조의 영업장

해설 밀폐구조의 영업장이란 지상층에 있는 다중이용업소의 영업장 중 채광·환기·통풍 및 피난 등이 용이하지 못한 구조로 되어 있으면서 대통령령으로 정하는 기준에 해당하는 영업장을 말한다.
정답 ④

37 다중이용업소의 영업장 내부를 이용객들이 사용할 수 있도록 벽 또는 칸막이 등을 사용하여 구획된 실(室)을 만드는 것을 무엇이라 하는 가?

① 칸막이 또는 간이칸막이
② 영업장의 내부구획
③ 격실 또는 룸
④ 임의적 구획

해설 영업장의 내부구획이란 다중이용업소의 영업장 내부를 이용객들이 사용할 수 있도록 벽 또는 칸막이 등을 사용하여 구획된 실(室)을 만드는 것을 말한다.

정답 ②

38 다중이용업소의 안전관리에 관한 특별법상 화재배상책임보험 가입의무를 적용 받지 않는 대상으로 틀린 것은?

① 영화상영관으로 사용하는 부분의 바닥면적의 합계가 2천제곱미터 이상인 건물
② 게임제공업으로 사용하는 부분의 바닥면적의 합계가 2천제곱미터 이상인 건물
③ 유흥주점영업으로 사용하는 부분의 바닥면적의 합계가 2천제곱미터 이상인 건물
④ 복도식 사격장으로 사용하는 건물

해설 권총사격장 중 실내 사격장은 권총사격장은 면적에 관계 없이 화재책임보험 가입의무 대상에 해당하나, 「화재로 인한 재해보상과 보험가입에 관한 법률」에 보험 의무가입 대상이기도 함으로 면제되나, 화보법이나 이 법에도 복도식 사격장은 화재책임보험 의무가입 대상에 해당되지 않는다.

정답 ④

39 영업장(내부계단으로 연결된 복층구조의 영업장을 제외한다)이 지상 1층 또는 지상과 직접 접하는 층에 설치되고 그 영업장의 주된 출입구가 건축물 외부의 지면과 직접 연결되는 곳에서 하는 영업하는 경우 다중이용업소의 안전관리에 관한 특별법 적용에서 제외되는 영업장이 아닌 것은?

① 제과점, 일반음식점
② 휴게음식점, 게임제공업
③ 게임제공업, 인터넷컴퓨터게임시설제공업
④ 복합유통게임제공업, 게임제공업

해설 휴게음식점, 제과점, 일반음식점, 게임제공업, 인터넷컴퓨터게임시설제공업의 영업장이 상기 조건인 경우 다중이용업소 범위에서 제외 되므로 다중이용업소의 안전관리에 관한 특별법 적용을 받지 않는다.

정답 ④

40 다중이용업주의 화재배상책임에 관하여 「다중이용업소의 안전관리에 관한 특별법」에서 규정한 것 외에는 어떤 법에 따르는가?

① 「화재로 인한 재해보상과 보험가입에 관한 법률」
② 보험 촉진에 관한 법률
③ 민법
④ 민사소송법

해설 다중이용업주의 화재배상책임에 관하여 이 법에서 규정한 것 외에는 「민법」에 따른다.
정답 ③

41 국민의 생명·신체 및 재산을 보호하기 위하여 불특정 다수인이 이용하는 다중이용업소의 소방시설 및 안전시설 등의 설치·유지 및 안전관리에 필요한 시책을 강구해야할 책임은?

① 국가 및 지방자치단체
② 안전행정부장관
③ 소방청장
④ 소방본부장 또는 소방서장

해설 국가 및 지방자치단체는 국민의 생명·신체 및 재산을 보호하기 위하여 불특정 다수인이 이용하는 다중이용업소의 소방시설 및 안전시설 등의 설치·유지 및 안전관리에 필요한 시책을 강구해야 한다.
정답 ①

42 다중이용업소의 안전관리기본계획에 포함되어야 하는 사항이 아닌 것은?

① 다중이용업소의 안전관리체제
② 안전관리실태평가 및 개선 계획
③ 시·도 안전관리 기본계획에 관한 사항
④ 화재위험평가결과에 따른 조치계획

해설 화재위험평가결과에 따른 조치계획은 집행계획에 포함되어야할 내용이다.
정답 ④

43 다중이용업소의 안전관리 기본계획 수립지침에 포함해야 할 사항이 아닌 것은?

① 화재 등 재난 발생 경감대책
② 화재피해 원인조사 및 분석
③ 다중이용업소 안전시설등의 관리 및 유지계획
④ 안전관리 실태 평가 및 개선계획

해설 다중이용업소의 안전관리 기본계획 수립지침
(1) 화재 등 재난 발생 경감대책
  ① 화재피해 원인조사 및 분석
  ② 안전관리정보의 전달·관리체계 구축
  ③ 화재 등 재난 발생에 대비한 교육·훈련과 예방에 관한 홍보
(2) 화재 등 재난 발생을 줄이기 위한 중·장기 대책
  ① 다중이용업소 안전시설등의 관리 및 유지계획
  ② 소관 법령 및 관련 기준의 정비

정답 ④

44 다중이용업소 안전관리기본계획의 수립절차에 대한 설명으로 틀린 것은?

① 소방청장은 다중이용업소의 안전관리기본계획(이하 "기본계획"이라 한다)을 관계 중앙행정기관의 장과 협의를 거쳐 5년마다 수립해야 한다.
② 소방청장은 관계 중앙행정기관의 장과 협의를 거쳐 기본계획 수립지침을 작성하고 이를 관계 중앙행정기관의 장에게 통보해야 한다.
③ 소방청장은 기본계획을 수립하면 보고 및 통보한 후 이를 공고해야 한다.
④ 소방청장관은 기본계획을 수립하면 대통령에게 보고하고 관계 중앙행정기관의 장과 특별시·도지사에게 통보해야 한다.

해설 안전관리기본계획의 수립절차(영 제4조)
① 소방청장은 다중이용업소의 안전관리기본계획(이하 "기본계획"이라 한다)을 관계 중앙행정기관의 장과 협의를 거쳐 5년마다 수립해야 한다.(제1항)
② 소방청장은 관계 중앙행정기관의 장과 협의를 거쳐 기본계획 수립지침을 작성하고 이를 관계 중앙행정기관의 장에게 통보해야 한다.(제2항)
③ 소방청장은 기본계획을 수립하면 국무총리에게 보고하고 관계 중앙행정기관의 장과 시·도지사에게 통보한 후 이를 공고해야 한다.(제3항)

계획수립(소방청장) ⇨ 보고 국무총리 ⇨ 통보 관계중앙행정기관의 장 시·도지사 ⇨ 관보공고

정답 ④

45 다중이용업소의 연도별 안전관리계획에 대한 설명으로 틀린 것은?

① 소방청장은 기본계획에 따라 매년 연도별 안전관리계획을 수립·시행해야 한다.
② 소방청장은 매년 연도별 안전관리계획을 전년도 10월 31일까지 수립해야 한다.
③ 소방청장은 연도별 계획을 수립하면 지체 없이 관계 중앙행정기관의 장과 시·도지사 및 소방본부장에게 통보해야 한다.
④ 관계 중앙행정기관의 장 및 시·도지사에게 관련된 자료의 제출을 요구할 수 있다.

해설 소방청장은 매년 연도별 안전관리계획을 전년도 12월 31일까지 수립해야 한다.
정답 ②

2025년 다중이용업소의 안전관리에 관한 특별법

46 다중이용업소 안전관리 기본계획 및 연도별 계획에 따라 관할 지역의 다중이용업소에 대한 안전관리를 위하여 매년 안전관리집행계획을 수립해야 할 책임이 있는 자는?

① 소방청장
② 소방본부장
③ 관할 소방서장
④ 시·도지사

해설 소방본부장은 기본계획 및 연도별계획에 따라 관할 지역의 다중이용업소에 대한 안전관리를 위하여 매년 안전관리집행계획을 수립하여 소방청장에게 제출해야 한다.(제1항)

정답 ②

47 다중이용업소 안전관리 집행계획수립 및 제출에 관한 설명으로 틀린 것은?

① 집행계획을 수립·시행해야 할 책임은 소방본부장이다.
② 소방본부장은 매년 안전관리집행계획을 수립하여 시·도지사에게 제출해야 한다.
③ 집행계획의 수립시기·대상·내용 등에 관하여 필요한 사항은 대통령령으로 정한다.
④ 소방본부장은 집행계획을 수립에 필요한 경우에는 해당 시장·군수·구청장에게 관련 자료의 제출을 요구할 수 있다.

해설 소방본부장은 매년 안전관리집행계획을 수립하여 소방청장에게 제출해야 한다.

정답 ②

48 다음 중 다중이용업소 안전관리 집행계획수립에 대한 설명으로 맞는 것은?

① 소방본부장은 기본계획과 연도별 계획에 따라 해당 연도 전년 10월 31일까지 다중이용업에 대한 안전관리집행계획을 수립해야 한다.
② 수립된 집행계획과 전년도 추진실적을 매년 12월 31일까지 소방청장에게 제출해야 한다.
③ 집행계획의 내용에는 다중이용업소 밀집 지역의 소방시설 설치, 유지·관리와 개선계획을 포함한다.
④ 집행계획에는 화재배상책임보험 가입대책이 포함되어야 한다.

해설 안전관리 집행계획
① 소방본부장은 기본계획과 연도별 계획에 따라 해당 연도 전년 12월 31일까지 다중이용업에 대한 안전관리집행계획을 수립해야 한다.
② 수립된 집행계획과 전년도 추진실적을 매년 1월 31일까지 소방청장에게 제출해야 한다.
④ 화재배상책임보험 가입은 집행계획내용에 포함사항이 아니다.

정답 ③

49 소방본부장은 기본계획과 연도별 계획에 따라 다중이용업에 대한 안전관리집행계획을 수립하고자 할 때 집행계획에 포함되어야 할 내용이 아닌 것은?

① 다중이용업주와 종업원에 대한 자체지도 계획
② 다중이용업소 밀집 지역의 소방시설 설치, 유지·관리와 개선계획
③ 다중이용업주와 종업원에 대한 소방안전교육·훈련계획
④ 화재배상책임보험 의무가입 계획과 화재위험평가 실시

해설 집행계획의 내용(제2항)
① 다중이용업소 밀집 지역의 소방시설 설치, 유지·관리와 개선계획
② 다중이용업주와 종업원에 대한 소방안전교육·훈련계획
③ 다중이용업주와 종업원에 대한 자체지도 계획
④ 다중이용업소의 화재위험 평가의 실시 및 평가
⑤ 화재위험평가결과에 따른 조치계획

정답 ④

50 다음 중 다중이용업소의 안전관리에 관한 특별법상 화재배상책임보험 가입의무 가입 대상으로 맞는 것은?

① 학원으로서 바닥면적의 합계가 2,000㎡ 이상인 것.
② 노래연습장으로서 바닥면적의 합계가 3,000㎡인 것.
③ 산후조리업으로서 바닥면적의 합계가 2,000㎡인 것
④ 영화상영관으로서 바닥면적의 합계가 2,000㎡ 이상인 것.

해설 건물의 소유자가 신체손해배상특약부화재보험에 가입해야 할 특수건물은 이 법의 적용을 제외
① 바닥면적의 합계가 2,000㎡이상 : 다중이용업소(학원, 목욕장업, 영화상영관, 게임제공업, 인터넷컴퓨터게임시설제공업, 노래연습장업, 휴게음식점업, 일반음식점업, 단란주점영업, 유흥주점영업으로 사용하는 건물
② 실내 사격장

정답 ③

51 다중이용업소의 안전관리 기본계획 수립·시행등과 관련이 먼 내용은?

① 다중이용업소의 자율적인 안전관리 교육실시에 관한 사항
② 다중이용업소의 화재안전에 관한 정보체계의 구축 및 관리
③ 다중이용업소의 화재위험평가의 연구·개발에 관한 사항
④ 다중이용업소의 화재배상책임보험 가입관리 전산망의 구축·운영

해설 안전관리 기본계획의 내용
① 다중이용업소의 안전관리에 관한 기본방향
② 다중이용업소의 자율적인 안전관리의 촉진에 관한 사항
③ 다중이용업소의 화재안전에 관한 정보체계의 구축 및 관리

④ 다중이용업소의 안전 관련 법령의 정비 등 제도개선에 관한 사항
⑤ 다중이용업소의 적정한 유지·관리에 필요한 교육과 기술연구·개발
⑥ 다중이용업소의 화재배상책임보험에 관한 기본 방향
⑦ 다중이용업소의 화재배상책임보험 가입관리 전산망의 구축·운영
⑧ 다중이용업소의 화재배상책임보험제도의 정비 및 개선에 관한 사항
⑨ 다중이용업소의 화재위험평가의 연구·개발에 관한 사항
⑩ 그 밖에 다중이용업소의 안전관리에 관하여 대통령령이 정하는 사항

정답 ①

CHAPTER 03 허가관청의 통보 등

제7조(관련 행정기관의 통보사항) 2019년 2023년

① 다른 법률에 따라 다중이용업의 허가·인가·등록·신고수리(이하 "허가등"이라 한다)를 하는 행정기관(이하 "허가관청"이라 한다)은 허가등을 한 날부터 **14일 이내**에 행정안전부령(제4조)으로 정하는 바에 따라 다중이용업소의 소재지를 관할하는 **소방본부장 또는 소방서장**에게 다음 각 호의 사항을 통보하여야 한다. 2023년
    1. 다중이용업주의 성명 및 주소
    2. 다중이용업소의 상호 및 주소
    3. 다중이용업의 업종 및 영업장 면적

시행규칙 제4조(관련 행정기관의 허가등의 통보)
① 다중이용업의 허가·인가·등록·신고수리(이하 "허가등"이라 한다)를 하는 행정기관(이하 "허가관청"이라 한다)은 허가등을 한 날부터 **14일 이내**에 다음 각 호의 사항을 별지 제1호서식의 다중이용업 허가등 사항(변경사항)통보서에 따라 관할 소방본부장 또는 소방서장에게 통보하여야 한다.
    1. 영업주의 성명·주소
    2. 다중이용업소의 상호·소재지
    3. 다중이용업의 종류·영업장 면적
    4. 허가등 일자

② 허가관청은 다중이용업주가 다음 각 호의 어느 하나에 해당하는 행위를 하였을 때에는 그 신고를 수리(受理)한 날부터 **30일 이내**에 소방본부장 또는 소방서장에게 통보하여야 한다.
    1. 휴업·폐업 또는 휴업 후 영업의 재개(再開)
    2. 영업 내용의 변경
    3. 다중이용업주의 변경 또는 다중이용업주 주소의 변경
    4. 다중이용업소 상호 또는 주소의 변경

시행규칙 제4조(관련 행정기관의 허가등의 통보)
② 허가관청은 휴·폐업과 휴업 후 영업재개신고를 수리한 때에는 별지 제1호서식의 다중이용업 허가등 사항(변경사항)통보서에 따라 **30일 이내**에 소방본부장 또는 소방서장에게 통보하여야 한다.
③ 허가관청은 변경사항의 신고를 수리한 때에는 수리한 날부터 **30일 이내**에 별지 제1호서식의 다중이용업 허가등 사항(변경사항)통보서에 따라 그 변경내용을 관할 소방본부장 또는 소방서장에게 통보하여야 한다.

③ 소방청장, 소방본부장 또는 소방서장은 다중이용업주의 휴업·폐업 또는 사업자등록말소 사실을 확인하기 위하여 필요한 경우에는 사업자등록번호를 기재하여 **관할 세무관서의 장**에게 다음 각

2025년 다중이용업소의 안전관리에 관한 특별법

호의 사항에 대한 **과세정보 제공**을 요청할 수 있다. 이 경우 요청을 받은 세무관서의 장은 정당한 사유가 없으면 그 요청에 따라야 한다.
  1. 대표자 성명 및 주민등록번호, 사업장 소재지
  2. 휴업·폐업한 사업자의 성명 및 주민등록번호, 휴업일·폐업일

시행규칙 제4조(관련 행정기관의 허가등의 통보)
  ④ 소방본부장 또는 소방서장은 허가관청으로부터 제1항부터 제3항까지에 따른 통보를 받은 경우에는 다중이용업 허가등 사항 처리 접수대장에 그 사실을 기록하여 관리하여야 한다.
  ⑤ 허가관청은 제1항부터 제3항까지에 따른 통보를 할 때에는 전산시스템을 이용하여 통보할 수 있다.

Plus One | 다중이용업의 허가관청

다중이용업	허가등 행정관청	허가
단란·유흥주점	식품의약품안전처장, 시·도지사 또는 시장·군수·구청장	영업허가
일반·휴게음식점·제과점	식품의약품안전처장, 시·도지사 또는 시장·군수·구청장	영업신고
가상체험 체육시설업(골프연습장) 산후조리원	시·도지사 또는 시장·군수·구청장	영업신고
영화상영관, 비디오물감상실업, 비디오물소극장업, 복합영상물제공업	시장·군수·구청장	영업등록
노래연습장	시장·군수·구청장	영업등록
청소년게임제공업, 인터넷컴퓨터게임시설제공업, 복합유통게임제공업	시장·군수·구청장	영업등록
일반게임제공업	시장·군수·구청장	영업허가
목욕장업, 안마시술소	시장·군수·구청장	영업신고
학원	교육감	영업등록
권총사격장	지방경찰청장	영업허가
고시원업	관할 세무관서장	

제7조의2(허가관청의 확인사항)

허가관청은 다른 법률에 따라 다중이용업주의 **변경신고** 또는 다중이용업주의 **지위승계 신고를 수리하기 전**에 다중이용업을 하려는 자가 다음 각 호의 사항을 이행하였는지를 확인하여야 한다.
1. **소방안전교육 이수**
2. **화재배상책임보험 가입**

제8조(소방안전교육) 2017년 2018년 2017년 2020년 2021년 2023년

① 다중이용업주와 그 종업원 및 다중이용업을 하려는 자는 소방청장, 소방본부장 또는 소방서장이 실시하는 소방안전교육을 받아야 한다. 다만, 다중이용업주나 종업원이 그 해당연도에 다음 각 호의 어느 하나에 해당하는 교육을 받은 경우에는 그러하지 아니하다.
  1. 소방안전관리자 강습 또는 실무교육
  2. 위험물안전관리자 교육
② 다중이용업주는 소방안전교육 대상자인 종업원이 소방안전교육을 받도록 하여야 한다.

시행규칙 제5조(소방안전교육의 대상자 등) 2018년 2020년

① 소방청장·소방본부장 또는 소방서장이 실시하는 소방안전교육(이하 "소방안전교육"이라 한다)을 받아야 하는 대상자(이하 "교육대상자"라 한다)는 다음 각 호와 같다.
  1. 다중이용업을 운영하는 자(이하 "다중이용업주"라 한다)
  2. 다중이용업주 외에 해당 영업장(다중이용업주가 둘 이상의 영업장을 운영하는 경우에는 각각의 영업장을 말한다)을 관리하는 종업원 1명 이상 또는 「국민연금법」 제8조제1항에 따라 국민연금 가입의무대상자인 종업원 1명 이상
  3. 다중이용업을 하려는 자
② 제1항제1호에도 불구하고 다중이용업주가 직접 소방안전교육을 받기 곤란한 경우로서 소방청장이 정하는 경우에는 영업장의 종업원 중 소방청장이 정하는 자로 하여금 다중이용업주를 대신하여 소방안전교육을 받게 할 수 있다.
③ 교육대상자는 다음 각 호의 구분에 따른 시기에 소방안전교육을 받아야 한다. 다만, 교육대상자가 국외에 체류하고 있거나, 질병·부상 등으로 입원해 있는 등 정해진 기간 안에 소방안전교육을 받을 수 없는 사유가 있을 때에는 소방청장이 정하는 바에 따라 3개월의 범위에서 소방안전교육을 연기할 수 있다. 2023년
2020년 2023년

교육종류	교육시기
신규교육	① 다중이용업을 하려는 자 : **다중이용업을 시작하기 전** 　㉠ 다른 법률에 따라 다중이용업주의 변경신고 또는 다중이용업주의 지위승계 신고를 하는 경우: 허가관청이 해당 신고를 수리하기 전까지 　㉡ 안전시설등의 설치 신고 또는 영업장 내부구조 변경신고를 한 경우: 완공신고를 하기 전까지 ② 교육대상 종업원: **다중이용업에 종사하기 전**
수시교육	다음 각호의 하나 이상을 위반한 다중이용업주와 교육대상 종업원은 위반행위가 **적발된 날부터 3개월 이내** • 신규 소방안전교육을 받지 아니한 다중이용업주 및 종업원 • 종업원이 신규 소방안전교육을 받도록 하지 않은 경우 • 안전시설등 설치·유지 의무 위반(과태료 부과 대상이 되는 위반행위에 한함) • 실내장식물의 설치기준에 따라 설치하지 않은 경우 • 피난시설, 방화구획 및 방화시설의 유지·관리의무 위반 • 피난안내도의 비치 또는 피난 안내 영상물의 상영의무 위반 • 정기점검과 관련하여 다음의 의무를 위반한 경우 　– 안전시설등을 점검(위탁하여 실시하는 경우를 포함한다)하지 아니한 경우 　– 정기점검결과서를 작성하지 아니하거나 거짓으로 작성한 경우

	– 정기점검결과서를 보관하지 아니한 경우 • 소방안전관리업무를 하지 아니한 경우
보수교육	신규교육 또는 직전의 보수교육을 받은 날이 속하는 달의 마지막 날부터 **2년 이내에 1회 이상**

④ 소방청장·소방본부장 또는 소방서장은 소방안전교육을 실시하려는 때에는 교육 일시 및 장소 등 소방안전교육에 필요한 사항을 교육일 **30일 전**까지 소방청·소방본부 또는 소방서의 홈페이지에 게재해야 한다. 이 경우 다음 각 호에서 정하는 시기에 교육대상자에게 알려야 한다.
  1. 신규 교육 대상자 중 안전시설등의 설치신고 또는 영업장 내부구조 변경신고를 하는 자: 신고 접수 시
  2. 수시 교육 및 보수 교육 대상자: 교육일 10일 전
⑤ 소방청장·소방본부장 또는 소방서장이 소방안전교육을 하려는 때에는 다중이용업과 관련된 「직능인 경제활동지원에 관한 법률」 제2조에 따른 직능단체 및 민법상의 비영리법인과 협의하여 다른 법령에서 정하는 다중이용업 관련 교육과 병행하여 실시할 수 있다.
⑥ 소방안전교육 시간은 **4시간 이내**로 한다.
⑦ 소방안전교육을 받은 사람이 교육받은 날부터 **2년 이내**에 다중이용업을 하려는 경우 또는 다중이용업에 종사하려는 경우에는 신규 교육을 받은 것으로 본다.

③ 소방청장, 소방본부장 또는 소방서장은 소방안전교육을 받은 사람에게는 **교육 이수를 증명하는 서류**를 발급하여야 한다.

시행규칙 제5조(소방안전교육의 대상자 등)
⑧ 소방청장·소방본부장 또는 소방서장은 소방안전교육을 이수한 사람에게 별지 제3호서식의 **소방안전교육 이수증명서**를 발급하고, 그 내용을 별지 제4호서식의 소방안전교육 이수증명서 발급(재발급)대장에 적어 관리하여야 한다.
⑨ 소방안전교육 이수증명서를 발급받은 사람은 소방안전교육 이수증명서를 잃어버렸거나 헐어서 쓸 수 없게 되어 소방안전교육 이수증명서를 재발급받으려면 소방안전교육 이수증명서 재발급 신청서에 이전에 발급받은 소방안전교육 이수증명서를 첨부(잃어버린 경우는 제외한다)하여 소방본부장 또는 소방서장에게 제출하여야 한다. 이 경우 재발급 신청을 받은 소방본부장 또는 소방서장은 소방안전교육 이수증명서를 즉시 재발급하고, 소방안전교육 이수증명서 발급(재발급) 대장에 그 사실을 적어 관리하여야 한다.
⑩ 제1항부터 제9항까지에서 정한 사항 외에 소방안전교육을 위하여 필요한 사항은 소방청장이 정한다.

④ 소방안전교육의 대상자, 횟수, 시기, 교육시간, 그 밖에 교육에 필요한 사항은 **행정안전부령(제5조 내지 제8조)**으로 정한다.

시행규칙 제6조(인터넷 홈페이지를 이용한 사이버 소방안전교육)
① 소방청장, 소방본부장 또는 소방서장은 다중이용업주와 그 종업원 및 다중이용업을 하려는 자에 대한 자율안전관리 책임의식을 높이고 화재발생시 초기대응능력을 향상하기 위하여 인터넷 홈페이지를 이용한 사이버 소방안전교육(이하 "사이버교육"이라 한다)을 위한 환경을 조성하여야 한다.
② 소방청장, 소방본부장 또는 소방서장은 제1항에 따른 사이버교육을 위하여 소방청, 소방본부 또는 소방서의 인터넷 홈페이지에 누구나 쉽게 접속하여 사이버교육을 받을 수 있도록 시스템을 구축·운영하여야 한다.
③ 사이버교육을 위한 시스템 구축과 그 밖에 필요한 사항은 소방청장이 정한다.

시행규칙 제7조(소방안전교육의 교과과정 등) 2017년 2019년 2021년

① 소방안전교육의 교과과정은 다음 각 호와 같다.
  1. 화재안전과 관련된 법령 및 제도
  2. 다중이용업소에서 화재가 발생한 경우 초기대응 및 대피요령
  3. 소방시설 및 방화시설(防火施設)의 유지·관리 및 사용방법
  4. 심폐소생술 등 응급처치 요령

② 그 밖에 다중이용업소의 안전관리에 관한 교육내용과 관련된 세부사항은 **소방청장**이 정한다.

제8조(소방안전교육에 필요한 교육인력 및 시설·장비기준 등) 소방청장·소방본부장 또는 소방서장은 소방안전교육의 내실화를 위하여 **별표 1**의 교육인력 및 시설·장비를 갖추어야 한다.

※ **시행규칙 별표1 소방안전교육에 필요한 교육 인력 및 시설·장비 기준** 2018년 2020년

① 교육 인력 및 시설·장비 2020년

구분	기준
교육 인력	강사 4인 및 교무요원 2인 이상
교육 시설	• 사무실 : 바닥면적이 60㎡ 이상일 것 • 강의실 : 바닥면적이 100㎡ 이상, 의자·탁자 및 교육용 비품을 갖출 것 • 실습실·체험실 : 바닥면적이 100㎡ 이상
장비	교육용 기자재 : 빔프로젝트 등 9개 기자재 11종(소화기 3개 포함)

② 강사의 자격요건 2018년

구분	자격요건
강사	• 소방 관련학의 석사학위 이상을 가진 자 • 전문대학 또는 이와 동등 이상의 교육기관에서 소방안전 관련 학과 전임강사 이상으로 재직한 자 • 소방기술사, 위험물기능장, 소방시설관리사, 소방안전교육사자격을 소지한 자 • 소방설비기사 및 위험물산업기사 자격을 취득한 후 소방 관련 기관(단체)에서 2년 이상 강의경력이 있는 자 • 소방설비산업기사 및 위험물기능사 자격을 취득한 후 소방 관련 기관(단체)에서 5년 이상 강의경력이 있는 자 • 대학 또는 이와 동등 이상의 교육기관에서 소방안전 관련 학과를 졸업하고 소방 관련 기관(단체)에서 5년 이상 강의경력이 있는 자 • 소방 관련 기관(단체)에서 10년 이상 실무경력이 있는 자로서 5년 이상 강의경력이 있는 자 • 소방위 이상의 소방공무원 또는 소방설비기사 자격을 소지한 소방장 이상의 소방공무원 • 간호사 또는 응급구조사 자격을 소지한 소방공무원(응급처치 교육에 한함)
외래 초빙강사	강사의 자격요건에 해당하는 자일 것

③ 교육용 기자재

기자재명	규격	수량(단위: 개)
빔 프로젝터(beam projector)(스크린 포함)		1
소화기(단면절개: 斷面切開)	3종	각 1
경보설비시스템		1
간이스프링클러 계통도		
자동화재탐지설비 세트		1
소화설비 계통도 세트		1
소화기 시뮬레이터 세트		1
응급교육기자재 세트		1
심폐소생술(CPR) 실습용 마네킹		1

제9조(다중이용업소의 안전관리기준 등)

① 다중이용업주 및 다중이용업을 하려는 자는 영업장에 **대통령령(제9조)으로 정하는 안전시설등**을 **행정안전부령(제9조)**으로 정하는 기준에 따라 설치·유지하여야 한다. 이 경우 다음 각 호의 어느 하나에 해당하는 영업장 중 **대통령령(별표1의2제1호 가의 2))**으로 정하는 영업장에는 소방시설 중 간이스프링클러설비를 행정안전부령으로 정하는 기준에 따라 설치하여야 한다.
   1. 숙박을 제공하는 형태의 다중이용업소의 영업장
   2. 밀폐구조의 영업장

> **시행령 제9조(안전시설등)** 다중이용업소의 영업장에 설치·유지해야 하는 안전시설등 및 간이스프링클러설비를 설치해야 하는 영업장은 **별표 1의2**와 같다.
>
> **별표1의2 다중이용업소에 설치·유지하여야 하는 안전시설등**
>
> | 안전시설등 | | 설비의 종류 및 설치 대상 등 |
> |---|---|---|
> | 1. 소방시설 | 가. 소화설비 | 1) 소화기 또는 자동확산소화기
2) 간이스프링클러설비(캐비닛형 포함) 2017년 2023년 2024년
 가) 지하층에 설치된 영업장
 나) 산후조리원업의 영업장(지상1층 또는 지상과 직접 맞닿은 층은 제외)
 다) 고시원업의 영업장(지상1층 또는 지상과 직접 맞닿은 층은 제외)
 라) 밀폐구조의 영업장
 마) 권총사격장의 영업장 |
> | | 나. 경보설비 | 1) 비상벨설비 또는 자동화재탐지설비 → 다만, 노래반주기 등 영상음향장치를 사용하는 영업장에는 자동화재탐지설비를 설치하여야 한다.
2) 가스누설경보기 → 가스시설을 사용하는 주방이나 난방시설이 있는 영업장에만 설치한다. |

다. 피난 설비	1) 피난기구 　가) 미끄럼대　　나) 피난사다리　　다) 구조대 　라) 완강기　　마) 다수인 피난장비　바) 승강식 피난기 2) 피난유도선 : 내부 피난통로 또는 복도 있는 영업장 한정 3) 유도등, 유도표지 또는 비상조명등 4) 휴대용비상조명등	
2. 비상구	다만, 다음 각 목의 어느 하나에 해당하는 영업장에는 비상구를 설치하지 않을 수 있다. 1) 주된 출입구 외에 해당 영업장 내부에서 피난층 또는 지상으로 통하는 직통계단이 주된 출입구 중심선으로부터 수평거리로 영업장의 긴 변 길이의 2분의 1 이상 떨어진 위치에 별도로 설치된 경우 2) 피난층에 설치된 영업장[영업장으로 사용하는 바닥면적이 33제곱미터 이하인 경우로서 영업장 내부에 구획된 실(室)이 없고, 영업장 전체가 개방된 구조의 영업장을 말한다]으로서 그 영업장의 각 부분으로부터 출입구까지의 수평거리가 10미터 이하인 경우	
3. 영업장 내부통로	다만, 구획된 실이 있는 영업장에만 설치한다.	
4. 그 밖의 안전시설	가. 영상음향차단장치 → 영상음향장치가 있는 영업장에만 설치한다. 나. 누전차단기 다. 창문 → 고시원업의 영업장에만 설치한다.	

비고
1. "피난유도선(避難誘導線)"이란 햇빛이나 전등불로 축광(蓄光)하여 빛을 내거나 전류에 의하여 빛을 내는 유도체로서 화재 발생 시 등 어두운 상태에서 피난을 유도할 수 있는 시설을 말한다.
2. "비상구"란 주된 출입구와 주된 출입구 외에 화재 발생 시 등 비상시 영업장의 내부로부터 지상·옥상 또는 그 밖의 안전한 곳으로 피난할 수 있도록 「건축법 시행령」에 따른 직통계단·피난계단·옥외피난계단 또는 발코니에 연결된 출입구를 말한다.
3. "구획된 실(室)"이란 영업장 내부에 이용객 등이 사용할 수 있는 공간을 벽이나 칸막이 등으로 구획한 공간을 말한다. 다만, 영업장 내부를 벽이나 칸막이 등으로 구획한 공간이 없는 경우에는 영업장 내부 전체 공간을 하나의 구획된 실(室)로 본다.
4. "영상음향차단장치"란 영상 모니터에 화상(畫像) 및 음반 재생장치가 설치되어 있어 영화, 음악 등을 감상할 수 있는 시설이나 화상 재생장치 또는 음반 재생장치 중 한 가지 기능만 있는 시설을 차단하는 장치를 말한다.

법 제9조(다중이용업소의 안전관리기준 등)

① 다중이용업주 및 다중이용업을 하려는 자는 영업장에 대통령령(제9조)으로 정하는 안전시설등을 **행정안전부령으로 정하는 기준(별표2)**에 따라 설치·유지하여야 한다.

시행규칙 제9조(안전시설등의 설치·유지 기준) 법 제9조제1항에 따라 다중이용업소의 영업장에 설치·유지하여야 하는 안전시설등(이하 "안전시설등"이라 한다)의 설치·유지 기준은 **별표 2**와 같다.

별표2 안전시설등 설치·유지 기준 `2022년` `2023년` `2024년`

안전시설등 종류			설치·유지 기준
1. 소방시설	가. 소화설비	1) 소화기, 자동확산 소화기	영업장 안의 **구획된 실**마다 설치할 것
		2) 간이스프링클러설비	• 화재안전기준에 따라 설치할 것. • 다만, 영업장의 **구획된 실**마다 간이스프링클러헤드 또는 스프링클러헤드가 설치된 경우에는 그 설비의 유효범위 부분에는 간이스프링클러설비를 설치하지 않을 수 있다.
	나. 경보설비	비상벨설비 또는 자동화재탐지설비 `2022년`	가) 영업장의 **구획된 실**마다 비상벨설비 또는 자동화재탐지설비 중 하나 이상을 화재안전기준에 따라 설치할 것 나) 자동화재탐지설비를 설치하는 경우에는 감지기와 지구음향장치는 영업장의 **구획된 실**마다 설치할 것. 다만, 영업장의 구획된 실에 비상방송설비의 음향장치가 설치된 경우 해당 실에는 지구음향장치를 설치하지 않을 수 있다. 다) 영상음향차단장치가 설치된 영업장에 자동화재탐지설비의 수신기를 별도로 설치할 것
	다. 피난설비	1) 피난기구	2층 이상 4층 이하에 위치하는 영업장의 발코니 또는 부속실과 연결되는 비상구에는 **피난기구**를 화재안전기준에 따라 설치할 것
		2) 피난유도선	가) 영업장 내부 피난 통로 또는 복도에 소방청장이 정하여 고시하는 유도등 및 유도표지의 화재안전기준에 따라 설치할 것 나) **전류에 의하여 빛을 내는 방식**으로 할 것
		3) 유도등, 유도표지 또는 비상조명등	영업장의 구획된 실마다 유도등, 유도표지 또는 비상조명등 중 하나 이상을 화재안전기준에 따라 설치할 것
		4) 휴대용 비상조명등	영업장안의 구획된 실마다 휴대용 비상조명등을 화재안전기준에 따라 설치할 것
2. 주된 출입구 및 비상구	가. 공통기준	1) 설치위치	비상구는 영업장(2개 이상의 층이 있는 경우에는 각각의 층별 영업장을 말한다. 이하 이 표에서 같다) 주된 출입구의 반대방향에 설치하되, 주된 출입구 중심선으로부터의 수평거리가 영업장의 **가장 긴 대각선 길이**, 가로 또는 세로 길이 중 가장 **긴 길이의 2분의 1 이상** 떨어진 위치에 설치할 것. 다만, 건물구조로 인하여 주된 출입구의 반대방향에 설치할 수 없는 경우에는 주된 출입구 중심선으로부터의 수평거리가 영업장의 가장 긴 대각선 길이, 가로 또는 세로 길이 중 가장 긴 길이의 2분의 1 이상 떨어진 위치에 설치할 수 있다.
		2) 비상구 규격	**가로 75센티미터 이상, 세로 150센티미터 이상**(문틀을 제외한 가로길이 및 세로길이를 말한다)으로 할 것
		3) 구조	가) 비상구등은 구획된 실 또는 천장으로 통하는 구조가 아닌 것으로 할 것. 다만, 영업장 바닥에서 천장까지 불연재료(不

		燃材料)로 구획된 부속실(전실), 「모자보건법」제2조제10호에 따른 산후조리원에 설치하는 방풍실 또는 「녹색건축물 조성 지원법」에 따라 설계된 방풍구조는 그렇지 않다. 나) 비상구등은 다른 영업장 또는 다른 용도의 시설(주차장은 제외한다)을 경유하는 구조가 아닌 것이어야 할 것.

2. 주된 출입구 및 비상구	4) 문	가) 문이 열리는 방향: **피난방향**으로 열리는 구조로 할 것
		나) 문의 재질: 주요 구조부(영업장의 벽, 천장 및 바닥을 말한다. 이하 이 표에서 같다)가 내화구조(耐火構造)인 경우 비상구등의 문은 **방화문**(防火門)으로 설치할 것. 다만, 다음의 어느 하나에 해당하는 경우에는 불연재료로 설치할 수 있다.
		  (1) 주요 구조부가 내화구조가 아닌 경우
		  (2) 건물의 구조상 비상구등의 문이 지표면과 접하는 경우로서 화재의 연소 확대 우려가 없는 경우
		  (3) 비상구등의 문이 「건축법 시행령」제35조에 따른 피난계단 또는 특별피난계단의 설치 기준에 따라 설치해야 하는 문이 아니거나 같은 영 제46조에 따라 설치되는 방화구획이 아닌 곳에 위치한 경우
		다) 주된 출입구의 문이 나)(3)에 해당하고, 다음의 기준을 모두 충족하는 경우에는 주된 출입구의 문을 **자동문**[미서기(슬라이딩)문을 말한다]으로 설치할 수 있다.
		  (1) 화재감지기와 연동하여 개방되는 구조
		  (2) 정전 시 자동으로 개방되는 구조
		  (3) 정전 시 수동으로 개방되는 구조

	나. 복층 구조 영업장의 기준	1) 각 층마다 영업장 외부의 계단 등으로 피난할 수 있는 비상구를 설치할 것
		2) 비상구등의 문이 열리는 방향은 실내에서 외부로 열리는 구조로 할 것
		3) 비상구등의 문의 재질은 가목4)나)의 기준을 따를 것
		4) 영업장의 위치 및 구조가 다음의 어느 하나에 해당하는 경우에는 1)에도 불구하고 그 영업장으로 사용하는 어느 하나의 층에 비상구를 설치할 것
		  가) 건축물 주요 구조부를 훼손하는 경우
		  나) 옹벽 또는 외벽이 유리로 설치된 경우 등
		※ 복층구조 →2개 이상의 층에 내부계단 또는 통로가 각각 설치되어 하나의 층의 내부에서 다른 층의 내부로 출입할 수 있도록 되어 있는 구조의 영업장을 말한다

	다. 2층 이상 4층 이하에 위치하는 영업장의 발코니 또는 부속실과	1) 피난 시에 유효한 발코니[**활하중 5킬로뉴턴/제곱미터(5kN/㎡) 이상, 가로 75센티미터 이상, 세로 150센티미터 이상, 면적 1.12제곱미터 이상, 난간의 높이 100센티미터 이상**인 것을 말한다. 이하 이 목에서 같다] 또는 부속실(불연재료로 바닥에서 천장까지 구획된 실로서 **가로 75센티미터 이상, 세로 150센티미터 이상, 면적 1.12제곱미터 이상**인 것을 말한다. 이하 이 목에서 같다)을 설치하고, 그 장소에 적합한 피난기구를 설치할 것

연결되는 비상구를 설치하는 경우의 기준	2) 부속실을 설치하는 경우 부속실 입구의 문과 건물 외부로 나가는 문의 규격은 가목2)에 따른 비상구등의 규격으로 할 것. 다만, 120센티미터 이상의 난간이 있는 경우에는 발판 등을 설치하고 건축물 외부로 나가는 문의 규격과 재질을 가로 75센티미터 이상, 세로 100센티미터 이상의 창호로 설치할 수 있다. 3) 추락 등의 방지를 위하여 다음 사항을 갖추도록 할 것 　가) 발코니 및 부속실 입구의 문을 개방하면 경보음이 울리도록 경보음 발생장치를 설치하고, 추락위험을 알리는 표지를 문(부속실의 경우 외부로 나가는 문도 포함한다)에 부착할 것 　나) 부속실에서 건물 외부로 나가는 문 안쪽에는 기둥·바닥·벽 등의 견고한 부분에 탈착이 가능한 쇠사슬 또는 안전로프 등을 바닥에서부터 120센티미터 이상의 높이에 가로로 설치할 것. 다만, 120센티미터 이상의 난간이 설치된 경우에는 쇠사슬 또는 안전로프 등을 설치하지 않을 수 있다.
2의2. 영업장의 구획 2020년 2024년	층별 영업장은 다른 영업장 또는 다른 용도의 시설과 불연재료·준불연재료로 된 차단벽이나 칸막이로 분리되도록 할 것. 다만, 가목부터 다목까지의 경우에는 분리 또는 구획하는 별도의 차단벽이나 칸막이 등을 설치하지 않을 수 있다. 가. 둘 이상의 영업소가 주방 외에 객실부분을 공동으로 사용하는 등의 구조인 경우 나. 백화점, 슈퍼마켓 등에서 휴게음식점영업 또는 제과점영업을 하려는 경우와 음식물을 전문으로 조리하여 판매하는 백화점 등의 일정장소(식당가를 말한다)에서 휴게음식점영업·일반음식점영업 또는 제과점영업을 하려는 경우로서 위생상 위해 발생의 우려가 없다고 인정되는 경우 다. 안전시설등을 갖춘 경우로서 실내에 설치한 유원시설의 허가 면적 내에 청소년게임제공업 또는 인터넷컴퓨터게임시설제공업이 설치된 경우
3. 영업장내부 피난통로 2020년	가. 내부 피난통로의 폭은 **120센티미터 이상**으로 할 것. 다만, 양 옆에 구획된 실이 있는 영업장으로서 구획된 실의 출입문 열리는 방향이 피난통로 방향인 경우에는 **150센티미터 이상**으로 설치하여야 한다. 나. 구획된 실부터 주된 출입구 또는 비상구까지의 내부 피난통로의 구조는 **세 번 이상** 구부러지는 형태로 설치하지 말 것
4. 창문	가. 영업장 층별로 **가로 50센티미터 이상, 세로 50센티미터 이상** 열리는 창문을 1개 이상 설치할 것 나. 영업장 내부 피난통로 또는 복도에 바깥 공기와 접하는 부분에 설치할 것(구획된 실에 설치하는 것을 제외한다)
5. 영상음향차단장치	가. 화재 시 자동화재탐지설비의 감지기에 의하여 자동으로 음향 및 영상이 정지될 수 있는 구조로 설치하되, 수동(하나의 스위치로 전체의 음향 및 영상장치를 제어할 수 있는 구조를 말한다)으로도 조작할 수 있도록 설치할 것 나. 영상음향차단장치의 수동차단스위치를 설치하는 경우에는 관계인이 일정하게 거주하거나 일정하게 근무하는 장소에 설치할 것. 이 경우 수동차단스위치와 가장 가까운 곳에 "영상음향차단스위치"라는 표지를 부착하여야 한다. 다. 전기로 인한 화재발생 위험을 예방하기 위하여 부하용량에 알맞은 누전차단기(과전류차단기를 포함한다)를 설치할 것 라. 영상음향차단장치의 작동으로 실내 등의 전원이 차단되지 않는 구조로 설치할 것

6. 보일러실과 영업장 사이의 방화구획	보일러실과 영업장 사이의 출입문은 방화문으로 설치하고, 개구부(開口部)에는 방화댐퍼(화재 시 연기 등을 차단하는 장치)를 설치할 것

비고
1. "방화문(防火門)"이란 60분+ 방화문, 60분 방화문, 30분 방화문으로서 언제나 닫힌 상태를 유지하거나 화재로 인한 연기의 발생 또는 온도의 상승에 따라 자동적으로 닫히는 구조를 말한다. 다만, 자동으로 닫히는 구조 중 열에 의하여 녹는 퓨즈[도화선(導火線)을 말한다]타입 구조의 방화문은 제외한다.
2. 소방청장·소방본부장 또는 소방서장은 해당 영업장에 대해 화재위험평가를 실시한 결과 화재안전등급이 기준 이상인 업종에 대해서는 소방시설·비상구 또는 그 밖의 안전시설등의 설치를 면제한다.
3. 소방본부장 또는 소방서장은 비상구의 크기, 비상구의 설치 거리, 간이스프링클러설비의 배관 구경(口徑) 등 소방청장이 정하여 고시하는 안전시설등에 대해서는 소방청장이 고시하는 바에 따라 안전시설등의 설치·유지 기준의 일부를 적용하지 않을 수 있다.

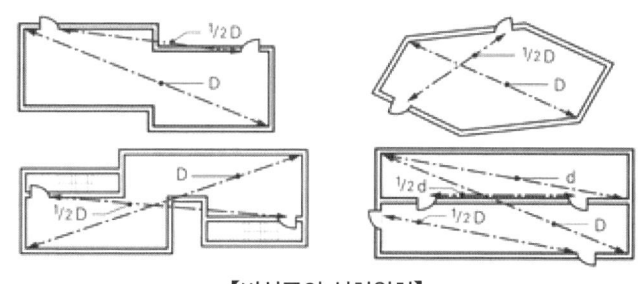

【비상구의 설치위치】

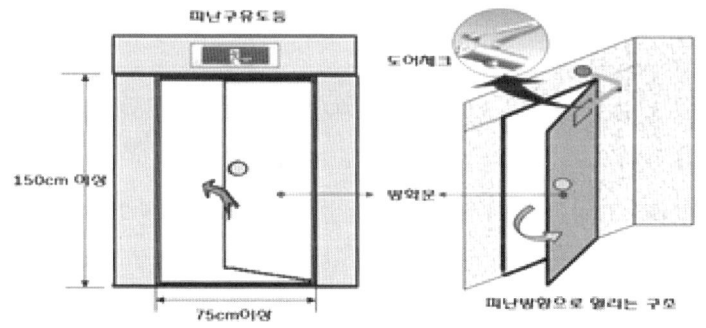

【비상구 규격과 문】

【비상구 발코니 설치 기준】

2025년 다중이용업소의 안전관리에 관한 특별법

법 제9조(다중이용업소의 안전관리기준 등)

② 소방본부장이나 소방서장은 안전시설등이 행정안전부령으로 정하는 기준에 맞게 설치 또는 유지되어 있지 아니한 경우에는 그 다중이용업주에게 안전시설등의 보완 등 필요한 조치를 명하거나 허가관청에 관계 법령에 따른 영업정지 처분 또는 허가등의 취소를 요청할 수 있다.

> ☞ **조치명령 불이행 시 벌칙 : 1,000만원 이하의 이행강제금**

③ 다중이용업을 하려는 자(다중이용업을 하고 있는 자를 포함한다)는 다음 각 호의 어느 하나에 해당하는 경우에는 안전시설등을 설치하기 전에 미리 소방본부장이나 소방서장에게 행정안전부령(제11조)으로 정하는 안전시설등의 설계도서를 첨부하여 행정안전부령제(11조)으로 정하는 바에 따라 신고하여야 한다.

1. 안전시설등을 설치하려는 경우
2. 영업장 내부구조를 변경하려는 경우로서 다음 각 목의 어느 하나에 해당하는 경우
   가. 영업장 면적의 증가
   나. 영업장의 구획된 실의 증가
   다. 내부통로 구조의 변경
3. 안전시설등의 공사를 마친 경우

시행규칙 제11조(안전시설등의 설치신고) ① 다중이용업을 하려는 자는 다중이용업소에 안전시설등을 설치하거나 안전시설등의 공사를 마친 경우에는 안전시설등 설치(완공)신고서(전자문서로 된 신고서를 포함한다)에 다음 각 호의 서류(전자문서를 포함하며, 설치신고 시에는 제1호부터 제3호까지의 서류를 말한다)를 첨부하여 **소방본부장 또는 소방서장**에게 제출하여야 한다. `2021년` `2023년`

설치 신고시 제출서류	완공신고 시 제출서류
1. 소방시설설계업자가 작성한 안전시설등의 설계도서 1부. 　※ 설계도서 : 소방시설의 계통도, 실내장식물의 재료 및 설치면적, 내부구획의 재료, 비상구 및 창호도 등이 표시된 것 2. 안전시설등 설치명세서 1부 3. 구획된 실의 세부용도 등이 표시된 영업장의 평면도(복도, 계단 등 해당 영업장의 부수시설이 포함된 평면도를 말한다) 1부.	1. 소방시설설계업자가 작성한 안전시설등의 설계도서 1부. 다만, 설치내용이 설치신고 시와 달라진 경우에만 제출한다. 2. 안전시설등 설치명세서 1부. 다만, 설치내용이 설치신고 시와 달라진 경우에만 제출한다. 3. 구획된 실의 세부용도 등이 표시된 영업장의 평면도 1부. 다만, 설치내용이 설치신고 시와 달라진 경우에만 제출한다. 4. 화재배상책임보험 증권 사본 등 화재배상책임보험 가입을 증명할 수 있는 서류 1부 5. 전기안전점검 확인서 등(**고시원업, 전화방·화상대화방, 수면방업, 콜라텍업, 방탈출카페업, 키즈카페업, 만화카페업만 해당합니다**) 전기설비의 안전진단을 증빙할 수 있는 서류 1부. → 담당공무원 확인사항으로 신고인이 확인에 동의하지 않는 경우에 제출 7. 구조안전 확인서(건축물 외벽에 발코니 형태의 비상구를 설치한 경우만 해당한다) 1부

이 경우 소방본부장 또는 소방서장은 행정정보의 공동이용을 통하여 전기안전점검 확인서를 확인해야 하며, 신고인이 확인에 동의하지 않는 경우에는 그 서류를 제출하도록 해야 한다.

④ 소방본부장이나 소방서장은 안전시설등을 설치 및 영업장 내부구조를 변경 신고를 받았을 때에는 설계도서가 행정안전부령으로 정하는 기준에 맞는지를 확인하고, 그에 맞도록 지도하여야 한다.

⑤ 소방본부장이나 소방서장은 안전시설등의 공사를 마치고 공사완료의 신고를 받았을 때에는 안전시설등이 행정안전부령으로 정하는 기준에 맞게 설치되었다고 인정하는 경우에는 행정안전부령(제11조)으로 정하는 바에 따라 안전시설등 완비증명서를 발급하여야 하며, 그 기준에 맞지 아니한 경우에는 시정될 때까지 안전시설등 완비증명서를 발급하여서는 아니 된다.

시행규칙 제11조(안전시설등의 설치신고)

② 소방본부장 또는 소방서장은 법 제9조제5항에 따라 현장을 확인한 결과 안전시설등이 별표 2에 적합하다고 인정하는 경우에는 안전시설등 완비증명서를 발급하고, 적합하지 아니한 때에는 신청인에게 서면으로 그 사유를 통보하고 보완을 요구하여야 한다. 안전시설등 설치(완공)신고서를 접수하거나 안전시설등 완비증명서를 발급한 때에는 안전시설등 완비증명서 발급 대장에 발급일자 등을 적어 관리하여야 한다.

1. 설치신고 처리절차(별지 제6호서식)→ 처리기간 : 3일

2. 완공신고 처리절차(별지 제6호서식)→ 처리기간 : 3일

④ 다중이용업주는 다음 각 호의 어느 하나에 해당하여 발급받은 안전시설등 완비증명서를 재발급받으려는 경우에는 안전시설등 완비증명서 재발급 신청서에 이전에 발급받은 안전시설등 완비증명서를 첨부(잃어버린 경우 경우는 제외한다)하여 소방본부장 또는 소방서장에게 제출해야 한다.

1. **안전시설등 완비증명서를 잃어버린 경우**
2. **안전시설등 완비증명서가 헐어서 쓸 수 없게 된 경우**
3. **안전시설등 및 영업장 내부구조 변경 등이 없이 다음 각목의 어느하나에 해당하는 경우**
   가. 실내장식물을 변경하는 경우
   나. 다중이용업주의 변경 또는 다중이용업주 주소의 변경, 다중이용업소 상호 또는 주소의 변경하는 경우
4. **안전시설등을 추가하지 아니하는 업종으로 업종 변경을 한 경우. 다만, 내부구조 변경 등이 있거나 업종 변경에 따라 강화된 기준을 적용받는 경우는 제외한다.**

⑤ 소방본부장 또는 소방서장은 안전시설등 완비증명서 재발급 신청을 받은 날부터 **3일 이내**에 안전시설등 완비증명서를 재발급하고, 안전시설등 완비증명서 발급 대장에 그 사실을 기록하여 관리하여야 한다.

1. 잃어버린 경우 또는 헐어서 쓸 수 없게 된 경우 처리절차(별지 제9호서식)→처리기간 : 3일

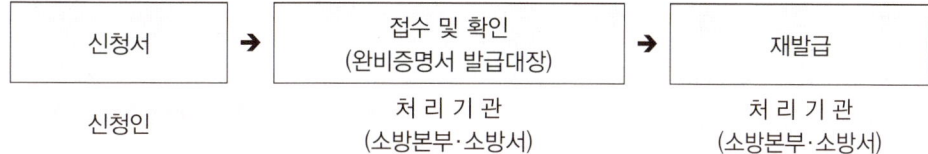

2. 상호 또는 영업주가 바뀌거나 실내장식물이 변경된 경우 처리절차 → 처리기간 : 3일

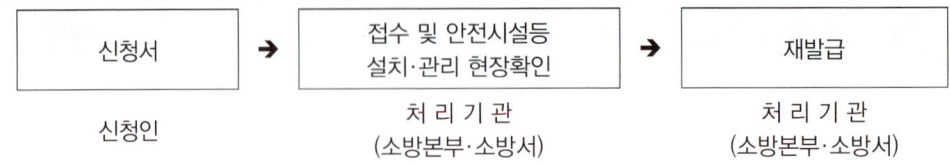

⑥ 법률 제9330호 다중이용업소의 안전관리에 관한 특별법 일부개정법률 부칙 제3항에 따라 대통령령으로 정하는 숙박을 제공하는 형태의 다중이용업소의 영업장으로서 2009년 7월 8일 전에 영업을 개시한 후 영업장의 내부구조·실내장식물·안전시설등 또는 영업주를 변경한 사실이 없는 영업장을 운영하는 다중이용업주가 제1항 후단에 따라 해당 영업장에 간이스프링클러설비를 설치하는 경우 국가와 지방자치단체는 필요한 비용의 일부를 대통령령(제9조의2)으로 정하는 바에 따라 지원할 수 있다.

시행령 제9조의2(간이스프링클러설비 설치의 지원)
① 법 제9조제6항에 따른 간이스프링클러설비 설치 비용을 지원받으려는 다중이용업주는 해당 다중이용업소의 소재지를 **관할하는 소방서장**에게 비용 지원을 신청해야 한다.
② 신청을 받은 소방서장은 소방본부장에게 신청 내용의 검토를 요청하고, 검토 요청을 받은 소방본부장은 해당 다중이용업소의 영업장이 지원 대상에 해당하는지 등을 검토하여 그 결과를 소방서장에게 통보해야 한다.
③ 제1항 및 제2항에서 규정한 사항 외에 간이스프링클러설비 설치 비용의 지원 기준·방법 및 절차 등에 관하여 필요한 사항은 소방청장이 정하여 고시한다.

제9조의2(다중이용업소의 비상구 추락방지)

다중이용업주 및 다중이용업을 하려는 자는 설치·유지하는 안전시설등 중 행정안전부령으로 정하는 **비상구**에 추락위험을 알리는 표지 등 **추락 등의 방지를 위한 장치**를 행정안전부령으로 정하는 기준(제11조의2)에 따라 갖추어야 한다.

시행규칙 제11조의2(다중이용업소의 비상구 추락방지 기준) 2019년
① "행정안전부령으로 정하는 비상구"란 영업장의 위치가 2층 이상 4층 이하(지하층인 경우는 제외한다)인 경우 그 영업장에 설치하는 비상구를 말한다.
② 비상구의 설치 기준과 추락 등의 방지를 위한 장치의 설치 기준은 **별표 2 제2호다목**과 같다.

| 2. 주된 출입구 및 비상구 | 다. 2층 이상 4층 이하에 위치하는 영업장의 발코니 또는 부속실과 | 1) 피난 시에 유효한 발코니[활하중 **5킬로뉴턴/제곱미터(5kN/㎡) 이상, 가로 75센티미터 이상, 세로 150센티미터 이상, 면적 1.12제곱미터 이상, 난간의 높이 100센티미터 이상**인 것을 말한다. 이하 이 목에서 같다] 또는 부속실(불연재료로 바닥에서 천장까지 구획된 실로서 **가로 75센티미터 이상, 세로 150센티미터 이상, 면적 1.12제곱미터 이상**인 것을 말한다. 이하 이 목에서 같다)을 설치하고, 그 장소에 적합한 피난기구를 설치할 것 |

연결되는
비상구를
설치하는
경우의
기준

2) 부속실을 설치하는 경우 부속실 입구의 문과 건물 외부로 나가는 문의 규격은 가목2)에 따른 비상구등의 규격으로 할 것. 다만, 120센티미터 이상의 난간이 있는 경우에는 발판 등을 설치하고 건축물 외부로 나가는 문의 규격과 재질을 가로 75센티미터 이상, 세로 100센티미터 이상의 창호로 설치할 수 있다.

3) 추락 등의 방지를 위하여 다음 사항을 갖추도록 할 것
  가) 발코니 및 부속실 입구의 문을 개방하면 경보음이 울리도록 경보음 발생 장치를 설치하고, 추락위험을 알리는 표지를 문(부속실의 경우 외부로 나가는 문도 포함한다)에 부착할 것
  나) 부속실에서 건물 외부로 나가는 문 안쪽에는 기둥·바닥·벽 등의 견고한 부분에 탈착이 가능한 쇠사슬 또는 안전로프 등을 바닥에서부터 120센티미터 이상의 높이에 가로로 설치할 것. 다만, 120센티미터 이상의 난간이 설치된 경우에는 쇠사슬 또는 안전로프 등을 설치하지 않을 수 있다.

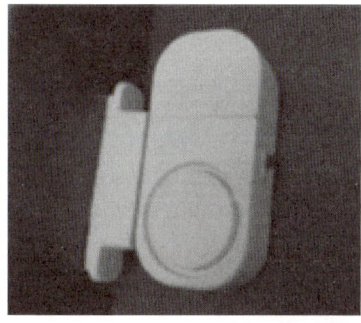 

【비상구 개방 경보음 발생장치 및 쇠사슬 등】

제10조(다중이용업의 실내장식물)

① 다중이용업소에 설치하거나 교체하는 실내장식물(반자돌림대 등의 너비가 10센티미터 이하인 것은 제외한다)은 **불연재료(不燃材料)** 또는 준불연재료로 설치하여야 한다.

> **Plus One | 난연재료·불연재료 및 준불연재료의 정의**
>
> **건축법 시행령 제2조(정의)**
> 9. **난연재료**(難燃材料)란 불에 잘 타지 아니하는 성능을 가진 재료로서 국토교통부령으로 정하는 기준(제5조)에 적합한 재료를 말한다.
>
>> **건축물의 피난·방화구조 등의 기준에 관한 규칙 제5조(난연재료)**
>> "국토교통부령으로 정하는 기준에 적합한 재료"란 한국산업표준에 따라 시험한 결과 가스 유해성, 열 방출량 등이 국토교통부장관이 정하여 고시하는 난연재료의 성능기준을 충족하는 것을 말한다.
>
> 10. **불연재료**(不燃材料)란 불에 타지 아니하는 성질을 가진 재료로서 국토교통부령(제5조)으로 정하는 기준에 적합한 재료를 말한다.

> **건축물의 피난·방화구조 등의 기준에 관한 규칙 제6조(불연재료)**
> "국토교통부령으로 정하는 기준에 적합한 재료"란 다음 각 호의 어느 하나에 해당하는 것을 말한다.
> 1. 콘크리트·석재·벽돌·기와·철강·알루미늄·유리·시멘트모르타르 및 회. 이 경우 시멘트모르타르 또는 회 등 미장재료를 사용하는 경우에는 「건설기술 진흥법」 제44조제1항제2호에 따라 제정된 건축공사표준시방서에서 정한 두께 이상인 것에 한한다.
> 2. 한국산업표준에 따라 시험한 결과 질량감소율 등이 국토교통부장관이 정하여 고시하는 불연재료의 성능기준을 충족하는 것
> 3. 그 밖에 제1호와 유사한 불연성의 재료로서 국토교통부장관이 인정하는 재료. 다만, 제1호의 재료와 불연성재료가 아닌 재료가 복합으로 구성된 경우를 제외한다.

11. **준불연재료**란 불연재료에 준하는 성질을 가진 재료로서 국토교통부령으로 정하는 기준에 적합한 재료를 말한다.

> **건축물의 피난·방화구조 등의 기준에 관한 규칙 제7조(준불연재료)**
> "국토교통부령으로 정하는 기준에 적합한 재료"란 한국산업표준에 따라 시험한 결과 가스 유해성, 열 방출량 등이 국토교통부장관이 정하여 고시하는 준불연재료의 성능기준을 충족하는 것을 말한다.

② 합판 또는 목재로 실내장식물을 설치하는 경우로서 그 면적이 영업장 **천장과 벽을 합한 면적의 10분의 3**(스프링클러설비 또는 간이스프링클러설비가 설치된 경우에는 10분의 5) 이하인 부분은 「소방시설 설치 및 관리에 관한 법률」 제12조제3항에 따른 **방염성능기준 이상**의 것으로 설치할 수 있다.

Plus One | 합판 또는 목재 설치면적 산정방법 예시

① 스프링클러설비 또는 간이스프링클러설비가 없는 경우 : 30% 이하 사용
  - 면적(벽4면, 천장의 합) : 300㎡
  - 계산 : 300㎡ × 0.3 = 100㎡ 이하
  - 합판 또는 목재 방염처리 가능한 면적 : 100㎡ 까지 가능
② 스프링클러설비 또는 간이스프링클러설비설치 된 경우 : 50% 이하 사용
  - 면적(벽4면, 천장의 합) : 1,500㎡
  - 계산 : 1,500㎡ × 0.5 = 750㎡ 이하
  - 합판 또는 목재 방염처리 가능한 면적 : 750㎡ 까지 가능

Plus One | 방염성능기준 이상의 것이란?

1. 개념
   제조 또는 가공공정에서 방염처리를 한 물품(선처리물품)과 합판·목재류의 경우에는 설치현장에서 방염처리를 한 것(후처리물품)으로서 관할 소방서에서 방염성능검사에서 합격한 것
2. 제조 또는 가공 공정에서 방염처리를 한 다음의 물품
   ① 창문에 설치하는 커튼류(블라인드를 포함)

② 카펫, 두께가 2밀리미터 미만인 벽지류(종이벽지는제외)
③ 전시용 합판 또는 섬유판, 무대용합판 또는 섬유판
④ 암막·무대막(영화상영관 스크린과 골프연습장 스크린을 포함)
⑤ 섬유류 또는 합성수지류등을 원료로 하여 제작된 소파·의자
※ 단란주점영업, 유흥주점영업 및 노래연습장업의 영업장에 설치하는 것만 해당

3. 방염성능기준
① 버너의 불꽃을 제거한 때부터 불꽃을 올리며 연소하는 상태가 그칠 때까지 시간은 20초 이내일 것(잔염시간)
② 버너의 불꽃을 제거한 때부터 불꽃을 올리지 아니하고 연소하는 상태가 그칠 때까지 시간은 30초 이내일 것(잔진시간)
③ 탄화(炭化)한 면적은 50제곱센티미터 이내, 탄화한 길이는 20센티미터 이내일 것
④ 불꽃에 의하여 완전히 녹을 때까지 불꽃의 접촉 횟수는 3회 이상일 것(점염횟수)
⑤ 소방청장이 정하여 고시한 방법으로 발연량(發煙量)을 측정하는 경우 최대연기밀도는 400 이하일 것

4. 방염성능검사 절차
① 제조 또는 가공 과정에서 방염처리되는 물품 → 선처리물품

신청서 → 접수 → 시험 → 판정 → 결재 → 통보

신청인 　　처리기관 →한국소방산업기술원
　　　　　(처리기간 : 희말 검사일로부터 7일)

② 설치 현장에서 방염처리되는 목재 및 합판 → 현장처리물품

신청서 → 접수 → 시험 → 판정 → 결재 → 통보

신청인 　　처리기관 →시·도지사
　　　　　(처리기간 : 7일)

5. 현장처리물품 방염성능시험 예시

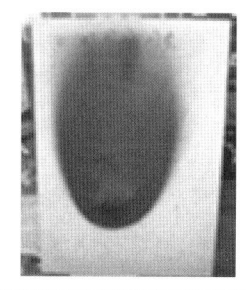

【미방염처리 시료】

잔염시간 : 30초
잔진시간 : 0.0초
탄화면적 : 220.6㎠
탄화길이 : 21.7cm

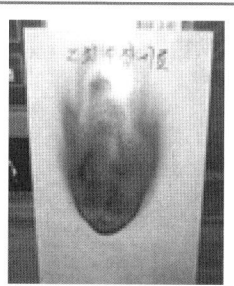

【2회 도장 시료】

잔염시간 : 30초
잔진시간 : 0.0초
탄화면적 : 73.5㎠
탄화길이 : 13.3cm

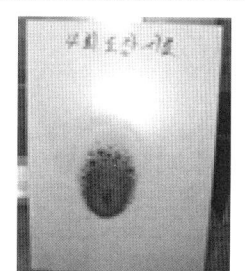

【4회 도장 시료】

잔염시간 : 0.0
잔진시간 : 0.0초
탄화면적 : 28.6㎠
탄화길이 : 7.1cm

③ 소방본부장이나 소방서장은 다중이용업소의 실내장식물이 실내장식물의 기준에 맞지 아니하는 경우에는 그 다중이용업주에게 해당 부분의 실내장식물을 **교체**하거나 **제거**하게 하는 등 필요한 조치를 명하거나 허가관청에 관계 법령에 따른 **영업정지 처분 또는 허가등의 취소를 요청**할 수 있다.

☞ 조치명령 불이행 시 벌칙 : 1,000만원 이하의 이행강제금

제10조의2(영업장의 내부구획) 2024년

① 다중이용업소의 영업장 내부를 구획하고자 할 때에는 **불연재료**로 구획하여야 한다. 이 경우 다음 각 호의 어느 하나에 해당하는 다중이용업소의 영업장은 **천장(반자속)까지 구획**하여야 한다.
  1. 단란주점 및 유흥주점 영업
  2. 노래연습장업
② 영업장의 내부구획 기준은 행정안전부령(11조의3)으로 정한다.

> **시행규칙 제11조의3(영업장의 내부구획 기준)**
> 법 제10조의2제1항에 따라 다중이용업소의 영업장 내부를 구획함에 있어 배관 및 전선관 등이 영업장 또는 천장(반자속)의 내부구획된 부분을 관통하여 틈이 생긴 때에는 다음 각 호의 어느 하나에 해당하는 재료를 사용하여 그 틈을 메워야 한다.
> 1. 한국산업표준에서 내화충전성능을 인정한 구조로 된 것
> 2. 「과학기술분야 정부출연연구기관 등의 설립·운영에 관한 법률」에 따라 설립된 한국건설기술연구원의 장이 국토교통부장관이 정하여 고시하는 기준에 따라 내화충전성능을 인정한 구조로 된 것

③ 소방본부장이나 소방서장은 영업장의 내부구획이 제1항 및 제2항에 따른 기준에 맞지 아니하는 경우에는 그 다중이용업주에게 **보완 등 필요한 조치**를 명하거나 허가관청에 관계 법령에 따른 **영업정지 처분** 또는 **허가등의 취소**를 요청할 수 있다.

☞ 조치명령 불이행 시 벌칙 : 1,000만원 이하의 이행강제금

제11조(피난시설, 방화구획 및 방화시설의 유지·관리)

다중이용업주는 해당 영업장에 설치된 「건축법」 제49조에 따른 **피난시설, 방화구획**과 같은 법 제50조부터 제53조까지의 규정에 따른 **방화벽, 내부 마감재료** 등(이하 "방화시설"이라 한다)을 「소방시설 설치 및 관리에 관한 법률」제16조에 따라 유지하고 관리하여야 한다.

Plus One | 소방시설 설치 및 관리에 관한 법률 제16조(피난시설, 방화구획 및 방화시설의 관리)

소방시설 설치 및 관리에 관한 법률 제16조(피난시설, 방화구획 및 방화시설의 관리)
① 특정소방대상물의 관계인은 「건축법」 제49조에 따른 피난시설, 방화구획 및 방화시설에 대하여 정당한 사유가 없는 한 다음 각 호의 행위를 하여서는 아니 된다.
  1. 피난시설, 방화구획 및 방화시설을 폐쇄하거나 훼손하는 등의 행위

    2. 피난시설, 방화구획 및 방화시설의 주위에 물건을 쌓아두거나 장애물을 설치하는 행위
    3. 피난시설, 방화구획 및 방화시설의 용도에 장애를 주거나 소방활동에 지장을 주는 행위
    4. 그 밖에 피난시설, 방화구획 및 방화시설을 변경하는 행위
② 소방본부장이나 소방서장은 특정소방대상물의 관계인이 제1항 각 호의 어느 하나에 해당하는 행위를 한 경우에는 피난시설, 방화구획 및 방화시설의 관리를 위하여 필요한 조치를 명할 수 있다.

Plus One | 피난시설, 방화구획 및 방화시설의 유지·관리 위반사례

1. **피난시설 등 폐쇄(잠금을 포함한다) 사례**
    ① 건축법령에 의거 설치한 피난·방화시설을 유사시 사용할 수 없도록 폐쇄하거나 훼손하는 행위
    ② 계단, 복도 등에 방범철책(창)등을 설치 시건장치를 설치하고 잠금을 하는 행위
    ③ 비상구등에 시건장치(고정식 잠금장치등)를 설치하여 누구나 쉽게 열 수 없도록 하는 행위(이 법에서는 안전시설 등 유지관리 의무위반)
    ④ 용접, 조적, 쇠창살, 석고보드 또는 합판등으로 비상(탈출)구의 개방이 불가능하도록 하는 행위
    ⑤ 기타 객관적으로 판단하여 누구라도 폐쇄라고 볼 수 있는 행위

2. **피난시설 등 폐쇄(잠금을 포함한다) 사례**
    ① 건축법령에 의거 설치한 피난·방화시설을 유사시 사용할 수 없도록 폐쇄하거나 훼손하는 행위
    ② 계단, 복도 등에 방범철책(창)등을 설치 시건장치를 설치하고 잠금을 하는 행위
    ③ 비상구등에 시건장치(고정식 잠금장치등)를 설치하여 누구나 쉽게 열 수 없도록 하는 행위(이 법에서는 안전시설 등 유지관리 의무위반)
    ④ 용접, 조적, 쇠창살, 석고보드 또는 합판등으로 비상(탈출)구의 개방이 불가능하도록 하는 행위
    ⑤ 기타 객관적으로 판단하여 누구라도 폐쇄라고 볼 수 있는 행위

3. **피난시설 등의 훼손 사례**
    ① 방화문을 철거(제거)하는 행위나 방화문에 고임장치(도어스톱)등을 설치 또는 자동폐쇄장치를 제거하여 그 효용을 저해하는 행위
    ② 배연설비가 작동되지 아니하도록 기능에 지장을 주는 행위
    ③ 기타 객관적인 판단하에 누구라도 피난·방화시설을 훼손하였다고 볼 수 있는 행위

4. **피난시설 등 용도장애 또는 소방활동에 장애되는 사례**
    폐쇄, 훼손 등으로 피난·방화시설등의 용도에 장애를 유발하거나, 화재시 소방호스전개상 걸림·꼬임현상 등 소방활동에 지장을 초래한다고 판단되는 행위

5. **피난시설 등의 변경 사례**
    ① 방화구획 및 내부마감재료를 임의로 변경하여 건축법령에 위반하였다고 볼 수 있는 행위
    ② 임의구획으로 무창층을 발생하게 하는 행위
    ③ 방화구획에 개구부를 설치하여 그 기능에 지장을 주는 행위 등
    ④ 방화문을 철거하고 목재, 유리문 등으로 변경하는 행위
    ⑤ 객관적인 판단에 누구라도 피난·방화시설을 변경하여 건축법령에 위반하였다고 볼 수 있는 행위

6. **피난시설 등 주위에 물건 적치 또는 장애물 설치행위 사례**
    ① 계단, 복도(통로) 또는 출입구에 물건을 적치하거나 또는 장애물을 설치하는 행위
    ② 계단 또는 복도에 방범철책(문)등을 설치하는 행위
    ③ 방범철책에 고정식 잠금장치를 설치하는 행위는(폐쇄행위에 해당)
    ④ 방화샷다 주위에 물건 또는 장애물을 설치하여 그 기능에 지장을 초래하는 행위

2025년 다중이용업소의 안전관리에 관한 특별법

> **Plus One | 화재안전조사 시 확인사항**
>
> 1. 비상구 설치 유·무 확인 후 피난 방향으로 열리는 구조여부 확인
> 2. 영업장 위치가 **2층 이상 4층 이하**로서 건축물 구조상 비상구를 설치할 수 없는 경우에는 피난기구의 적합성과 피난상 유효한 발코니 또는 부속실 설치여부 확인
> 3. 선처리 방염물품은 인증기관 성적서 및 라벨을 확인하고, 현장방염처리 물품(목재,합판)은 소방서에서 발급한 성적서 및 확인표지 확인
> 4. 피난안내도 및 피난안내에 관한 영상물
> 5. 가스시설을 사용하는 주방 또는 난방시설이 설치된 장소에 가스누설경보기 설치여부 확인
> 6. 가스시설을 사용하는 주방의 경우 자동확산소화기 설치여부를 확인
> 7. 관계자에게 반드시 피난요령 및 소화기 교육 실시
> 8. 화재배상책임보험 가입여부 확인
> 9. 소방안전교육 이수 여부확인 등
> 10. 안전시설등의 설치 및 유지 · 관리기준에 적합한지 여부 확인 등

제12조(피난안내도의 비치 또는 피난안내 영상물의 상영) 2017년 2019년 2023년

① 다중이용업주는 화재 등 재난이나 그 밖의 위급한 상황의 발생 시 이용객들이 안전하게 피난할 수 있도록 피난계단·피난통로, 피난설비 등이 표시되어 있는 **피난안내도**를 갖추어 두거나 피난안내에 관한 **영상물을 상영**하여야 한다.

시행규칙 제12조(피난안내도 비치 대상 등)

① 피난안내도 비치 대상, 피난안내 영상물 상영 대상, 피난안내도 비치 위치 및 피난안내 영상물 상영 시간 등은 **별표 2의2**와 같다.
② 피난안내도를 비치하거나 피난안내에 관한 영상물을 상영하여야 하는 다중이용업주는 안전시설등을 점검할 때에 피난안내도 및 피난안내에 관한 영상물을 포함하여 점검하여야 한다.

【별표 2의2】 피난안내도 비치 대상 등

구분	피난안내도	피난안내 영상물
대상	• 대상 : 모든 다중이용업소 • 비치제외 – 영업장으로 사용하는 바닥면적의 합계가 33㎡ 이하인 경우, – 영업장 내 구획된 실이 없고, 영업장 어느 부분에서도 출입구 및 비상구를 확인 가능한 경우	• 영화상영관 및 비디오물소극장업의 영업장 • 노래연습장업의 영업장 • 단란주점영업 및 유흥주점영업의 영업장 → 피난안내 영상물을 상영할 수 있는 시설이 설치된 경우만 해당한다. • 피난안내 영상물을 상영할 수 있는 시설이 설치된전화방업·화상대화방업, 수면방업, 콜라텍업 키즈카페업, 만화카페업, 방탈출카페업의 영업장
비치 또는 상영	• 영업장 주 출입구 부분의 손님이 쉽게 볼 수 있는 위치 • 구획된 실의 벽, 탁자 등 손님이 쉽게	• 영화상영관 및 비디오물소극장업 : 매 회 영화상영 또는 비디오물 상영 시작 전

시기	볼 수 있는 위치 • 인터넷컴퓨터게임시설제공업 영업장의 인터넷컴퓨터게임시설이 설치된 책상. 다만, 책상 위에 비치된 컴퓨터에 피난안내도를 내장하여 새로운 이용객이 컴퓨터를 작동할 때마다 피난안내도가 모니터에 나오는 경우에는 책상에 피난안내도가 비치된 것으로 본다.	• 노래연습장업 등 그 밖의 영업 : 매회 새로운 이용객이 입장하여 노래방 기기(機器) 등을 작동할 때 ※ 상영시간 : 영업장의 내부구조 등을 고려하여 결정
피난안내도 및 피난안내 영상물에 모두 포함되어야 할 내용 2017년 2019년	• 화재 시 대피할 수 있는 비상구 위치 • 구획된 실 등에서 비상구 및 출입구까지의 피난 동선 • 소화기, 옥내소화전 등 소방시설의 위치 및 사용방법 • 피난 및 대처방법 → 이 경우 광고 등 피난안내에 혼선을 초래하는 내용을 포함해서는 안 된다.	
피난안내도의 크기 및 재질 2017년	• 크기: B4(257mm×364mm) 이상의 크기로 할 것. 다만, 각 층별 영업장의 면적 또는 영업장이 위치한 층의 바닥면적이 각각 400㎡ 이상인 경우에는 A3(297mm×420mm) 이상의 크기로 하여야 한다. • 재질: 종이(코팅처리한 것을 말한다), 아크릴, 강판 등 쉽게 훼손 또는 변형되지 않는 것으로 할 것	
피난안내도 및 피난안내 영상물에 사용하는 언어	피난안내도 및 피난안내영상물은 한글 및 1개 이상의 외국어를 사용하여 작성하여야 한다.	
장애인을 위한 피난안내 영상물 상영	영화상영관 중 전체 객석 수의 합계가 300석 이상인 영화상영관의 경우 피난안내 영상물은 장애인을 위한 한국수어·폐쇄자막·화면해설 등을 이용하여 상영해야 한다. 2023년	

② 피난안내도를 갖추어 두거나 피난안내에 관한 영상물을 상영하여야 하는 대상, 피난안내도를 갖추어 두어야 하는 위치, 피난안내에 관한 영상물의 상영시간, 피난안내도 및 피난안내에 관한 영상물에 포함되어야 할 내용과 그 밖에 필요한 사항은 행정안전부령(제12조 관련 별표 2의2)으로 정한다.

【피난안내도 예】

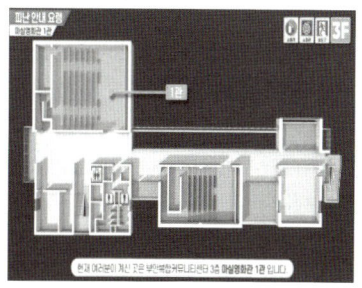

【피난안내영상물 예】

> 2025년 다중이용업소의 안전관리에 관한 특별법

제13조(다중이용업주의 안전시설등에 대한 정기점검 등) 2017년 2019년 2021년 2022년

① 다중이용업주는 다중이용업소의 안전관리를 위하여 정기적으로 안전시설등을 점검하고 그 점검결과서를 **작성하여 1년간 보관**하여야 한다. 이 경우 다중이용업소에 설치된 안전시설등이 건축물의 다른 시설·장비와 연계되어 작동되는 경우에는 해당 **건축물의 관계인**(소유자·관리자 또는 점유자. 이하 같다) 및 **소방안전관리자**는 다중이용업주의 안전점검에 **협조**하여야 한다.
② 다중이용업주는 정기점검을 행정안전부령으로 정하는 바에 따라 **소방시설관리업자에게 위탁**할 수 있다.
③ 안전점검의 대상, 점검자의 자격, 점검주기, 점검방법, 그 밖에 필요한 사항은 **행정안전부령(제13조, 제14조)**으로 정한다.

시행규칙 제13조(다중이용업소 안전시설등 세부점검표) 안전시설등을 점검하는 경우에는 안전시설등 세부점검표를 사용하여 점검한다.

시행규칙 제14조(안전점검의 대상, 점검자의 자격 등) 안전점검의 대상, 점검자의 자격, 점검주기, 점검방법은 다음 각 호와 같다.

구분	관련규정 내용
점검의무자	다중이용업주
점검대상	다중이용업소의 영업장에 설치된 안전시설등

점검자의 자격	가. 해당 영업장의 다중이용업주 또는 다중이용업소가 위치한 특정소방대상물의 소방안전관리자(선임된 경우에 한함)
	나. 해당 업소의 종업원 중 다음 어느 하나에 해당하는 사람
	  1) 소방안전관리자 자격을 취득한 사람
	  2) 소방시설관리사 자격을 취득한 사람.
	  3) 소방기술사·소방설비기사 또는 소방설비산업기사 자격을 취득한 사람
	다. 소방시설관리업자

점검주기	**매 분기별 1회 이상 점검** (다만, 자체점검실시한 경우 그 분기에는 점검을 실시하지 아니할 수 있다.
점검방법	안전시설등 세부점검표를 사용하여 안전시설등의 작동 및 유지·관리상태를 점검한다.
점검결과서	작성하여 1년간 보관

안전시설등 정기점검 규정 위반시 : 1차 100만원, 2차 200만원, 3차 300만원
① 안전시설등을 점검(위탁하여 실시하는 경우를 포함한다)하지 아니한 경우
② 정기점검결과서를 작성하지 아니하거나 거짓으로 작성한 경우
③ 정기점검결과서를 보관하지 아니한 경우

시행규칙 [별지 제10호서식]

안전시설등 세부점검표 2017년 2019년

점검대상

대 상 명		전화번호			
소 재 지		주 용 도			
건물구조		대표자		소방안전관리자	

점검사항

점검사항	점검결과	조치사항

① 소화기 또는 자동확산소화기의 외관점검
  – 구획된 실마다 설치되어 있는지 확인
  – 약제 응고상태 및 압력게이지 지시침 확인		

② 간이스프링클러설비 작동기능점검
  – 시험밸브 개방 시 펌프기동, 음향경보 확인
  – 헤드의 누수·변형·손상·장애 등 확인		

③ 경보설비 작동기능점검
  – 비상벨설비의 누름스위치, 표시등, 수신기 확인
  – 자동화재탐지설비의 감지기, 발신기, 수신기 확인
  – 가스누설경보기 정상작동여부 확인		

④ 피난설비 작동기능점검 및 외관점검
  – 유도등·유도표지 등 부착상태 및 점등상태 확인
  – 구획된 실마다 휴대용비상조명등 비치 여부
  – 화재신호 시 피난유도선 점등상태 확인
  – 피난기구(완강기, 피난사다리 등) 설치상태 확인		

⑤ 비상구 관리상태 확인
  – 비상구 폐쇄·훼손, 주변 물건 적치 등 관리상태
  – 구조변형, 금속표면 부식·균열, 용접부·접합부 손상 등 확인
  (건축물 외벽에 발코니 형태의 비상구를 설치한 경우만 해당)		

⑥ 영업장 내부 피난통로 관리상태 확인 – 영업장 내부 피난통로 상 물건 적치 등 관리상태		
⑦ 창문(고시원) 관리상태 확인		

⑧ 영상음향차단장치 작동기능점검
  – 경보설비와 연동 및 수동작동 여부 점검
  (화재신호 시 영상음향이 차단되는 지 확인)		

⑨ 누전차단기 작동 여부 확인		
⑩ 피난안내도 설치 위치 확인		
⑪ 피난안내영상물 상영 여부 확인		

⑫ 실내장식물·내부구획 재료 교체 여부 확인
  – 커튼, 카페트 등 방염선처리제품 사용 여부
  – 합판·목재 방염성능 확보 여부
  – 내부구획재료 불연재료 사용 여부		

⑬ 방염 소파·의자 사용 여부 확인		
⑭ 안전시설등 세부점검표 분기별 작성 및 1년간 보관 여부		
⑮ 화재배상책임보험 가입여부 및 계약기간 확인		

점검일자 :   .   .   점검자 :   (서명 또는 인)

실전예상문제

01 다중이용업의 허가·인가·등록·신고수리(이하 "허가등"이라 한다)를 하는 행정관청이 소방본부장 또는 소방서장에게 통보해야 하는 사항 아닌 것?

① 다중이용업소의 상호 및 주소(소재지)
② 다중이용업의 영업장 구획된 실의 수
③ 다중이용업의 업종 및 영업장 면적
④ 다중이용업주의 성명 및 주소

해설 다른 법률에 의하여 다중이용업의 허가·인가·등록·신고수리(이하 "허가등"이라 한다)를 하는 행정기관(이하 "허가관청"이라 한다)은 허가등을 한 날부터 14일 이내에 행정안전부령이 정하는 바에 따라 다중이용업의 소재지를 관할하는 소방본부장 또는 소방서장에게 다음 각 호의 사항을 통보해야 한다.(법 제7조제1항)
㉠ 다중이용업주의 성명 및 주소
㉡ 다중이용업소의 상호 및 주소(소재지)
㉢ 다중이용업의 업종 및 영업장 면적

정답 ②

02 다른 법률에 의하여 다중이용업의 허가·인가·등록·신고수리(이하 "허가등"이라 한다)를 하는 행정기관이 소방본부장 또는 소방서장에게 하는 통보일을 맞게 설명한 것은?

① 허가등을 한 날부터 7일 이내
② 허가등을 한 날부터 14일 이내
③ 허가등을 한 날부터 15일 이내
④ 허가등을 한 날부터 30일 이내

해설 다른 법률에 의하여 다중이용업의 허가·인가·등록·신고수리(이하 "허가등"이라 한다)를 하는 행정기관(이하 "허가관청"이라 한다)은 허가등을 한 날부터 14일 이내에 다중이용업의 소재지를 관할하는 소방본부장 또는 소방서장에게 통보해야 한다

정답 ②

03 다중이용업주가 허가관청에 변경행위를 하는 때에 허가관청이 그 신고를 수리한 날부터 30일 이내에 소방본부장 또는 소방서장에게 통보해야 할 변경신고 사항이 아닌 것은?

① 다중이용업의 업종 및 영업장 면적
② 다중이용업소의 상호 또는 주소의 변경
③ 영업 내용의 변경
④ 다중이용업주의 변경 또는 주소의 변경

해설 변경허가사항 통보 : 허가관청은 다중이용업주가 다음 각 호의 어느 하나에 해당하는 행위를 하는 때에는 그 신고를 수리한 날부터 30일 이내에 소방본부장 또는 소방서장에게 통보해야 한다.(법 제7조제1항)
① 휴·폐업 또는 휴업 후 영업의 재개

② 영업내용의 변경
③ 다중이용업주의 변경 또는 다중이용업주 주소의 변경
④ 다중이용업소의 상호 또는 주소의 변경

정답 ①

04 허가관청이 다중이용업주가 휴·폐업 또는 휴업 후 영업의 재개신고를 한 경우 소방본부장 또는 소방서장에게 통보할 시기로 맞는 것은?

① 신고를 수리 한 날부터 7일 이내
② 접수를 한 날부터 14일 이내
③ 신고를 수리 한 날부터 15일 이내
④ 신고를 수리 한 날부터 30일 이내

해설 허가관청은 다중이용업주가 휴·폐업 또는 휴업 후 영업의 재개 신고를 하는 때에는 그 신고를 수리한 날부터 30일 이내에 소방본부장 또는 소방서장에게 통보해야 한다.(제2항)

정답 ④

05 다중이용업소 허가관련사항의 통보에 관한 설명으로 틀린 것은?

① 다중이용업의 허가·인가·등록·신고수리(이하 "허가등"이라 한다)를 하는 행정기관(이하 "허가관청"이라 한다)은 허가등을 한 날부터 14일 이내에 관할 소방본부장 또는 소방서장에게 통보해야 한다.
② 다중이용업 허가등 사항(변경사항)통보서에 따라 소방본부장 또는 소방서장에게 통보한다.
③ 휴·폐업과 휴업 후 영업재개신고를 수리한 때에는 14일 이내에 소방본부장 또는 소방서장에게 통보해야 한다.
④ 허가관청은 허가사항 등을 통보를 할 때에는 전산시스템을 이용하여 통보할 수 있다.

해설 휴·폐업과 휴업 후 영업재개신고를 수리한 때에는 30일 이내에 소방본부장 또는 소방서장에게 통보해야 한다.

정답 ③

06 복합유통 게임제공업 등록을 한 날부터 14일 이내에 관할 소방본부장 또는 소방서장에게 통보할 의무가 있는 허가관청으로 맞는 것은?

① 관할 구청장
② 시장·군수·구청장
③ 시·도지사
④ 지방경찰청장

해설 복합유통 게임제공업 등록업무 관장은 소재지 관할 구청장이다.

정답 ①

2025년 다중이용업소의 안전관리에 관한 특별법

07 다음 중 소방본부장 또는 소방서장에게 다중이용업소 허가 등 사항에 대해 통보해야하는 관장업무 중 행정기관이 다른 하나는?

① 고시원업 허가
② 가상체험 체육시설업 신고
③ 산후조리원업 신고
④ 안마시술소 개설신고

해설 다중이용업 허가·등록·신고 등의 업무를 관장하는 허가등 기관

특별자치도지사·도지사 시장·군수·구청장	시장·군수·구청장	관할 구청장	교육감	지방 경찰청장
• 단란·유흥주점업허가 • 일반·휴게음식점·제과점업 신고 • 산후조리원업 신고 • 고시원업 허가 • 가상체험 체육시설업 신고	• 영화상영관, 비디오물감상실업, 비디오물소극장업 등록 • 목욕장업 신고 • 청소년게임제공업 등록 • 일반게임제공업허가 • 인터넷컴퓨터게임시설제공업 등록 • 노래연습장업 등록 • 안마시술소 개설신고	복합유통 게임 제공업 등록	학원 등록	권총 사격장 허가

정답 ④

08 다중이용업소의 소방안전교육 의무대상으로 알맞은 것은?

① 소방안전관리자로 선임된 업주
② 다중이용업주와 그 종업원
③ 업소를 위탁 소방점검한 소방시설관리업자
④ 6개월 전 소방안전관리자 실무교육을 이수한 업주

해설 다중이용업주와 종업원은 소방청장, 소방본부장 또는 소방서장이 실시하는 소방안전교육을 받아야 한다.
정답 ②

09 다중이용업소의 안전관리에 관한 특별법에 따른 소방안전교육에 관한 설명으로 옳지 않은 것은?

① 소방청장, 소방본부장 또는 소방서장은 법 규정에 따라 소방안전교육을 받은 사람에게는 교육 이수를 증명하는 서류를 발급해야 한다.
② 다중이용업주는 소방안전교육 대상자인 종업원이 소방안전교육을 받도록 할 수 있다.
③ 다중이용업주와 종업원은 소방청장, 소방본부장 또는 소방서장이 실시하는 소방안전교육을 받아야 한다.
④ 소방안전교육의 대상자, 교육시간, 그 밖에 교육에 필요한 사항은 행정안전부령으로 정한다.

해설 다중이용업주는 소방안전교육 대상자인 종업원이 소방안전교육을 받도록 해야 하는 기속행위이다.
정답 ②

10 소방안전교육 대상자인 종업원에 대하여 소방안전교육을 받도록 하지 아니한 다중이용업주의 행정상 제재 수단으로 맞는 것은?

① 300만원 이하의 과태료
② 100만원 이하의 벌금
③ 100만원 이하의 과태료
④ 200만원 이하의 벌금

해설 300만원 이하의 과태료(1차 100만원, 2차, 200만원, 3차 300만원)
정답 ①

11 다중이용업소의 안전관리에 관한 특별법에 따른 소방안전교육에 관한 설명으로 옳은 것은?

① 소방안전교육의 대상자, 교육의 횟수 및 시간, 그 밖에 교육에 필요한 사항은 소방청장 고시로 정한다.
② 다중이용업주는 소방안전교육 대상자인 종업원이 소방안전교육을 받도록 할 수 있다.
③ 다중이용업주와 종업원은 소방청장, 소방본부장 또는 소방서장이 실시하는 소방안전교육을 받아야 한다.
④ 다중이용업주나 종업원이 위험물운송자 교육을 받은 경우 소방안전교육을 의무대상에서 제외한다.

해설 ① 행정안전부령, ② 받게 해야하는 기속행위, ④ 위험물안전관리자 교육
정답 ③

12 소방청장·소방본부장 또는 소방서장이 실시하는 소방안전교육을 받아야 하는 대상자로 맞지 않은 것은?

① 다중이용업을 운영하는 자
② 영업장에 근무하는 모든 종업원
③ 다중이용업주외에 영업장을 관리하는 종업원 1인 이상
④ 국민연금 가입의무 대상자인 종업원 1인 이상

해설 소방안전교육의 대상자(규칙 제5조 제1항)
① 다중이용업주
② 다중이용업주외에 영업장을 관리하는 종업원 1인 이상
③ 또는 국민 연금 가입의무대상자인 종업원 1인 이상
정답 ②

13 다중이용업소의 소방안전교육 시기에 대한 설명으로 맞지 않은 것은?

① 다중이용업주 신규교육 : 다중이용업을 시작하기 전
② 교육대상 종업원 : 다중이용업에 종사하기 전
③ 수시교육 : 위반행위가 적발된 날부터 3개월 이내
④ 소방안전교육을 받은 사람이 교육받은 날부터 3년 이내에 다중이용업을 하려는 경우 : 신규 교육을 받은 것으로 갈음

해설 소방안전교육을 받은 사람이 교육받은 날부터 2년 이내에 다중이용업을 하려는 경우 또는 다중이용업에 종사하려는 경우에는 위의 신규 교육을 받은 것으로 본다.
정답 ④

14 다중이용업소의 소방안전교육 일시 및 장소를 교육대상자에 알려야 할 시기로 맞는 것은?

① 교육일 10일전
② 교육일 20일전
③ 교육일 30일전
④ 교육일 15일전

해설 소방안전교육의 통지(규칙 제5조제4항)
다음 각호의 구분에 의해 교육대상자에게 알려야 함.
① 안전시설등의 설치신고 또는 영업장 내부구조 변경신고를 하는 자 : 신고 접수 시
② 이 외의 교육대상자 : 교육일 10일전
정답 ①

15 다중이용업의 소방안전교육교육 대상자가 국외에 체류하고 있거나, 질병·부상 등으로 입원해 있는 등 정해진 기간 안에 소방안전교육을 받을 수 없는 사유가 있는 때에 소방안전교육을 연기할 수 있는 범위는 얼마나 되는가?

① 1개월
② 2개월
③ 3개월
④ 6개월

해설 교육대상자가 국외에 체류하고 있거나, 질병·부상 등으로 입원해 있는 등 정해진 기간 안에 소방안전교육을 받을 수 없는 사유가 있는 때에는 소방청장이 정하는 바에 따라 3개월의 범위에서 소방안전교육을 연기할 수 있다.(규칙 제5조 제3항)
정답 ③

16 다중이용업소의 소방안전교육 시 교과과정이 아닌 것은?

① 화재안전과 관련된 법령 및 제도
② 다중이용업소에서 화재가 발생한 경우 초기대응 및 대피요령
③ 소방시설 작동 및 점검방법
④ 심폐소생술 등 응급처치 요령

해설 **소방안전교육의 교과과정(규칙 제7조)**
  ① 화재안전과 관련된 법령 및 제도
  ② 다중이용업소에서 화재가 발생한 경우 초기대응 및 대피요령
  ③ 소방시설 및 방화시설(防火施設)의 유지·관리 및 사용방법
  ④ 심폐소생술 등 응급처치 요령
정답 ③

17 소방안전교육의 대상자, 교육시간, 그 밖에 교육에 필요한 사항에 대한 설명으로 맞지 않은 것은?

① 소방안전교육을 받은 사람이 교육받은 날부터 2년 이내에 다중이용업을 하려는 경우 또는 다중이용업에 종사하려는 경우에는 신규 교육을 받은 것으로 본다
② 교육대상은 다중이용업주와 교육을 받아야 할 종업원이다.
③ 교육시간은 3시간 이내이다.
④ 행정안전부령으로 정한다

해설 교육시간 : 4시간 이내(규칙 제5조 제6항)
정답 ③

18 다중이용업소의 소방안전교육 시기에 대한 설명으로 맞지 않은 것은?

① 수시교육 : 위반행위가 적발된 날부터 3개월 이내
② 교육대상 종업원 : 다중이용업에 종사하기 전
③ 유흥주점업주가 2년 이내에 노래방을 개업한 경우 : 교육 이수증 유효
④ 안전시설등의 설치신고를 하는 경우 : 다중이용업을 시작하기 전

해설 안전시설등의 설치신고 또는 영업장 내부구조 변경신고를 하는 경우 : 완공신고를 하기 전
정답 ④

19 「다중이용업소의 안전관리에 관한 특별법」상 수시교육 대상자가 아닌 자는 누구인가?

① 안전시설등을 기준에 따라 설치·유지하지 아니한 자
② 정기점검결과서를 보관하지 아니한 자
③ 실내장식물을 기준에 따라 설치·유지하지 아니한 자
④ 화재배상책임보험에 가입하지 않은 자.

해설 수시교육

교육종류	교육시기

수시교육	다음 각호의 하나 이상을 위반한 다중이용업주와 교육대상 종업원은 위반행위가 **적발된 날부터 3개월 이내**
	• 소방안전교육을 받을 의무 위반 또는 교육 이수 지원의무 위반
	• 안전시설등 설치·유지 의무 위반(과태료 부과 대상이 되는 위반행위에 한함)
	• 실내장식물의 설치기준 위반
	• 피난시설, 방화구획 및 방화시설의 유지·관리의무 위반
	• 피난안내도의 비치 또는 피난 안내 영상물의 상영의무 위반
	• 정기점검과 관련하여 다음의 의무를 위반한 경우
	  – 안전시설등을 점검(위탁하여 실시하는 경우를 포함한다)하지 아니한 경우
	  – 정기점검결과서를 작성하지 아니하거나 거짓으로 작성한 경우
	  – 정기점검결과서를 보관하지 아니한 경우
	• 소방안전관리업무를 하지 아니한 경우

정답 ④

20 다중이용업소주 등을 위한 인터넷 홈페이지를 이용한 사이버 소방안전교육 환경조성에 대한 규정 내용으로 맞지 않은 것은?

① 사이버 안전교육 환경조성 의무자는 소방본부장 또는 소방서장이다.
② 사이버교육을 위하여 해당 소방본부와 소방서 인터넷 홈페이지에 누구나 쉽게 접속하여 사이버교육을 받을 수 있도록 시스템을 구축·운영해야 한다.
③ 사이버 안전교육 환경조성의 목적은 다중이용업주와 종업원에 대한 자율안전관리 책임의식을 높이고 화재발생 시 초기대응능력을 향상을 위한 것이다.
④ 사이버교육을 위한 시스템 구축과 그 밖에 필요한 사항은 행정안전부령이 정한다.

해설 사이버교육을 위한 시스템 구축과 그 밖에 필요한 사항은 소방청장이 정한다.(규칙 제6조 제3항)
정답 ④

21 소방청장·소방본부장 또는 소방서장은 소방안전교육을 실시하려는 때에는 교육 일시 및 장소 등 소방안전교육에 필요한 사항을 교육일 몇일 전까지 소방청·소방본부 또는 소방서의 홈페이지에 게재하는가?

① 10일
② 20일
③ 30일
④ 5일

해설 소방청장·소방본부장 또는 소방서장은 소방안전교육을 실시하려는 때에는 교육 일시 및 장소 등 소방안전교육에 필요한 사항을 교육일 30일 전까지 소방청·소방본부 또는 소방서의 홈페이지에 게재한다.
정답 ③

22 다중이용업주와 종업원의 소방안전교육 통지시기에 관한 설명으로 옳지 않은 것은?

① 안전시설등의 설치신고를 하는 경우 : 설치 신고 접수 시
② 영업장 내부구조 변경신고를 하는 경우 : 완공신고 접수 시
③ 홈페이지 게재 : 교육일 30일 전
④ ①, ②이외 교육대상자에게 통지 : 교육일 10일

해설 영업장 내부구조 변경신고를 하는 경우 : 변경신고 접수 시
정답 ②

23 다중이용업주 등 소방안전교육의 내실화를 위하여 교육인력 및 시설·장비를 갖추어야 할 책임이 있는 사람이 아닌 것은?

① 시·도지사
② 소방청장
③ 소방본부장
④ 소방서장

해설 소방청장·소방본부장 또는 소방서장은 소방안전교육의 내실화를 위하여 행정안전부령이 정하는 교육인력 및 시설·장비를 갖추어야 한다.
정답 ①

24 다중이용업주 등 소방안전교육의 내실화를 위하여 소방청장·소방본부장 또는 소방서장이 갖추어야 할 교육인력 기준으로 맞는 것은?

① 강사 6인 및 교무요원 4인 이상
② 전임교수 4인 및 행정요원 2인 이상
③ 강사 4인 및 교무요원 2인 이상
④ 전임교수 6인 및 행정요원 4인 이상

해설 교육인력 : 강사 4인 및 교무요원 2인 이상
정답 ③

25 다중이용업주 등 소방안전교육의 내실화를 위하여 소방청장·소방본부장 또는 소방서장이 갖추어야 할 교육인력 기준에서 강사의 자격요건으로 해당되지 않은 사람은?

① 소방경 이상의 소방공무원 또는 소방설비기사 자격을 소지한 소방위 이상의 소방공무원
② 소방 관련학의 석사학위 이상을 가진 자
③ 소방설비산업기사 및 위험물관리기능사 자격을 취득한 후 소방 관련 기관(단체)에서 5년 이상 강의경력이 있는 자
④ 간호사 또는 응급구조사 자격을 소지한 자(응급처치 교육에 한한다)

해설 **소방안전교육 강사의 자격요건**

구분	자격요건
강사	• 소방 관련학의 석사학위 이상을 가진 자 • 전문대학 또는 이와 동등 이상의 교육기관에서 소방안전 관련 학과 전임강사 이상으로 재직한 자 • 소방기술사, 위험물기능장, 소방시설관리사, 소방안전교육사자격을 소지한 자 • 소방설비기사 및 위험물산업기사 자격을 취득한 후 소방 관련 기관(단체)에서 2년 이상 강의경력이 있는 자 • 소방설비산업기사 및 위험물기능사 자격을 취득한 후 소방 관련 기관(단체)에서 5년 이상 강의경력이 있는 자 • 대학 또는 이와 동등 이상의 교육기관에서 소방안전 관련 학과를 졸업하고 소방 관련 기관(단체)에서 5년 이상 강의경력이 있는 자 • 소방 관련 기관(단체)에서 10년 이상 실무경력이 있는 자로서 5년 이상 강의경력이 있는 자 • 소방위 이상의 소방공무원 또는 소방설비기사 자격을 소지한 소방장 이상의 소방공무원 • 간호사 또는 응급구조사 자격을 소지한 소방공무원(응급처치 교육에 한함)
외래 초빙강사	강사의 자격요건에 해당하는 자일 것

정답 ④

26. 다중이용업주 등 소방안전교육의 내실화를 위하여 소방청장·소방본부장 또는 소방서장이 갖추어야 할 교육시설 및 교육용기자재 기준에 관한 규정으로 틀린 것은?

① 사무실 : 바닥면적이 60제곱미터 이상일 것
② 화재위험평가 대행자가 갖추어야 할 시설 및 장비 기준과 같다.
③ 강의실 : 바닥면적이 100제곱미터 이상이고, 의자·탁자 및 교육용 비품을 갖출 것
④ 체험실 : 바닥면적이 100제곱미터 이상

해설 **교육 인력 및 시설·장비**

구분	기준
교육 인력	강사 4인 및 교무요원 2인 이상
교육 시설	• 사무실 : 바닥면적이 60㎡ 이상일 것 • 강의실 : 바닥면적이 100㎡ 이상, 의자·탁자 및 교육용 비품을 갖출 것 • 실습실·체험실 : 바닥면적이 100㎡ 이상
장비	교육용 기자재 : 빔프로젝트 등 9개 기자재 11종(소화기 3개 포함)

④ 교육용기자재 : 액정비전세트 등 11종
화재위험평가 대행자가 갖추어야할 시설 및 장비기준과 동일하지 않다.

정답 ②

27 다중이용업주 및 다중이용업을 하려는 자가 설치·유지해야할 안전시설 등에 대한 설명으로 옳지 않은 것은?

① 영업장에 대통령령으로 정하는 안전시설등을 행정안전부령으로 정하는 기준에 따라 설치·유지해야 한다.
② 숙박을 제공하는 형태의 다중이용업소의 영업장에는 간이 스프링클러설비를 설치해야 한다.
③ 창문은 안전시설 등에 해당 되지 않는다.
④ 밀폐구조의 영업장에는 스프링클러설비를 설치해야 한다.

해설 창문은 고시원업 영업장에 설치하는 안전시설 등의 범위에 포함한다.
정답 ③

28 다중이용업소에 설치하는 소화설비 중 간이스프링클러설비 설치대상에 해당되지 않은 다중이용업소는?

① 지하층에 설치한 영업장
② 밀폐구조의 영업장
③ 2층에 설치한 가상체험 체육시설업(실내골프연습장)
④ 고시원업의 영업장

해설 간이스프링클러설비(캐비닛형 포함한다). 다만, 다음의 영업장에만 설치한다.
① 산후조리원업의 영업장(지상1층·지상과 직접 맞닿은 층은 제외)
② 지하층에 설치된 영업장
③ 밀폐구조의 영업장
④ 권총사격장의 영업장
⑤ 고시원업의 영업장(지상1층·지상과 직접 맞닿은 층은 제외)
정답 ③

29 다중이용업소에 설치하는 소방시설이 아닌 것은?

① 소화기
② 간이스프링클러설비
③ 비상벨설비
④ 누전경보기

해설 누전경보기는 설치해야하는 시설이 아니며, 기타 설비로 누전차단기가 설치 시설이다.
정답 ④

2025년 다중이용업소의 안전관리에 관한 특별법

30 다중이용업소에 설치하는 소화설비에 해당되지 않은 것은?

① 소화기
② 자동확산소화기
③ 옥내소화전
④ 간이스프링클러설비

해설 다중이용업소에 설치하는 소화설비
   소화기, 자동확산소화기, 간이스프링클러설비(캐비닛형 포함)
정답 ③

31 다음 소방시설 중 다중이용업소에 설치하는 소방설비에 해당되지 않은 것은?

① 소화활동상 설비
② 소화설비
③ 경보설비
④ 피난설비

해설 다중이용업소에 설치하는 안전시설등 중 소방설비 : 소화설비, 경보설비, 피난설비
정답 ①

32 노래반주기 등 영상음향장치를 사용하는 영업장에 설치해야 할 소방설비로 맞는 것은?

① 비상방송설비
② 자동화재탐지설비
③ 영상음향차단장치
④ 비상벨설비

해설 노래반주기 등 영상음향장치를 사용하는 영업장에는 자동화재탐지설비를 설치해야 한다.
정답 ②

33 다중이용업소에 설치하는 피난설비가 아닌 것은?

① 미끄럼대
② 구조대
③ 영상음향차단장치
④ 완강기

해설 피난설비
   ① 피난기구의 종류 : 미끄럼대, 피난사다리, 구조대, 완강기, 다수인 피난설비, 승강식 피난기
   ② 피난유도선
   ③ 유도등, 유도표지 또는 비상조명등
   ④ 휴대용 비상조명등
정답 ③

34 영업장 내부 피난통로 또는 복도가 있는 다중이용업소 영업장으로 피난유도선을 설치해야 할 대상이 아닌 것은?

① 영화상영관 ② 산후조리원 영업장
③ 노래연습장의 영업장 ④ 비디오대여점의 영업장

해설 피난유도선 : 영업장 내부 피난통로 또는 복도가 있는 다음의 영업장에만 설치
① 단란주점영업과 유흥주점영업의 영업장
② 영화상영관, 비디오물감상실업 및 복합영상물제공업의 영업장
③ 노래연습장업의 영업장
④ 산후조리업의 영업장
⑤ 고시원업의 영업장

정답 ④

35 다중이용업소에 설치하는 피난유도선에 대한 설명 중 맞는 것은?

① 피난유도선의 화재안전성능기준에 따라 설치한다.
② 전류에 의하여 빛을 내는 방식으로 할 것
③ 축광에 의하여 빛을 내는 방식으로 할 것
④ 고시원의 경우 내부 피난통로 또는 복도가 없는 경우에도 설치할 것

해설 피난유도선 설치기준
① 영업장 내부 피난통로 또는 복도에 유도등 및 유도표지의 화재안전성능기준에 따라 설치할 것
② 전류에 의하여 빛을 내는 방식으로 할 것

정답 ②

36 구획된 실(室)이 있는 영업장으로서 내부 피난통로를 설치해야 할 다중이용업소로 맞지 않은 것은?

① 비디오물감상실업의 영업장 ② 노래연습장업의 영업장
③ 산후조리업의 영업장 ④ 학원

해설 영업장 내부 피난통로 설치대상 : 구획된 실(室)이 있는 다음 각 목의 영업장에 한함
① 단란주점영업과 유흥주점영업의 영업장
② 비디오물감상실업의 영업장과 복합영상물제공업의 영업장
③ 노래연습장업의 영업장
④ 산후조리업의 영업장
⑤ 고시원업의 영업장

정답 ④

2025년 다중이용업소의 안전관리에 관한 특별법

37 노래반주기 등 영상음향장치를 사용하는 영업장에 설치해야하는 안전시설 등으로 가장 알맞는 것은?

① 자동화재탐지설비 및 비상방송설비
② 영상음향차단장치 및 피난유도선
③ 자동화재탐지설비 및 피난유동선
④ 자동화재탐지설비 및 영상음향차단장치

해설 자동화재탐지설비 및 영상음향차단장치는 노래반주기 등 영상음향장치를 사용하는 영업장에 의무설치 시설이다.
정답 ④

38 복층구조 영업장의 비상구 설치기준 중 틀린 설명을 고르시오.

① 비상구의 문이 열리는 방향은 실내에서 외부로 열리는 구조로 할 것
② 주요 구조부가 내화구조인 경우 비상구의 문은 방화문으로 설치할 것
③ 각 층마다 영업장 내부의 계단 등으로 피난할 수 있는 비상구를 설치할 것
④ 일정 조건하에 하나의 층에 비상구를 설치할 수 있는 특례가 있다.

해설 복층구조 영업장의 비상구 설치기준

영업장 구조	설치기준	특례기준
각각 다른 2개 이상의 층을 내부계단 또는 통로가 설치되어 하나의 층의 내부에서 다른 층으로 출입할 수 있도록 되어 있는 구조	1. 각 층마다 영업장 외부의 계단 등으로 피난할 수 있는 비상구를 설치할 것. 2. 비상구문은 방화문의 구조로 설치할 것 3. 비상구문의 열림 방향은 실내에서 외부로 열리는 구조로 할 것	소방본부장 또는 소방서장이 영업장의 위치·구조가 다음에 해당하는 경우에는 그 영업장으로 사용하는 어느 하나의 층에 비상구를 설치할 수 있다. 1. 건축물 주요 구조부를 훼손하는 경우 2. 옹벽 또는 외벽이 유리로 설치된 경우 등

정답 ③

39 영업장의 위치가 2층 이상 4층 이하인 경우 피난 시에 유효한 발코니의 규격이 맞는 것은?

① 가로 75센티미터 이상, 세로 150㎝ 이상, 높이 100㎝ 이상, 면적 1.12㎡ 이상
② 가로 75센티미터 이하, 세로 150㎝ 이하, 높이 100㎝ 이하, 면적 1.12㎡ 이하
③ 가로 75센티미터 이상, 세로 100㎝ 이상, 높이 150㎝ 이상, 면적 1.21㎡ 이하
④ 가로 75센티미터 이하, 세로 100㎝ 이하, 높이 150㎝ 이하, 면적 1.21㎡ 이상

해설 영업장의 위치가 2층 이상 4층 이하인 경우의 비상구 설치기준
피난 시에 유효한 발코니(활하중 5킬로뉴턴/제곱미터(5kN/㎡) 이상, 가로 75㎝ 이상, 세로 150㎝ 이상, 면적 1.12㎡ 이상, 난간의 높이 100㎝ 이상인 것을 말한다. 이하 이 목에서 같다) 또는 부속실(불연재료로 바닥에서 천장까지 구획된 실로서 가로 75㎝ 이상, 세로 150㎝ 이상, 면적 1.12㎡ 이상인 것을 말한다. 이하 이 목에서 같다)을 설치하고, 그 장소에 적합한 피난 기구를 설치할 것
정답 ①

40 영업장의 위치가 4층(지하층은 제외한다) 이하인 경우 피난 시에 유효한 부속실의 설치기준으로 맞는 것은?

① 난연재료 이상으로 설치 할 것
② 가로 90센티미터 이상 세로 150센티미터 이상의 규격으로 할 것
③ 가로 150센티미터 이상, 세로 75센티미터 이하의 규격으로 설치할 것.
④ 바닥에서 천장까지 구획실을 설치 할 것.

해설 부속실 : 불연재료로 바닥에서 천장까지 구획된 실로서 가로 75cm 이상, 세로 150cm 이상, 면적 1.12㎡ 이상인 것
정답 ④

41 다중이용업소 내부의 천장 또는 벽에 설치하는 실내장식물의 종류로 맞는 것은?

① 흡음재(흡음용 커튼을 포함) 또는 방음재(방음용 커튼을 포함)
② 전시용 합판 또는 섬유판
③ 무대막 또는 암막
④ 두께 2mm 이하의 종이류, 합성수지류 또는 섬유류를 주원료로 한 물품

해설 실내장식물의 종류
① 종이류(두께 2밀리미터 이상인 것을 말한다)·합성수지류 또는 섬유류를 주원료로 한 물품
② 합판이나 목재
③ 공간을 구획하기 위하여 설치하는 간이 칸막이(접이식 등 이동 가능한 벽체나 천장 또는 반자가 실내에 접하는 부분까지 구획하지 아니하는 벽체를 말한다)
④ 흡음(吸音)이나 방음(防音)을 위하여 설치하는 흡음재(흡음용 커튼을 포함한다) 또는 방음재(방음용 커튼을 포함한다)
정답 ①

42 다중이용업소에 설치하는 피난안내도 비치 위치로 알맞은 것은?

① 영업장의 카운터 등 손님이 쉽게 볼 수 있는 위치
② 영업장 주 출입구 부분의 손님이 쉽게 볼 수 있는 위치
③ 영업장의 비상구 부분에 손님이 쉽게 볼 수 있는 위치
④ 영업장의 피난통로에 손님이 쉽게 볼 수 있는 위치

해설 피난안내도 비치 위치(규칙 별표2의2 제3호)
다음 각 목의 어느 하나에 해당하는 위치에 모두 설치할 것
① 영업장 주 출입구 부분의 손님이 쉽게 볼 수 있는 위치
② 구획된 실의 벽, 탁자 등 손님이 쉽게 볼 수 있는 위치
③ 인터넷컴퓨터게임시설제공업 영업장의 인터넷컴퓨터게임시설이 설치된 책상. 다만, 책상 위에 비치된 컴퓨터에 피난안내도를 내장하여 새로운 이용객이 컴퓨터를 작동할 때마다 피난안내도가 모니터에 나오는 경우에는 책상에 피난안내도가 비치된 것으로 본다.
정답 ②

2025년 다중이용업소의 안전관리에 관한 특별법

43 영업장의 위치가 4층(지하층은 제외한다) 이하인 경우의 비상구 설치기준으로 틀린 것은?

① 피난 시 유효한 발코니 또는 부속실을 설치 할 것
② 발코니 또는 부속실을 설치 위치에 적합한 피난기구를 설치 할 것
③ 부속실이란 가로 75센티미터 이상, 세로 150센티미터 이하, 면적 1.12㎡ 이상, 높이 100센티미터 이상인 난간을 말한다.
④ 부속실을 설치할 경우 불연재료 이상으로 할 것

> **해설** 영업장의 위치가 4층(지하층은 제외한다) 이하인 경우의 비상구 설치기준
> 피난 시에 유효한 발코니 또는 부속실을 설치하고, 그 장소에 적합한 피난기구를 설치할 것
> ① 발코니 : 가로 75㎝ 이상, 세로 150㎝ 이상, 면적 1.12㎡ 이상, 난간의 높이 100㎝ 이상인 것을 말한다.
> ② 부속실 : 가로 75㎝ 이상, 세로 150㎝ 이상, 면적 1.12㎡ 이상
>
> **정답** ③

44 다중이용업소에 설치하는 피난안내도에 포함시켜야 할 내용이 아닌 것은?

① 구획된 실 등에서 비상구 및 출입구까지의 피난 동선
② 화재 시 대피할 수 있는 창문의 위치
③ 소화기, 옥내소화전 등 소방시설의 위치 및 사용방법
④ 피난 및 대처방법

> **해설** 피난안내도 및 피난안내 영상물에 포함되어야 할 내용
> ① 화재 시 대피할 수 있는 비상구 위치
> ② 구획된 실 등에서 비상구 및 출입구까지의 피난 동선
> ③ 소화기, 옥내소화전 등 소방시설의 위치 및 사용방법
> ④ 피난 및 대처방법
>
> **정답** ②

45 피난안내도에 대한 크기 및 재질에 관한 설명으로 틀린 것은?

① 크기는 B4(257㎜×364㎜) 이상의 크기로 할 것
② 종이(코팅처리한 것을 말한다), 아크릴, 강판 등 쉽게 훼손 또는 변형되지 않는 것으로 할 것
③ 각 층별 영업장의 면적 또는 영업장이 위치한 층의 바닥면적이 각각 400㎡ 이상인 경우에는 A3(297㎜×420㎜) 이상의 크기로 해야 한다.
④ 크기는 A4(210㎜×297㎜) 이상의 크기로 할 것

> **해설** 피난안내도의 크기 및 재질(규칙 별표2의2 제6호)
> ① 크기 : B4(257㎜×364㎜) 이상의 크기로 할 것.
> ② 다만, 각 층별 영업장의 면적 또는 영업장이 위치한 층의 바닥면적이 각각 400㎡ 이상인 경우에는 A3(297㎜×420㎜) 이상의 크기로 해야 한다.
> ③ 재질 : 종이(코팅처리한 것을 말한다), 아크릴, 강판 등 쉽게 훼손 또는 변형되지 않는 것으로 할 것
>
> **정답** ④

46 다음 중 산후조리원의 영업장에 설치해야 할 소화설비는 무엇인가?

① 영상음향차단장치
② 휴대용비상조명등
③ 피난유도선
④ 간이스프링클러설비

해설 간이스프링클러설비(캐비닛형 포함한다). 다만, 다음의 영업장에만 설치한다.
  ① 산후조리원업의 영업장(지상1층·지상과 직접 맞닿은 층은 제외)
  ② 지하층에 설치된 영업장
  ③ 밀폐구조의 영업장
  ④ 권총사격장의 영업장
  ⑤ 고시원업의 영업장(지상1층·지상과 직접 맞닿은 층은 제외)

정답 ④

47 다중이용업소에 설치하는 비상구는 영업장마다 몇 개 이상을 설치해야 하는가?

① 1개 이상
② 2개 이상
③ 3개 이상
④ 규정이 없다

해설 비상구는 영업장마다 1개 이상을 설치해야 한다.
정답 ①

48 다중이용업소에 설치하는 비상구의 기준에 맞지 않는 것은?

① 비상구는 다중이용업소의 영업장 마다 1개 이상 설치할 것
② 비상구는 영업장의 주 출입구 반대 방향에 설치할 것
③ 피난방향으로 열리는 구조로 하고, 비상구는 구획된 실 또는 천장으로 통하는 구조가 아닐 것
④ 문의 재질은 주요구조부(영업장의 벽, 천장, 바닥을 제외)가 내화구조인 경우 비상구 및 주 출입구의 문은 방화문으로 설치할 것

해설 비상구의 설치기준

구분	시설기준
설치대상	다중이용업소의 영업장 마다 1개 이상 설치할 것
설치위치	영업장(2개 이상의 층이 있는 경우에는 각각의 층) 주된 출입구의 반대 방향에 설치하되, 주된 출입구 중심선으로부터의 수평거리가 영업장의 가장 긴 대각선 길이, 가로 또는 세로 길이 중 가장 긴 길이의 2분의 1 이상 떨어진 위치에 설치할 것
규격	가로 75cm 이상, 세로 150cm 이상(문틀 제외)
문열림 방향	피난방향으로 열리는 구조로 할 것
문의 재질	주요 구조부(영업장의 벽, 천장 및 바닥을 말함)가 내화구조인 경우 비상구와 주된 출입구의 문은 방화문(防火門)으로 설치할 것

정답 ④

49 복층구조의 영업장의 비상구 설치기준에 맞지 않는 것은?

① 각 층마다 영업장 외부의 계단 등으로 피난할 수 있는 비상구를 설치할 것
② 비상구문은 방화문의 구조로 설치할 것
③ 비상구는 다중이용업소의 영업장 마다 2개 이상 설치할 것
④ 비상구문의 열림 방향은 실내에서 외부로 열리는 구조로 할 것

해설 복층구조(複層構造)의 영업장의 비상구 설치기준

영업장 구조	설치기준	특례기준
각각 다른 2개 이상의 층을 내부계단 또는 통로가 설치되어 하나의 층의 내부에서 다른 층으로 출입할 수 있도록 되어 있는 구조	1. 각 층마다 영업장 외부의 계단 등으로 피난할 수 있는 비상구를 설치할 것. 2. 비상구문의 문이 방화문의 구조로 설치할 것 3. 비상구문의 열림 방향은 실내에서 외부로 열리는 구조로 할 것	영업장의 위치·구조가 다음에 해당하는 경우에는 그 영업장으로 사용하는 어느 하나의 층에 비상구를 설치할 수 있다. 1. 건축물 주요 구조부를 훼손하는 경우 2. 옹벽 또는 외벽이 유리로 설치된 경우 등

정답 ③

50 건물의 밀폐구조 및 내부 피난통로 등의 구분 없이 모든 다중이용업소에 설치하는 안전시설 등이 바르게 묶여있는 것은?

① 소화기, 자동확산소화장치, 유도등, 피난유도선
② 비상벨설비 또는 자동화재탐지설비, 방화문, 비상구, 간이스프링클러설비
③ 유도표지 또는 비상조명등, 휴대용 비상조명등, 피난기구, 가스누설경보기
④ 비상벨설비 또는 자동화재탐지설비, 방화문, 비상구, 누전차단기, 피난안내도

해설 모든 다중이용업소설치해야 할 안전시설 등
소화기, 자동확산소화장치, 유도등, 유도표지 또는 비상조명등, 휴대용비상조명등, 피난기구, 비상벨설비 또는 자동화재탐지설비, 방화문, 비상구, 누전차단기, 피난안내도

정답 ④

51 다중이용업소의 구획된 실에 설치해야 할 안전시설 등이 아닌 것은?

① 창문
② 비상벨
③ 휴대용비상조명등
④ 소화기

해설 창문은 고시원업의 영업장에 한하여 설치하는 시설이다.
정답 ①

52 햇빛이나 전등불로 축광하여 빛을 내거나 전류에 의하여 빛을 내는 유도체로서 화재 발생 시 등 어두운 상태에서 피난을 유도할 수 있는 시설을 무엇이라 하는가?

① 유도표지
② 피난유도선
③ 피난안내도
④ 유도등

해설 피난유도선에 대한 설명이다.
정답 ②

53 영업장의 내부통로 설치기준에 대한 설명으로 규정에 맞지 않은 것은?

① 내부 피난통로의 폭은 120㎝ 이상으로 할 것
② 구획된 실부터 주된 출입구까지의 내부 피난 통로의 구조는 두 번 이상 구부러지는 형태로 설치하지 말 것
③ 양옆에 구획된 실이 있는 영업장으로서 구획된 실의 출입문 열리는 방향이 피난 통로 방향인 경우에는 150㎝ 이상으로 설치해야 한다.
④ 구획된 실에서 비상구까지의 내부 피난통로의 구조는 세 번 이상 구부러지는 형태로 설치하지 말 것

해설 영업장 내부 피난통로
① 폭(크기) : 내부 피난통로의 폭은 120센티미터 이상으로 할 것. 다만, 양 옆에 구획된 실이 있는 영업장으로서 구획된 실의 출입문 열리는 방향이 피난통로 방향인 경우에는 150센티미터 이상으로 설치해야 한다.
② 구조 : 구획된 실부터 주된 출입구 또는 비상구까지의 내부 피난통로의 구조는 세 번 이상 구부러지는 형태로 설치하지 말 것
정답 ②

54 다중이용업소에 설치하는 안전시설 등에 대한 설비기준에 대한 설명으로 맞는 것은?

① 내부 피난통로의 폭은 90센티미터 이상으로 할 것.
② 고시원에 설치하는 창문은 영업장 층별로 가로 40센티미터 이상, 세로 40센티미터 이상 열리는 창문을 1개 이상 설치할 것
③ 보일러실과 영업장 사이의 출입문은 방화문으로 설치하고 개구부(開口部)에는 자동방화댐퍼(damper)를 설치할 것
④ 영상음향차단장치는 자동화재탐지설비 등과 연동하여 자동으로만 차단되도록 할 것.

해설 안전시설등 설치기준

영업장내부 피난통로	• 폭 : 120㎝ 이상 ※ 양 옆에 구획된 실 있고 피난통로 방향으로 문이 열리는 경우에는 150㎝ 이상으로 설치 • 구조 : 세 번 이상 구부러지는 형태로 설치 금지

창문	• 영업장 층별로 가로 50㎝ × 세로 50㎝ 이상으로 설치 • 영업장 내부 피난통로 또는 복도에 바깥 공기와 접하는 부분에 설치
영상음향 차단장치	• 자탐연동 및 수동조작으로 작동 • 수동조작스위치는 관계인이 일정하게 거주 또는 근무 장소에 설치 • 부하용량 이상의 누전차단기 설치 • 차단장치의 작동으로 실내 등의 전원이 차단되지 않는 구조로 설치
방화문 및 자동방화댐퍼	• 보일러실과 영업장 사이의 출입문은 방화문으로 설치 • 개구부에는 자동방화댐퍼를 설치

정답 ③

CHAPTER 03의2 다중이용업주의 화재배상책임보험의 의무가입 등

제13조의2(화재배상책임보험 가입 의무)

① 다중이용업주 및 다중이용업을 하려는 자는 다중이용업소의 화재(폭발을 포함한다. 이하 같다)로 인하여 다른 사람이 사망·부상하거나 재산상의 손해를 입은 때에는 과실이 없는 경우에도 피해자(피해자가 사망한 경우에는 손해배상을 받을 권리를 가진 자를 말한다)에게 대통령령(제9조의3)으로 정하는 금액을 지급할 책임을 지는 책임보험(이하 "화재배상책임보험"이라 한다)에 가입하여야 한다.

시행령 제9조의3(화재배상책임보험의 보험금액) 2018년

① 다중이용업주 및 다중이용업을 하려는 자가 가입하여야 하는 화재배상책임보험은 다음 각 호의 기준을 충족하는 것이어야 한다.

피해구분	보험금액
1. 사망의 경우	1명당 1억 5천만원의 범위에서 피해자에게 발생한 손해액을 지급할 것. 다만, 그 손해액이 2천만원 미만인 경우에는 2천만원으로 한다.
2. 부상의 경우	1명당 다음 **별표2**에서 정하는 금액 범위에서 피해자에게 발생한 손해액을 지급할 것
3. 후유장애가 생긴 경우	1명당 다음 **별표3**에서 정하는 금액 범위에서 피해자에게 발생한 손해액을 지급할 것 ※ 후유장애: 부상에 대한 치료를 마친 후 더 이상의 치료효과를 기대할 수 없고 그 증상이 고정된 상태에서 그 부상이 원인이 되어 신체의 장애를 말함
4. 재산상 손해의 경우	사고 1건당 10억 원의 범위에서 피해자에게 발생한 손해액을 지급할 것

[별표2] 부상 등급별 화재배상책임보험 보험금액의 한도

부상 등급	한도금액	부상 내용
1급	3천만원	고관절의 골절 또는 골절성 탈구 등 12종
2급	1,500만원	상박골 분쇄성 골절 등 10종
3급	1,200만원	상박골 경부 골절 등 18종
4급	1천만원	대퇴골 과부(원위부, 과상부 및 대퇴과간을 포함한다) 골절 등 14종
5급	900만원	골반골의 중복 골절(말가이그니씨 골절 등을 포함한다) 등 17종
6급	700만원	소아의 하지 장관골 골절(분쇄 골절 또는 성장판 손상을 포함한다) 등 18종
7급	500만원	소아의 상지 장관골 골절 등 11종
8급	300만원	상박골 절과부 신전 골절 또는 상박골 대결절 견연 골절로 수술하지 않은 부상 등 16종

급수	금액	내용
9급	240만원	척추골의 극상돌기, 횡돌기 골절 또는 하관절 돌기 골절(다발성 골절을 포함한다) 17종
10급	200만원	외상성 슬관절 내 혈종(활액막염을 포함한다) 등 8종
11급	160만원	발가락뼈 관절 탈구 및 염좌 등 9종
12급	120만원	8일 이상 14일 이하의 입원이 필요한 부상 등 3종
13급	80만원	4일 이상 7일 이하의 입원이 필요한 부상 등 3종
14급	80만원	3일 이하의 입원이 필요한 부상 등 3종

[별표3] 후유장애 등급별 화재배상책임보험 보험금액의 한도

후유장애 등급	한도금액	후유장애 내용
1급	1억5천만원	두 눈이 실명된 사람 등 9종
2급	1억3,500만원	한쪽 눈이 실명되고 다른 쪽 눈의 시력이 0.02 이하로 된 사람 등 6종
3급	1억2천만원	한쪽 눈이 실명되고 다른 쪽 눈의 시력이 0.06 이하로 된 사람 등 5종
4급	1억500만원	두 눈의 시력이 모두 0.06 이하로 된 사람 등 7종
5급	9천만원	한쪽 눈이 실명되고 다른 쪽 눈의 시력이 0.1 이하로 된 사람 등 8종
6급	7,500만원	두 눈의 시력이 모두 0.1 이하로 된 사람 등 8종
7급	6천만원	한쪽 눈이 실명되고 다른 쪽 눈의 시력이 0.6 이하로 된 사람 등 13종
8급	4,500만원	한쪽 눈의 시력이 0.02 이하로 된 사람 등 11종
9급	3,800만원	두 눈의 시력이 모두 0.6 이하로 된 사람 등 16종
10급	2,700만원	한쪽 눈의 시력이 0.1 이하로 된 사람 11종
11급	2,300만원	두 눈이 모두 근접반사 기능에 뚜렷한 장애가 남거나 뚜렷한 운동장애가 남은 사람등 11종
12급	1,900만원	한쪽 눈의 근접반사 기능에 뚜렷한 장애가 있거나 뚜렷한 운동장애가 남은 사람 등 13종
13급	1,500만원	한쪽 눈의 시력이 0.6 이하로 된 사람 등 11종
14급	1천만원	한쪽 눈의 눈꺼풀 일부에 결손이 있거나 속눈썹에 결손이 남은 사람 등 10종

② 화재배상책임보험은 하나의 사고로 사망, 부상 또는 후유장애 중 둘 이상에 해당하게 된 경우 다음 각 호의 기준을 충족하는 것이어야 한다.

피해구분	피해자 1명당 보험금액
1. 부상당한 사람이 치료 중 그 부상이 원인이 되어 사망한 경우	사망에 따른 금액과 부상에 따른 금액을 더한 금액을 지급할 것
2. 부상당한 사람에게 후유장애가 생긴 경우	부상에 따른 금액과 후유장애에 따른 금액을 더한 금액을 지급할 것
3. 후유장애로 보험금액을 지급 받은 후 그 부상이 원인이 되어 사망한 경우	사망에 따른 금액에서 후유장애에 따른 금액 중 사망한 날 이후에 해당하는 손해액을 뺀 금액을 지급할 것

② 「보험업법」제2조제1호에 따른 다른 종류의 보험상품에 제1항에서 정한 화재배상책임보험의 내용이 포함되는 경우에는 이 법에 따른 화재배상책임보험으로 본다.
→ 법 제4조 다른 법률과의 관계 참고
③ 보험회사는 화재배상책임보험 계약을 체결하는 경우 해당 다중이용업소의 안전시설등의 설치·유지 및 안전관리에 관한 사항을 고려하여 보험료율을 차등 적용할 수 있다.
④ 보험회사가 보험료율을 차등 적용하는 경우에는 다중이용업소의 업종 및 면적 등 대통령령(제9조의4)으로 정하는 사항을 고려하여야 한다.

> **시행령 제9조의4(화재배상책임보험의 보험요율 차등 적용 등)** 2017년 2020년
> ① "다중이용업소의 업종 및 면적 등 대통령령으로 정하는 사항"이란 다음 각 호의 사항을 말한다.
>   1. 해당 다중이용업소가 속한 업종의 화재발생빈도
>   2. 해당 다중이용업소의 영업장 면적
>   3. 화재위험평가 결과
>   4. 공개된 법령 위반업소에 해당하는지 여부
>   5. 공표된 안전관리 우수업소에 해당하는지 여부
> ② 소방청장은 보험회사가 보험요율을 차등 적용하는 데 활용할 수 있도록 다음 각 호의 자료를 매년 1월 31일까지 보험요율 산출기관에 제공해야 한다.
>   1. 화재위험평가 결과
>   2. 법령위반업소 현황
>   3. 안전관리우수업소 현황

제13조의3(화재배상책임보험 가입 촉진 및 관리)

① 다중이용업주는 다음 각 호의 어느 하나에 해당하는 경우에는 화재배상책임보험에 가입한 후 그 증명서(보험증권을 포함한다)를 소방본부장 또는 소방서장에게 제출하여야 한다.
  1. 다중이용업주를 변경한 경우
  2. 다음 각 호에 따른 신고를 할 경우
     가. 안전시설등을 설치하려는 경우
     나. 영업장 내부구조를 변경하려는 경우로서 다음 각 목의 어느 하나에 해당하는 경우
        1) 영업장 면적의 증가
        2) 영업장의 구획된 실의 증가
        3) 내부통로 구조의 변경
     다. 안전시설등의 공사를 마친 경우+
② 화재배상책임보험에 가입한 다중이용업주는 행정안전부령(제14의2 관련 별표 2의3)으로 정하는 바에 따라 화재배상책임보험에 가입한 영업소임을 표시하는 표지를 부착할 수 있다.

시행규칙 【별표 2의3】

화재배상책임보험 가입 영업소 표지

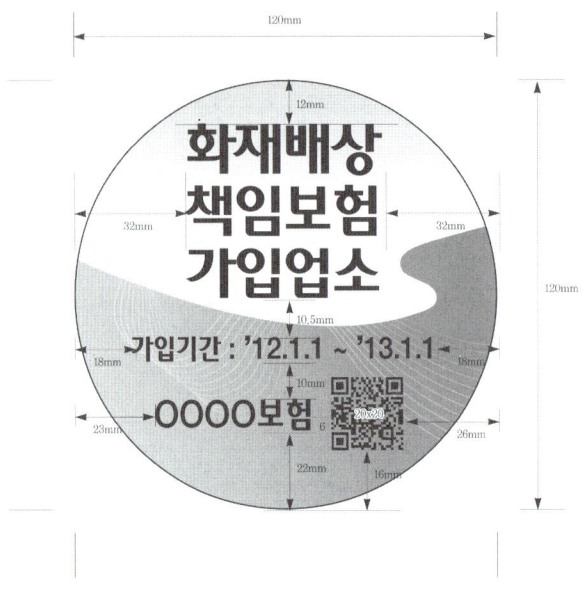

1. 규격: 지름 120㎜
2. 재질: 투명한 코팅으로 마감된 종이 스티커
3. 글씨체 및 크기 등
    가. 화재배상책임보험 가입업소: 2002 Regular, 48포인트, 장평 100%, 행간 49.5포인트, 검정(K80), 가운데 정렬
    나. 가입기간 : 2002 Regular, 24포인트, 장평 90%, 검정(K100), 가운데 정렬. 다만, 가입기간에 따라 좌우 여백은 변경할 수 있다.
    다. 보험회사명(ㅇㅇㅇㅇ보험): 2002 Regular, 30포인트, 장평 90%, 검정(K100)
4. 바탕색: 흰색
5. 이미지
    가. 상단이미지: 하늘색(C25, M15) 그라데이션
    나. 하단이미지: 노랑(Y100), 주황(M75, Y75) 그라데이션
6. QR코드
    가. 수록 내용: 화재배상책임보험으로 보상하는 손해, 다중이용업소의 정의 및 종류
    나. 표기 위치: 보험회사 명칭 옆 6㎜
    다. 표기 크기: 가로 20밀리미터 × 세로 20밀리미터
    라. 색상: 검정(K100)
    마. 금지 사항: 코드 주변에 문자·그림 배치 및 코드와 문자·그림 중첩 금지
    바. QR코드 정보 저장소: 법 제19조제2항에 따라 책임보험전산망과 연계한 보험 관련 단체의 모바일 홈페이지
7. 부착 기간: 화재배상책임보험의 계약 기간
8. 부착 위치: 영업장의 주된 출입문 또는 주된 출입문 주변에 쉽게 볼 수 있는 위치

비고: 위의 표지는 다중이용업주와 화재배상책임보험 계약을 체결한 보험회사에서 제작하여 배포할 수 있다.

③ 보험회사는 화재배상책임보험의 계약을 체결하고 있는 다중이용업주에게 그 계약 종료일의 **75일 전부터 30일 전까지의 기간 및 30일 전부터 10일 전까지의 기간**에 각각 그 계약이 끝난다는 사실을 알려야 한다.
다만, 다음 각 호의 어느 하나에 해당하는 경우에는 그러하지 아니하다.

   1. 보험기간이 1개월 이내인 계약의 경우
   2. 다중이용업주가 자기와 다시 계약을 체결한 경우
   3. 다중이용업주가 다른 보험회사와 새로운 계약을 체결한 사실을 안 경우

④ 보험회사는 화재배상책임보험에 가입하여야 할 자가 다음 각 호의 어느 하나에 해당하면 그 사실을 **행정안전부령(제14조의3)으로 정하는 기간내**에 소방청장, 소방본부장 또는 소방서장에게 알려야 한다.

   1. 화재배상책임보험 계약을 체결한 경우
   2. 화재배상책임보험 계약을 체결한 후 계약 기간이 끝나기 전에 그 계약을 해지한 경우
   3. 화재배상책임보험 계약을 체결한 자가 그 계약 기간이 끝난 후 자기와 다시 계약을 체결하지 아니한 경우

시행규칙 제14조의3(화재배상책임보험 계약 체결 사실 등의 통지 시기 등)

① 보험회사는 화재배상책임보험 계약 체결 사실 등을 다음 각 호의 구분에 따른 시기에 소방청장, 소방본부장 또는 소방서장에게 알려야 한다.

계약체결 유형	통지 시기
1. 화재배상책임보험 계약을 체결한 경우	계약 체결 사실을 보험회사의 전산시스템에 입력한 날부터 **5일 이내**. 다만, 계약의 효력발생일부터 30일을 초과하여서는 아니 된다.
2. 화재배상책임보험 계약을 체결한 후 계약 기간이 끝나기 전에 그 계약을 해지한 경우	계약 해지 사실을 보험회사의 전산시스템에 입력한 날부터 **5일 이내**. 다만, 계약의 효력소멸일부터 30일을 초과하여서는 아니 된다.
3. 화재배상책임보험 계약을 체결한 자가 그 계약 기간이 끝난 후 자기와 다시 계약을 체결하지 아니한 경우	• 매월 1일부터 10일까지의 기간 내에 계약이 끝난 경우 : 같은 달 20일까지 • 매월 11일부터 20일까지의 기간 내에 계약이 끝난 경우 : 같은 달 말일까지 • 매월 21일부터 말일까지의 기간 내에 계약이 끝난 경우 : 그 다음 달 10일까지

② 보험회사가 화재배상책임보험 계약 체결 사실 등을 알릴 때에는 다음 각 호의 사항을 포함하여야 한다.
   1. 다중이용업주의 성명, 주민등록번호 및 주소(법인의 경우에는 법인의 명칭, 법인등록번호 및 주소를 말한다)
   2. 다중이용업소의 상호, 다중이용업의 종류, 영업장 면적 및 영업장 주소
   3. 화재배상책임보험 계약 기간(화재배상책임보험 계약을 체결한 경우 경우만 해당한다)

③ 보험회사가 화재배상책임보험 계약 체결 사실 등을 알릴 때에는 책임보험전산망을 이용하여야 한다. 다만, 전산망의 장애 등으로 책임보험전산망을 이용하기 곤란한 경우에는 문서 또는 전자우편 등의 방법으로 알릴 수 있다.

⑤ 소방본부장 또는 소방서장은 다중이용업주가 화재배상책임보험에 가입하지 아니하였을 때에는 허가관청에 다중이용업주에 대한 인가·허가의 취소, 영업의 정지 등 필요한 조치를 취할 것을 요청할 수 있다.

⑥ 소방청장, 소방본부장 또는 소방서장은 다중이용업주의 화재배상책임보험 가입을 관리하기 위하여 필요한 경우에는 사업자등록번호를 기재하여 관할 세무관서의 장에게 과세정보 제공을 요청할 수 있고, 해당 과세정보에 관하여는 제7조제3항을 준용한다.

제13조의4(보험금의 지급)

보험회사는 화재배상책임보험의 보험금 청구를 받은 때에는 지체 없이 지급할 보험금을 결정하고 보험금 결정 후 14일 이내에 피해자에게 보험금을 지급하여야 한다.

제13조의5(화재배상책임보험 계약의 체결의무 및 가입강요 금지)

① 보험회사는 다중이용업주가 화재배상책임보험에 가입할 때에는 계약의 체결을 거부할 수 없다. 다만, 대통령령(제9조의5)으로 정하는 경우에는 그러하지 아니하다.

시행령 제9조의5(화재배상책임보험 계약의 체결 거부)
"대통령령으로 정하는 경우"란 다중이용업주가 화재배상책임보험 청약 당시 보험회사가 요청한 안전시설등의 유지·관리에 관한 사항 등 화재 발생 위험에 관한 중요한 사항을 알리지 아니하거나 거짓으로 알린 경우를 말한다.

② 다중이용업소에서 화재가 발생할 개연성이 높은 경우 등 **행정안전부령으로 정하는 사유**(제14의4)가 있으면 다수의 보험회사가 공동으로 화재배상책임보험 계약을 체결할 수 있다. 이 경우 보험회사는 다중이용업주에게 공동계약체결의 절차 및 보험료에 대한 안내를 하여야 한다.

시행규칙 제14조의4(공동계약 체결이 가능한 경우)
"행정안전부령으로 정하는 사유"란 다음 각 호의 어느 하나에 해당하는 사유가 있는 경우를 말한다.
1. 해당 영업장에서 화재 관련 사고가 발생한 사실이 있는 경우
2. 보험회사가 「보험업법」에 따라 허가를 받거나 신고한 화재배상책임보험의 보험요율과 보험금액의 산출 기준이 법 제13조의2제1항에 따른 책임을 담보하기에 현저히 곤란하다고 「보험업법」 제176조에 따른 보험요율 산출기관이 인정한 경우

③ 보험회사는 화재배상책임보험 외에 다른 보험의 가입을 다중이용업주에게 강요할 수 없다.

제13조의6(화재배상책임보험 계약의 해제·해지) 2022년

보험회사는 다음 각 호의 어느 하나에 해당하는 경우 외에는 다중이용업주와의 화재배상책임보험 계약을 해제하거나 해지하여서는 아니 된다.
1. 다중이용업주가 변경된 경우. 다만, 변경된 다중이용업주가 화재배상책임보험 계약을 승계한 경

우는 제외한다.
2. 다중이용업주가 화재배상책임보험에 이중으로 가입되어 그 중 하나의 계약을 해제 또는 해지하려는 경우
3. 그 밖에 행정안전부령으로 정하는 경우(제14조의5)

시행규칙 제14조의5(화재배상책임보험 계약의 해제·해지 가능 사유)
"행정안전부령으로 정하는 경우"란 다음 각 호의 어느 하나에 해당하는 경우를 말한다.
1. 폐업한 경우
2. 다중이용업에 해당하지 않게 된 경우
3. 천재지변, 사고 등의 사유로 다중이용업주가 다중이용업을 더 이상 운영할 수 없게 된 사실을 증명한 경우
4. 「상법」 제650조제1항·제2항, 제651조, 제652조제1항 또는 제654조에 따른 계약 해지 사유가 발생한 경우

> **Plus One |**
>
> **상법 제650조 (보험료의 지급과 지체의 효과)** ① 보험계약자는 계약체결후 지체없이 보험료의 전부 또는 제1회 보험료를 지급해야 하며, 보험계약자가 이를 지급하지 아니하는 경우에는 다른 약정이 없는 한 계약성립후 2월이 경과하면 그 계약은 해제된 것으로 본다.
> ② 계속보험료가 약정한 시기에 지급되지 아니한 때에는 보험자는 상당한 기간을 정하여 보험계약자에게 최고하고 그 기간내에 지급되지 아니한 때에는 그 계약을 해지할 수 있다.
>
> **상법 제651조 (고지의무위반으로 인한 계약해지)** 보험계약당시에 보험계약자 또는 피보험자가 고의 또는 중대한 과실로 인하여 중요한 사항을 고지하지 아니하거나 부실의 고지를 한 때에는 보험자는 그 사실을 안 날로부터 1월내에, 계약을 체결한 날로부터 3년내에 한하여 계약을 해지할 수 있다. 그러나 보험자가 계약당시에 그 사실을 알았거나 중대한 과실로 인하여 알지 못한 때에는 그러하지 아니하다.
>
> **상법 제652조 (위험변경증가의 통지와 계약해지)** ① 보험기간 중에 보험계약자 또는 피보험자가 사고발생의 위험이 현저하게 변경 또는 증가된 사실을 안 때에는 지체없이 보험자에게 통지해야 한다. 이를 해태한 때에는 보험자는 그 사실을 안 날로부터 1월내에 한하여 계약을 해지할 수 있다.
>
> **상법 제654조 (보험자의 파산선고와 계약해지)** ① 보험자가 파산의 선고를 받은 때에는 보험계약자는 계약을 해지할 수 있다.
> ② 제1항의 규정에 의하여 해지하지 아니한 보험계약은 파산선고 후 3월을 경과한 때에는 그 효력을 잃는다.

실전예상문제

01 다중이용업소의 화재배상책임보험에 대한 설명으로 맞는 것은?

① 손해배상은 화재·폭발로 인한 타인과 자신의 사망, 부상·재산상의 손해를 입을 때 피해자에 지급한다.
② 다른 법률과의 관계에서 「화재로 인한 재해보상과 보험 가입에 관한 법률」에 따라 특수건물에 입주한 다중이용업소가 해당 된다.
③ 실내사격장은 다중이용업소의 안전관리에 관한 특별법에 따라 화재배상책임보험 의무 가입대상에 해당 된다.
④ 화재배상책임보험에 가입한 다중이용업주는 화재배상책임보험에 가입한 영업소임을 표시하는 표지를 부착할 수 있다.

해설 ① 손해배상 범위는 화재·폭발로 인한 타인의 사망, 부상·재산상의 손해이다
② 다른 법률과의 관계에서 「화재로 인한 재해보상과 보험 가입에 관한 법률」에 따라 특수건물에 입주한 다중이용업소는 제외한다.
③ 실내사격장은 「화재로 인한 재해보상과 보험 가입에 관한 법률」규정에 따른 신체손해배상특약부화재보험에 가입해야 할 특수건물에 해당되어 의무대상에서 제외된다.

정답 ④

02 「다중이용업소의 안전관리에 관한 특별법」상 화재배상책임보험 가입의무에 대한 설명으로 옳지 않은 것은?

① 보상의 주체는 다중이용업을 운영하는 영업주이다.
② 보상의 객체는 다중이용업소의 화재(폭발을 포함한다. 이하 같다)로 인하여 다른 사람이 사망·부상하거나 재산상의 손해를 입은 경우 피해자이다.
③ 화재배상책임보험의 보험금액은 행정안전부령으로 정한다.
④ 「보험업법」에 따른 다른 종류의 보험상품에 화재배상책임보험의 내용이 포함되는 경우에는 이 법에 따른 화재배상책임보험으로 본다.

해설 화재배상책임보험의 보험금액은 대통령령으로 정한다.
정답 ③

03 다중이용업주가 가입해야 하는 화재배상책임보험의 보험금액의 기준에 대한 설명으로 옳지 않은 것은?

① 재산상 손해의 경우: 사고 1건당 10억원의 범위에서 피해자에게 발생한 손해액을 지급할 것
② 사망의 경우 : 피해자 1명당 1억 5천만원의 범위에서 피해자에게 발생한 손해액을 지급할 것.
③ 부상의 경우 : 피해자 1명당 3천만원 이하의 범위에서 피해자에게 발생한 손해액을 지급할 것
④ 후유장애가 생긴 경우 : 피해자 1명당 1억원의 범위에서 피해자에게 발생한 손해액을 지급할 것

해설 후유장애는 1명당 별표3에 따른 후유장애 등급별 보험금을 피해자에게 발생한 손해액을 지급할 것
정답 ④

04 부상 등급별 화재배상책임보험 보험금액의 피해자 1명당 최고한도는 얼마인가?

① 1억 5천만원
② 1천 5백만원
③ 2,000만원
④ 3,000만원

해설 부상 등급별 화재배상책임보험 보험금액의 한도   <단위 만원>

구분	1	2	3	4	5	6	7	8	9	10	11	12	13	14
부상	3000	1500	1200	1000	900	700	500	300	240	200	160	120	80	80

정답 ④

05 후유장애 등급별 화재배상책임보험 보험금액의 피해자 1명당 최저한도는 얼마인가?

① 80만원
② 1천만원
③ 1천 5백만원
④ 650만원

해설 후유장애 등급별 화재배상책임보험 보험금액의 한도   <천만원>

구분	1	2	3	4	5	6	7	8	9	10	11	12	13	14
후유장애	15	13.5	12	10.5	9	7.5	6	4.5	3.8	2.7	2.3	1.9	1.5	1

정답 ②

2025년 다중이용업소의 안전관리에 관한 특별법

06 화재배상책임보험에서 하나의 사고로 사망, 부상, 후유장애 중 둘 이상에 해당하게 된 경우 보험금액의 내용으로 옳지 않은 것은?

① 부상당한 사람이 치료 중 그 부상이 원인이 되어 사망한 경우에는 피해자 1명당 사망에 따른 금액과 부상 따른 금액을 더한 금액을 지급할 것
② 부상당한 사람에게 후유장애가 생긴 경우에는 피해자 1명당 부상 따른 금액과 후유장애 따른 금액을 더한 금액을 지급할 것
③ 후유장애 금액을 지급한 후 그 부상이 원인이 되어 사망한 경우에는 피해자 1명당 사망에 따른 금액에서 후유장애에 따른 금액 중 사망한 날 이전에 해당하는 손해액을 더한 금액을 지급할 것
④ 후유장애 금액을 지급한 후 그 부상이 원인이 되어 사망한 경우에는 피해자 1명당 사망에 따른 금액에서 후유장애에 따른 금액 중 사망한 날 이후에 해당하는 손해액을 뺀 금액을 지급할 것

해설 후유장애 금액을 지급한 후 그 부상이 원인이 되어 사망한 경우에는 피해자 1명당 사망에 따른 금액에서 후유장애에 따른 금액 중 사망한 날 이후에 해당하는 손해액을 뺀 금액을 지급할 것
정답 ③

07 다중이용업주가 화재배상책임보험에 가입한 영업소임을 표시하는 표지의 부착 위치로 옳은 것은?

① 영업장의 주된 출입문 또는 주된 출입문 주변에 쉽게 볼 수 있는 위치
② 허가청의 허가증 등을 게시한 주변에 쉽게 볼 수 있는 위치
③ 다중이용업소 영업장 내부 쉽게 볼 수 있는 위치
④ 영업장의 구획된 실 등 이용자가 쉽게 볼 수 있는 위치

해설 부착 위치: 영업장의 주된 출입문 또는 주된 출입문 주변에 쉽게 볼 수 있는 위치
정답 ①

08 다중이용업주가 화재배상책임보험에 가입한 후 그 증명서(보험증권을 포함한다)를 소방본부장 또는 소방서장에게 제출해야 할 경우가 아닌 것은?

① 다중이용업주의 성명을 변경한 경우
② 안전시설등을 설치 신고를 하는 경우
③ 영업장 내부구조를 변경할려고 신고를 하는 경우
④ 영업장의 주소를 변경하려고 신고를 하는 경우

해설 **다중이용업주의 보험증명서(증권) 제출 의무**
다중이용업주는 다음에 해당하는 경우에는 화재배상책임보험에 가입한 후 그 증명서(보험증권을 포함)를 소방본부장 또는 소방서장에게 제출해야 한다.
㉠ 다중이용업주를 변경한 경우
㉡ 안전시설등을 설치신고를 할 경우
㉢ 영업장 다음의 내부구조를 변경하려고 신고를 하는 경우
   – 영업장 면적의 증가

- 영업장의 구획된 실의 증가
- 내부통로 구조의 변경

② 안전시설등의 공사를 마친 완공신고를 하는 경우

정답 ④

09 화재배상책임보험에 가입한 영업소임을 표시하는 표지의 규격, 재질 및 부착 위치 등에 대한 내용으로 옳지 않은 것은?

① 부착 위치 : 영업장의 주된 출입문 또는 주된 출입문 주변에 쉽게 볼 수 있는 위치
② 규격 : 지름 120㎜
③ 부착 기간 : 1년간
④ 표지의 규격, 재질 및 부착 위치 등은 행정안전부령으로 정한다.

해설 부착기간 : 화재배상책임보험의 계약 기간
정답 ③

10 보험회사는 화재배상책임보험의 계약을 체결하고 있는 다중이용업주에게 그 계약 종료사실을 알려야할 의무가 규정되어 있다. 그 시기로 옳은 것은?

① 계약 종료일의 100일 전부터 50일 전까지의 기간 및 50일 전부터 30일 전까지의 기간
② 계약 종료일의 75일 전부터 30일 전까지의 기간 및 30일 전부터 10일 전까지의 기간
③ 계약 종료일의 50일 전부터 20일 전까지의 기간 및 20일 전부터 5일 전까지의 기간
④ 계약 종료일의 60일 전부터 30일 전까지의 기간 및 30일 전부터 15일 전까지의 기간

해설 보험회사는 화재배상책임보험의 계약을 체결하고 있는 다중이용업주에게 그 계약 종료일의 75일 전부터 30일 전까지의 기간 및 30일 전부터 10일 전까지의 기간에 각각 그 계약이 끝난다는 사실을 알려야 한다.
정답 ②

11 보험회사는 화재배상책임보험의 계약을 체결하고 있는 다중이용업주에게 법정 기간내에 그 계약이 끝난다는 사실을 알리지 않아도 되는 경우가 아닌 것은?

① 보험기간이 1개월 이내인 계약의 경우
② 다중이용업주가 자기와 다시 계약을 체결한 경우
③ 다중이용업주가 다른 보험회사와 새로운 계약을 체결한 사실을 안 경우
④ 다중이용업주가 자기와 다시 계약을 체결약속을 한 경우

해설 보험회사는 화재배상책임보험의 계약을 체결하고 있는 다중이용업주에게 그 계약 종료일의 75일 전부터 30일 전까지의 기간 및 30일 전부터 10일 전까지의 기간에 각각 그 계약이 끝난다는 사실을 알려야 한다. 다만, 다음 각 호의 어느 하나에 해당하는 경우에는 그러하지 아니하다.
㉠ 보험기간이 1개월 이내인 계약의 경우

ⓒ 다중이용업주가 자기와 다시 계약을 체결한 경우
ⓒ 다중이용업주가 다른 보험회사와 새로운 계약을 체결한 사실을 안 경우

정답 ④

12 보험회사는 화재배상책임보험에 가입해야 할 자가 보험회사와의 일정한 행위를 할 경우 소방청장, 소방본부장 또는 소방서장에게 알려야 할 경우로 옳지 않은 것은?

① 화재배상책임보험 계약을 체결한 경우
② 화재배상책임보험 계약을 체결한 후 계약 기간이 끝나기 전에 그 계약을 해지한 경우
③ 화재배상책임보험 계약을 체결한 자가 그 계약 기간이 끝난 후 자기와 다시 계약을 체결하지 아니한 경우
④ 다중이용업주가 다른 보험회사와 새로운 계약을 체결한 사실을 안 경우

해설 보험회사는 화재배상책임보험에 가입해야 할 자가 다음 각 호의 어느 하나에 해당하면 그 사실을 행정안전부령으로 정하는 기간 내에 소방청장, 소방본부장 또는 소방서장에게 알려야 한다.(법 제13조의3 제3항)
㉠ 화재배상책임보험 계약을 체결한 경우
㉡ 화재배상책임보험 계약을 체결한 후 계약 기간이 끝나기 전에 그 계약을 해지한 경우
㉢ 화재배상책임보험 계약을 체결한 자가 그 계약 기간이 끝난 후 자기와 다시 계약을 체결하지 아니한 경우

정답 ④

13 보험회사가 화재배상책임보험 계약 체결한 경우 소방청장, 소방본부장 또는 소방서장에게 그 사실을 통지해야 할 시기로 옳은 것은?

① 계약의 효력발생일부터 5일 이내
② 계약의 효력발생일부터 10일 이내
③ 계약 체결 사실을 보험회사의 전산시스템에 입력한 날부터 5일 이내
④ 계약 체결 사실을 보험회사의 전산시스템에 입력한 날부터 10일 이내

해설 화재배상책임보험 계약 체결 사실 통지시기(시행규칙 제14조의3 제1항)
화재배상책임보험 계약을 체결한 경우 : 계약 체결 사실을 보험회사의 전산시스템에 입력한 날부터 5일 이내. 다만, 계약의 효력발생일부터 30일을 초과하여서는 아니 된다.

정답 ③

14 보험회사가 화재배상책임보험 계약을 체결한 후 계약 기간이 끝나기 전에 그 계약을 해지한 경우에 소방청장, 소방본부장 또는 소방서장에게 그 사실을 알려야 할 시기로 옳은 것은?

① 계약의 효력소멸 일부터 5일 이내
② 계약 해지 사실을 보험회사의 전산시스템에 입력한 날부터 5일 이내
③ 계약 해지 사실을 보험회사의 전산시스템에 입력한 날부터 10일 이내
④ 계약의 효력소멸 일부터 30일 이내

해설 화재배상책임보험 계약을 체결한 후 계약 기간이 끝나기 전에 그 계약을 해지한 경우 통지시기 : 계약 해지 사실을 보험회사의 전산시스템에 입력한 날부터 5일 이내. 다만, 계약의 효력소멸일부터 30일을 초과하여서는 아니 된다.

정답 ②

15 화재배상책임보험 계약을 체결한 자가 그 계약 기간이 끝난 후 자기와 다시 계약을 체결하지 아니한 경우에 보험회사가 소방청장, 소방본부장 또는 소방서장에게 그 사실을 알리는 시기로 옳지 않은 것은?

① 매월 21일부터 말일까지의 기간 내에 계약이 끝난 경우 : 그 다음 달 5일까지
② 매월 1일부터 10일까지의 기간 내에 계약이 끝난 경우 : 같은 달 20일까지
③ 매월 11일부터 20일까지의 기간 내에 계약이 끝난 경우 : 같은 달 말일까지
④ 매월 21일부터 말일까지의 기간 내에 계약이 끝난 경우 : 그 다음 달 10일까지

해설 화재배상책임보험 계약을 체결한 자가 그 계약 기간이 끝난 후 자기와 다시 계약을 체결하지 아니한 경우 통지시기
㉠ 매월 1일부터 10일까지의 기간 내에 계약이 끝난 경우 : 같은 달 20일까지
㉡ 매월 11일부터 20일까지의 기간 내에 계약이 끝난 경우 : 같은 달 말일까지
㉢ 매월 21일부터 말일까지의 기간 내에 계약이 끝난 경우 : 그 다음 달 10일까지

정답 ①

16 보험금을 결정하고 보험금 결정 후 며칠 이내에 피해자에게 보험금을 지급해야 하는가?

① 5일 이내   ② 7일 이내
③ 14일 이내   ④ 20일 이내

해설 보험회사는 화재배상책임보험의 보험금 청구를 받은 때에는 지체 없이 지급할 보험금을 결정하고 보험금 결정 후 14일 이내에 피해자에게 보험금을 지급해야 한다.

정답 ③

2025년 다중이용업소의 안전관리에 관한 특별법

17 보험회사는 다중이용업주가 화재배상책임보험에 가입할 때에는 계약의 체결을 거부할 수 없으나 대통령령이 정하는 경우 화재배상책임보험 계약의 체결을 거부할 수 있다. 대통령령이 정한 경우로 옳은 것은?

① 최근 3년 이내에 화재발생사실이 있는 경우
② 계약 당시 보험회사가 요청한 안전시설 등의 유지·관리에 관한 사항 등 화재 발생 위험에 관한 중요한 사항을 알리지 아니하거나 거짓으로 알린 경우
③ 다중이용업주의 영업이윤으로는 보험요율과 보험금액을 담보할수 없다고 판단된 경우
④ 다른 화재배상책임보험회사에 가입한 경우

> **해설** 화재배상책임보험 계약의 체결 거부(영 제9조의5)
> 다중이용업주가 화재배상책임보험 청약 당시 보험회사가 요청한 안전시설등의 유지·관리에 관한 사항 등 화재 발생 위험에 관한 중요한 사항을 알리지 아니하거나 거짓으로 알린 경우를 말한다.
> **정답** ②

18 보험회사는 다중이용업주와의 화재배상책임보험 계약을 해제하거나 해지하여서는 아니 된다. 다음 중 계약을 해제·해지할 수 있는 경우가 아닌 것은?

① 폐업한 경우
② 다중이용업에 해당하지 않게 된 경우
③ 변경된 다중이용업주가 화재배상책임보험 계약을 승계한 경우
④ 천재지변, 사고 등의 사유로 다중이용업주가 다중이용업을 더 이상 운영할 수 없게 된 사실을 증명한 경우

> **해설** 변경된 다중이용업주가 화재배상책임보험 계약을 승계한 경우는 제외한다.
> **정답** ③

19 다중이용업소의 화재배상책임보험 계약의 해제·해지에 관한 설명으로 틀린 것은?

① 보험회사는 다중이용업주와의 화재배상책임보험 계약을 해제하거나 해지하여서는 아니 된다.
② 보험회사가 임의로 계약을 해제 또는 해지한 경우에는 300만원의 과태료처분을 받는다.
③ 다중이용업주가 화재배상책임보험에 이중으로 가입되어 그 중 하나의 계약을 해제 또는 해지하려는 경우에는 보험회사는 계약을 해지할 수 있다.
④ 다중이용업주가 변경된 경우에 변경된 다중이용업주가 화재배상책임보험 계약을 승계한 경우에도 계약을 해지하고 재계약해야 한다.

> **해설** 화재배상책임보험 계약의 해제·해지할 수 있는 경우
> ① 다중이용업주가 변경된 경우. 다만, 변경된 다중이용업주가 화재배상책임보험 계약을 승계한 경우는 제외한다.
> ② 다중이용업주가 화재배상책임보험에 이중으로 가입되어 그 중 하나의 계약을 해제 또는 해지하려는 경우
> ③ 폐업한 경우

④ 다중이용업에 해당하지 않게 된 경우
⑤ 천재지변, 사고 등의 사유로 다중이용업주가 다중이용업을 더 이상 운영할 수 없게 된 사실을 증명한 경우
⑥ 「상법」에 따른 계약 해지 사유가 발생한 경우

정답 ④

20 공동 화재배상책임보험계약의 체결에 대한 설명으로 옳지 않은 것은?

① 다중이용업소에서 화재가 발생할 개연성이 높은 경우 등 행정안전부령으로 정하는 사유가 있으면 다수의 보험회사가 공동으로 화재배상책임보험 계약을 체결할 수 있다.
② 공동으로 화재배상책임보험 계약을 체결할 수 있는 경우 보험회사는 다중이용업주에게 공동계약체결의 절차 및 보험료에 대한 안내를 해야 한다.
③ 보험회사가 「보험업법」에 따라 허가를 받거나 신고한 화재배상책임보험의 책임을 담보하기에 현저히 곤란하다고 보험료율 산출기관이 인정한 경우 체결할 수 있다.
④ 해당 영업장에서 화재 관련 사고가 발생할 확률이 많은 경우

해설 공동 보험계약의 체결
① 다중이용업소에서 화재가 발생할 개연성이 높은 경우 등 행정안전부령으로 정하는 사유가 있으면 다수의 보험회사가 공동으로 화재배상책임보험 계약을 체결할 수 있다. 이 경우 보험회사는 다중이용업주에게 공동계약체결의 절차 및 보험료에 대한 안내를 해야 한다.(법 제13조의5 제2항)
② 공동계약 체결이 가능한 경우
  ㉠ 해당 영업장에서 화재 관련 사고가 발생한 사실이 있는 경우
  ㉡ 보험회사가 「보험업법」에 따라 허가를 받거나 신고한 화재배상책임보험의 책임을 담보하기에 현저히 곤란하다고 보험료율 산출기관이 인정한 경우

정답 ④

21 다중이용업주의 화재배상책임보험의 규정 내용에 대한 설명으로 옳지 않은 것은?

① 화재배상책임보험에 가입한 다중이용업주는 행정안전부령으로 정하는 바에 따라 화재배상책임보험에 가입한 영업소임을 표시하는 표지를 부착할 수 있다.
② 보험회사는 화재배상책임보험에 가입해야 할 자가 보험계약체결 사실을 행정안전부령으로 정하는 기간 내에 소방청장, 소방본부장 또는 소방서장에게 알려야 한다.
③ 보험회사는 다중이용업주가 화재배상책임보험에 가입할 때에는 계약의 체결을 거부할 수 없으나, 행정안전부령으로 정한 경우에는 거부할 수 있다.
④ 소방본부장 또는 소방서장은 다중이용업주가 화재배상책임보험에 가입하지 아니하였을 때에는 허가관청에 다중이용업주에 대한 인가·허가의 취소, 영업의 정지 등 필요한 조치를 취할 것을 요청할 수 있다.

해설 보험회사는 다중이용업주가 화재배상책임보험에 가입할 때에는 계약의 체결을 거부할 수 없으나, 대통령령으로 정한 경우에는 거부할 수 있다. "대통령령으로 정하는 경우"란 다중이용업주가 화재배상책임보험 청약 당시 보험회사가 요청한 안전시설등의 유지·관리에 관한 사항 등 화재 발생 위험에 관한 중요한 사항을 알리지 아니하거나 거짓으로 알린 경우를 말한다.(영 제9조의3)

정답 ③

2025년 다중이용업소의 안전관리에 관한 특별법

22 다중이용업소의 화재배상책임보험에 관한 내용 중 보험회사가 보험요율을 차등 적용하는 경우 고려하여야 하는 항목으로 옳지 않은 것은?

① 공표된 안전관리우수업소에 해당하는지 여부
② 공개된 법령위반업소에 해당하는지 여부
③ 다중이용업소가 속한 업종의 화재배상책임보험 가입여부
④ 다중이용업소가 속한 업종의 화재발생 빈도

해설 보험료율을 차등적용 시 고려할 사항
- 해당 다중이용업소가 속한 업종의 화재발생빈도
- 해당 다중이용업소의 영업장 면적
- 화재위험평가 결과
- 공개된 법령위반업소에 해당하는지 여부
- 공표된 안전관리우수업소에 해당하는지 여부

23 다음 중 다중이용업소의 안전관리에 관한 특별법상 화재배상책임보험 가입의무 대상으로 맞는 것은?

① 학원으로서 바닥면적의 합계가 2,000㎡ 이상인 것.
② 노래연습장으로서 바닥면적의 합계가 3,000㎡인 것.
③ 산후조리업으로서 바닥면적의 합계가 2,000㎡인 것
④ 영화상영관으로서 바닥면적의 합계가 2,000㎡ 이상인 것.

해설 건물의 소유자가 신체손해배상특약부화재보험에 가입해야 할 특수건물은 이 법의 적용을 제외
① 바닥면적의 합계가 2,000㎡이상 : 다중이용업소(학원, 목욕장업, 영화상영관, 게임제공업, 인터넷컴퓨터게임시설제공업, 노래연습장업, 휴게음식점업, 일반음식점업, 단란주점영업, 유흥주점영업으로 사용하는 건물
② 실내 사격장
정답 ③

24 화재배상책임보험 관련 보험회사의 의무에 대한 설명으로 적합하지 않는 내용은?

① 업주의 보험가입을 거부하지 못함
② 임의로 업주와의 계약을 해지하지 못함
③ 신생보험 안내
④ 화재배상 책임보험 외의 다른 보험의 가입을 강요하지 못함

해설 화재배상책임보험 관련 보험회사의 의무
　가. 보험계약 만료 안내 : 업주에게 보험계약 만료예정 통지(2회)
　나. 업주의 보험 가입을 거부하지 못함
　다. 임의로 업주와의 계약을 해지하지 못함
　라. 화재배상책임보험 외의 다른 보험의 가입을 강요하지 못함

정답 ③

CHAPTER 04 다중이용업소 안전관리 기반조성 등

제14조(다중이용업소의 소방안전관리)

다중이용업주는 「화재의 예방 및 안전관리에 관한 법률」 제24조제5항제3호·제4호·제6호 및 제9호에 따른 소방안전관리업무를 수행하여야 한다.

> **화재의 예방 및 안전관리에 관한 법률 제24조(특정소방대상물의 소방안전관리)** 2022년
> ⑤ 특정소방대상물(소방안전관리대상물은 제외한다)의 관계인과 소방안전관리대상물의 소방안전관리자는 다음 각 호의 업무를 수행한다. 다만, 제1호·제2호·제5호 및 제7호의 업무는 소방안전관리대상물의 경우에만 해당한다.
> 1. 피난계획에 관한 사항과 대통령령으로 정하는 사항이 포함된 소방계획서의 작성 및 시행
> 2. 자위소방대(自衛消防隊) 및 초기대응체계의 구성, 운영 및 교육
> 3. **피난시설, 방화구획 및 방화시설의 관리**
> 4. **소방시설이나 그 밖의 소방 관련 시설의 관리**
> 5. 소방훈련 및 교육
> 6. **화기(火氣) 취급의 감독**
> 7. 행정안전부령으로 정하는 바에 따른 소방안전관리에 관한 업무수행에 관한 기록·유지
> 8. 화재발생 시 초기대응
> 9. **그 밖에 소방안전관리에 필요한 업무**

☞ 소방안전관리업무를 태만히 한 경우 : 300만원 이하의 과태료

제14조의2(다중이용업주의 안전사고 보고의무)

① 다중이용업주는 다중이용업소의 화재, 영업장 시설의 하자 또는 결함 등으로 인하여 다음 각 호의 어느 하나에 해당하는 사고가 발생했거나 발생한 사실을 알게 된 경우 소방본부장 또는 소방서장에게 그 사실을 즉시 보고하여야 한다.
　1. 사람이 사망한 사고
　2. 사람이 부상당하거나 중독된 사고
　3. 화재 또는 폭발 사고
　4. 그 밖에 **대통령령(제9조의6)**으로 정하는 사고
② 안전사고 보고의 방법 및 절차 등 필요한 사항은 대통령령으로 정한다.

> **시행령 제9조의6(다중이용업주의 안전사고 보고대상 등)**
> ① 그 밖의 "대통령령으로 정하는 사고"란 설치·유지하는 안전시설등 중 행정안전부령으로 정하는 **비상구에**

서 사람이 추락한 사고를 말한다.
② 다중이용업주가 안전사고 발생 사실을 보고하는 경우에는 사고 개요 및 피해 상황을 전화·팩스 또는 정보통신망 등으로 보고하는 방법으로 한다.

제15조(다중이용업소에 대한 화재위험평가 등)

① 소방청장, 소방본부장 또는 소방서장은 다음 각 호의 어느 하나에 해당하는 지역 또는 건축물에 대하여 화재를 예방하고 화재로 인한 생명·신체·재산상의 피해를 방지하기 위하여 필요하다고 인정하는 경우에는 화재위험평가를 할 수 있다. 2017년 2020년
 1. 2천제곱미터 지역 안에 다중이용업소가 50개 이상 밀집하여 있는 경우
 2. 5층 이상인 건축물로서 다중이용업소가 10개 이상 있는 경우
 3. 하나의 건축물에 다중이용업소로 사용하는 영업장 바닥면적의 합계가 1천제곱미터 이상인 경우

시행령 제10조(화재위험평가의 대상기준)
2천제곱미터 지역 안에 다중이용업소가 50개 이상 밀집하여 있는 경우 화재위험평가대상은 도로로 둘러싸인 일단(一團)의 지역의 중심지점을 기준으로 한다.

② 소방청장, 소방본부장 또는 소방서장은 화재위험평가 결과 그 다중이용업소에 부여된 등급(이하 "화재안전등급"이라 한다)이 **대통령령으로 정하는 기준(제11조)**에는 해당 다중이용업주 또는 관계인에게 개수(改修)·이전·제거, 사용의 금지 또는 제한, 사용폐쇄, 공사의 정지 또는 중지, 그 밖의 필요한 조치 명령을 할 수 있다.

시행령 제11조(화재안전등급)
① 화재안전등급이 "**대통령령으로 정하는 기준 미만인 경우**"란 별표 4의 디(D) 등급 또는 이(E) 등급인 경우를 말한다.
② 화재안전등급의 산정기준·방법 등은 소방청장이 정하여 고시한다.

【별표4】 화재안전등급 2024년

등급	평가점수
A	80 이상
B	60 이상 79 이하

C	40 이상 59 이하
D	20 이상 39 이하
E	20 미만

비고
"평가점수"란 다중이용업소에 대하여 화재예방, 화재감지·경보, 피난, 소화설비, 건축방재등의 항목별로 소방청장이정하여 고시하는 기준을 갖추었는지에대하여 평가한 점수를 말한다.

③ 소방청장, 소방본부장 또는 소방서장은 개수(改修)·이전·제거, 사용의 금지 또는 제한, 사용폐쇄, 공사의 정지 또는 중지, 그 밖의 필요한 명령으로 인하여 손실을 입은 자가 있으면 **대통령령(제12조)** 으로 정하는 바에 따라 이를 **보상**하여야 한다. 다만, 법령을 위반하여 건축되거나 설비된 다중이용업소에 대하여는 그러하지 아니하다.

시행령 제12조(손실보상) 2019년 2024년
① 소방청장·소방본부장 또는 소방서장이 손실을 보상하는 경우에는 개수(改修)·이전·제거, 사용의 금지 또는 제한, 사용폐쇄, 공사의 정지 또는 중지, 그 밖의 필요한 조치 명령으로 인하여 생긴 손실을 **시가로 보상**해야 한다.
② 손실보상에 관하여는 소방청장·소방본부장 또는 소방서장과 손실을 입은 자가 협의해야 한다.
③ 보상금액에 관한 **협의가 성립되지 아니한 경우**에는 소방청장·소방본부장 또는 소방서장은 그 **보상금액을 지급**하여야 한다. 다만, 보상금액의 수령을 거부하거나 수령할 자가 불분명한 경우에는 그 보상금액을 공탁하고 이 사실을 통지하여야 한다.
④ 보상금의 지급 또는 공탁의 통지에 불복하는 자는 지급 또는 공탁의 통지를 받은 날부터 **30일 이내**에 행정안전부령(제15조)으로 정하는 바에 따라 **중앙토지수용위원회에 재결**(裁決)을 신청할 수 있다.

시행규칙 제15조(손실보상 재결신청) 보상금의 지급 또는 공탁의 통지에 불복하는 자는 손실보상재결신청서에 따라 **중앙토지수용위원회에 재결**을 신청하여야 한다.

⑤ 손실보상의 범위, 협의절차, 방법 등에 관하여 필요한 사항은 「공익사업을 위한 토지 등의 취득 및 보상에 관한 법률」이 정하는 바에 따른다.

④ 소방청장, 소방본부장 또는 소방서장은 화재안전등급이 **대통령령(제13조)으로 정하는 기준 이상(A등급)**인 다중이용업소에 대해서는 안전시설등의 일부를 설치하지 아니하게 할 수 있다.

시행령 제13조(안전시설등의 설치 일부 면제 등) "대통령령으로 정하는 기준 이상인 다중이용업소"란 각각 별표 4의 **에이(A) 등급**인 다중이용업소를 말한다.

⑤ 소방청장, 소방본부장 또는 소방서장은 화재안전등급이 대통령령으로 정하는 기준 이상(A등급)인 다중이용업소에 대해서는 **행정안전부령(제15조의2)으로 정하는 기간 동안** 소방안전교육 및 화재안전조사를 면제할 수 있다. 2024년

시행규칙 제15조의2(소방안전교육 등의 면제기간) "행정안전부령으로 정하는 기간 동안"이란 소방청장, 소방본부장 또는 소방서장으로부터 **화재위험평가 결과가 에이(A) 등급에 해당한다고 통보받은 날부터 2년이 되는 날**까지를 말한다.

⑥ 소방청장, 소방본부장 또는 소방서장은 화재위험평가를 화재위험평가 대행자로 하여금 대행하게 할 수 있다.

제16조(화재위험평가 대행자의 등록 등)

① 화재위험평가를 대행하려는 자는 대통령령(제14조)으로 정하는 기술인력, 시설 및 장비를 갖추고 행정안전부령(제16조)으로 정하는 바에 따라 소방청장에게 화재위험평가 대행자(이하 "평가대행자"라 한다)로 등록하여야 한다. 등록 사항 중 대통령령(제15조)으로 정하는 중요 사항을 변경할 때에도 또한 같다.

시행령 제14조(화재위험평가 대행자의 등록요건)
법 제15조제6항에 따라 화재위험평가를 대행하려는 자는 법 제16조제1항에 따라 **별표 5**에서 정하는 **기술인력·시설 및 장비**를 갖추고 화재위험평가 대행자(이하 "평가대행자"라 한다)로 등록해야 한다.

【별표5】평가대행자 갖추어야 할 기술인력·시설·장비 기준 (2024년)

구분	등록기준

기술 인력 기준	가. 소방기술사 자격을 취득한 사람 1명 이상
	나. 다음 1) 또는 2)의 어느 하나에 해당하는 사람 2명 이상
	  1) 소방기술사, 소방설비기사 또는 소방설비산업기사 자격을 가진 사람
	  2) 소방기술과 관련된 자격·학력 및 경력을 인정받은 사람으로서 자격·학력 및 경력 자격 수첩을 발급받은 사람

시설 및 장비 기준	가. 화재 모의시험이 가능한 컴퓨터 1대 이상 나. 화재 모의시험을 위한 프로그램

※ 비고
1. 두 종류 이상의 자격을 가진 기술인력은 그중 한 종류의 자격을 가진 기술인력으로 본다.
2. 화재위험평가 대행자가 화재위험평가 대행업무와 전문 소방시설설계업 또는 전문 소방공사감리업을 함께 하는 경우에는 전문 소방시설설계업 또는 전문 소방공사감리업 보유 기술인력으로 등록된 소방기술사는 제1호 가목에 따라 갖추어야 하는 소방기술사로 볼 수 있다.

시행규칙 제16조(화재위험평가대행자의 등록신청 등)
① 화재위험평가를 대행하려는 자는 화재위험평가대행자 등록신청서에 다음 각 호의 서류(전자문서를 포함한다)를 첨부하여 소방청장에게 제출해야 한다.
1. 기술인력명부 및 기술자격을 증명하는 서류(발급받은 국가기술자격증이 없는 경우만 해당)
2. 실무경력증명서(해당자에 한한다) 1부

3. 시설 및 장비명세서 1부
4. 병력(病歷) 신고 및 개인정보 이용 동의서(이하 이 조에서 "동의서"라 하며, 법인인 경우에는 소속 임원의 것을 포함한다)

② 등록신청을 받은 소방청장은 행정정보의 공동이용을 통하여 법인 등기사항증명서(법인인 경우만 해당한다), 사업자등록증명(개인인 경우만 해당한다) 및 해당 기술인력의 국가기술자격취득사항확인서를 확인하여야 한다. 다만, 신청인이 사업자등록증명 또는 국가기술자격취득사항확인서의 확인에 동의하지 않는 경우에는 그 사본을 첨부하도록 하여야 한다.

구분	첨부서류
신청인 (대표자) 제출서류	• 기술인력명부 및 그 자격을 증명(자격증이 없는 경우)하는 서류 각 1부 • 실무경력증명서(해당자만 제출) 1부 • 시설 및 장비명세서 1부 • 병력(病歷) 신고 및 개인정보 이용 동의서
담당 공무원 확인사항	• 법인 등기사항증명서(법인인 경우만 해당합니다) • 사업자등록증명(개인인 경우만 해당합니다) • 해당 기술인력의 국가기술자격취득사항확인서 * 담당 공무원의 확인에 동의하지 않는 경우에는 사업자등록증 사본 또는 국가기술자격증 사본을 제출하여야 합니다.

③ 동의서를 제출받은 소방청장은 국민건강보험공단 등 관계기관에 치료경력의 조회를 요청할 수 있다.
④ 소방청장은 동의서의 기재내용 또는 관계기관의 조회결과를 확인하여 필요한 경우 화재위험평가를 대행하려는 자에게 평가대행자 결격사유에 해당하지 않음을 증명하는 해당 분야 전문의의 진단서 또는 소견서(제출일 기준 **6개월 이내**에 발급된 서류에 한정한다)를 제출하도록 요청할 수 있다. 이 경우 화재위험평가를 대행하려는 자는 해당 서류를 소방청장에게 제출해야 한다.
⑤ 소방청장은 등록신청이 등록요건 및 기술인력, 시설 및 장비 기준에 적합하다고 인정되는 경우에는 등록신청을 받은 날부터 **30일 이내**에 화재위험평가대행자등록증을 발급하고, 화재위험평가대행자등록증 발급(재발급) 대장에 기록하여 관리해야 한다.

※ 등록처리 절차(규칙 별지 12호 서식)

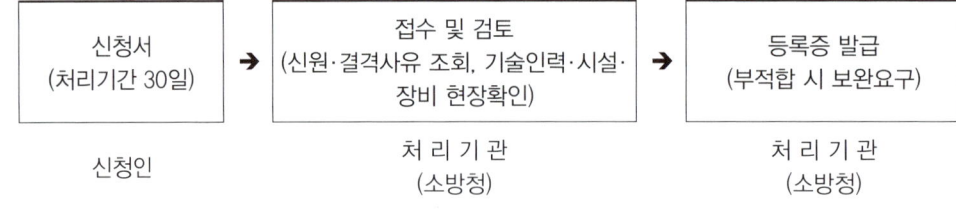

⑥ 화재위험평가대행자등록증을 발급받은 자(이하 "평가대행자"라 한다)는 화재위험평가대행자등록증을 잃어버리거나 화재위험평가대행자등록증이 헐어 못쓰게 된 경우에는 소방청장에게 화재위험평가대행자등록증의 재발급을 신청할 수 있다.
⑦ 평가대행자가 화재위험평가대행자등록증의 재발급을 신청하려는 때에는 화재위험평가대행자등록증 재발급 신청서를 소방청장에게 제출해야 한다.
⑧ 소방청장은 화재위험평가대행자등록증 재발급 신청서를 접수한 경우에는 **3일 이내**에 화재위험평가대행자등록증을 재발급해야 한다.

※ 재발급 처리 절차(규칙 별지 16호 서식)

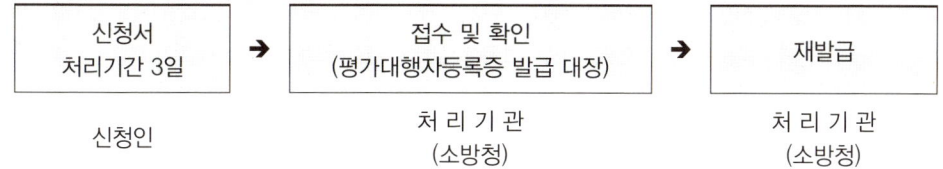

⑨ 평가대행자의 등록이 취소된 자는 지체 없이 화재위험평가대행자등록증을 소방청장에게 반납해야 한다.

시행령 제15조(평가대행자의 등록사항 변경신청)
① 화재위험평가 대행자의 등록 등에서 "대통령령으로 정하는 중요사항"이라 함은 다음 각 호의 사항을 말한다. 2023년
  1. 대표자
  2. 사무소의 소재지
  3. 평가대행자의 명칭이나 상호
  4. 기술인력의 보유현황
② 평가대행자는 제1항 각 호의 어느 하나에 해당하는 변경사유가 발생하면 변경사유가 발생한 날부터 30일 이내에 행정안전부령으로 정하는 서류를 첨부하여 행정안전부령으로 정하는 바에 따라 소방청장에게 변경등록을 해야 한다. 2024년

> **시행규칙 제17조(평가대행자의 등록사항 변경신청 등)**
> ① 평가대행자는 등록 사항 중 중요 사항을 변경하려는 때에는 화재위험평가대행자 변경등록 신청서에 다음 각 호의 서류(전자문서를 포함한다)를 첨부하여 소방청장에게 제출해야 한다.
>   1. 화재위험평가대행자 등록증
>   2. 기술인력명부(기술인력이 변경된 경우만 해당한다) 및 기술자격을 증명하는 서류(발급받은 국가기술자격증이 없는 경우만 해당한다)
>   3. 병력 신고 및 개인정보 이용 동의서(대표자가 변경된 경우만 해당한다)
> ② 변경등록 신청을 받은 소방청장은 행정정보의 공동이용을 통하여 법인 등기사항증명서(법인인 경우만 해당한다), 사업자등록증명(개인인 경우만 해당한다) 및 해당 기술인력의 국가기술자격취득사항확인서를 확인하여야 한다. 다만, 신청인이 사업자등록증명 또는 국가기술자격취득사항확인서의 확인에 동의하지 않는 경우에는 그 사본을 첨부하도록 하여야 한다.

② 다음 각 호의 어느 하나에 해당하는 자는 평가대행자로 등록할 수 없다.
  1. 피성년후견인
  2. 삭제
  3. 심신상실자, 알코올 중독자 등 <u>대통령령(제15조의2)으로 정하는 정신적 제약이 있는 자</u>

> **시행령 제15조의2(평가대행자의 결격사유)** "심신상실자, 알코올 중독자 등 대통령령으로 정하는 정신적 제약이 있는 자"란 다음 각 호의 사람을 말한다.
>   1. 심신상실자

2. 알코올·마약·대마 또는 향정신성의약품 관련 장애로 평가대행자의 업무를 정상적으로 수행할 수 없다고 해당 분야의 전문의가 인정하는 사람
3. 치매, 조현병·조현정동장애·양극성 정동장애(조울병)·재발성 우울장애 등의 정신질환이나 정신 발육지연, 뇌전증으로 평가대행자의 업무를 정상적으로 수행할 수 없다고 해당 분야의 전문의가 인정하는 사람

4. 화재위험평가대행자의 등록이 취소(피성연후견인에 해당하여 등록이 취소된 경우는 제외한다)된 후 2년이 지나지 아니한 자
5. 이 법, 「소방기본법」, 「소방시설공사업법」, 「화재의 예방 및 안전관리에 관한 법률」, 「소방시설 설치 및 관리에 관한 법률」, 「위험물 안전관리법」을 위반하여 징역 이상의 실형을 선고받고 그 형의 집행이 끝나거나 집행을 받지 아니하기로 확정된 후 2년이 지나지 아니한 사람
6. 임원 중 제1호부터 제5호까지의 어느 하나에 해당하는 사람이 있는 법인

> **Plus One | 평가대행자 결격사유의 용어찾기**
>
> 1. 피성년 후견인 : 질병·장애·노령·그 밖의 사유로 인한 정신적 제약으로 사무를 처리할 능력이 지속적으로 결여된 사람으로서 일정한 자의 청구에 의하여 가정법원으로부터 성년후견개시의 심판을 받은 자이다
> 2. 심신상실자: 심신상실의 상태에 있는 자이며, 사물변별능력과 의사결정능력이 전혀 없는 자이다. 법률상 의사무능력자
> 3. 조현병: 사고의 장애, 망상·환각, 현실과의 괴리감, 기이한 행동 등의 증상을 보이는 정신질환
> 4. 정동장애: 기분이 너무 좋거나 우울한 것을 주증상으로 하는 정신장애
> 5. 조현정동장애: 조현병 질환에 부가된 정동성 증상
> 6. 양극성정동장애(조울병): 기분이 들뜬 상태인 조증과 우울한 기분이 지속되는 우울증이 번갈아 가며 나타나는 정신장애
> 7. 재발성 우울장애: 우울장애는 침울한 기분이나 의욕 저하 따위가 지속되는 정신 이상 상태를 말하며, 재발성 우울장애는 특정 기간 동안 정상적인 기분 상태를 유지하다가 다시 심리불안의 에피소드를 경험하는 상태를 말합니다

③ 평가대행자는 다음 각 호의 사항을 준수하여야 한다.
   1. 평가서를 거짓으로 작성하지 아니할 것
   2. 다른 평가서의 내용을 복제(複製)하지 아니할 것
   3. 평가서를 행정안전부령으로 정하는 기간 동안 보존할 것
      ※ "행정안전부령으로 정하는 기간 동안"이란 화재위험평가결과보고서를 소방청장·소방본부장 또는 소방서장 등에게 제출한 날부터 **2년간**을 말한다.
   4. 등록증이나 명의를 다른 사람에게 대여하거나 도급받은 화재위험평가 업무를 하도급하지 아니할 것
④ 평가대행자는 업무를 휴업하거나 폐업하려면 소방청장에게 신고하여야 한다.
⑤ 휴업 또는 폐업 신고에 필요한 사항은 행정안전부령(제19조)으로 정한다.

시행규칙 제19조(휴업 또는 폐업신고 등)
① 평가대행자는 휴업 또는 폐업을 하려는 때에는 화재위험평가대행자 휴업(폐업)신고서에 화재위험평가대행자 등록증을 첨부하여 소방청장에게 제출하여야 한다.
② 소방청장은 휴업 또는 폐업신고를 받은 때에는 이를 특별시장·광역시장·특별자치시장·도지사 또는 특별자치도지사에게 통보하여야 한다.

※ 휴·폐업 신고 처리절차(별지 제17호서식)

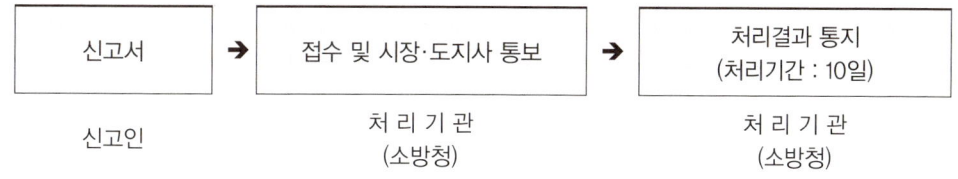

시행령 제16조(평가대행자의 등록 등의 공고)
소방청장은 다음 각 호의 어느 하나에 해당하는 경우에는 이를 소방청 인터넷 홈페이지 등에 공고해야 한다.
1. 평가대행자로 등록한 경우
2. 평가대행자의 업무 폐지신고를 받은 경우
3. 평가대행자의 등록을 취소한 경우

제17조(평가대행자의 등록취소 등) `2018년` `2019년` `2022년` `2024년`

① 소방청장은 평가대행자가 다음 각 호의 어느 하나에 해당하는 경우에는 그 **등록을 취소**하거나 **6개월 이내**의 기간을 정하여 **업무의 정지**를 명할 수 있다. 다만, 제1호부터 제4호까지의 어느 하나에 해당하는 경우에는 그 등록을 취소하여야 한다.
 1. 평가대행자 등록결격사유의 어느 하나에 해당하는 경우. 다만, 임원 중에 결격사유에 해당되어 6개월 이내에 그 임원을 바꾸어 임명한 경우는 제외한다.
 2. 거짓이나 그 밖의 부정한 방법으로 등록한 경우
 3. 최근 1년 이내에 2회의 업무정지처분을 받고 다시 업무정지처분 사유에 해당하는 행위를 한 경우
 4. 다른 사람에게 등록증이나 명의를 대여한 경우
 5. 등록기준에 미치지 못하게 된 경우
 6. 다른 평가서의 내용을 복제한 경우
 7. 평가서를 행정안전부령으로 정하는 기간 동안 보존하지 아니한 경우
 8. 도급받은 화재위험평가 업무를 하도급한 경우
 9. 평가서를 거짓으로 작성하거나 고의 또는 중대한 과실로 평가서를 부실하게 작성한 경우
 10. 등록 후 2년 이내에 화재위험평가 대행 업무를 시작하지 아니하거나 계속하여 2년 이상 화재위험평가 대행 실적이 없는 경우
② 등록취소 또는 업무정지 처분을 받은 자는 그 처분을 받은 날부터 화재위험평가 대행 업무를 수행할 수 없다.

③ 행정처분의 기준과 그 밖에 필요한 사항은 **행정안전부령(제20조)**으로 정한다.

시행규칙 제20조(행정처분기준) 평가대행자의 등록취소 또는 업무정지의 행정처분기준은 **별표 3**과 같다.

【별표3】 평가대행자에 대한 행정처분의 기준

1. 일반기준 `2022년`

가. 위반행위가 둘 이상인 경우로서 그에 해당하는 각각의 행정처분기준이 다른 경우에는 그 중 무거운 처분기준에 따른다. 다만, 둘 이상의 처분기준이 동일한 업무정지인 경우에는 각 처분기준을 합산한 기간을 넘지 아니하는 범위에서 다음 각 세목에 해당하는 사유를 고려하여 무거운 처분기준의 **2분의 1 범위에서 가중**할 수 있다.
  1) 위반행위가 고의나 중대한 과실에 의한 것으로 인정되는 경우
  2) 위반의 내용·정도가 중하다고 인정되는 경우

나. 위반행위의 횟수에 따른 행정처분기준은 **최근 1년간**[제2호(10)의 경우에는 3년간] 같은 위반행위로 행정처분을 받은 경우에 적용한다. 이 경우 기간의 계산은 위반행위에 대한 행정처분일과 그 처분 후 다시 같은 위반행위를 하여 적발된 날을 기준으로 한다.

다. 나목에 따라 가중된 처분을 하는 경우 가중처분의 적용 차수는 그 위반행위 전 처분차수(나목에 따른 기간 내에 처분이 둘 이상 있었던 경우에는 높은 차수를 말한다)의 다음 차수로 한다.

라. 처분권자는 위반행위의 동기·내용·횟수 및 위반의 정도 등 다음 각 세목에 해당하는 사유를 고려하여 그 처분기준의 **2분의 1 범위에서 감경**할 수 있다.
  1) 위반행위가 고의나 중대한 과실이 아닌 사소한 부주의나 오류로 인한 것으로 인정되는 경우
  2) 위반의 내용·정도가 경미하다고 인정되는 경우
  3) 위반 행위자가 처음 해당 위반행위를 한 경우로서, 5년 이상 평가대행업을 모범적으로 해온 사실이 인정되는 경우
  4) 위반 행위자가 해당 위반행위로 인하여 검사로부터 기소유예처분을 받거나 법원으로부터 선고유예의 판결을 받은 경우

2. 개별기준 `2018년` `2017년` `2022년` `2024년`

위반사항	행정처분기준			
	1차	2차	3차	4차 이상
(1) 평가대행자가 갖추어야 하는 기술인력·시설·장비가 등록요건에 미달하게 된 경우				
(가) 등록요건의 기술능력에 속하는 기술인력이 부족한 경우	경고	업무정지 1월	업무정지 3월	업무정지 6월
(나) 등록요건의 기술인력에 속하는 기술인력이 전혀 없는 경우	등록취소			
(다) 1개월 이상 시험장비가 없는 경우	업무정지 6개월	등록취소		
(라) 구비하여야 하는 장비가 부족한 경우	경고	업무정지 1월	업무정지 3월	업무정지 6월

(마) 구비하여야 하는 장비가 전혀 없는 경우	등록취소			
(2) 평가대행자 등록 결격사유 각 호의 어느 하나에 해당하는 경우	등록취소			
(3) 거짓, 그 밖의 부정한 방법으로 등록한 경우	등록취소			
(4) 최근 1년 이내에 2회의 업무정지처분을 받고 다시 업무정지처분 사유에 해당하는 행위를 한 경우	등록취소			
(5) 다른 사람에게 등록증이나 명의를 대여한 경우	등록취소			
(6) 다른 평가서의 내용을 복제한 경우	업무정지 3월	업무정지 6월	등록취소	
(7) 평가서를 행정안전부령으로 정하는 기간 동안 보존하지 아니한 경우	경고	업무정지 1월	업무정지 3월	업무정지 6월
(8) 도급받은 화재위험평가 업무를 하도급한 경우	업무정지 6월	등록취소		
(9) 화재위험평가서를 허위로 작성하거나 고의 또는 중대한 과실로 평가서를 부실하게 작성한 경우	업무정지 6월	등록취소		
(10) 등록 후 2년 이내에 화재위험평가 대행업무를 개시하지 아니하거나 계속하여 2년 이상 화재위험평가 대행 실적이 없는 경우	경고	등록취소		
(11) 업무정지처분 기간에 신규계약에 의하여 화재위험평가대행업무를 한 경우	등록취소			

제17조의2(청문)

소방청장은 평가대행자의 등록을 취소하거나 업무를 정지하려면 청문을 하여야 한다.

Plus One | 청문

(1) **청문의 의의**
    가. 행정청이 어떠한 행정처분을 하기 전에 이해당사자 등의 의견을 직접 듣고 증거를 조사하는 절차를 말한다. 이러한 의견청취 절차는 재판절차에 준하는 정식행정절차에 해당된다.
    나. 청문실시 요건 : 개별법령에 청문을 실시하도록 규정하고 있는 경우와 행정청이 필요하다고 인정하는 경우이다.
(2) **청문주재자** : 행정청이 소속직원 또는 대통령령이 정하는 자격을 가진 자 중에서 선정
(3) **청문의 공개여부** : 비공개를 원칙
(4) **청문의 진행**
(5) **청문의 종결**
    가. 청문 주재자는 당사자등의 의견진술·증거조사가 충분히 이루어졌다고 인정되는 경우,
    나. 당사자 등의 전부 또는 일부가 정당한 사유 없이 청문기일에 출석하지 아니하거나,

다. 의견서를 제출하지 아니한 경우에 다시 의견진술 및 증거제출의 기회를 주지 아니하고 청문을 마칠 수 있다.

(6) 청문절차의 법적효과

청문은 개별 법령 등에서 청문을 실시하도록 규정하고 있는 경우와 행정청이 필요하다고 인정하는 경우에 실시할 수 있다. 전자는 청문을 실시하지 않은 경우 해당 행정처분은 위법한 처분에 해당되고, 후자의 경우 행정청의 고유판단 영역으로 청문을 실시하지 않은 처분도 위법한 처분은 아니다.

(7) 소방관계법령상 청문사유리

법 명	청문사유	청문주재
다중이용업소의 안전관리에 관한 특별법	① 화재평가대행자의 등록취소 ② 화재평가대행자의 업무정지	소방청장
위험물안전관리법	① 위험물제조소 등 허가취소 ② 위험물탱크안전성능시험자 등록취소	소방본부장, 소방서장 시·도지사
소방시설 설치 및 관리에 관한 법률	① 소방시설관리사 자격취소 ② 소방시설관리업 등록취소 ③ 방염성능시험기관의 지정취소 ④ 소방용 기계·기구 형식승인 취소	소방청장 시·도지사 소방청장 소방청장
소방시설공사업법	① 소방시설업 등록취소 ② 소방기술 인정 자격취소 ③ 소방기술자 실무교육기관 지정취소	시·도지사 소방청장 소방청장

제18조(평가서의 작성방법 및 평가대행 비용의 산정기준)

소방청장은 평가서의 작성방법 및 화재위험평가의 대행에 필요한 비용의 산정기준을 정하여 고시하여야 한다.

제19조(안전관리에 관한 전산시스템의 구축·운영)

① 소방청장은 허가등 또는 그 변경 사항과 관련 통계 등 업무 수행에 필요한 행정정보를 다중이용업소의 안전관리에 관한 정책 수립, 연구·조사 등에 활용하기 위하여 전산시스템을 구축·운영하여야 한다.
② 소방청장은 화재배상책임보험에 가입하지 아니한 다중이용업주를 효율적으로 관리하기 위하여 구축·운영하는 전산시스템과 보험회사 및 보험 관련 단체가 관리·운영하는 전산시스템을 연계하여 책임보험전산망을 구축·운영할 수 있다.
③ 소방청장은 전산시스템 및 책임보험전산망의 구축·운영을 위하여 허가관청, 보험회사 및 보험 관련 단체에 필요한 자료 또는 정보의 제공을 요청할 수 있다. 이 경우 관련 자료나 정보의 제공을 요청받은 자는 특별한 사유가 없으면 요청에 따라야 한다.
④ 소방청장은 허가관청이 전산시스템을 다중이용업소의 안전관리에 관한 업무에 활용할 수 있도록 하여야 한다. 다만, 책임보험전산망에 대하여는 그러하지 아니하다.

제20조(법령위반업소의 공개) 2018년 2024년

> **Plus One | 공개제도의 의의**
>
> (1) 다중이용업소에 설치한 안전시설등 유지관리 의무를 위반한 상태에서 시정하지 않고 영업을 계속하는 업소를 공개함으로써 이용자에게는 **정보제공으로 알권리 보장**하여 화재위험이 높은 업소의 출입을 간접적으로 자제하도록 하는 한편, 영업주에게는 심리적·사회적 부담을 줌으로써 법규 위반 사항에 대한 **시정을 촉구**하여 위반상태를 보완 취지에 있다.
> (2) 이 법에서의 위반업소 공개는 반드시 공개해야 하는 기속행위는 아니고, 자율적 시정을 유도하려는 것으로 법령위반에 따른 행정기관의 조치내용만을 공개하도록 함으로써 개인 신상정보의 공개로 인한 사생활 침해의 부작용이 발생하지 않도록 하고 있다.

① 소방청장, 소방본부장 또는 소방서장은 다중이용업주가 제9조제2항 및 제15조제2항에 따른 **조치명령을 2회 이상** 받고도 이행하지 아니하였을 때에는 그 조치 내용(그 위반사항에 대하여 수사기관에 고발된 경우에는 그 고발된 사실을 포함한다)을 인터넷 등에 공개할 수 있다. 2024년

법 제9조(다중이용업소의 안전관리기준 등)
② 소방본부장이나 소방서장은 안전시설등이 안전시설등의 설치·유지 기준에 맞게 설치 또는 유지되어 있지 아니한 경우에는 그 다중이용업주에게 안전시설등의 보완 등 필요한 조치를 명하거나 허가관청에 관계 법령에 따른 영업정지 처분 또는 허가등의 취소를 요청할 수 있다.

법 제15조(다중이용업소에 대한 화재위험평가 등)
② 소방청장, 소방본부장 또는 소방서장은 화재위험평가 결과 다중이용업소에 부여된 등급(이하 "화재안전등급"이라 한다)이 화재안전등급 디(D) 또는 이(E)인 경우에는 해당 다중이용업주 또는 관계인에게 다중이용업주에게 그 업소의 개수(改修)·이전·제거,사용의 금지 또는 제한, 사용폐쇄, 공사의 정지 또는 중지, 그 밖의 필요한 조치를 명할 수 있다.

---

② 위반업소를 공개하는 경우 그 내용·기간 및 방법 등에 필요한 사항은 **대통령령(제17조 및 제18조)**으로 정한다.

시행령 제17조(조치명령 미이행업소 공개사항의 제한)
소방관서장의 조치명령 미이행업소의 공개가 제3자의 법익을 침해하는 경우에는 제3자와 관련된 사실을 공개하여서는 아니 된다.

시행령 제18조(조치명령 미이행업소의 공개사항 등)
① 소방청장·소방본부장 또는 소방서장이 조치명령 미이행업소를 공개하려면 공개내용과 공개방법 등을 그 업소의 관계인(영업주와 소속 종업원을 말한다)에게 미리 알려야 한다.
② 조치명령 미이행업소를 공개할 때에는 다음 각 호의 사항을 포함해야 하며, 공개기간은 그 업소가 조치명령을 이행하지 아니한 때부터 조치명령을 이행할 때까지로 한다. 2024년
  1. 미이행업소명
  2. 미이행업소의 주소

3. 소방청장·소방본부장 또는 소방서장이 조치한 내용
4. 미이행의 횟수

③ 소방청장·소방본부장 또는 소방서장은 제2항에 따른 사항을 다음 각 호의 **2개 이상**의 매체에 공개한다.

2024년
1. 관보 또는 시·도의 공보
2. 소방청, 시·도 소방본부 또는 소방서의 인터넷 홈페이지
3. 중앙일간지 신문 또는 해당 지역 일간지 신문
4. 유선방송
5. 반상회보(班常會報)
6. 시·군·구청 소식지(시·군·구청에서 지역 주민들에게 무료로 배포하는 소식지를 말한다)

④ 소방청장, 소방본부장 또는 소방서장은 소방청, 소방본부 또는 소방서의 인터넷 홈페이지에 공개한 경우로서 다중이용업주가 사후에 조치명령을 이행한 경우에는 이를 확인한 날부터 **2일 이내**에 공개내용을 해당 **인터넷 홈페이지에서 삭제**해야 한다. 2024년

제20조의2(화재안전조사 결과 공개)

① 소방청장, 소방본부장 또는 소방서장은 다중이용업소를 화재안전조사를 실시한 경우 다음 각 호의 사항을 인터넷 등에 공개할 수 있다.
1. 다중이용업소의 상호 및 주소
2. 안전시설등 설치 및 유지·관리 현황
3. 피난시설, 방화구획 및 방화시설 설치 및 유지·관리 현황
4. 그 밖에 대통령령(제18조의2제1항)으로 정하는 사항

② 소방안전조사 결과를 공개하는 경우 그 내용·기간 및 방법 등에 필요한 사항은 대통령령(제18조의2)으로 정한다.

시행령 제18조의2(화재안전조사 결과 공개사항 등)

① "대통령령으로 정하는 사항"이란 다음 각 호의 사항을 말한다.
1. 소방안전교육 이수 현황
2. 안전시설등에 대한 정기점검 결과
3. 화재배상책임보험 가입 현황

② 소방안전조사 결과의 공개는 해당 조사를 실시한 날부터 **30일 이내**에 소방청, 시·도 소방본부 또는 소방서의 인터넷 홈페이지에 **60일 이내의 기간 동안** 게시하는 방법으로 한다.

③ 화재안전조사 결과의 공개가 제3자의 법익을 침해할 우려가 있는 경우에는 제3자와 관련된 사실을 공개해서는 안 된다.

제21조(안전관리우수업소표지 등) 2018년 2020년 2021년 2023년

① 소방본부장이나 소방서장은 다중이용업소의 안전관리업무 이행 실태가 우수하여 **대통령령**으로 정하는 요건을 갖추었다고 인정할 때에는 그 사실을 해당 다중이용업주에게 통보하고 이를 공표할 수 있다.

시행령 제19조(안전관리우수업소) 2021년 2023년

안전관리우수업소(이하 "안전관리우수업소"라 한다)의 요건은 다음 각 호와 같다.
1. 공표일 기준으로 최근 3년 동안 피난시설, 방화구획 및 방화시설의 유지·관리 의무 위반행위가 없을 것
2. 공표일 기준으로 최근 3년 동안 소방·건축·전기 및 가스 관련 법령 위반 사실이 없을 것
3. 공표일 기준으로 최근 3년 동안 화재 발생 사실이 없을 것
4. 자체계획을 수립하여 종업원의 소방교육 또는 소방훈련을 정기적으로 실시하고 공표일 기준으로 최근 3년 동안 그 기록을 보관하고 있을 것

시행령 제20조(안전관리우수업소의 공표절차 등) 2018년

① 소방본부장이나 소방서장은 안전관리우수업소를 인정하여 공표하려면 안전관리우수업소 요건의 내용을 관보 또는 시·도의 공보, 소방청, 시·도 소방본부 또는 소방서의 인터넷 홈페이지, 중앙일간지 신문 또는 해당 지역 일간지 신문에 안전관리우수업소 인정 예정공고를 해야 한다.
② 공고에 따른 안전관리우수업소 인정 예정공고의 내용에 이의가 있는 사람은 안전관리우수업소 인정 예정 공고일부터 **20일 이내**에 소방본부장이나 소방서장에게 전자우편이나 서면으로 이의신청을 할 수 있다.
③ 소방본부장이나 소방서장은 이의신청이 있으면 이에 대하여 조사·검토한 후, 그 결과를 이의신청을 한 당사자와 해당 다중이용업주에게 알려야 한다.
④ 소방본부장이나 소방서장은 안전관리우수업소를 인정하여 공표하려는 경우에는 공표일부터 **2년의 범위**에서 안전관리우수업소표지 사용기간을 정하여 공표해야 한다.

시행령 제21조(안전관리우수업소의 표지 등) 2023년

① 소방본부장이나 소방서장은 안전관리우수업소에 대하여 안전관리우수업소 표지를 내준 날부터 **2년마다** 정기적으로 심사를 하여 위반사항이 없는 경우에는 안전관리우수업소표지를 갱신하여 내줘야 한다.

> **시행규칙 제23조(안전관리우수업소의 공표)**
> ① 소방본부장 또는 소방서장은 안전관리우수업소의 표지를 발급한 때에는 이를 지체 없이 공표하여야 한다.
> ② 공표는 관보 또는 시·도의 공보, 소방청, 시·도 소방본부 또는 소방서의 인터넷 홈페이지,중앙일간지 신문 또는 해당 지역 일간지 신문, 유선방송,반상회보(班常會報),시·군·구청 소식지 **2개 이상** 매체에 다음 각 호의 구분에 따라 그 내용을 기재하여 이를 공표한다.
> 1. 안전관리우수업소의 공표 또는 갱신공표의 경우
>   가. 안전관리우수업소의 명칭과 다중이용업주 이름
>   나. 안전관리업무의 내용
>   다. 안전관리우수업소 표지를 부착할 수 있는 기간
> 2. 안전관리우수업소의 표지 사용정지의 경우
>   가. 안전관리우수업소의 표지 사용정지대상인 다중이용업소의 명칭과 다중이용업주 이름
>   나. 안전관리우수업소 표지의 사용을 정지하는 사유
>   다. 안전관리우수업소 표지의 사용정지일

② 정기심사와 안전관리우수업소표지 갱신절차에 관하여 필요한 사항은 행정안전부령(제22조)으로 정한다.

> **시행규칙 제22조(안전관리우수업소 표지 발급대장의 관리 등)**
> ① 소방본부장 또는 소방서장은 안전관리우수업소 표지를 발급한 날부터 2년이 되는 날 이후 30일 이내에 정기심사를 실시하여 안전관리우수업소 요건에 적합한 경우에는 안전관리우수업소표지를 갱신해 주어야 한다.
> ② 소방본부장 또는 소방서장은 안전관리우수업소표지를 발급 또는 갱신발급하였을 때에는 안전관리우수업소 표지 발급(갱신발급)대장에 그 사실을 기록하고 관리하여야 한다.

시행령 제22조(다중이용업주의 신청에 의한 안전관리우수업소 공표 등)
① 다중이용업주는 그 영업장이 안전관리우수업소 요건에 해당되면 소방본부장이나 소방서장에게 안전관리우수업소로 인정해 줄 것을 신청할 수 있다.

> **시행규칙 제24조(안전관리우수업소의 공표신청 등)**
> ① 안전관리우수업소로 인정을 받으려는 다중이용업주는 안전관리우수업소 공표신청서에 안전시설 등 완비증명서 사본을 첨부하여 소방본부장 또는 소방서장에게 신청하여야 한다.
> ② 신청을 받은 소방본부장 또는 소방서장은 「전자정부법」 제36조제1항에 따른 행정정보의 공동이용을 통하여 법인 등기사항증명서(법인인 경우만 해당한다) 또는 사업자등록증명(개인인 경우만 해당하며, 주민등록번호가 제외된 사업자등록증명을 말한다)을 확인하여야 한다. 다만, 신청인이 사업자등록증명의 확인에 동의하지 않는 경우에는 그 사업자등록증 사본을 첨부하도록 하여야 한다.
> ③ 소방본부장 또는 소방서장은 안전관리우수업소 공표신청을 받은 경우에는 예정공고를 거쳐 안전관리우수업소 요건에 적합한지를 확인하여야 한다.
> ④ 소방본부장 또는 소방서장은 제3항에 따른 확인결과 그 다중이용업소가 그 요건에 적합하다고 인정하는 때에는 그 사실을 안전관리우수업소 공표신청을 한 다중이용업주에게 통보하고 안전관리우수업소 표지를 교부하여야 하며, 부적합하다고 인정하는 때에는 신청인에게 서면으로 그 사유를 통보하여야 한다.
>
> ※ 신청에 의한 안전관리우수업소 공표 처리절차
>
>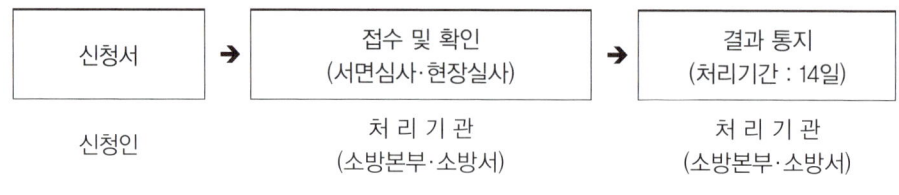

② 소방본부장이나 소방서장은 신청을 받은 다중이용업소를 안전관리우수업소로 인정하려면 해당 업소에 그 사실을 통보하고 공표해야 한다.
③ 안전관리우수업소의 공표 신청절차 등에 관하여 필요한 사항은 행정안전부령(제23조)으로 정한다.

> **시행규칙 제22조(안전관리우수업소 표지 발급대장의 관리 등)**
> ① 소방본부장 또는 소방서장은 안전관리우수업소 표지를 발급한 날부터 2년이 되는 날 이후 30일 이내에 정기심사를 실시하여 안전관리우수업소 요건에 적합한 경우에는 안전관리우수업소표지를 갱신해 주어야 한다.
> ② 소방본부장 또는 소방서장은 안전관리우수업소표지를 발급 또는 갱신발급하였을 때에는 안전관리우수업소 표지 발급(갱신발급)대장에 그 사실을 기록하고 관리하여야 한다.

② 통보받은 다중이용업주는 그 사실을 나타내는 표지(이하 "안전관리우수업소표지"라 한다)를 영업소의 명칭과 함께 영업소의 출입구에 부착할 수 있다.
③ 소방본부장이나 소방서장은 안전관리우수업소에 해당하는 다중이용업소에 대하여는 행정안전부령(제21조)으로 정하는 기간 동안 소방안전교육 및 소방안전조사를 면제할 수 있다.
④ 안전관리우수업소표지에 필요한 사항은 행정안전부령(제21조)으로 정한다.

시행규칙 제21조(안전관리우수업소 표지 크기 등)
① "행정안전부령으로 정하는 기간 동안"이란 법 제21조제1항에 따라 소방본부장 또는 소방서장으로부터 안전관리업무 이행실태가 우수하다고 **통보 받은 날부터 2년이 되는 날까지**를 말한다.
② 안전관리우수업소(이하 "안전관리우수업소"라 한다) 표지의 규격·재질·부착기간 등은 **별표 4**와 같다.

【별표4】안전관리우수업소 표지의 규격, 재질 등 2023년

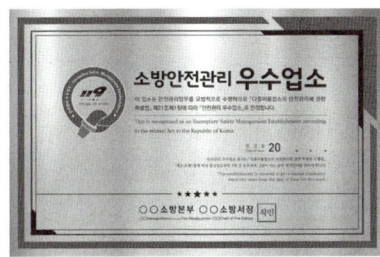 

1. 제작: 2종(금색, 은색) 중 1종을 선택
   가. 바탕: 금색(테두리: 검정색/적색)
   나. 바탕: 은색(테두리: 검정색/청색)
2. 규격: 가로 450밀리미터 × 세로 300밀리미터
3. 재질: 스테인레스(금색 또는 은색)
4. 글씨체
   가. 소방안전관리 우수업소: 고도B 21/85밀리리터(검정색)
   나. 조항: KoPubWorld돋움체 6.7(검정색)
   다. 조항영문: KoPubWorld바탕체 6.3(검정색)
   라. 발급일자: DIN Medium 14밀리미터(검정색)
   마. 시행령(영문포함): KoPubWorld바탕체 4.5(검정색)
   바. 기관명: KoPubWorld돋움체 10밀리미터(검정색)
   사. 기관영문: KoPubWorld돋움체 4.5밀리미터(검정색)
5. 이미지(엠블럼)
   가. 표장: 119 형상화 18밀리미터(검정색)
   나. 안전시설등·교육·정기점검: KoPubWorld돋움체 3.5밀리미터(검정색)
   다. 안전관리 우수업소(영문포함): KoPubWorld돋움체 4.5밀리미터(검정색)
   라. 소방호스: 85밀리미터(적색/회색 또는 청색/회색)

제22조의2(민감정보 및 고유식별정보의 처리)

① 소방청장, 소방본부장 또는 소방서장은 다음 각 호의 사무를 수행하기 위하여 불가피한 경우 「개인정보 보호법」 제23조에 따른 건강에 관한 정보(제6호부터 제8호까지의 사무로 한정한다), 같은 법 시행령 제19조제1호 또는 제4호에 따른 주민등록번호 또는 외국인등록번호가 포함된 자료를 처리할 수 있다.

    1. 행정기관의 통보사항 처리에 관한 사무
    2. 소방안전교육에 관한 사무
    3. 다중이용업소의 안전관리기준 등에 관한 사무
    4. 화재배상책임보험 가입 촉진 및 관리에 관한 사무
    5. 다중이용업소에 대한 화재위험평가 등에 관한 사무
    6. 평가대행자의 등록 등에 관한 사무
    7. 평가대행자의 등록취소 등에 관한 사무
    8. 청문에 관한 사무
    9. 안전관리에 관한 전산시스템의 구축·운영에 관한 사무
    10. 법령위반업소의 공개에 관한 사무
    11. 안전관리우수업소표지 등에 관한 사무
    12. 이행강제금 부과·징수에 관한 사무

② 허가관청은 다중이용업주의 성명 및 주소 등을 소방본부장 또는 소방서장에게 통보하기 위하여 불가피한 경우 주민등록번호 또는 외국인등록번호가 포함된 자료를 처리할 수 있다.

③ 보험회사는 화재배상책임보험 계약 체결 사항 등을 소방청장, 소방본부장 또는 소방서장에게 알리기 위하여 불가피한 경우 주민등록번호 또는 외국인등록번호가 포함된 자료를 처리할 수 있다.

④ 허가관청, 보험회사 또는 보험 관련 단체는 소방청장으로부터 요청받은 자료 또는 정보를 제공하기 위하여 불가피한 경우 주민등록번호 또는 외국인등록번호가 포함된 자료를 처리할 수 있다.

CHAPTER 05 보칙

제21조의2(압류의 금지)
　이 법에 따른 화재배상책임보험의 보험금 청구권 중 다른 사람의 사망 또는 부상으로 인하여 발생한 청구권은 이를 압류할 수 없다.

제22조(권한의 위탁 등)
① 소방청장, 소방본부장 또는 소방서장은 다중이용업주 및 그 종업원에 대한 소방안전교육 업무, 책임보험전산망의 구축·운영에 관한 업무를 대통령령으로 정하는 바에 따라 관련 법인 또는 단체에 위탁할 수 있다.
② 위탁받은 업무에 종사하는 법인 또는 단체의 임원 및 직원은 「형법」 제129조(수뢰, 사전수뢰), 제130조(제3자 뇌물제공), 제131조(수뢰후부정처사, 사후수뢰), 제132조(알선수뢰)의 규정을 적용할 때에는 공무원으로 본다.
③ 위탁받은 법인 또는 단체의 장은 행정안전부령으로 정하는 바에 따라 위탁받은 업무의 수행에 드는 경비를 교육 대상자로부터 징수할 수 있다.
④ 소방안전교육을 위탁받은 자가 갖추어야 할 시설기준, 교수요원의 자격 등에 필요한 사항은 행정안전부령으로 정한다.

시행규칙 제25조(소방안전교육 위탁기관이 갖추어야 하는 시설기준 등)
소방안전교육을 위탁받은 기관이 갖추어야 하는 시설기준은 **별표 5**와 같다.

【별표5】소방안전교육 위탁기관이 갖추어야 하는 시설기준

구분	시설기준 및 갖추어야 할 교육용 기자재의 종류
사무실	바닥면적 60㎡ 이상일 것
강의실	바닥면적 100㎡ 이상이고 의자·탁자 및 교육용 비품을 갖출 것
실습·체험실	바닥면적 100㎡ 이상일 것
교육용 기자재	1. 빔프로젝터 1개(스크린 포함) 2. 소화기(단면절개) : 3종 각 1개 3. 경보설비시스템 1개 4. 스프링클러모형 1개 5. 자동화재탐지설비 세트 1개 6. 소화설비 계통도 세트 1개 7. 소화기 시뮬레이터 세트 1개 8. 「소방시설 설치 및 관리에 관한 법률 시행규칙」 제20조제1항에 따른 소방시설 점검기구 각 1개

⑤ 업무를 위탁받은 자는 그 직무상 알게 된 정보를 누설하거나 다른 사람에게 제공하는 등 부당한 목적을 위하여 사용하여서는 아니 된다.

☞ **위반 시 벌칙 : 1년 이하의 징역 또는 1천만원 이하의 벌금**

제22조의2(벌칙 적용 시의 공무원 의제)

화재위험평가업무를 대행하는 사람은 「형법」 제129조(수뢰, 사전수뢰), 제130조(제3자 뇌물제공), 제131조(수뢰후부정처사, 사후수뢰), 제132조(알선수뢰)의 규정을 적용할 때에는 공무원으로 본다.
1. 화재위험평가업무를 대행하는 사람
2. 다중이용업주 및 그 종업원에 대한 소방안전교육 업무를 위탁 받은 법인 또는 단체
3. 책임보험전산망의 구축·운영에 관한 업무를 위탁 받은 법인 또는 단체

실전예상문제

01 다음중 다중이용업소 소방안전관리에 관한 설명으로 옳은 것은?

① 다중이용업주는 자위소방대 조직 등 안전관리업무를 수행해야 한다.
② 소방청장, 소방본부장 또는 소방서장은 화재위험평가 결과 그 화재안전등급이 디(D) 등급 또는 이(E) 등급인 경우에는 해당 다중이용업주에게 개수·이전·제거 등 조치를 명할 수 있다.
③ 소방청장, 소방본부장 또는 소방서장은 4층 이상인 건축물로서 다중이용업소가 10개 이상 있는 경우 화재위험을 평가를 할수 있다.
④ 2천제곱미터 지역 안에 다중이용업소가 50개 이상 밀집하여 있는 경우의 화재위험평가대상은 도로로 둘러싸인 일단(一團)의 지역의 중심건물을 기준으로 한다.

> **해설** ① 다중이용업주는 피난시설·방화구획 및 방화시설의 유지·관리, 소방시설이나 그밖의 소방관련시설의 유지·관리, 화기(火氣)취급의 감독, 그 밖의 소방안전관리에 필요한 업무를 수행해야 한다.
> ③ 소방청장, 소방본부장 또는 소방서장은 5층 이상인 건축물로서 다중이용업소가 10개 이상 있는 경우 화재위험을 평가를 할수 있다.
> ④ 2천제곱미터 지역 안에 다중이용업소가 50개 이상 밀집하여 있는 경우의 화재위험평가 대상은 도로 둘러싸인 일단(一團)의 지역의 중심지점을 기준으로 한다.
>
> **정답** ②

02 다중이용업주가 수행해야할 소방안전관리업무로 옳지 않은 것은?

① 피난시설, 방화구획 및 방화시설의 관리
② 소방시설이나 그밖의 소방관련시설의 관리
③ 화기(火氣)취급의 감독
④ 소방계획서 작성

> **해설** 소방계획서 작성은 「화재의 예방 및 안전관리에 관한 법률」에서 소방안전관리자의 업무 중 하나다.
> **정답** ④

03 다중이용업주가 소방안전관리업무를 수행하지 않은 경우 행정상 제재수단으로 옳은 것은?

① 300만원 이하의 과태료
② 100만원 이하의 과태료
③ 200만원 이하의 벌금
④ 300만원 이하의 벌금

> **해설** 다중이용업주가 소방안전관리 업무를 하지 않은 경우 : 300만원 이하의 과태료
> 1차 100만원, 2차 200만원, 3차 300만원
> **정답** ①

04 다중이용업소 안전관리에 관한 특별법 상 다중이용업주가 수행해야할 소방안전관리업무를 모두 고르시오?

> 가. 소방계획서 작성
> 나. 자위소방대 조직
> 다. 소방시설이나 그밖의 소방관련시설의 관리
> 라. 소화·통보 및 피난 훈련
> 마. 피난시설, 방화구획 및 방화시설의 관리
> 바. 화기(火氣)취급의 감독

① 가, 나, 다
② 나, 다, 라, 마
③ 다, 마, 바
④ 상기 다 맞다

해설 다중이용업주가 수행해야하는 소방안전관리업무
① 피난시설, 방화구획 및 방화시설의 관리
② 소방시설이나 그밖의 소방관련시설의 관리
③ 화기(火氣)취급의 감독
④ 그 밖의 소방안전관리에 필요한 업무

정답 ③

05 다중이용업주는 다중이용업소의 화재, 영업장 시설의 하자 또는 결함 등으로 인하여 사고가 발생했거나 발생한 사실을 알게 된 경우 소방본부장 또는 소방서장에게 그 사실을 즉시 보고해야 할 사고를 모두 고르시오.

> 가. 사람이 사망한 사고
> 나. 사람이 부상당하거나 음주사고
> 다. 화재 또는 폭발 사고
> 라. 비상구에서 사람이 추락한 사고

① 가, 다
② 가, 다, 라
③ 가, 나, 다
④ 상기 다 맞다

해설 다중이용업주의 안전사고 보고의무(제14조의2)
㉠ 사람이 사망한 사고
㉡ 사람이 부상당하거나 중독된 사고
㉢ 화재 또는 폭발 사고
㉣ 그 밖에 대통령령으로 정하는 사고 : 비상구에서 사람이 추락한 사고

정답 ②

06 다중이용업소 안전관리에 관한 특별법령에 따른 다중이용업주의 안전사고 보고의무에 관한 내용으로 옳지 않은 것은?

① 사람이 중독된 사고가 발생하면 소방본부장 또는 소방서장에게 그 사실을 즉시 보고해야 한다.
② 다중이용업주가 비상구에서 추락한 안전사고 발생 사실을 보고하는 경우에는 사고 개요 및 피해 상황을 문서로 방법으로 한다.
③ 폭발사고가 발생한 사실을 알게 된 경우도 보고 대상이다.
④ 사고보고의 방법 및 절차 등 필요한 사항은 대통령령으로 정한다.

해설 다중이용업주가 사람이 사망하는 사고 등 발생 사실을 보고하는 경우에는 사고 개요 및 피해 상황을 전화·팩스 또는 정보통신망 등으로 보고하는 방법으로 한다.
정답 ②

07 다중이용업의 영업소(이하 "다중이용업소"라 한다)가 밀집한 지역 또는 건축물에 대하여 화재의 가능성과 화재로 인한 불특정 다수인의 생명·신체·재산상의 피해 및 주변에 미치는 영향을 예측·분석하고 이에 대한 대책을 강구하는 것을 무엇이라 하는가?

① 화재예측영양평가   ② 화재영향평가
③ 피해경감 대책   ④ 화재위험평가

해설 "화재위험평가"란 다중이용업의 영업소(이하 "다중이용업소"라 한다)가 밀집한 지역 또는 건축물에 대하여 화재의 가능성과 화재로 인한 불특정 다수인의 생명·신체·재산상의 피해 및 주변에 미치는 영향을 예측·분석하고 이에 대한 대책을 강구하는 것을 말한다.
정답 ④

08 다음 중 다중이용업소에 대한 화재위험평가를 실시할 수 권한이 없는 사람은?

① 시·도지사   ② 소방청장
③ 소방본부장   ④ 소방서장

해설 화재위험평가 실시권자 : 소방청장·소방본부장 또는 소방서장
정답 ①

2025년 다중이용업소의 안전관리에 관한 특별법

09 다중이용업소 안전관리에 관한 특별법 상 화재위험평가대상에 해당되지 않은 것은?

① 2천제곱미터 지역 안에 다중이용업소가 50개 이상 밀집하여 있는 경우
② 1천제곱미터 지역 안에 다중이용업소가 30개 이상 밀집하여 있는 경우
③ 5층 이상인 건축물로서 다중이용업소가 10개 이상 있는 경우
④ 하나의 건축물에 다중이용업소로 사용하는 영업장 바닥면적의 합계가 1천제곱미터 이상인 경우

해설 화재위험 평가대상
① 2천제곱미터 지역 안에 다중이용업소가 50개 이상 밀집하여 있는 경우
③ 5층 이상인 건축물로서 다중이용업소가 10개 이상 있는 경우
④ 하나의 건축물에 다중이용업소로 사용하는 영업장 바닥면적의 합계가 1천제곱미터 이상인 경우

정답 ②

10 다중이용업소에 대한 화재위험평가에 대한 내용으로 옳은 것은?

① 건축물에 대하여 화재예방과 화재로 인한 생명·신체·재산상의 피해를 방지하기 위하여 필요하다고 인정되는 경우에는 화재위험평가를 실시할 수 있다.
② 화재위험평가는 시·도지사, 소방본부장, 소방서장이 실시할 수 있다
③ 2,000㎡ 지역 안에 다중이용업소가 50개 이상 밀집하여 있는 경우에 화재위험평가를 실시해야 한다.
④ 5층 이상인 건축물로서 다중이용업소가 10개 이상 있는 경우에 화재위험평가를 실시해야 한다.

해설 다중이용업소에 대한 화재위험평가 등
① 실시 시기 : 해당하는 지역 또는 건축물에 대하여 화재예방과 화재로 인한 생명·신체·재산상의 피해를 방지하기 위하여 필요하다고 인정되는 경우에는 화재위험평가를 실시할 수 있다.
② 실시권자 : 소방청장·소방본부장 또는 소방서장
③ 실시대상
　㉠ 2,000㎡ 지역 안에 다중이용업소가 50개 이상 밀집하여 있는 경우
　㉡ 5층 이상인 건축물로서 다중이용업소가 10개 이상 있는 경우
　㉢ 하나의 건축물에 다중이용업소로 사용하는 영업장 바닥면적의 합계가 1,000㎡이상인 경우

정답 ①

11 화재위험 평가를 할수 있는 대상 중 2천제곱미터 지역 안에 다중이용업소가 50개 이상 밀집하여 있는 경우의 화재위험평가의 기준으로 맞는 것은?

① 도로로 둘러싸인 일단(一團)의 지역의 중심건물을 기준
② 도로로 둘러싸인 일단(一團)의 지역의 중심지점을 기준
③ 도로로 둘러 쌓인 일단의 지역의 다중이용업소가 가장 많은 건물의 중심을 기준
④ 도로로 둘러 쌓인 일단의 도로의 원중심 기준

해설 화재위험평가의 대상기준

2천제곱미터 지역 안에 다중이용업소가 50개 이상 밀집하여 있는 경우의 화재위험평가대상은 도로로 둘러싸인 일단(一團)의 지역의 중심지점을 기준으로 한다.

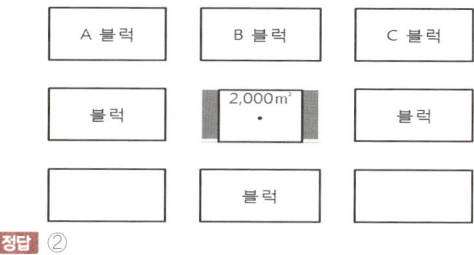

정답 ②

12 화재위험평가를 위한 화재안전등급의 산정기준·방법 등은 누가 정하는가?

① 소방청장
② 시·도지사
③ 소방본부장
④ 행정안전부장관

해설 화재안전등급의 산정기준·방법 등은 소방청장이 정하여 고시한다.(영 제11조제2항)

정답 ①

13 소방청장, 소방본부장 또는 소방서장은 화재위험평가 결과 그 화재안전등급이 대통령령으로 정하는 기준 미만인 경우에는 해당 다중이용업주에게 「화재의 예방 및 안전관리에 관한 법률」 제7조에 따른 화재안전조사 결과 조치를 명할 수 있다. 여기서 대통령령이 정하는 기준 미만인 경우에 대한 설명으로 옳은 것은?

① 화재위험평가지수가 디(D) 등급 또는 이(E) 등급
② 화재위험평가지수가 에이(A) 등급
③ 화재안전등급이 디(D) 등급 또는 이(E) 등급
④ 화재안전등급이 에이(A) 등급

해설 "대통령령으로 정하는 기준 미만인 경우"란 영 별표 4의 화재안전등급 디(D) 등급 또는 이(E) 등급인 경우를 말한다.(영 제11조 제1항)

정답 ③

2025년 다중이용업소의 안전관리에 관한 특별법

14 다중이용업소에 대하여 화재예방, 화재감지·경보, 피난, 소화설비, 건축방재등의 항목별로 소방청장이 정하여 고시하는 기준을 갖추었는지에 대하여 평가한 점수를 무엇이라 하는가?

① 유발점수 ② 위험수준
③ 산정점수 ④ 평가점수

해설 "평가점수"란 다중이용업소에 대하여 화재예방, 화재감지·경보, 피난, 소화설비, 건축방재등의 항목별로 소방청장이 정하여 고시하는 기준을 갖추었는지에 대하여 평가한 점수를 말한다.
정답 ④

---

15 다음 중 화재위험 평가결과에서 화재안전등급과 가장 관련이 적은 것은?

① 등급 ② 소방안전교육 면제
③ 평가점수 ④ 피해평가

해설 피해평가는 화재안전등급과 관련이 전혀 없다. 화재위험 평가결과 평가점수를 고려하여 등급을 결정하고 일정점수 이상은 소방안전교육을 면제할 수 있다.
정답 ④

---

16 다음 중 화재위험 평가결과에서 화재안전등급이 옳게 연결된 것은?

	(등급)	(평가점수)
①	A	20미만
②	B	20 이상 39 이하
③	C	40 이상 59 이하
④	D	80이상

해설 화재안전등급(제11조제1항 및 제13조 관련)

등급	평가점수
A	80 이상
B	60 이상 79 이하
C	40 이상 59 이하
D	20 이상 39 이하
E	20 미만

정답 ③

17 소방청장, 소방본부장 또는 소방서장은 화재위험평가 결과 그 화재안전등급이 디(D) 등급 또는 이(E) 등급인 경우에 해당 다중이용업주에게 조치를 명할 수 있는 것이 아닌 것은?

① 다중이용업소의 개수·이전
② 다중이용업소의 불량 시설의 제거
③ 다중이용업소의 사용금지 또는 사용제한
④ 다중이용업소 영업허가 등 취소

해설 다중이용업주에게 그 업소의 개수(改修)·이전·제거, 사용의 금지 또는 제한, 사용폐쇄, 공사의 정지 또는 중지, 그 밖의 필요한 조치를 명할 수 있다.
정답 ④

18 다중이용업소의 화재위험평가에 대한 설명으로 옳은 것은?

① 평가점수가 20 미만은 화재안전등급이 A등급이다.
② 화재안전등급의 산정기준·방법 등은 행정안전부령으로 정한다.
③ 화재안전등급이 대통령이 정하는 기준 이하인 경우에는 다중이용업주에게 그 업소의 개수(改修)·이전·제거, 사용의 금지 또는 제한, 사용폐쇄, 공사의 정지 또는 중지, 그 밖의 필요한 조치를 명할 수 있다.
④ 소방청장, 소방본부장 또는 소방서장은 화재위험평가의 결과 그 안전등급이 대통령령으로 정하는 기준 이상인 다중이용업소에 대하여는 안전시설등의 일부를 설치하지 아니하게 할 수 있다.

해설
① 평가점수가 20 미만은 화재안전등급이 E등급이다.
② 화재안전등급의 산정기준·방법 등은 소방청으로 고시로 정한다.
③ 화재안전등급이 대통령이 정하는 기준 이상인 경우에는 다중이용업주에게 그 업소의 개수(改修)·이전·제거, 사용의 금지 또는 제한, 사용폐쇄, 공사의 정지 또는 중지, 그 밖의 필요한 조치를 명할 수 있다.
정답 ④

19 소방청장, 소방본부장 또는 소방서장은 화재위험평가의 결과 그 화재안전등급이 대통령령으로 정하는 기준 이상인 다중이용업소에 대하여는 안전시설등의 일부를 설치하지 아니하게 할 수 있다. 여기서 대통령령으로 정하는 기준 이상 이란?

① 화재안전등급 A등급
② 화재평가점수 A등급
③ 화재안전등급 E등급
④ 화재위험수준 E등급

해설 대통령령으로 정하는 기준 이상이란 화재안전등급 A등급을 말한다.
정답 ①

2025년 다중이용업소의 안전관리에 관한 특별법

20 다중이용업소의 화재위험평가에 대한 설명으로 옳지 않은 것은?

① 다중이용업소에 대하여 화재예방, 화재감지·경보, 피난, 소화설비, 건축방재등의 항목별로 소방청장이 정하여 고시하는 기준을 갖추었는지에 대하여 평가한 점수를 말한다.
② 화재안전등급이 대통령이 정하는 기준 이상인 경우에는 다중이용업주에게 그 업소의 개수(改修)·이전·제거, 사용의 금지 또는 제한, 사용폐쇄, 공사의 정지 또는 중지, 그 밖의 필요한 조치를 명할 수 있다.
③ 하나의 건축물에 다중이용업소로 사용하는 영업장 바닥면적의 합계가 1,000㎡ 이상인 경우에 화재위험평가를 할 수 있는 대상중 하나이다.
④ 소방청장, 소방본부장 또는 소방서장은 화재위험평가의 결과 그 화재안전등급이 대통령령으로 정하는 기준 이상인 다중이용업소에 대하여는 안전시설등의 일부를 설치하지 아니하게 할 수 있다.

해설 화재안전등급이 대통령이 정하는 기준 미만인 경우에는 다중이용업주에게 그 업소의 개수(改修)·이전·제거, 사용의 금지 또는 제한, 사용폐쇄, 공사의 정지 또는 중지, 그 밖의 필요한 조치를 명할 수 있다.
정답 ②

21 화재위험평가 결과 화재안전등급이 대통령이 정하는 기준미만인 다중이용업소에 대한 조치명령으로 손실보상에 관한 설명 중 옳지 않은 것은?

① 손실을 보상하는 경우에는 조치명령으로 인하여 생긴 손실을 시가로 보상해야 한다.
② 손실보상에 관하여는 소방청장·소방본부장 또는 소방서장과 손실을 입은 자가 협의해야 한다.
③ 보상금의 지급 또는 공탁의 통지에 불복하는 자는 지급 또는 공탁의 통지를 받은 날부터 30일 이내에 행정안전부령으로 정하는 바에 따라 중앙토지수용위원회에 재결(裁決)을 신청할 수 있다.
④ 손실보상의 범위, 협의절차, 방법 등에 관하여 필요한 사항은 「토지수용법」이 정하는 바에 따른다.

해설 손실보상의 범위, 협의절차, 방법 등에 관하여 필요한 사항은 「공익사업을 위한 토지 등의 취득 및 보상에 관한 법률」이 정하는 바에 따른다.(영 제12조제5항)
정답 ④

22 화재위험평가결과 화재안전등급이 대통령령이 정하는 기준 미만인 다중이용업소가 개수, 이전 등 조치명령을 받고 손실을 입은 자에 대한 보상절차에 대한 내용이다. 빈칸에 알맞은 내용으로 맞는 것은?

> 보상금액에 대한 협의가 성립되지 않은 경우 소방청장·소방본부장 또는 소방서장은 (㉠)해야 한다. 다만, 보상금액의 수령을 거부하거나 수령할 자가 불분명한 경우에는 그 보상금액을 (㉡)하고 이 사실을 (㉢)해야 한다.

① ㉠ 그 보상금액을 지급 ㉡ 공탁 ㉢ 통지
② ㉠ 그 보상금액에 대하여 재조정 ㉡ 통지 ㉢ 공탁
③ ㉠ 그 보상금액을 지급 ㉡ 통지 ㉢ 공탁
④ ㉠ 그 보상금액에 대하여 재조정 ㉡ 공탁 ㉢ 통지

해설 소방청장·소방본부장 또는 소방서장은 그 보상금액을 지급해야 한다. 다만, 보상금액의 수령을 거부하거나 수령할 자가 불분명한 경우에는 그 보상금액을 공탁하고 이 사실을 통지해야 한다.(영 제12조제3항)
정답 ①

23 화재위험평가결과 화재안전등급이 대통령령이 정하는 기준 미만인 다중이용업소가 개수, 이전 등 조치명령을 받고 손실을 입은 자가 보상금의 지급 또는 공탁의 통지에 불복하는 경우에는 어디에 재결을 신청을 해야 하는가?

① 조치명령을 발령한 소방서
② 직근 상급행정청인 소방본부
③ 시·도
④ 중앙토지수용위원회

해설 보상금의 지급 또는 공탁의 통지에 불복하는 자는 손실보상재결신청서에 따라 중앙토지수용위원회에 재결을 신청해야 한다.(규칙 제15조)
정답 ④

24 화재위험평가를 대행하려는 자는 대통령령으로 정하는 기술인력, 시설 및 장비를 갖추고 행정안전부령으로 정하는 바에 따라 누구에게 화재위험평가 대행자로 등록해야 하는가?

① 시·도지사
② 소방본부장
③ 소방청장
④ 관할 소방서장

해설 화재위험평가 대행자의 등록 등(법제16조)
화재위험평가를 대행하려는 자는 대통령령으로 정하는 기술인력, 시설 및 장비를 갖추고 행정안전부령으로 정하는 바에 따라 소방청장에게 화재위험평가 대행자(이하 "평가대행자"라 한다)로 등록해야 한다. 등록 사항 중 대통령령으로 정하는 중요 사항을 변경할 때에도 또한 같다.(법 제16조제1항)
정답 ③

2025년 다중이용업소의 안전관리에 관한 특별법

25 화재위험평가를 대행하려는 자가 갖추어야 할 등록기준에 해당되지 않는 것은?

① 기술인력
② 시설
③ 장비
④ 사무실 33㎡ 이상

해설 화재위험평가를 대행하려는 자가 갖추어야 할 기술인력·시설 및 장비는 갖추고 행정안전부령으로 정하는 바에 따라 소방청장에게 화재위험평가 대행자로 등록해야 한다.
정답 ④

26 화재위험평가를 대행하려는 자가 갖추어야 할 등록기준으로 옳지 않은 것은?

① 화재 모의시험이 가능한 컴퓨터 1대 이상
② 화재 모의시험을 위한 프로그램
③ 화재 모의시험을 위한 실험장 100㎡ 이상
④ 소방기술사 자격을 취득한 사람 1명 이상

해설 시설기준에 실험장 기준은 해당없다.
정답 ③

27 화재위험평가 대행자 기술인력이 될수 있는 자격자를 모두 고르시오.

> 가. 소방기술사
> 나. 소방설비기사 또는 소방설비산업기사 자격을 가진 사람
> 다. 위험물 기능장 또는 위험물산업기사 자격을 갖은 사람
> 라. 소방기술과 관련된 자격·학력 및 경력을 인정받은 사람으로서 자격 수첩을 발급받은 사람
> 마. 소방·건축·전기·가스분야 기사 자격을 취득한 후 관련 분야에 3년 이상 실무경력이 있는 사람 1명 이상

① 가, 나, 다
② 가, 나, 라
③ 가, 나, 다, 라
④ 상기 다 맞다

해설 화재위험평가 대행자가 갖추어야 할 기술인력기준
① 소방기술사 자격을 취득한 사람 1명 이상
② 다음 어느 하나에 해당하는 사람 2명 이상
　－ 소방기술사, 소방설비기사 또는 소방설비산업기사 자격을 가진 사람
　－ 소방기술과 관련된 자격·학력 및 경력을 인정받은 사람으로서 자격 수첩을 발급받은 사람
정답 ②

28 화재위험설평가 대행하려는 자의 등록신청서에 첨부해야 할 서류가 아닌 것은?

① 기술인력명부 및 기술자격을 증명하는 서류 각 1부
② 군(軍) 병력 신고 및 개인정보 이용동의서
③ 실무경력증명서(해당자에 한한다) 1부
④ 시설 및 장비명세서 1부

해설 평가대행자 등록신청 시 신청서와 함께 첨부해야 할 서류

구분	첨부서류
신청인 (대표자) 제출서류	• 기술인력명부 및 그 자격을 증명하는 서류 각 1부 • 실무경력증명서(해당자만 제출합니다) 1부 • 시설 및 장비명세서 1부 • 병력(病歷) 신고 및 개인정보 이용 동의서
담당 공무원 확인사항	• 법인 등기사항증명서(법인인 경우만 해당합니다) • 사업자등록증명(개인인 경우만 해당합니다) • 해당 기술인력의 국가기술자격취득사항확인서 * 담당 공무원의 확인에 동의하지 않는 경우에는 사업자등록증 사본 또는 국가기술자격증 사본을 제출하여야 합니다.

정답 ②

29 소방청장은 화재위험평가 대행자 등록신청이 등록기준에 적합하다고 인정되는 경우에는 등록신청을 받은 날부터 몇 일이내에 화재위험평가대행자등록증을 발급해야 하는가?

① 3일 이내
② 30일 이내
③ 14일 이내
④ 20일 이내

해설 소방청장은 등록신청이 등록기준에 적합하다고 인정되는 경우에는 등록신청을 받은 날부터 30일 이내에 화재위험평가대행자등록증을 발급하고, 화재위험평가대행자등록증 발급(재발급) 대장에 기록하여 관리해야 한다.(규칙 제16조제3항)

정답 ②

30 소방청장은 화재위험평가대행자등록증 재발급 신청서를 접수한 경우에는 몇 일 이내에 화재위험평가대행자등록증을 재발급해야 하는가?

① 3일 이내
② 30일 이내
③ 14일 이내
④ 20일 이내

해설 소방청장은 화재위험평가대행자등록증 재발급 신청서를 접수한 경우에는 3일 이내에 화재위험평가대행자등록증을 재발급해야 한다.(규칙 제16조제6항)

정답 ①

31 다음 중 화재위험평가대행자의 등록사항 변경신청이 필요한 경우가 아닌 것은?

① 대표자 또는 사무소의 소재지
② 평가대행자의 명칭이나 상호
③ 기술인력의 보유현황
④ 시설 및 장비명세서

해설 화재위험평가대행자의 등록사항 변경신청
① 대표자
② 사무소의 소재지
③ 평가대행자의 명칭이나 상호
④ 기술인력의 보유현황

정답 ④

32 다음 중 화재위험평가대행자의 등록 결격사유에 해당되지 않은 경우는?

① 피성년후견인
② 「소방산업진흥에 관한 법률」을 위반하여 징역 이상의 실형을 선고받고 그 형의 집행이 끝나거나 집행을 받지 아니하기로 확정된 후 2년이 지나지 아니한 사람
③ 심실상실자
④ 등록이 취소된 후 2년이 지나지 아니한 자

해설 평가대행자의 등록 결격사유
① 피성년후견인
② 심신상실자, 알코올 중독자 등 대통령령으로 정하는 정신적 제약이 있는 자
  ㉠ 심신상실자
  ㉡ 알코올·마약·대마 또는 향정신성의약품 관련 장애로 평가대행자의 업무를 정상적으로 수행할 수 없다고 해당 분야의 전문의가 인정하는 사람
  ㉢ 치매, 조현병·조현 정동장애·양극성 정동장애(조울병)·재발성 우울장애 등의 정신질환이나 정신 발육지연, 뇌전증으로 평가대행자의 업무를 정상적으로 수행할 수 없다고 해당 분야의 전문의가 인정하는 사람
③ 등록이 취소된 후 2년이 지나지 아니한 자
④ 「소방기본법」, 「소방시설공사업법」, 「화재의 예방 및 안전관리에 관한 법률」, 「소방시설 설치 및 관리에 관한 법률」, 「위험물 안전관리법」을 위반하여 징역 이상의 실형을 선고받고 그 형의 집행이 끝나거나 집행을 받지 아니하기로 확정된 후 2년이 지나지 아니한 사람
⑤ 임원 중 ①부터 ④까지의 어느 하나에 해당하는 사람이 있는 법인

정답 ②

33 다음 중 다중이용업소의 화재 위험 평가대행자에 관한 내용으로 옳지 않은 것은?

① 평가대행자를 법인으로 등록하기 위한 임원 중 피성년후견인은 등록결격사유에 해당 된다.
② 화재위험평가결과보고서를 소방청장·소방본부장 또는 소방서장 등에게 제출한 날부터 2년간 보존해야 한다.
③ 화재 위험 평가대행자의 등록기준은 대통령령으로 정한다.
④ 등록 사항 중 대통령령으로 정하는 중요 사항을 변경할 때에도 시·도지사에게 변경등록해야 한다.

해설 화재위험평가를 대행하려는 자는 대통령령으로 정하는 기술인력, 시설 및 장비를 갖추고 행정안전부령으로 정하는 바에 따라 소방청장에게 화재위험평가 대행자(이하 "평가대행자"라 한다)로 등록해야 한다. 등록 사항 중 대통령령으로 정하는 중요 사항을 변경할 때에도 또한 같다.(법 제16조제1항)

정답 ④

34 화재위험평가대행자의 공고에 관한 설명으로 옳은 것은?

① 소방청 인터넷 홈페이지 등에 공고해야 한다.
② 등록업무의 휴업 신고를 받은 경우 공고해야 한다.
③ 관보 또는 시보에 공고해야 한다.
④ 화재위험평가대행자로 변경사항 등록 또는 등록취소한 경우에 공고한다.

해설 **화재위험평가대행자의 등록 등의 공고**
소방청장은 다음 각 호의 어느 하나에 해당하는 경우에는 이를 소방청 인터넷 홈페이지 등에 공고해야 한다.(영 제16조)
㉠ 화재위험평가대행자로 등록한 경우
㉡ 업무의 폐지신고를 받은 경우
㉢ 등록을 취소한 경우

정답 ①

35 소방청장이 평가대행자가 다중이용업소의 안전관리에 관한 특별법상 의무를 위반한 경우에 명할 수 있는 행정처분으로 옳은 것은?

① 등록을 취소하거나 3개월 이내의 기간을 정하여 업무의 정지
② 등록을 취소하거나 6개월 이내의 기간을 정하여 업무의 정지
③ 등록을 취소하거나 1개월 이내의 기간을 정하여 업무의 정지
④ 등록을 취소하거나 1년 이내의 기간을 정하여 업무의 정지

해설 소방청장은 평가대행자가 다중이용업소의 안전관리에 관한 특별법 상 의무를 위반한 경우에는 그 등록을 취소하거나 6개월 이내의 기간을 정하여 업무의 정지를 명할 수 있다.

정답 ②

36 소방청장이 평가대행자에게 등록을 취소하거나 6개월 이내의 기간을 정하여 업무의 정지를 명할 수 있는 법률 위반행위에 해당 되지 않은 경우로 옳은 것은?

① 거짓이나 그 밖의 부정한 방법으로 등록한 경우
② 다른 사람에게 등록증이나 명의를 대여한 경우
③ 다른 평가서의 내용을 복제한 경우
④ 사소한 과실로 평가서를 부실하게 작성한 경우

해설 평가대행자의 행정처분 기준

위반사항	행정처분기준			
	1차	2차	3차	4차 이상
(1) 평가대행자가 갖추어야 하는 기술인력·시설·장비가 등록 요건에 미달하게 된 경우				
(가) 등록 요건의 기술인력에 속하는 기술인력이 전혀 없는 경우	등록취소			
(나) 구비해야 하는 장비가 전혀 없는 경우	등록취소			
(다) 등록 요건의 기술능력에 속하는 기술인력이 부족한 경우	경고	업무정지 1월	업무정지 3월	업무정지 6월
(라) 구비해야 하는 장비가 부족한 경우	경고	업무정지 1월	업무정지 3월	업무정지 6월
(2) 평가서를 2년간 보존하지 아니한 경우	경고	업무정지 1월	업무정지 3월	업무정지 6월
(3) 평가대행자의 결격사유에 해당하는 경우	등록취소			
(4) 거짓, 그 밖의 부정한 방법으로 등록한 경우	등록취소			
(5) 최근 1년 이내에 2회의 업무정지처분을 받고 다시 업무정지처분 사유에 해당하는 행위를 한 경우	등록취소			
(6) 다른 사람에게 등록증이나 명의를 대여한 경우	등록취소			
(7) 업무정지처분 기간에 신규계약에 의하여 화재위험평가대행업무를 한 경우	등록취소			
(8) 다른 평가서의 내용을 복제한 경우	업무정지 3월	업무정지 6월	등록취소	
(9) 도급받은 화재위험평가 업무를 하도급한 경우	업무정지 6월	등록취소		
(10) 화재위험평가서를 허위로 작성하거나 고의 또는 중대한 과실로 평가서를 부실하게 작성한 경우	업무정지 6월	등록취소		
(11) 1개월 이상 시험장비가 없는 경우	업무정지 6월	등록취소		
(12) 등록 후 2년 이내에 화재위험평가 대행업무를 개시하지 아니하거나 계속하여 2년 이상 화재위험평가 대행 실적이 없는 경우	경고	등록취소		

정답 ④

37 다음 중 평가대행자의 행정처분 기준에 관한 설명으로 옳지 않은 것은?

① 등록취소 또는 업무정지 처분을 받은 자는 그 처분을 받은 날부터 화재위험평가 대행 업무를 수행할 수 없다.
② 행정처분의 기준과 그 밖에 필요한 사항은 행정안전부령으로 정한다.
③ 평가대행자 등록기준 중 1개월 이상 시험장비가 없는 경우 등록취소해야 한다.
④ 다른 평가서의 내용을 허위로 작성하거나 복제한 경우 업무정지사유에 해당된다.

해설 평가대행자 등록기준 중 1개월 이상 시험장비가 없는 경우에는 개별기준에 따라 1차 업무정지 6개월, 2차 등록취소에 해당된다.

정답 ③

38 평가대행자의 행정처분기준에서 소방청장이 등록취소를 해야하는 위반행위에 해당하지 않은 위반내용으로 옳은 것은?

① 다른 사람에게 등록증이나 명의를 대여한 경우
② 평가서를 거짓으로 작성하거나 고의로 부실하게 작성한 경우
③ 거짓이나 그 밖의 부정한 방법으로 등록한 경우
④ 최근 1년 이내에 2회의 업무정지처분을 받고 다시 업무정지처분 사유에 해당하는 행위를 한 경우

해설 소방청장이 그 등록을 취소해야 하는 평가대행자의 위반행위
① 평가대행자 등록 결격사유 해당하는 경우.
② 거짓이나 그 밖의 부정한 방법으로 등록한 경우
③ 최근 1년 이내에 2회의 업무정지처분을 받고 다시 업무정지처분 사유에 해당하는 행위를 한 경우
④ 다른 사람에게 등록증이나 명의를 대여한 경우
⑤ 구비해야 하는 장비가 전혀 없는 경우
⑥ 등록 요건의 기술인력에 속하는 기술인력이 전혀 없는 경우
⑦ 업무정지처분 기간에 신규 계약에 의하여 화재위험평가대행업무를 한 경우

정답 ②

39 화재위험평가대행자에 대한 행정처분의 일반기준에 대한 내용으로 옳지 않은 것은?

① 위반 행위자가 처음 해당 위반행위를 한 경우로서, 3년 이상 평가대행업을 모범적으로 해온 사실이 인정되는 경우에는 그 처분기준의 2분의 1 범위에서 감경할 수 있다.
② 위반행위 횟수의 행정처분 기준의 적용은 같은 위반행위에 대하여 최초로 행정처분을 한 날을 기준으로 한다.
③ 둘 이상의 처분기준이 동일한 업무정지인 경우에는 각 처분기준을 합산한 기간을 넘지 아니하는 범위에서 고의 등 중대성을 고려하여 무거운 처분기준의 2분의 1 범위에서 가중할 수 있다.
④ 위반행위의 횟수에 따른 행정처분기준은 최근 1년간 같은 위반행위로 행정처분을 받은 경우에 적용한다.

해설 위반 행위자가 처음 해당 위반행위를 한 경우로서, 5년 이상 평가대행업을 모범적으로 해온 사실이 인정되는 경우
정답 ①

40 평가대행자에 대한 행정처분의 일반기준에서 처분권자가 위반행위의 동기·내용·횟수 및 위반의 정도 등을 고려하여 그 처분기준의 2분의 1 범위에서 감경할 수 있는 사유에 해당되지 않은 경우로 옳은 것은?

① 위반행위가 고의나 중대한 과실이 아닌 사소한 부주의나 오류로 인한 것으로 인정되는 경우
② 위반 행위자가 해당 위반행위로 인하여 검사로부터 선거유예처분을 받은 경우
③ 위반의 내용·정도가 경미하다고 인정되는 경우
④ 위반 행위자가 처음 해당 위반행위를 한 경우로서, 5년 이상 평가대행업을 모범적으로 해온 사실이 인정되는 경우

해설 위반 행위자가 해당 위반행위로 인하여 검사로부터 기소유예처분을 받거나 법원으로부터 선고유예의 판결을 받은 경우에 1/2까지 감경할 수 있다. 선고유예판결은 법원의 권한이지 검사의 권한에 해당 되지 않는다.
정답 ②

41 업무정지처분기간 중 신규계약에 의하여 화재위험평가대행업무를 한 경우 평가대행자에 대한 행정처분 기준으로 맞는 것은?

① 등록취소
② 업무정지 6월
③ 경고
④ 업무정지 1월

해설 평가대행자의 행정처분 개별기준에서 업무정지처분기간 중 신규계약에 의하여 화재위험평가대행업무를 한 경우에는 등록을 취소해야한다.
정답 ①

42 다음 보기중에서 화재위험평가 대행자의 법령 위반행위에 대한 행정처분 기준이 다른 것으로 옳은 것은?

① 등록 요건의 기술능력에 속하는 기술인력이 부족한 경우
② 구비해야 하는 장비가 부족한 경우
③ 평가서를 2년간 보존하지 아니한 경우
④ 다른 평가서의 내용을 복제한 경우

해설
①~③의 경우 : 1차 경고, 2차 업무정지 1월, 3차 업무정지 3, 4차 업무정지 6
④의 경우 : 1차 업무정지 3월, 2차 업무정지 6월, 3차 등록취소
정답 ④

43 화재위험평가 대행자가 다른 평가서의 내용을 복제한 경우 행정처분기준으로 옳은 것은?

① 등록취소
② 1차 업무정지 3월, 2차 업무정지 6월, 3차 등록취소
③ 1차 업무정지 6월, 2차 등록취소
④ 경고, 등록취소

해설 1차 업무정지 3월, 2차 업무정지 6월, 3차 등록취소에 해당한다.
정답 ②

44 화재위험평가 대행자에 대한 행정처분기준이 1차 업무정지 6월, 2차 등록취소에 해당하는 위반행위로 옳은 것은?

① 다른 사람에게 등록증이나 명의를 대여한 경우
② 다른 평가서의 내용을 복제한 경우
③ 등록 후 2년 이내에 화재위험평가 대행업무를 개시하지 아니하거나 계속하여 2년 이상 화재위험평가 대행 실적이 없는 경우
④ 도급받은 화재위험평가 업무를 하도급한 경우

해설 1차 업무정지 6월, 2차 등록취소에 해당하는 위반행위
① 도급받은 화재위험평가 업무를 하도급한 경우
② 화재위험평가서를 허위로 작성하거나 고의 또는 중대한 과실로 평가서를 부실하게 작성한 경우
③ 1개월 이상 시험장비가 없는 경우
정답 ④

45 소방청장이 평가대행자에 대한 행정처분을 명할 경우 청문사유에 해당되지 않는 경우로 맞는 것은?

① 등록취소
② 업무정지 6월
③ 업무정지 1월
④ 경고

해설 평가대행자 청문사유
① 화재평가대행자의 등록취소
② 화재평가대행자의 업무정지
정답 ④

46 다중이용업소 안전관리에 관한 기반구축에 대한 내용으로 옳은 것은?

① 소방청장은 전산시스템을 구축·운영할 수 있다.
② 소방본부장은 전산시스템을 연계하여 책임보험전산망을 구축·운영해야 한다.
③ 소방청장은 허가관청이 전산시스템을 다중이용업소의 안전관리에 관한 업무에 활용할 수 있도록 해야 한다.
④ 소방청장은 허가관청이 책임보험 전산망을 업무에 활용할 수 있도록 할수 있다.

해설 ① 소방청장은 전산시스템을 구축·운영해야 하는 기속행위이다.
② 소방청장은 전산시스템을 연계하여 책임보험전산망을 구축·운영할 수 있다.
④ 소방청장은 전산시스템을 업무에 활용할 수 있도록 해야 한다.

정답 ③

47 다중이용업소의 안전관리에 관한 전산시스템을 운영해야 하거나 책임보험전산망 구성·운영할 수 있는 사람은 누구인가?

① 소방청장과 소방본부장
② 소방본부장과 소방본부장
③ 소방본부장과 소방청장
④ 소방청장과 소방청장

해설 소방청장은 화재배상책임보험에 가입하지 아니한 다중이용업주를 효율적으로 관리하기 위하여 구축·운영하는 전산시스템과 보험회사 및 보험 관련 단체가 관리·운영하는 전산시스템을 연계하여 책임보험전산망을 구축·운영할 수 있다.

정답 ④

48 소방청장, 소방본부장 또는 소방서장은 다중이용업주가 안전시설등의 보완 등 조치명령 또는 화재안전조사 결과 조치명령을 몇 회 이상 받고도 이행하지 아니하였을 때에는 그 조치 내용을 인터넷 등에 공개할 수 있는가?

① 1회
② 2회
③ 3회
④ 4회

해설 법령위반업소의 공개(제20조 제1항)
소방청장, 소방본부장 또는 소방서장은 다중이용업주가 제9조제2항 및 제15조제2항에 따른 조치 명령을 2회 이상 받고도 이행하지 아니할 때는 그 조치 내용(그 위반사항에 대하여 수사기관에 고발된 경우에는 그 고발된 사실을 포함한다)을 인터넷 등에 공개할 수 있다.

정답 ②

49 소방청, 소방본부 또는 소방서의 인터넷 홈페이지에 위반업소를 공개한 경우로서 다중이용업주가 사후에 안전시설등 시정보완명령 또는 화재안전조사 결과 조치명령을 이행한 경우에는 이를 확인한 날부터 몇 일 이내에 공개내용을 해당 인터넷 홈페이지에서 삭제해야 하는가?

① 지체없이
② 2일 이내
③ 3일 이내
④ 5일 이내

해설 위반업소 공개내용의 삭제(영 제18조제4항)
소방청장, 소방본부장 또는 소방서장은 소방청, 소방본부 또는 소방서의 인터넷 홈페이지에 공개한 경우로서 다중이용업주가 사후에 조치 명령을 이행한 경우에는 이를 확인한 날부터 2일 이내에 공개내용을 해당 인터넷 홈페이지에서 삭제해야 한다

정답 ②

50 다음중 다중이용업소의 안전관리에 관한 특별법령 위반업소 공개에 대한 설명으로 옳은 것은?

① 조치명령 미이행업소의 공개가 제3자의 법익을 침해하는 경우에는 제3자와 관련된 사실을 공개하여서는 아니 된다.
② 공개기간은 그 업소가 조치명령을 이행하지 아니한 때부터 소방서장이 정한 기간으로 한다.
③ 조치명령 미이행업소를 공개하려면 공개내용과 공개방법 등을 소방안전관리자에게 미리 알려야 한다.
④ 위반업주가 그 위반사항에 대하여 수사기관에 고발된 경우에는 판결전까지는 공개대상이 아니다.

해설 ② 공개기간은 그 업소가 조치명령을 이행하지 아니한 때부터 조치명령을 이행할 때까지로 한다.
③ 소방청장·소방본부장 또는 소방서장이 조치명령 미이행업소를 공개하려면 공개내용과 공개방법 등을 그 업소의 관계인(영업주와 소속 종업원을 말한다)에게 미리 알려야 한다.
④ 그 위반사항에 대하여 수사기관에 고발된 경우에는 그 고발된 사실을 포함하여 공개한다.

정답 ①

51 다중이용업소의 안전관리에 관한 특별법 위반에 대한 조치명령 위반자에 대한 공개 방법으로 옳지 않은 것은?

① 관보 또는 시·도의 공보
② 유선방송
③ 시·군·구청 소식지
④ 중앙주간지 신문 또는 해당 지역 주간지 신문

해설 중앙일간지 신문 또는 해당 지역 일간지 신문이지 주간지는 아님
정답 ④

2025년 다중이용업소의 안전관리에 관한 특별법

52 다중이용업소의 안전관리에 관한 특별법 위반 조치명령 미이행업소를 공개할 때에 포함되어야 할 사항이 아닌 것은?

① 미이행업소명 및 업주명
② 미이행업소의 주소
③ 소방청장·소방본부장 또는 소방서장이 조치한 내용
④ 미이행의 횟수

해설 업주명은 공개사항이 아니다.
정답 ①

53 다중이용업소 중 안전관리업무 이행 실태가 우수하여 대통령령으로 정하는 요건을 갖추었다고 인정할 때에는 그 사실을 해당 다중이용업주에게 통보하고 이를 공표할 수 있는 자는 누구인가?

① 소방본부장 또는 소방서장
② 소방청장, 소방본부장 또는 소방서장
③ 시·도지사, 소방본부장 또는 소방서장
④ 소방청장, 시도소방본부장

해설 소방본부장이나 소방서장은 다중이용업소의 안전관리업무 이행 실태가 우수하여 대통령령으로 정하는 요건을 갖추었다고 인정할 때에는 그 사실을 해당 다중이용업주에게 통보하고 이를 공표할 수 있다.(법 제21조제1항)
정답 ①

54 안전관리우수업소에 대하여 공표를 위한 안전관리우수업소 요건으로 틀린 것은?

① 공표일 기준으로 최근 3년 동안 소방·건축·전기 및 가스 관련 법령 위반 사실이 없을 것
② 공표일 기준으로 최근 3년 동안 화재 발생 사실이 없을 것
③ 공표일 기준으로 최근 3년 동안 피난시설, 방화구획 및 방화시설의 주위에 물건을 쌓아두거나 장애물을 설치하는 행위가 없을 것
④ 자체계획을 수립하여 종업원의 소방교육 또는 소방훈련을 정기적으로 실시하고 공표일 기준으로 최근 2년 동안 그 기록을 보관하고 있을 것

해설 안전관리우수업소의 요건
① 공표일 기준으로 최근 3년 동안 다음의 피난시설, 방화구획 및 방화시설 위반행위가 없을 것
  ㉠ 피난시설, 방화구획 및 방화시설을 폐쇄하거나 훼손하는 등의 행위
  ㉡ 피난시설, 방화구획 및 방화시설의 주위에 물건을 쌓아두거나 장애물을 설치하는 행위
  ㉢ 피난시설, 방화구획 및 방화시설의 용도에 장애를 주거나 소방활동에 지장을 주는 행위
  ㉣ 그 밖에 피난시설, 방화구획 및 방화시설을 변경하는 행위
② 공표일 기준으로 최근 3년 동안 소방·건축·전기 및 가스 관련 법령 위반 사실이 없을 것
③ 공표일 기준으로 최근 3년 동안 화재 발생 사실이 없을 것

④ 자체계획을 수립하여 종업원의 소방교육 또는 소방훈련을 정기적으로 실시하고 공표일 기준으로 최근 3년 동안 그 기록을 보관하고 있을 것

정답 ④

55. 다중이용업소의 안전관리에 관한 특별법 시행령에 따른 안전관리우수업소 표지와 관련 내용이다. ( ) 안에 들어갈 내용이 순서대로 알맞게 짝지어진 것은?

> 소방본부장 또는 소방서장으로부터 안전관리업무 이행실태가 우수하다고 통보 받은 날부터 (ㄱ)이 되는 날까지 (ㄴ) 및 (ㄷ)를 면제한다.

	(ㄱ)	(ㄴ)	(ㄷ)
①	3년	소방안전교육	화재안전조사
②	2년	소방안전교육	화재안전조사
③	3년	보수교육	정기점검
④	2년	보수교육	정기점검

해설 소방본부장 또는 소방서장으로부터 안전관리업무 이행실태가 우수하다고 통보 받은 날부터 2년이 되는 날까지 소방안전교육 및 화재안전조사를 면제한다.

정답 ②

56. 다중이용업소의 안전관리우수업소 표지의 규격, 재질 등에 관한 내용으로 옳지 않은 것은?

① 규격 : 가로 450밀리미터 × 세로 300밀리미터
② 재질 : 동판
③ 바탕 : 금색 또는 은색
④ 표장 : 119 형상화 18밀리미터(검정색)

해설 안전관리우수업소 표지의 규격, 재질 등(제21조 제2항 관련 [별표 4])
1. 제작: 2종(금색, 은색) 중 1종을 선택
 가. 바탕: 금색(테두리: 검정색/적색)
 나. 바탕: 은색(테두리: 검정색/청색)
2. 규격: 가로 450밀리미터 × 세로 300밀리미터
3. 재질: 스테인레스(금색 또는 은색)
4. 글씨체
 가. 소방안전관리 우수업소: 고도B 21/85밀리미터(검정색)
 나. 조항: KoPubWorld돋움체 6.7(검정색)
 다. 조항영문: KoPubWorld바탕체 6.3(검정색)
 라. 발급일자: DIN Medium 14밀리미터(검정색)
 마. 시행령(영문포함): KoPubWorld바탕체 4.5(검정색)
 바. 기관명: KoPubWorld돋움체 10밀리미터(검정색)
 사. 기관영문: KoPubWorld돋움체 4.5밀리미터(검정색)

5. 이미지(엠블럼)
      가. 표장: 119 형상화 18밀리미터(검정색)
      나. 안전시설등·교육·정기점검: KoPubWorld돋움체 3.5밀리미터(검정색)
      다. 안전관리 우수업소(영문포함): KoPubWorld돋움체 4.5밀리미터(검정색)
      라. 소방호스: 85밀리미터(적색/회색 또는 청색/회색)

정답 ②

57 안전관리우수업소의 공표절차에 대한 설명으로 옳지 않은 것은?

① 안전관리우수업소를 인정하여 공표하려면 안전관리우수업소 요건의 내용을 관보 또는 시·도의 공보 등에 안전관리우수업소 인정 예정공고를 해야 한다.
② 이의신청이 있으면 이에 대하여 조사·검토한 후, 그 결과를 이의신청을 한 당사자와 해당 다중이용업주에게 알려야 한다.
③ 공고에 따른 안전관리우수업소 인정 예정공고의 내용에 이의가 있는 사람은 안전관리우수업소 인정 예정공고일부터 30일 이내에 소방본부장이나 소방서장에게 전자우편이나 서면으로 이의신청을 할 수 있다.
④ 소방본부장이나 소방서장은 안전관리우수업소를 인정하여 공표하려는 경우에는 공표일부터 2년의 범위에서 안전관리우수업소표지 사용기간을 정하여 공표해야 한다.

해설 공고에 따른 안전관리우수업소 인정 예정공고의 내용에 이의가 있는 사람은 안전관리우수업소 인정 예정공고일부터 20일 이내에 소방본부장이나 소방서장에게 전자우편이나 서면으로 이의신청을 할 수 있다.(영 제20조제2항)

정답 ③

58 다중이용업소의 안전관리에 관한 특별법 시행령에 따른 안전관리우수업소 표지와 관련 내용이다. ( ) 안에 들어갈 내용이 순서대로 알맞게 짝지어진 것은?

> 소방본부장 또는 소방서장은 안전관리우수업소 표지를 발급한 날부터
> (ㄱ)이 되는 날 이후 (ㄴ) 이내에 정기심사를 실시하여 안전관리우수업소 요건에 적합한 경우에는 안전관리우수업소표지를 (ㄷ)해 주어야 한다.

	(ㄱ)	(ㄴ)	(ㄷ)
①	3년	20일	교체
②	2년	30일	갱신
③	3년	20일	교체
④	2년	30일	갱신

해설 소방본부장 또는 소방서장은 안전관리우수업소 표지를 발급한 날부터 2년이 되는 날 이후 30일 이내에 정기심사를 실시하여 안전관리우수업소 요건에 적합한 경우에는 안전관리우수업소표지를 갱신해 주어야 한다. (영 제21조제1항)

정답 ②

59 다중이용업소의 안전관리에 관한 특별법 시행령에 따른 안전관리우수업소 공표하는 매체로 옳지 않은 것은?

① 관보 또는 시·도의 공보
② 소방청, 시·도 소방본부 또는 소방서의 인터넷 홈페이지
③ 중앙일간지 신문 또는 해당 지역 일간지 신문
④ 시·군·구청 인터넷 홈페이지

해설 안전관리우수 다중이용업소 공표 매체
  ㉠ 관보 또는 시·도의 공보
  ㉡ 소방청, 시·도 소방본부 또는 소방서의 인터넷 홈페이지
  ㉢ 중앙일간지 신문 또는 해당 지역 일간지 신문
  ㉣ 유선방송, 반상회보, 시·군·구청 소식지
정답 ④

60 다중이용업소의 안전관리에 관한 특별법 상 권한의 위탁에 대한 규정이다. (   )에 알맞은 것은?

> 소방청장, 소방본부장 또는 소방서장은 다중이용업주 및 그 종업원에 대한 소방안전교육 업무, 책임보험전산망의 구축·운영에 관한 업무를 대통령령으로 정하는 바에 따라 관련 (ㄱ) 또는 (ㄴ)에 위탁할 수 있다.

	(ㄱ)	(ㄴ)
①	소방본부장	소방서장
②	소방청장	시·도지사
③	한국소방안전원장	한국소방산업기술원장
④	법인	단체

해설 권한의 위탁(법 제22조)
  소방청장, 소방본부장 또는 소방서장은 다중이용업주 및 그 종업원에 대한 소방안전교육 업무, 책임보험전산망의 구축·운영에 관한 업무를 대통령령으로 정하는 바에 따라 관련 법인 또는 단체에 위탁할 수 있다.
정답 ④

2025년 다중이용업소의 안전관리에 관한 특별법

61 다중이용업주 등에 대한 소방안전교육 위탁기관이 갖추어야 하는 시설기준에 대한 설명으로 틀린 것은?

① 사무실 : 바닥면적 100제곱미터 이상일 것
② 강의실 : 바닥면적 100제곱미터 이상이고 의자·탁자 및 교육용 비품을 갖출 것
③ 실습·체험실 : 바닥면적 100제곱미터 이상일 것
④ 액정비젼 등 교육용기자재를 갖출 것

해설 소방안전교육 위탁기관이 갖추어야 하는 시설기준([별표 5])

구분	시설기준 및 갖추어야 할 교육용 기자재의 종류
사무실	바닥면적 60㎡ 이상일 것
강의실	바닥면적 100㎡ 이상이고 의자·탁자 및 교육용 비품을 갖출 것
실습·체험실	바닥면적 100㎡ 이상일 것
교육용 기자재	1. 빔프로젝터 1개(스크린 포함) 2. 소화기(단면절개) : 3종 각 1개 3. 경보설비시스템 1개 4. 스프링클러모형 1개 5. 자동화재탐지설비 세트 1개 6. 소화설비 계통도 세트 1개 7. 소화기 시뮬레이터 세트 1개 8. 「소방시설 설치 및 관리에 관한 법률 시행규칙」 제20조제1항에 따른 소방시설 점검기구 각 1개

정답 ①

62 다중이용업소의 안전관리에 관한 특별법에 규정한 내용으로 맞는 것은?

① 소방청장, 소방본부장 또는 소방서장의 권한의 위임 규정을 두고 있다.
② 화재보험에 대한 압류금지 규정을 두고 있다.
③ 이행강제금 제도를 두어 조치 명령을 기간 내에 이행하지 않을 시 부과 한다.
④ 소방안전교육을 위탁받은 자가 갖추어야 할 시설기준, 교수요원의 자격 등에 필요한 사항은 대통령령으로 정한다.

해설 ① 소방청장, 소방본부장 또는 소방서장의 권한의 위탁 규정을 두고 있다.
② 화재배상책임보험에 대한 압류금지 규정을 두고 있다.
④ 소방안전교육을 위탁받은 자가 갖추어야 할 시설기준, 교수요원의 자격 등에 필요한 사항은 행정안전부령으로 정한다.

정답 ③

63 다중이용업소의 안전관리에 관한 특별법의 구성 중 제5장 보칙 규정에 대한 내용으로 맞는 것은?

① 위탁받은 업무에 종사하는 법인 또는 단체의 임원 및 직원은 민법을 적용할 때 공무원으로 본다.
② 화재보험 압류금지 규정을 두고 있다.
③ 소방청장, 소방본부장 또는 소방서장의 권한의 위임 규정을 두고 있다.
④ 업무를 위탁받은 자는 그 직무상 알게 된 정보를 누설하거나 다른 사람에게 제공하는 등 부당한 목적을 위하여 사용하여서는 아니 된다.

해설 ① 위탁받은 업무에 종사하는 법인 또는 단체의 임원 및 직원은 「형법」 제129조부터 제132조까지의 규정(수뢰, 사전수뢰, 제3자에게 뇌물제공, 수뢰후부정처사, 사후수뢰, 알선수뢰)을 적용할 때에는 공무원으로 본다.
② 화재배상책임보험에 대한 압류금지 규정을 두고 있다.
③ 소방청장, 소방본부장 또는 소방서장의 권한의 위탁 규정을 두고 있다.

정답 ④

64 소방청장, 소방본부장 또는 소방서장은 불가피한 경우 주민등록번호 또는 외국인등록번호가 포함된 자료를 처리할 수 있는 소방행정사무가 아닌 것은?

① 다중이용업소에 대한 화재위험평가 등에 관한 사무
② 화재배상책임보험 계약 체결 사항
③ 안전관리에 관한 전산시스템의 구축·운영에 관한 사무
④ 이행강제금 부과·징수에 관한 사무

해설 보험회사는 화재배상책임보험 가입 촉진 및 관리에 관한 사무를 소방청장, 소방본부장 또는 소방서장에게 알리기 위하여 불가피한 경우 주민등록번호 또는 외국인등록번호가 포함된 자료를 처리할 수 있다.

정답 ②

65 안전관리우수업소 공표에 관한 설명으로 옳은 것은?

① 공고에 따른 안전관리우수업소 인정 예정공고의 내용에 이의가 있는 사람은 안전관리우수업소 인정 예정공고일부터 10일 이내에 소방본부장이나 소방서장에게 전자우편이나 서면으로 이의신청을 할 수 있다.
② 안전관리우수업소의 요건으로는 공표일 기준으로 최근 3년 동안 소방·건축·전기·통신 및 가스 관련 법령 위반 사실이 없을 것.
③ 소방본부장이나 소방서장은 안전관리우수업소를 인정하여 공표하려는 경우에는 공표일부터 3년의 범위에서 안전관리우수업소표지 사용기간을 정하여 공표해야 한다.
④ 다중이용업주는 그 영업장이 안전관리우수업소 요건에 해당되면 소방본부장이나 소방서장에게 안전관리우수업소로 인정해 줄 것을 신청할 수 있다.

2025년 다중이용업소의 안전관리에 관한 특별법

해설 ① 공고에 따른 안전관리우수업소 인정 예정공고의 내용에 이의가 있는 사람은 안전관리우수업소 인정 예정공고일부터 20일 이내에 소방본부장이나 소방서장에게 전자우편이나 서면으로 이의신청을 할 수 있다.
② 안전관리우수업소의 요건으로는 공표일 기준으로 최근 3년 동안 소방·건축·전기 및 가스관련 법령 위반 사실이 없을 것(통신관련법은 해당 없음)
③ 소방본부장이나 소방서장은 안전관리우수업소를 인정하여 공표하려는 경우에는 공표일부터 2년의 범위에서 안전관리우수업소표지 사용기간을 정하여 공표해야 한다

정답 ④

CHAPTER 06 벌칙

제23조(벌칙)

다음 각 호의 어느 하나에 해당하는 자는 **1년 이하의 징역 또는 1천만원 이하의 벌금**에 처한다.
1. 평가대행자로 등록하지 아니하고 화재위험평가 업무를 대행한 자
2. 업무를 위탁받은 자가 그 직무상 알게 된 정보를 다른 사람에게 정보를 제공하거나 부당한 목적으로 이용한 자

제24조(양벌규정)

법인의 대표자나 법인 또는 개인의 대리인, 사용인, 그 밖의 종업원이 그 법인 또는 개인의 업무에 관하여 제23조의 위반행위를 하면 그 행위자를 벌하는 외에 그 법인 또는 개인에게도 **해당 조문의 벌금형**을 과(科)한다. 다만, 법인 또는 개인이 그 위반행위를 방지하기 위하여 해당 업무에 관하여 상당한 주의와 감독을 게을리하지 아니한 경우에는 그러하지 아니하다.

제25조(과태료) 2024년

① 다음 각 호의 어느 하나에 해당하는 자에게는 **300만원 이하의 과태료**를 부과한다.
   1. 소방안전교육을 받지 아니하거나 종업원이 소방안전교육을 받도록 하지 아니한 다중이용업주
   2. 안전시설등을 기준에 따라 설치·유지하지 아니한 자
   2의2. 안전시설등 설치신고를 하지 아니하고 안전시설등을 설치하거나 영업장 내부구조를 변경한 자 또는 안전시설등의 공사를 마친 후 신고를 하지 아니한 자
   2의3. 비상구에 추락 등의 방지를 위한 장치를 기준에 따라 갖추지 아니한 자
   3. 실내장식물을 기준에 따라 설치·유지하지 아니한 자
   3의2. 영업장의 내부구획을 기준에 따라 설치·유지하지 아니한 자
   4. 피난시설, 방화구획 또는 방화시설에 대하여 폐쇄·훼손·변경 등의 행위를 한 자
   5. 피난안내도를 갖추어 두지 아니하거나 피난안내에 관한 영상물을 상영하지 아니한 자
   6. 정기점검의무를 위반하여 다음 각 목의 어느 하나에 해당하는 자
      가. 안전시설등을 점검(소방시설관리업자에 위탁하여 실시하는 경우를 포함한다)하지 아니한 자
      나. 정기점검결과서를 작성하지 아니하거나 거짓으로 작성한 자
      다. 정기점검결과서를 보관하지 아니한 자
   6의2. 화재배상책임보험에 가입하지 아니한 다중이용업주
   6의3. 제13조의3제3항 또는 제4항을 위반하여 통지를 하지 아니한 보험회사

6의4. 보험회사가 다중이용업주와의 화재배상책임보험 계약 체결을 거부하거나 임의로 계약을 해제 또는 해지한 보험회사
7. 소방안전관리업무를 하지 아니한 자
8. 안전사고 보고 또는 즉시보고를 하지 아니하거나 거짓으로 한 자

② 과태료는 **대통령령(제23조)**으로 정하는 바에 따라 소방청장, 소방본부장 또는 소방서장이 부과·징수한다.

시행령 제23조(과태료 부과기준) 과태료의 부과기준은 **별표 6**과 같다.

【별표6】 과태료의 부과기준 2017년 ~ 2024년

1. 일반기준 2019년

가. 위반행위의 횟수에 따른 과태료의 가중된 부과기준은 **최근 1년간** 같은 위반행위로 과태료 부과처분을 받은 경우에 적용한다. 이 경우 기간의 계산은 위반행위에 대하여 과태료 부과처분을 받은 날과 그 처분 후 다시 같은 위반행위를 하여 적발된 날을 기준으로 한다.

나. 가목에 따라 가중된 부과처분을 하는 경우 가중처분의 적용 차수는 그 위반행위 **전 부과**처분 차수(가목에 따른 기간 내에 과태료 부과처분이 둘 이상 있었던 경우에는 높은 차수를 말한다)의 **다음 차수**로 한다. 다만, 적발된 날부터 소급하여 3년이 되는 날 전에 한 부과처분은 가중처분의 차수 산정 대상에서 제외한다.

다. 과태료 부과권자는 위반행위자가 다음의 어느 하나에 해당하는 경우에는 제2호에 따른 과태료 금액의 **2분의 1의 범위**에서 그 금액을 감경하여 부과할 수 있다. 다만, 과태료를 체납하고 있는 위반행위자의 경우에는 그러하지 아니하다.

1) 위반행위자가 「질서위반행위규제법 시행령」 제2조의2제1항 각 호의 어느 하나에 해당하는 경우

Plus One | 질서위반행위규제법 시행령 제2조의2(과태료 감경)

① 행정청은 사전통지 및 의견 제출 결과 당사자가 다음 각 호의 어느 하나에 해당하는 경우에는 해당 과태료 금액의 100분의 50의 범위에서 과태료를 감경할 수 있다. 다만, 과태료를 체납하고 있는 당사자에 대해서는 그러하지 아니하다.
  1. 「국민기초생활 보장법」 제2조에 따른 수급자
  2. 「한부모가족 지원법」 제5조 및 제5조의2제2항·제3항에 따른 보호대상자
  3. 「장애인복지법」 제2조에 따른 장애인 중 장애의 정도가 심한 장애인
  4. 「국가유공자 등 예우 및 지원에 관한 법률」 제6조의4에 따른 1급부터 3급까지의 상이등급 판정을 받은 사람
  5. 미성년자
② 법령상 감경할 사유가 여러 개 있는 경우라도 제1항에 따라 감경을 하는 경우에는 법 제18조에 따른 감경을 제외하고는 거듭 감경할 수 없다.

2) 위반행위자가 처음 위반행위를 한 경우로서, **3년 이상** 해당 업종을 모범적으로 영위한 사실이 인정되는 경우
3) 위반행위자가 화재 등 재난으로 재산에 현저한 손실이 발생하거나 사업여건의 악화로 사업이 중대한 위기에 처하는 등의 사정이 있는 경우
4) 위반행위가 고의나 중대한 과실이 아닌 사소한 부주의나 오류로 인한 것으로 인정되는 경우

5) 위반행위자가 같은 위반행위로 다른 법률에 따라 과태료·벌금·영업정지 등의 제재를 받은 경우
6) 위반행위자자 위법행위로 인한 결과를 시정하거나 해소한 경우
7) 그 밖에 위반행위의 정도, 위반행위의 동기와 그 결과 등을 고려하여 감경할 필요가 있다고 인정되는 경우

2. 개별기준 2017년 ~ 2024년

위반행위	과태료 금액(만원)		
	1회	2회	3회 이상
가. 다중이용업주가 소방안전교육을 받지 않거나 종업원이 소방안전교육을 받도록 하지 않은 경우	100	200	300
나. 안전시설등을 기준에 따라 설치·유지하지 않은 경우			
1) 안전시설등의 작동·기능에 지장을 주지 않는 경미한 사항을 2회 이상 위반한 경우	100		

2) 안전시설등을 다음에 해당하는 고장상태 등으로 방치한 경우
    가) 소화펌프를 고장상태로 방치한 경우
    나) 수신반(受信盤)의 전원을 차단한 상태로 방치한 경우
    다) 동력(감시)제어반을 고장상태로 방치하거나 전원을 차단한 경우
    라) 소방시설용 비상전원을 차단한 경우
    마) 소화배관의 밸브를 잠금상태로 두어 소방시설이 작동할 때 소화수가 나오지 않거나 소화약제(消火藥劑)가 방출되지 않는 상태로 방치한 경우
	200		

3) 안전시설등을 설치하지 않은 경우	300		
4) 비상구를 폐쇄·훼손·변경하는 등의 행위를 한 경우	100	200	300
5) 영업장 내부 피난통로에 피난에 지장을 주는 물건 등을 쌓아 놓은 경우	100	200	300
다. 안전시설등 유지·관리 의무 위반한 경우			
1) 안전시설등 설치신고를 하지 않고 안전시설등을 설치한 경우	100		
2) 안전시설등 설치신고를 하지 않고 영업장 내부구조를 변경한 경우	100		
3) 안전시설등의 공사를 마친 후 신고를 하지 않은 경우	100	200	300
라. 비상구에 추락 등의 방지를 위한 장치를 기준에 따라 갖추지 않은 경우	300		
마. 실내장식물을 기준에 따라 설치·유지하지 않은 경우	300		
바. 영업장의 내부구획 기준에 따라 내부구획을 설치·유지하지 않은 경우	100	200	300
사. 피난시설, 방화구획 또는 방화시설을 폐쇄·훼손·변경하는 등의 행위를 한 경우	100	200	300
아. 피난안내도를 갖추어 두지 않거나 피난 안내에 관한 영상물을 상영하지 않은 경우	100	200	300

자. 제13조제1항 전단을 위반하여 다음 각 목의 어느 하나에 해당하는 경우
  가. 안전시설등을 점검(위탁하여 실시하는 경우를 포함한다)하지 아니한 경우
  나. 정기점검결과서를 작성하지 아니하거나 거짓으로 작성한 경우
  다. 정기점검결과서를 보관하지 아니한 자
	100	200	300

차. 보험회사가 보험만료 사실을 통지하지 않은 경우		300	

카. 보험회사가 다중이용업주와의 화재배상책임보험 계약 체결을 거부한 경우		300	
타. 보험회사가 임의로 계약을 해제 또는 해지한 경우		300	
파. 소방안전관리 업무를 하지 않은 경우	100	200	300
하. 안전사고 보고 또는 즉시 보고를 하지 않거나 거짓으로 한 경우		200	
거. 다중이용업주가 화재배상책임보험에 가입하지 않은 경우			
1) 가입하지 않은 기간이 10일 이하인 경우	100		
2) 가입하지 않은 기간이 10일 초과 30일 이하인 경우	100만원에 11일째부터 계산하여 1일마다 1만원을 더한 금액		
3) 가입하지 않은 기간이 30일 초과 60일 이하인 경우	120만원에 31일째부터 계산하여 1일마다 2만원을 더한 금액		
4) 가입하지 않은 기간이 60일 초과인 경우	180만원에 61일째부터 계산하여 1일마다 3만원을 더한 금액. 다만, 과태료의 총액은 300만원을 넘지 못한다.		

제26조(이행강제금) 2017년 2017년 2021년 2022년 2024년

① 소방청장, 소방본부장 또는 소방서장은 제9조제2항, 제10조제3항, 제10조의2제3항 또는 제15조제2항에 따라 조치 명령을 받은 후 그 정한 기간 이내에 그 명령을 이행하지 아니하는 자에게는 **1천만원 이하의 이행강제금**을 부과한다.

법 제9조(다중이용업소의 안전관리기준 등)
② 소방본부장이나 소방서장은 안전시설등이 안전시설등의 설치·유지 기준에 맞게 설치 또는 유지되어 있지 아니한 경우에는 그 다중이용업주에게 안전시설등의 보완 등 필요한 조치를 명하거나 허가관청에 관계 법령에 따른 영업정지 처분 또는 허가등의 취소를 요청할 수 있다.

제10조(다중이용업의 실내장식물)
③ 소방본부장이나 소방서장은 다중이용업소의 실내장식물이 제1항 및 제2항에 따른 실내장식물의 기준에 맞지 아니하는 경우에는 그 다중이용업주에게 해당 부분의 실내장식물을 교체하거나 제거하게 하는 등 필요한 조치를 명하거나 허가관청에 관계 법령에 따른 영업정지 처분 또는 허가등의 취소를 요청할 수 있다.

제10조의2(영업장의 내부구획)
③ 소방본부장이나 소방서장은 영업장의 내부구획이 기준에 맞지 아니하는 경우에는 그 다중이용업주에게 보완 등 필요한 조치를 명하거나 허가관청에 관계 법령에 따른 영업정지 처분 또는 허가등의 취소를 요청할 수 있다.

법 제15조(다중이용업소에 대한 화재위험평가 등)
② 소방청장, 소방본부장 또는 소방서장은 화재위험평가 결과 다중이용업소에 부여된 등급(이하 "화재안전등급"이라 한다)이 화재안전등급 디(D) 또는 이(E) 인 경우에는 해당 다중이용업주 또는 관계인에게 다중이용업주에게 그 업소의 개수(改修)·이전·제거, 사용의 금지 또는 제한, 사용폐쇄, 공사의 정지 또는 중지, 그 밖의 필요한 조치를 명할 수 있다.

② 소방청장, 소방본부장 또는 소방서장은 이행강제금을 부과하기 전에 이행강제금을 부과·징수한다는 것을 미리 문서로 알려 주어야 한다.
③ 소방청장, 소방본부장 또는 소방서장은 이행강제금을 부과할 때에는 이행강제금의 금액, 이행강제금의 부과 사유, 납부기한, 수납기관, 이의 제기 방법 및 이의 제기 기관 등을 적은 문서로 하여야 한다.
④ 소방청장, 소방본부장 또는 소방서장은 최초의 조치 명령을 한 날을 기준으로 **매년 2회**의 범위에서 그 조치 명령이 이행될 때까지 반복하여 이행강제금을 부과·징수할 수 있다.
⑤ 소방청장, 소방본부장 또는 소방서장은 조치 명령을 받은 자가 명령을 이행하면 새로운 이행강제금의 부과를 **즉시 중지**하되, 이미 부과된 이행강제금은 징수하여야 한다.
⑥ 소방청장, 소방본부장 또는 소방서장은 제1항에 따라 이행강제금 부과처분을 받은 자가 이행강제금을 기한까지 납부하지 아니하면 **국세 체납처분의 예 또는 「지방행정제재·부과금의 징수 등에 관한 법률」**에 따라 징수한다.
⑦ 이행강제금을 부과하는 위반행위의 종류와 위반 정도에 따른 금액과 이의 제기 절차, 그 밖에 필요한 사항은 **대통령령(제24조)**으로 정한다.

시행령 제24조(이행강제금의 부과·징수)
① 이행강제금의 부과기준은 **별표 7**과 같다.
② 이행강제금의 부과·징수절차는 행정안전부령으로 정한다.

【별표 7】 이행강제금 부과기준 2017년 2017년 2021년 2022년 2024년

1. 일반기준
이행강제금 부과권자는 위반행위의 동기와 그 결과를 고려하여 이행강제금 부과기준액의 **2분의 1**까지 경감하여 부과할 수 있다.

2. 개별기준

위반행위	이행강제금 금액
가. **안전시설등**에 대하여 보완 등 필요한 조치명령을 위반한 경우	
1) 안전시설등의 작동·기능에 지장을 주지 않는 경미한 사항인 경우	200
2) 안전시설등을 고장상태로 방치한 경우	600
3) 안전시설등을 설치하지 않은 경우	1,000
나. **실내장식물**에 대한 교체 또는 제거 등 필요한 조치 명령을 위반한 경우	1,000
다. **영업장의 내부구획**에 대한 보완 등 필요한 조치 명령을 위반한 경우	1,000
라. 화재안전조사 조치 명령을 위반한 경우	
1) 다중이용업소의 **공사의 정지 또는 중지 명령**을 위반한 경우	200
2) 다중이용업소의 **사용금지 또는 제한 명령**을 위반한 경우	600
3) 다중이용업소의 **개수·이전 또는 제거 명령**을 위반한 경우	1,000

실전예상문제

01 법인의 대표자나 법인 또는 개인의 대리인, 사용인, 그 밖의 종업원이 그 법인 또는 개인의 업무에 관하여 다중이용업소의 안전관리에 관한 특별법에서 규정한 위반행위를 하면 그 행위자를 벌하는 외에 그 법인 또는 개인에게 과(科)하는 어떤 조치내용으로 가장 적합한 것은?

① 형법에 따라 행위자만 처벌한다.
② 해당 업무에 관하여 상당한 주의와 감독을 게을리하지 아니한 경우에도 부과한다
③ 해당 조문의 과태료를 부과한다.
④ 해당 조문의 벌금형을 과(科)한다.

해설 법 제24조(양벌규정) 법인의 대표자나 법인 또는 개인의 대리인, 사용인, 그 밖의 종업원이 그 법인 또는 개인의 업무에 관하여 제23조의 위반행위를 하면 그 행위자를 벌하는 외에 그 법인 또는 개인에게도 해당 조문의 벌금형을 과(科)한다. 다만, 법인 또는 개인이 그 위반행위를 방지하기 위하여 해당 업무에 관하여 상당한 주의와 감독을 게을리하지 아니한 경우에는 그러하지 아니하다.
정답 ④

02 화재위험 평가대행자로 등록하지 아니하고 화재위험평가 업무를 대행한 자에 대한 벌칙은?

① 1년 이하의 징역 또는 1천만원 이하의 벌금
② 3년 이하의 징역 또는 1천 500만원 이하의 벌금
③ 1년 이하의 징역 또는 500만원 이하의 벌금
④ 500만원이하의 벌금

해설 평가대행자로 등록하지 아니하고 화재위험평가 업무를 대행한 자는 1년 이하의 징역 또는 1천만원 이하의 벌금에 처한다.(법 제23조)
정답 ①

03 책임보험전산망의 구축·운영에 관한 업무를 위탁받은 자가 그 직무상 알게 된 정보를 누설하거나 다른 사람에게 제공하는 등 부당한 목적을 위하여 사용 자의 벌칙은?

① 100만원 이하의 벌금
② 300만원 이하의 벌금
③ 500만원 이하의 벌금
④ 1년 이하의 징역 또는 1천만원 이하의 벌금

해설 업무를 위탁받은 자가 그 직무상 알게된 정보를 제공하거나 부당한 목적으로 이용한 자는 1년 이하의 징역 또는 1천만원 이하의 벌금에 처한다.

정답 ④

04 다중이용업주 등 소방안전교육업무를 위탁받은 자가 그 직무상 알게 된 정보를 제공하거나 부당한 목적을 위하여 사용한 경우 벌칙은?

① 100만원 이하의 벌금
② 1년 이하의 징역 또는 1천만원 이하의 벌금
③ 500만원 이하의 벌금
④ 300만원 이하의 벌금

해설 업무를 위탁받은 자가 그 직무상 알게된 정보를 제공하거나 부당한 목적으로 이용한 자는 1년 이하의 징역 또는 1천만원 이하의 벌금에 처한다.

정답 ②

05 다음 중 다중이용업소의 안전관리을 위한 행정의 실효성확보 수단이 다른 하나를 고르시오.

① 평가대행자로 등록하지 아니하고 화재위험평가 업무를 대행한 자
② 안전시설등을 기준에 따라 설치·유지하지 아니한 자
③ 소방안전교육을 받지 아니한 영업주
④ 실내장식물을 기준에 따라 설치·유지하지 아니한 자

해설 ①의 위반자는 1년 이하의 징역 또는 1천만원 이하의 벌금형에 처하나 그 외는 300만원 이하의 과태료를 부과 한다.

정답 ①

06 다중이용업소의 안전관리에 관한 법률에서 과태료 부과권자가 아닌 것은?

① 시·도지사   ② 소방청장
③ 소방본부장   ④ 소방서장

해설 과태료는 대통령령으로 정하는 바에 따라 소방청장, 소방본부장 또는 소방서장이 부과·징수한다.

정답 ①

07 과태료 부과기준에 관한 설명 중 옳지 않은 것은?

① 과태료 부과권자는 위반행위의 동기와 그 결과를 고려하여 과태료 부과 기준액의 2분의 1까지 경감하여 부과할 수 있다.
② 위반행위의 횟수에 따른 부과기준은 최근 1년간 같은 행위로 과태료처분을 부과받은 경우에 적용한다.
③ 위반행위에 대하여 과태료 부과처분을 한 다음 날과 다시 같은 위반행위를 적발한 날을 기준으로 하여 위반횟수를 계산한다.
④ 안전시설을 설치하지 않은 경우에는 300만원의 과태료를 부과한다.

해설 위반행위에 대하여 과태료 부과처분을 한 날과 다시 같은 위반행위를 적발한 날을 기준으로하여 위반횟수를 계산한다.
정답 ③

08 노래연습장의 영업장의 구획된 실에 비치한 휴대용비상조명등 점등 불량 상태를 2회 위반행위를 한 경우 과태료부과 금액은?

① 200만원
② 50만원
③ 100만원
④ 보완 등 조치명령

해설 안전시설등의 작동·기능에 지장을 주지 아니하는 경미한 사항을 2회 이상 위반한 경우 과태료 100만원을 부과한다.
정답 ③

09 안전시설등의 작동·기능에 지장을 주지 아니하는 경미한 사항을 처음으로 위반한 경우 소방서장의 행정처분으로 옳은 것은?

① 1차 위반으로 100만원의 과태료를 부과한다.
② 불량사항에 대하여 보완 등 조치 명령을 문서로 통보한다.
③ 200만원의 과태료를 부과한다.
④ 100만원의 과태료를 부과와 시정보완할 것을 조치명령한다.

해설 안전시설등의 작동·기능에 지장을 주지 아니하는 경미한 사항을 1회 위반한 경우에는 기간을 정하여 보완 등 조치명령을 한다.
정답 ②

10 다음 중 다중이용업소의 안전관리에 관한 법률에 따른 위반자에 대한 과태료 부과 금액이 다른 것은?

① 안전시설등의 작동·기능에 지장을 주지 아니하는 경미한 사항을 2회 이상 위반한 경우
② 다중이용업소의 정기점검결과서를 작성하여 1년간 보관하지 않아 1회 위반한 경우
③ 안전시설등 설치신고를 하지 않고 안전시설등을 설치한 경우
④ 다중이용업소의 실내장식물을 기준에 따라 설치·유지하지 않은 경우

해설 ①②③의 위반자는 100만원의 과태료이지만, ④의 경우는 횟수에 관계없이 300만원의 과태료를 부과한다.
정답 ④

11 산후조리원업 영업장에 설치한 간이스프링클러 펌프설비를 고장상태로 방치한 경우 과태료 부과 금액은 얼마인가?

① 100만원 ② 200만원
③ 300만원 ④ 100만원

해설 안전시설등을 다음에 해당하는 고장상태 등으로 방치한 경우 : 200만원의 과태료
  ㉠ 소화펌프를 고장상태로 방치한 경우
  ㉡ 수신반(受信盤)의 전원을 차단한 상태로 방치한 경우
  ㉢ 동력(감시)제어반을 고장상태로 방치하거나 전원을 차단한 경우
  ㉣ 소방시설용 비상전원을 차단한 경우
  ㉤ 소화배관의 밸브를 잠금상태로 두어 소방시설이 작동할 때 소화수가 나오지 않거나 소화약제(消火藥劑)가 방출되지 않는 상태로 방치한 경우
정답 ②

12 다중이용업소의 안전관리에 관한 특별법에 따른 소방행정의 실효성확보 수단에 대한 설명으로 바르지 않는 것은?

① 안전시설 등에 대한 보완 등 조치 명령 불이행자는 이행강제금을 부과한다.
② 과태료 부과기준과 이행강제금 부과기준은 대통령령으로 정한다.
③ 다중이용업소는 대다수 개인사업자로 행위자를 처벌하고 법인에 대한 양벌규정은 없다.
④ 과태료와 이행강제금은 각각 1/2범위 내의 감경부과할 수 있는 일반기준이 있다.

해설 법 제24조(양벌규정)
  법인의 대표자나 법인 또는 개인의 대리인, 사용인, 그 밖의 종업원이 그 법인 또는 개인의 업무에 관하여 제23조의 위반행위를 하면 그 행위자를 벌하는 외에 그 법인 또는 개인에게도 해당 조문의 벌금형을 과(科)한다. 다만, 법인 또는 개인이 그 위반행위를 방지하기 위하여 해당 업무에 관하여 상당한 주의와 감독을 게을리하지 아니한 경우에는 그러하지 아니하다.
정답 ③

13 다중이용업주와의 화재배상책임보험 계약 체결을 거부하거나 임의로 계약을 해제 또는 해지한 보험회사에 대한 벌칙 규정으로 옳은 것은?

① 1년 이하의 징역 또는 1천만원 이하의 벌금
② 300만원의 과태료
③ 200만원 이하의 과태료
④ 100만원의 과태료

해설 화재배상책임보험 계약 체결을 거부하거나 임의로 계약을 해제 또는 해지한 보험회사는 300만원의 과태료를 부과한다.
정답 ②

14 과태료 일반기준에 대한 설명 중 부과권자가 과태료 금액의 2분의 1의 범위에서 그 금액을 감경하여 부과할 수 있는 경우가 아닌 것은?

① 위반행위자가 처음 위반행위를 하는 경우로서, 3년 이상 해당 업종을 모범적으로 영위한 사실이 인정되는 경우
② 위반행위자가 위법행위로 인한 결과를 시정하거나 해소한 경우
③ 과태료를 체납하고 있는 위반 행위자의 경우
④ 위반행위가 사소한 부주의나 오류 등 과실로 인한 것으로 인정되는 경우

해설 과태료를 체납하고 있는 위반 행위자의 경우에는 과태료 감경 의견진술을 하더라도 감경에 해당되지 않는다.
정답 ③

15 과태료 일반기준에서 질서위반행위 규제법 시행령에 따른 과태료 금액의 100분의 50의 범위에서 그 금액을 감경하여 부과할 수 있는 경우에 해당하지 않은 것은?

① 「국민기초생활 보장법」에 따른 수급자
② 「한부모가족 지원법」에 따른 보호대상자
③ 「장애인복지법」에 제1급부터 제3급까지의 장애인
④ 「국가유공자 등 예우 및 지원에 관한 법률」에 따른 모든 국가유공자

해설 질서위반행위규제법 시행령에 따른 과태료 감경(제2조의2)
행정청은 사전통지 및 의견 제출 결과 당사자가 다음 각 호의 어느 하나에 해당하는 경우에는 해당 과태료 금액의 100분의 50의 범위에서 과태료를 감경할 수 있다. 다만, 과태료를 체납하고 있는 당사자에 대해서는 그러하지 아니하다.
㉠ 「국민기초생활 보장법」 제2조에 따른 수급자
㉡ 「한부모가족 지원법」 제5조 및 제5조의2제2항·제3항에 따른 보호대상자
㉢ 「장애인복지법」 제2조에 따른 제1급부터 제3급까지의 장애인
㉣ 「국가유공자 등 예우 및 지원에 관한 법률」 제6조의4에 따른 1급부터 3급까지의 상이등급 판정을 받은 사람
㉤ 미성년자
정답 ④

16 화재안전조사 중 간이스프링클러설비의 밸브의 폐쇄상태를 발견하였다면 소방서장의 행정상 제재 수단으로 가장 적합한 것은?

① 100만원의 과태료를 부과한다.
② 200만원의 과태료를 부과한다.
③ 300만원의 과태료를 부과한다.
④ 200만원의 이행강제금을 부과한다.

해설 소화배관의 밸브를 잠금상태로 두어 소방시설이 작동할 때 소화수가 나오지 아니하거나 소화약제(消火藥劑)가 방출되지 아니한 상태로 방치한 경우에는 200만원의 과태료를 부과한다.
정답 ②

17 다중이용업소에 설치된 비상구를 폐쇄·훼손·변경하는 등의 행위를 처음으로 위반하였을 경우 과태료부과 금액은 얼마인가?

① 200만원
② 100만원
③ 300만원
④ 150만원

해설 비상구를 폐쇄·훼손·변경하는 등의 행위를 1회 위반한 경우 100만원의 과태료를 부과한다.
정답 ②

18 다중이용업소의 영업장 내부 피난 통로에 피난에 지장을 주는 물건 등을 쌓아 놓아 최근 1년간 같은 위반행위를 2번째로 한 경우 과태료 부과금액은 얼마인가?

① 200만원
② 300만원
③ 100만원
④ 50만원

해설 다중이용업소의 영업장 내부피난통로에 피난에 지장을 주는 물건 등을 쌓아 놓아 최근 1년간 2회에 소방서장에게 적발된 경우 행정청의 과태료 부과금액은 200만원의 과태료를 부과한다.
정답 ①

19 다중이용업소의 안전관리에 관한 특별법에 따른 과태료 부과 개별기준에서 위반행위가 횟수가 1회인 경우 과태료 부과금액이 가장 큰 위반 행위는?

① 피난안내도를 갖추어 두지 않거나 피난안내 영상물을 상영하지 않은 경우
② 소방안전관리 업무를 하지 않은 경우
③ 안전시설등을 설치하지 않은 경우
④ 자동화재탐지설비 수신반 전원을 차단한 상태로 방치한 경우

해설 안전시설등을 설치하지 않은 경우 300만원의 과태료를 부과한다.
정답 ③

2025년 다중이용업소의 안전관리에 관한 특별법

21 다중이용업소의 안전관리에 관한 특별법 상 과태료부과 개별기준에 따른 과태료 금액이 다른 하나를 고르시오.

① 다중이용업주가 소방안전교육을 받지 않거나 종업원이 소방안전교육을 받도록 하지 않은 경우
② 피난안내도를 갖추어 두지 않거나 피난안내 영상물을 상영하지 않은 경우
③ 소방안전관리 업무를 하지 않은 경우
④ 화재배상책임보험에 가입하지 않은 경우

해설 ①②③의 경우 위반횟수에 따라 1차 100만원, 2차 200만원, 3차 300만원의 과태료를 부과 개별기준이나 ④의 경우 가입하지 않은 기간에 따라 부과금액을 달리하여 부과한다.
정답 ④

22 보험회사가 다중이용업주에게 보험계약기간 만료일을 통보하지 않은 경우 과태료 부과금액은 얼마인가?

① 300만원 ② 150만원
③ 100만원 ④ 200만원

해설 영 제23조관련 별표6의 규정에 따라 300만원의 과태료를 부과한다.
정답 ①

23 안전시설등에 대한 보완 등의 조치 명령을 이행할 수 있는 시간적 여유를 주고, 그 기간 안에 의무를 이행하지 않으면 부과금을 부과한다는 것을 고지를 함으로써 자발적으로 의무를 이행하도록 하려는 소방행정의 실효성 확보 수단은?

① 과태료 ② 행정형벌
③ 이행강제금 ④ 행정질서벌

해설 이행강제금 제도란
비대체적 작위의무 또는 부작위의무나 수인의무의 불이행시에 일정액수의 금전이 부과될 것임을 의무자에게 미리 통지함으로써 심리적 압박을 주어 의무이행의 확보를 도모하는 강제수단을 말한다.
정답 ③

24 소방행정의 실효성 확보수단인 이행강제금 제도에 대한 설명중 옳지 않은 것은?

① 최초의 조치 명령을 한 날을 기준으로 매년 2회의 범위에서 그 조치 명령이 이행될 때까지 반복하여 이행강제금을 부과·징수할 수 있다.
② 최대 이행강제금은 1천만원 이하로 한다.
③ 이행강제금을 부과하기 전에 이행강제금을 부과·징수한다는 것을 미리 문서로 알려 주어야 한다.
④ 소방청장, 소방본부장 또는 소방서장은 조치 명령을 받은 자가 명령을 이행하면 새로운 이행강제금의 부과를 즉시 중지하고 또한 이미 부과된 이행강제금은 취소하여야 한다.

> **해설** 소방청장, 소방본부장 또는 소방서장은 조치 명령을 받은 자가 명령을 이행하면 새로운 이행강제금의 부과를 즉시 중지하되, 이미 부과된 이행강제금은 징수하여야 한다.(법 제26조제5항)
> **정답** ④

25 다중이용업소의 안전관리에 관한 특별법에 따른 이행강제금 부과권자에 해당하지 않은 것은?

① 소방청장
② 소방본부장
③ 소방서장
④ 시·도지사

> **해설** 소방청장, 소방본부장 또는 소방서장은 제9조제2항 및 제15조제2항에 따라 조치 명령을 받은 후 그 정한 기간 이내에 그 명령을 이행하지 아니하는 자에게는 1천만원 이하의 이행강제금을 부과한다.
> **정답** ④

26 「다중이용업소의 안전관리에 관한 특별법」상 해당되는 명령을 받은 후 그 정한 기간내에 이행하지 않은 경우 이행강제금 부과대상에 해당되지 않은 경우는?

① 화재배상책임보험에 미가입자에 대한 조치명령을 이행하지 아니한 자
② 실내장식물의 교체하거나 제거명령을 이행하지 아니한 자
③ 화재위험평가 결과 개수, 이전, 제거 등 조치명령을 이행하지 아니한 자
④ 다중이용업소의 안전시설등의 시정보완명령을 이행하지 아니한 자

> **해설** 이행강제금 부과대상(법 제26조제1항)
> ① 안전시설등에 대하여 보완 등 필요한 조치 명령 불이행
> ② 실내장식물에 대한 교체 또는 제거 등 필요한 조치 명령 불이행
> ③ 영업장의 내부구획에 대한 보완 등 필요한 조치 명령 불이행
> ④ 화재안전조사 조치 명령 불이행
> **정답** ①

2025년 다중이용업소의 안전관리에 관한 특별법

27 소방청장, 소방본부장 또는 소방서장은 최초의 조치 명령을 한 날을 기준으로 매년 몇 회의 범위에서 그 조치 명령이 이행될 때까지 반복하여 이행강제금을 부과·징수할 수 있는가?

① 매년 1회
② 매년 2회
③ 매년 3회
④ 매년 4회

해설 이행강제금 부과횟수 : 소방청장, 소방본부장 또는 소방서장은 최초의 조치 명령을 한 날을 기준으로 매년 2회의 범위에서 그 조치 명령이 이행될 때까지 반복하여 제1항에 따른 이행강제금을 부과·징수할 수 있다.
정답 ②

28 이행강제금 부과처분을 받은 자가 이행강제금을 기한까지 납부하지 아니한 경우 징수절차에 대하여 맞는 설명은?

① 지방세 체납처분 예에 따라 징수한다.
② 국고금관리법 시행규칙에 따라 징수한다.
③ 지방행정제재·부과금의 징수 등에 관한 법률에 따라 징수한다.
④ 지방세외수입 징수관리규칙에 따라 징수한다.

해설 소방청장, 소방본부장 또는 소방서장은 제1항에 따라 이행강제금 부과처분을 받은 자가 이행강제금을 기한까지 납부하지 아니하면 "국세 체납처분의 예" 또는 「지방행정제재·부과금의 징수 등에 관한 법률」에 따라 징수한다.
정답 ③

29 다중이용업주가 안전시설등 시정보완하라는 조치명령을 받고도 기간내에 이행하지 않은 경우 실효성 확보수단으로 옳은 것은?

① 1년 이하의 징역 또는 1천만원 이하의 벌금
② 1000만원 이하의 이행강제금
③ 3년 이하의 징역 또는 1,500만원 이하의 벌금
④ 300만원 이하의 과태료

해설 소방청장, 소방본부장 또는 소방서장은 안전시설 등 시정보완명령을 그 정한 기간 이내에 그 명령을 이행하지 아니하는 자에게는 1000만원 이하의 이행강제금을 부과한다.
정답 ②

30 「다중이용업소 안전관리에 관한 특별법」상 이행강제금 부과기준에 대한 설명으로 옳지 않은 것은?

① 이행강제금을 부과하기 전에 이행강제금을 부과·징수한다는 것을 미리 문서로 알려 주어야 한다.
② 실내장식물의 교체하거나 제거명령을 이행하지 아니한 자에게도 부과한다.
③ 조치 명령이 이행될 때까지 반복하여 이행강제금을 부과·징수할 수 없다.
④ 이행강제금 부과처분을 받은 자가 이행강제금을 기한까지 납부하지 아니하면 「지방행정제재·부과금의 징수 등에 관한 법률」에 따라 징수한다.

해설 소방청장, 소방본부장 또는 소방서장은 최초의 조치 명령을 한 날을 기준으로 매년 2회의 범위에서 그 조치 명령이 이행될 때까지 반복하여 이행강제금을 부과·징수할 수 있다.(법 제26조제4항)
정답 ③

31 이행강제금을 부과하는 위반행위의 종류와 위반 정도에 따른 금액과 이의 제기 절차, 그 밖에 필요한 사항을 무엇으로 정하는가?

① 소방청 고시
② 행정안전부령
③ 행정안전부령
④ 대통령령

해설 이행강제금을 부과하는 위반행위의 종류와 위반 정도에 따른 금액과 이의 제기 절차, 그 밖에 필요한 사항은 대통령령으로 정한다.
정답 ④

32 「다중이용업소 안전관리에 관한 특별법 시행령」상 이행강제금의 부과·징수절차는 무엇으로 정하는가?

① 질서위반행위규제법
② 행정안전부령
③ 국고급관리법시행규칙
④ 대통령령

해설 이행강제금의 부과·징수절차는 행정안전부령으로 정한다.
정답 ②

2025년 다중이용업소의 안전관리에 관한 특별법

33. 다음 중에서 이행강제금 징수에 대한 설명으로 옳지 않은 것은?

① 이행강제금을 부과하는 위반행위의 종류와 위반 정도에 따른 금액과 이의 제기 절차, 그 밖에 필요한 사항은 대통령령으로 정한다.
② 이행강제금 부과처분을 받은 자가 이행강제금을 기한까지 납부하지 아니하면 "국세 체납처분의 예" 또는 「지방행정제재·부과금의 징수 등에 관한 법률」에 따라 징수한다.
③ 이행강제금의 징수절차에 관해서는 「국고금 관리법 시행규칙」을 준용한다.
④ 이행강제금의 금액, 이행강제금의 부과 사유, 납부기한, 수납기관, 이의 제기 방법 및 이의 제기 기관 등을 적은 문서 또는 구두로 하여야 한다.

해설 소방청장, 소방본부장 또는 소방서장은 이행강제금을 부과할 때에는 이행강제금의 금액, 이행강제금의 부과 사유, 납부기한, 수납기관, 이의 제기 방법 및 이의 제기 기관 등을 적은 문서로 하여야 한다.(법 제26조제3항)
정답 ④

34. 다음 중에서 이행강제금 부과기준에 대한 설명으로 옳지 않은 것은?

① 이행강제금 부과권자는 위반행위의 동기와 그 결과를 고려하여 이행강제금 부과기준액의 2분의 1까지 경감하여 부과할 수 있다.
② 안전전시설 등에 대하여 보완 등 필요한 조치명령을 위반한 자에게 부과한다.
③ 화재안전조사 조치명령을 위반한 자에게 부과한다.
④ 안전시설등을 설치하지 아니한 경우의 조치명령위반자는 600만원을 부과한다.

해설 소방청장, 소방본부장 또는 소방서장은 안전시설등을 설치하지 아니한 경우의 조치명령위반자는 1,000만원의 이행강제금을 부과한다.
정답 ④

35. 다중이용업주가 비상벨설비를 고장상태로 방치하여 소방서장으로부터 정상작동하도록 조치명령을 받고 기간 이내에 이행하여야 함에도 불구하고 이행하지 않은 경우 이행강제금 부과 금액으로 맞는 것은?

① 200만원　　　　　　　　　　② 400만원
③ 600만원　　　　　　　　　　④ 1,000만원

해설 안전시설등을 고장상태로 방치하여 보완명령을 받고도 기간내에 이행하지 않은 경우에는 600만원의 이행강제금을 부과한다.
정답 ③

36 밀폐구조의 영업장을 운영하는 다중이용업주가 간이스프링클러 설비를 설치하지 않아 관할 소방서장으로부터 기간을 정하여 설치하라는 조치명령을 받고 기간내에 설치하여야 함에도 정한 기간 이내에 이행하지 않은 경우 이행강제금 부과 금액으로 옳은 것은?

① 200만원
② 400만원
③ 600만원
④ 1,000만원

해설 안전시설등을 설치하지 아니하여 소방서장의 설치명령을 받고도 기간 내에 이행하지 않은 경우에는 1,000만원의 이행강제금을 부과한다.

정답 ④

37 안전시설등에 대하여 보완 등 조치명령에 따른 의무 불이행자에 대한 이행강제금 부과금액을 바르게 연결한 것은?

① 다중이용업소의 구획된 실마다 소화기를 비치하지 않은 경우 – 1000만원
② 안전시설등을 고장상태로 방치한 경우 – 200만원
③ 안전시설등을 설치하지 아니한 경우 – 600만원
④ 안전시설등의 작동·기능에 지장을 주지 아니하는 경미한 사항 – 100만원

해설 안전시설등에 대하여 보완 등 필요한 조치명령을 위반한 자의 이행강제금 개별기준
㉠ 안전시설등의 작동·기능에 지장을 주지 아니하는 경미한 사항 : 200만원
㉡ 안전시설등을 고장상태로 방치한 경우: 600만원
㉢ 안전시설등을 설치하지 아니한 경우: 1,000만원

정답 ①

38 다중이용업소에 대한 관할 소방서장이 화재위험평가 결과 그 화재안전등급이 E급에 해당되어, 해당 다중이용업주에게 2022년 5월 30일까지 개수하도록 명령하였으나, 이 정해진 기간내에 이행하지 않은 경우 소방서장이 취할 수 있는 방법으로 옳은 것은?

① 200만원 이하의 과태료를 부과한다.
② 500만원 이하의 벌금에 처한다.
③ 1,000만원의 이행강제금을 부과한다.
④ 관할구청에 통보한다.

해설 이행강제금 부과개별기준

위반행위	이행강제금 금액
1. 법 제15조제2항에 따른 화재안전조사 조치명령을 위반한 자	
가. 다중이용업소의 공사의 정지 또는 중지 명령을 위반한 경우	200
나. 다중이용업소의 사용금지 또는 제한 명령을 위반한 경우	600
다. 다중이용업소의 개수·이전 또는 제거명령을 위반한 경우	1,000

정답 ③

2025년 다중이용업소의 안전관리에 관한 특별법

39 다중이용업소의 안전관리에 관한 책임·권한 및 의무 등이 다른 것은 무엇인가?

① 다중이용업소 안전관리 기본계획
② 다중이용업소 집행계획 수립
③ 화재위험 평가대행자 등록허가
④ 다중이용업소 안전관리 계획

해설 ①③④는 소방청장의 책임 및 허가권자이고, ②는 소방본부장이 집행계획을 수립하여야 한다.
정답 ②

40 인터넷 홈페이지를 이용한 사이버 소방안전교육을 실시하기 위한 환경을 조성해야하는 자로 옳지 않은 것은?

① 소방청장
② 소방본부장
③ 시·도지사
④ 소방서장

해설 인터넷 홈페이지를 이용한 사이버 소방안전교육(시행규칙 제6조)
소방청장, 소방본부장 또는 소방서장은 다중이용업주와 종업원에 대한 자율안전관리 책임의식을 높이고 화재발생시 초기대응능력을 향상하기 위하여 인터넷 홈페이지를 이용한 사이버 소방안전교육(이하 "사이버교육"이라 한다)을 위한 환경을 조성하여야 한다.
정답 ③

41 다중이용업소의 안전관리에 관한 특별법에 규정된 과태료 부과기준 중 처음 위반행위를 하였을 경우의 기준과 다른 것은?

① 안전시설등을 설치하지 않은 경우
② 다중이용업소의 정기점검결과서를 보관하지 않은 경우
③ 보험회사가 다중이용업주와의 화재배상책임보험 계약 체결을 거부한 경우
④ 실내장식물을 기준에 따라 설치·유지하지 않은 경우

해설 다중이용업소의 정기점검결과서를 보관하지 않은 경우 과태료 금액은 100만원 그 외는 300만원이다
정답 ②

42 다중이용업소에 설치하는 실내장식물을 기준에 따라 설치·유지하지 않아 처음으로 소방관서에 적발된 경우 과태료 부과금액은?

① 50만원
② 100만원
③ 200만원
④ 300만원

해설 실내장식물을 기준에 따라 설치·유지하지 않은 경우 처음으로 위반 하였더라도 300만원의 과태료를 부과한다.
정답 ④

편저자 **문옥섭**

〈약력〉

- 이패스 소방승진 다중이용업소의 안전관리에 관한 특별법 대표강사
- 이패스 소방승진 위험물안전관리법 대표 강사
- 서울마포소방서(1993)
- 서울영등포소방서(1996)
- 인천공단, 서부, 부평, 소방본부, 영종, 송도(1999~2017)
- 인천소방본부 화재조사팀장(2018)
- 강화소방서 예방안전과장(2020)
- 인천서부소방서 현장대응단장(2021~2022.06)
- 인천송도소방서 예방안전과장(2022. 7.~2024.12)
- 인천영종소방서 119재난대응과장(2024. 1.~현재)

〈주요저서〉

- 화재감식평가기사 3권 (2013~현재)
- 위험물안전관리법 소방승진 2권 (2015~현재)
- 소방기본법 최종모의고사 (2018~현재)
- 소방공무원법 소방승진 최종모의고사 (2018~현재)
- 다중이용업소의 안전관리에 관한 특별법 (2022~현재)

2025 소방승진 다중이용업소의 안전관리에 관한 특별법

개정 2판 1쇄 인쇄	2025년 1월 20일
개정 2판 1쇄 발행	2025년 2월 1일
편 저 자	문옥섭
발 행 인	이재남
발 행 처	(주)이패스코리아
등록번호	제318-2003-000119호(2003년 10월 15일)
주 소	(07299)서울특별시 영등포구 경인로 775 에이스하이테크시티 2동 1104호
전 화	02-511-4212
팩 스	02-6345-6701
홈 페 이 지	www.kfs119.co.kr
이 메 일	newsguy78@epasskorea.com

* 편저자와 협의하여 인지는 생략했습니다.
* 이 책을 무단으로 전재 또는 복제하면 [저작권법] 제136조에 의해 5년 이하의 징역 또는 5천만원 이하의 벌금에 처해지거나 병과될 수 있습니다.
* 파본은 구입처에서 교환해 드립니다.